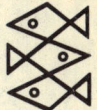

Die Traumdeutung von Sigmund Freud, 1899 erschienen und auf 1900 vordatiert, hat in den letzten hundert Jahren eine wechselvolle Geschichte hinter sich gebracht. Einigen wichtigen Facetten dieser Geschichte widmen sich die Beiträge dieses Bandes. Dabei geht es nicht nur um verschiedene Lesarten der Traumdeutung, wie sie hier am Beispiel der französischen Rezeption verfolgt werden. Zentral ist der Stellenwert, den die Traumdeutung für die Herausbildung der psychoanalytischen Methoden und die Konstituierung ihrer Gegenstände hatte: Die Text- und frühe Rezeptionsgeschichte des Buches führen vor Augen, auf welche Weise in ihr der Traum als genuines Erkenntnisobjekt gewonnen wird. Daß es neue Wege waren, die die Psychoanalyse dabei einschlug, zeigt der Blick auf die Traumforschung vor und nach Freud; wie umstritten sie waren, belegt die turbulente Textgeschichte des Buches bis in die dreißiger Jahre, bevor das Buch zum historischen Dokument erstarrt. Die Rezeptionsgeschichte wird manche von diesen Kontroversen wiederaufleben lassen – und auf diese Weise zeigen, daß *Die Traumdeutung* nicht nur ein aus Konflikten hervorgegangenes, sondern auch ein bis heute provozierendes Buch ist.

Lydia Marinelli studierte Geschichte, Literaturwissenschaft und Philosophie und ist Kuratorin des Sigmund Freud-Museums Wien. Konzeption von kultur- und wissenschaftshistorischen Ausstellungen. Sie hat Arbeiten zur Textgeschichte der *Traumdeutung* und zu Publikationsformen der Psychoanalyse veröffentlicht.

Andreas Mayer studierte Soziologie, Musikwissenschaft und Wissenschaftsgeschichte in Wien, Paris und Cambridge. Er ist Verfasser einer Reihe von Aufsätzen zur Theorie, Geschichte und Rezeption der Psychoanalyse und schließt zur Zeit am Institut für Wissenschafts- und Technikforschung der Universität Bielefeld eine Geschichte der Erforschung des Unbewußten ab.

Die Lesbarkeit der Träume

Zur Geschichte von
Freuds *Traumdeutung*

Herausgegeben von
Lydia Marinelli und
Andreas Mayer

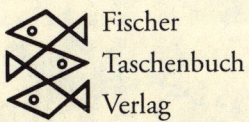
Fischer
Taschenbuch
Verlag

Originalausgabe
Veröffentlicht im Fischer Taschenbuch Verlag GmbH,
Frankfurt am Main, April 2000

© Fischer Taschenbuch Verlag GmbH, Frankfurt am Main 2000
Der Abdruck der unveröffentlichten Freud-Texte und der Faksimiles
erfolgt mit freundlicher Genehmigung
der Sigmund Freud Copyrights, Colchester
Satz: Fotosatz Otto Gutfreund GmbH, Darmstadt
Druck und Bindung: Clausen & Bosse, Leck
Printed in Germany
ISBN 3-596-14520-1

Inhalt

Vorbemerkung

Die Traumdeutung von Sigmund Freud, 1899 erstmals erschienen und auf das Jahrhundertwendejahr 1900 vordatiert, hat in den letzten hundert Jahren eine wechselvolle Geschichte hinter sich gebracht. Jubiläen werden gerne zum Anlaß von Zwischen- oder Abschlußbilanzen genommen. Dieses Buch will dagegen ohne historische Buchhaltung auskommen. Vielmehr gilt es, den Fäden, die Freud mit seinem Traumbuch gesponnen hat, dorthin zu folgen, wo sie von den unterschiedlichsten Lesern aufgenommen und oft neu verknüpft wurden. Die »Lesbarkeit der Träume« bezieht sich auf diese Pluralität von Lektüren, die hier als Teil einer Wissensgeschichte des 19. und 20. Jahrhunderts skizziert werden. »Lesbarkeit« nimmt im Fall der *Traumdeutung* einen mehrfachen Sinn an, dem eine Historisierung entsprechend Rechnung zu tragen hat. Darunter sind nicht nur verschiedene Lesarten des Buches zu verstehen, um deren historische Erfassung es hier im Sinne einer Rezeptionsgeschichte geht. Wenn das Lesen des Freudschen Textes auch die eigenen Träume lesbar machen soll, erhält dieser Vorgang darüber hinaus einen zentralen Stellenwert für die Konstituierung jenes Bereichs, in dem die Psychoanalyse erst ihre Gegenstände findet und bearbeitbar macht.

Träume werden nicht erst seit Freud als Objekte behandelt, die wissenschaftliche Erkenntnisse liefern. Doch treten mit der psychoanalytischen Lesbarmachung neue Konfigurationen auf den Plan, die andere erkenntnistheoretische und therapeutische Probleme aufwerfen. Eine erste wissenschaftshistorische Bestimmung der Verfahren, die die selbstanalytische Objektivierung von Träumen im Kontrast zu den Beobachtungen und Versuchen der älteren Traumforschung einsetzt, schien deshalb geboten. Die epistemologische Problematik trifft auf eine soziologische, wenn gefragt wird, wie sich die Diversität des psychoanalytischen Kollektivs auf die bewußt offene Form der *Traumdeutung* auswirkte. Die vielfachen Interventionen in die Freudsche Traumtheorie im Laufe dieses Jahrhunderts, die hier nur am Beispiel der französischen

Rezeption verfolgt werden, finden sich bereits in einem Prozeß des fort-
währenden Umschreibens vorbereitet, der die konflikthafte Geschichte
des Buches in den ersten dreißig Jahren prägt.

Die Auseinandersetzungen und Konflikte, aus denen das Buch entstand und die es bis heute zu provozieren vermag, führten auch zu den
Schwierigkeiten, mit denen eine historische Untersuchung der *Traumdeutung* konfrontiert ist. Bisher gibt es keine historisch-kritische Ausgabe von Freuds Traumbuch. Der zweite Band der *Studienausgabe* weist
zwar verschiedene Varianten aus, doch sind hier weder die weiteren
Zusätze alle korrekt datiert, noch die von Freud vorgenommenen Veränderungen immer berücksichtigt. Um die Textstadien mit ihren jeweiligen Umformulierungen und Kürzungen genauer nachvollziehen zu
können, wurden für den der Textgeschichte gewidmeten Beitrag alle acht
Auflagen des Buches im Vergleich herangezogen, die sich im Archiv des
Sigmund Freud-Museums in Wien befinden. Zur leichteren Auffindbarkeit der zitierten Passagen werden sie, sofern sie im Band II/III der
Gesammelten Werke aufscheinen, auch nach dieser Ausgabe ausgewiesen.

Die Beiträge dieses Bandes sind überwiegend im Dialog der Autoren
untereinander entstanden und ergänzen sich wechselseitig. Mit einer
Ausnahme handelt es sich um Originalbeiträge. (Eine frühere Version
von John Forresters Beitrag erschien unter dem Titel »Dream Readers«
in Laura Marcus (Hg.), *Sigmund Freud's ›Interpretation of Dreams‹. New
Interdisciplinary Essays*, Manchester Univ. Pr. 1999.)

Lydia Marinelli und Andreas Mayer, im September 1999

John Forrester
Portrait eines Traumlesers[1]

Im Jahr 1931 schrieb Freud im neuen Vorwort zur dritten Auflage von Abraham Arden Brills englischer Übersetzung der *Traumdeutung*, daß »dieses Buch [...], selbst nach meinem heutigen Urteil, die wertvollste von all den Entdeckungen enthält, die mir das Glück zuteil werden ließ. Einsichten wie diese fallen einem nur einmal im Leben zu« (SA II, 28). Kritiker und Bewunderer stimmen darin überein, daß es sich um Freuds wichtigstes Werk handelt: Entweder sehen sie es als sein Hauptwerk an oder als jenes Werk, in dem er die entscheidende Wende zur ›Pseudowissenschaft‹ vollzogen hat.[2] Welche Elemente des Buches überzeugen sie von seiner fundamentalen Wichtigkeit?

Die Traumdeutung ist ein vielgestaltiger Text. Zugleich wissenschaftlicher Traktat und ein Ensemble von raffinierten, nicht-esoterischen Regeln, mit denen Laien ihre Träume deuten können, bietet das Buch eine wissenschaftliche Traumtheorie, die in ihrer Einfachheit kühn ist, viele der Eigentümlichkeiten des Traumlebens umfaßt und letztlich den Ausgangspunkt für eine neue Psychologie des Unbewußten bildet. Neben diesen theoretischen, praktischen und wissenschaftlichen Aspekten gibt es außerdem Einblick in das Innenleben seines Autors, als ein intimes

---

[1] »Traumleser« hat im Deutschen ein anderes Bedeutungsfeld als »Dream Reader« im Englischen: die neu hinzutretende Konnotation von »Lesen« und »Sammeln« der Träume ist hier durchaus intendiert. Zu Freud als Sammler von Träumen vgl. John Forrester, »Freudsches Sammeln«, in: Lydia Marinelli (Hg.), *»Meine... alten und dreckigen Götter«. Aus Sigmund Freuds Sammlung*, Frankfurt am Main 1998, 21–35.

[2] Für eine repräsentative Auswahl der Bewunderer siehe Ernest Jones, *Das Leben und Werk von Sigmund Freud. Die Entwicklung zur Persönlichkeit und die großen Entdeckungen. 1856–1900*, Bd. 1, Bern/Stuttgart 1960 (zuerst 1953); Richard Wollheim, *Freud*, London 1970, Ken Frieden, *Freud's dream of interpretation*, Albany 1990. Für die Kritiker: Glymour Clark, »The theory of your dreams« in: Robert Cohen und Larry Laudan (Hg.), *Physics, philosophy and psychoanalysis. Essays in Honor of Adolf Grünbaum*, Dordrecht/Boston/Lancaster 1983, 57–71; Frederick Crews, *Skeptical Engagements*, New York/Oxford 1986, Patricia Kitcher, *Freud's Dream. A complete interdisciplinary science of the mind*, Cambridge/MA 1992.

Tagebuch vom Leben und Schreiben eines gebildeten jüdischen Arztes, der im Wien der Jahrhundertwende lebt und mit Ironie und Humor sein eigenes Leben und das seiner gebildeten und gewitzten Patienten aufzeichnet. In diesem Sinn ist das Buch zugleich Zeugnis einer Beichte und eine Abhandlung über die Sitten des Bürgertums. In bewußt schlecht verhüllter Form berichtet es vom Verlauf eines Abenteuers: von der Suche nach einem Heiligen Gral der Wissenschaft, der seinen Entdecker reich, geehrt und für alle Zeiten berühmt machen wird. Und schließlich ist das Buch, in einer meisterlichen Prosa verfaßt, mit seinen Randbemerkungen und Reflexionen über die Schrullen, Schwächen und tieferen Antriebe der Menschen zur Tradition des moralistischen Essays zu zählen. *Die Traumdeutung* ist all das und noch etwas mehr: das Gründungsdokument einer neuen wissenschaftlichen Bewegung, so wie Darwins *On the origin of species* vierzig Jahre zuvor. Wie kann ein Buch all diese Dinge zugleich sein? Und, um Jacques Derridas Frage aufzugreifen, »wie kann autobiographisches Schreiben, im Abgrund einer unbeendeten Selbstanalyse, einer weltweiten Institution *ihre* Geburt geben?«[3]

Freud gestand die persönlichen Ursprünge seines Buches im Vorwort zur zweiten Auflage ein: »Für mich hat dieses Buch nämlich noch eine andere subjektive Bedeutung, die ich erst nach seiner Beendigung verstehen konnte. Es erwies sich mir als ein Stück meiner Selbstanalyse, als meine Reaktion auf den Tod meines Vaters, also auf das bedeutsamste Ereignis, den einschneidendsten Verlust im Leben eines Mannes. Nachdem ich dies erkannt hatte, fühlte ich mich unfähig, die Spuren dieser Einwirkung zu verwischen. Für den Leser mag es aber gleichgültig sein, an welchem Material er Träume würdigen und deuten lernt.« (GW II/III, X) Freud behauptet damit, daß sein Buch, so autobiographisch es auch sein mag, dennoch ein *wissenschaftliches* Werk ist: Die persönliche Dimension der angeführten Träume und ihrer Analysen kann vernachlässigt werden, ohne daß Wesentliches verlorenginge. Irgendeine andere Person hätte das Material für das Buch liefern können. Für Freuds Leser

---

[3] Jacques Derrida, »Spéculer – sur Freud«, in: Ders., *La Carte Postale*, Paris 1980, 277–437, dieses Zitat auf 325, deutsche Übersetzung »Spekulieren – über/auf Freud«, in: Ders., *Die Postkarte von Sokrates bis an Freud und jenseits*, 2. Lieferung, Berlin 1982, 60 (Übersetzung hier stark modifiziert). Ich habe dieses von Derrida gestellte Problem an anderer Stelle behandelt: »Who is in analysis with whom? Freud, Lacan, Derrida«, in: John Forrester, *The seductions of psychoanalysis. Freud, Lacan and Derrida*, Cambridge 1990, 221–242.

soll sein persönlicher Inhalt nicht mehr als ein völlig nebensächlicher Zufall sein.[4]

Ganz gegensätzlich zu dieser gleichgültigen Haltung gegenüber dem Autor, die Freud seinem Leser empfiehlt, nimmt sich jedoch eine Sichtweise aus, die, gerade deshalb, weil sich das Buch als »ein Stück« von Freuds »Selbstanalyse« erweist, erkennt, daß es für den Ursprung und den exemplarischen Fall der Psychoanalyse selbst steht: als erste Selbstanalyse der Geschichte und Inbegriff aller weiteren Analysen.[5] Das Traumbuch nimmt somit für den Leser dieselbe Funktion an, die Thomas Kuhn für alle originären wissenschaftlichen Leistungen beschrieben hat: die eines »Paradigmas« oder eines »Exemplars«.[6] Die Exemplarität von Freuds Selbstanalyse läßt *Die Traumdeutung* zu den *Principia* der Psychoanalyse werden: *fons et origo* all dessen, was später noch kommen sollte, in Theorie, Praxis und ihrer institutionellen Struktur.

Dennoch vertreten viele Psychoanalytiker die Ansicht, eine echte Selbstanalyse sei unmöglich. Deshalb, so behaupten sie, konnte Freud seine Analyse nicht allein durchgeführt haben. Aber wer war dann sein Analytiker? Die zwei naheliegendsten Kandidaten für diese Position sind Freuds Freund und Korrespondent Wilhelm Fließ und ›Freuds Patienten‹ (als Kollektiv). Freud betrachtete sich zweifellos als ein Patient, der von jemand anderem behandelt wurde. Im August 1897 schrieb er aus seinem Sommerurlaub an Fließ: »Der Hauptpatient, der mich beschäftigt, bin ich selbst. [...] Die Analyse ist schwerer als irgendeine andere. Sie ist es auch, die mir die psychische Kraft zur Darstellung und Mitteilung des bisher Gewonnenen lähmt. Doch glaube ich, es muß gemacht werden und ist ein notwendiges Zwischenstück in meinen Arbeiten.«

---

[4] Freuds Gebrauch folgend, spreche ich im folgenden von *dem* Leser, nicht um die maskuline Form zu privilegieren, sondern um eine im Text konstruierte Position zu bezeichnen.

[5] Für eine detaillierte und aufschlußreiche Untersuchung von Freuds Selbstanalyse sowie ihrer Beziehung zur Entwicklung von Freuds Theorien in den 1890er Jahren und darüber hinaus siehe Didier Anzieu, *L'auto-analyse de Freud et la découverte de la psychanalyse*, Paris 1975, deuxième édition (erste Ausgabe 1959; nur die dritte, veränderte Ausgabe liegt in deutscher Übersetzung vor: *Freuds Selbstanalyse und die Entdeckung der Psychoanalyse*, 2 Bde., Stuttgart 1990).

[6] Später zog Kuhn den Begriff »Exemplar« vor. Vgl. Thomas S. Kuhn, *Die Struktur wissenschaftlicher Revolutionen*, 2. revidierte Auflage, Frankfurt am Main 1976; Kuhn, »Neue Überlegungen zum Begriff des Paradigma«, in: Ders., *Die Entstehung des Neuen. Studien zur Struktur der Wissenschaftsgeschichte*, Frankfurt am Main 1977, 389–420.

(FF, 14. 8. 1897, 281) Und zweieinhalb Monate später bemerkte er: »Alles, was ich als Dritter bei den Patienten miterlebt, finde ich hier wieder, die Tage, an denen ich gedrückt herumschleiche, weil ich nichts vom Traum, von der Phantasie, von der Stimmung des Tages verstanden, und dann wieder die Tage, an denen ein Blitz den Zusammenhang erhellt und das Vorige als Vorbereitung des Heutigen verstehen läßt.« (FF, 27. 10. 1897, 295)

Es ist somit nicht erst die psychoanalytische Orthodoxie, die die Unmöglichkeit der Selbstanalyse behauptet. Freud berichtete Fließ schon ziemlich früh von diesem Umstand: »Meine Selbstanalyse bleibt unterbrochen. Ich habe eingesehen, warum. Ich kann mich nur selbst analysieren mit den objektiv gewonnenen Kenntnissen (wie ein Fremder), eigentliche Selbstanalyse ist unmöglich, sonst gäbe es keine Krankheit. Da ich noch irgendein Rätsel bei meinen Fällen habe, so muß mich dies auch in der Selbstanalyse aufhalten.« (FF, 14. 11. 1897, 305) Mit solchen Bemerkungen stellt sich Freud auf dieselbe Ebene mit seinen Patienten und behandelt in dialektischer Weise sein Wissen über sie und das merkwürdig subjektlose Wissen eines anderen über ihn selbst von außen her. Wie sind diese unverblümten Hinweise auf die Notwendigkeit einer Psychoanalyse Freuds und deren Unmöglichkeit ohne einen »Anderen« (FF, 18. 5. 1898, 342) zu verstehen? Die Stärke von Freuds Gefühlen gegenüber Fließ hat viele Autoren zur Annahme verführt, daß seine Analyse in den Phantasien seiner Beziehung zu Fließ bestand, ergänzt durch die gelegentlichen gemeinsamen »Kongresse«, wobei alles durch Freuds Schreiben an seinen »einzigen Publikum« (FF, 19. 9. 1901, 495) vermittelt war. Demnach basierte Freuds Selbstanalyse, so wie er selbst es in der *Traumdeutung* beschreibt, teilweise auf der methodischen Niederschrift seiner eigenen Träume, deren Analyse er regelmäßig an den anderen nach Berlin schickte.[7] Ich werde dieser letzteren Annahme folgen, nach der Freud seine eigene Analyse im *Schreiben* an Fließ durchgeführt hat, um eine Antwort auf die Frage zu skizzieren, wie Freuds Autobiographie die psychoanalytische Bewegung hervorbringen konnte.

---

[7] Anzieu, *Freuds Selbstanalyse*, Bd. 2, 522 f. sieht ebenfalls Freuds Schreibprozeß als zentral an, doch mehr aus einer psychologischen als einer intersubjektiven Perspektive.

In den späten 1890er Jahren schrieb Freud erklärtermaßen für einen einzigen Menschen: Wilhelm Fließ. Die an ihn verfaßten Briefe sind voll von der fortschreitenden Entwicklung seiner klinischen und theoretischen Gedanken, Geständnisse über seine Träume und die frühe Kindheit, Beschwerden über seinen Körper und Familiengeschichten. Im Dezember 1897 beginnt Freud an Fließ in einem neuen Genre zu schreiben, dem der »Δρ[εkkologischen Berichte], in denen ich jetzt meine Neuigkeiten deponiere« (FF, 23. 2. 1898, 327). Im Frühjahr 1898 geht die ›Drekkologie‹ in das Traumbuch über und wird schließlich ganz von ihm abgelöst: »Ich habe einen ganzen Abschnitt des Traumbuches fertig, den bestkomponierten freilich, und bin neugierig, was mir weiterhin einfallen wird. Sonst keine wissenschaftliche Neuigkeit, die Δρ[εkkologischen Berichte] sind unterbrochen, seitdem ich sie nicht mehr für Dich schreibe.« (FF, 5. 3. 1898, 328)

Wir besitzen weder die Drekkologie noch die Traumbeispiele, die Freud regelmäßig an Fließ schickte. Die Begründung dafür ist einfach: Freud bat Fließ darum, ihm die Träume und die Drekkologie zurückzusenden, um sie, manchmal mit kleineren Korrekturen, in das Traumbuch aufnehmen zu können.[8] In diesem Sinn führt die Annahme, daß der Leser Fließ Freuds Analytiker war, unausweichlich zu der Behauptung, daß jeder Leser der *Traumdeutung* in Fließ' Lesestuhl gesetzt wird und die Position von Freuds Analytiker einnimmt. Und wir erinnern uns daran, wie Freud jeden Leser dazu auffordert, das persönliche Material gleichsam an ihn zurückzusenden (mit Gleichgültigkeit anzusehen), nachdem es seinen wissenschaftlichen Zweck erfüllt hat. Somit werden alle künftigen Leser in die Rolle von Freuds Analytiker versetzt und treten in Fließ' Fußstapfen. Akzeptieren wir also die Konsequenzen, die diese Funktion einschließt: ein Übertragungsobjekt zu sein, d. h. in die Position des Zuhörers oder Lesers gesetzt zu werden, ohne zu wissen, was diese Position genau ist, noch zu wissen, sie überhaupt innezuhaben. Die Spuren dieser Übertragungsbeziehung zu erfassen heißt die Aufmerksamkeit dafür zu schärfen, wie der Leser, Fließ' Schatten, im Text der *Traumdeutung* zitiert, erwähnt und angerufen wird.

---

[8] »Ich schicke Dir heute eine lange fertige Nummer der Δρ[εkkologischen Berichte], die ich vielleicht wegen des exemplarisch schönen Traumes bald wiederfordern werde.« (FF, 9. 2. 1898, 326)

Das deutlichste Anzeichen für diese Beziehung ist das Konzept und die Funktion des Zensors. So wie Fließ der erste Leser Freuds war, agierte er auch als sein erster Zensor: Zugleich wurde der für die Traumtheorie zentrale Begriff der »Zensur« Hand in Hand mit den Interventionen Fließ' bei der Abfassung des Traumbuchs entwickelt. Der erste Hinweis, den Freud auf den Begriff der Zensur gibt, ist die »russische Zensur« ausländischer Zeitungen beim Passieren der Grenze: »Worte, ganze Satzstücke und Sätze schwarz überstrichen, so daß der Rest unverständlich wird« (FF, 22. 12. 1897, 315).[9] Im Mai 1898 schreibt Freud bereits mit großer Geschwindigkeit und schickt Fließ in weniger als drei Wochen ganze zwei Kapitel. Fließ ist hier bereits fest als der allmächtige Zensor des Autors, wenn nicht sogar des Träumers, etabliert: »Alles was Du willst, wird verändert werden, und Beiträge werden dankend angenommen. Ich bin so unendlich froh, daß Du mir einen Anderen schenkst, einen Kritiker und Leser, und noch dazu von Deiner Qualität. Ganz ohne Publikum kann ich nicht schreiben, kann mir aber ganz gut gefallen lassen, daß ich es nur für Dich schreibe.« (FF, 18. 5. 1898, 342)

Auf dem gemeinsamen »Kongreß« Anfang Juni 1898 übte Fließ entschieden seinen Einfluß aus und strich den einzigen zur Gänze analysierten Traum Freuds aus dem Manuskript, was dessen Schreiben zum Stillstand brachte. Im Dezember hatte Freud sich entschlossen, der wissenschaftlichen Traumliteratur die Stirn zu bieten. Im Mai 1899 zauderte er noch immer, begann aber nach einem plötzlichen Umschwung im selben Monat mit neuem Eifer und Zuversicht an dem Buch in einer stark revidierten Form weiterzuschreiben: »der Traum aber wird plötzlich, ohne besondere Motivierung, aber diesmal sicher. Ich hab' mir überlegt, daß es mit all den Verkleidungen nicht geht, daß es auch mit dem Verzichten nicht geht, denn ich bin nicht reich genug, den schönsten, den wahrscheinlich einzig überlebenden Fund, den ich gemacht habe, für mich zu behalten« (FF, 28. 5. 1899, 386). Von nun an schrieb Freud ohne Unterbrechungen und mit großer Zuversicht. Der erste Teil ging Ende Juni in Druck. Während des Sommers schickte er Kapitel für Kapitel als Manuskript und Fahnenkorrektur alternierend an Verlag und Zensor, der den Rotstift ansetzen mußte, weil der Autor längst die Kon-

---

[9] Didier Anzieu, *L'auto-analyse de Freud*, Bd. 2, 601, bemerkt, daß dies die erste Verwendung des Wortes »Zensur« in der Korrespondenz mit Fließ ist.

trolle über die Dialektik von Verhüllen und Zeigen verloren hatte, die eine der zentralen Achsen des Traumbuchs bildete.[10] In der Anfangszeit, zwischen 1895 und 1897, hatte er sich selbst Fließ gegenüber entblößt und dabei als sein eigener Zensor agiert. Jetzt, bei der Abfassung seines Traumbuches, entblößte er sich ohne jede Scham vor seinem Lesepublikum und setzte Fließ in die Position des Zensors. Die Dialektik von Zeigen und Verhüllen, die Freud so sehr beschäftigte, war somit mit Fließ als erstem Objekt der Verehrung, der Rückenstärkung und (später implizit) zunehmender Kritik und Verachtung sowie als erstem Zensor durchgespielt worden.

Diese Dialektik begann sich auf Freuds nähere Umgebung auszudehnen. Er erfreute sich an der Aussicht, daß Josef Breuer sich »über die Fülle von Indiskretionen« entsetzen werde (FF, 1. 8. 1899, 400), so wie er bereits Fließ seine Freude »in Gedanken an all das ›Schütteln des Kopfes‹ über die Indiskretionen und Vermessenheiten« (FF, 9. 2. 1898, 325) gebeichtet hatte. Während der Fertigstellung des Buches erwartete Freud bereits in aufsässiger Stimmung, daß alle seine Freunde wie Oskar Rie die »»ernstesten Bedenken'« über die Veröffentlichung äußern würden (FF, 4. 10. 1899, 414). Die ersten Reaktionen auf das Buch nährten dieselbe Einstellung: Die Position, die Freud als Autor eingenommen hatte, ging Hand in Hand mit dem Gefühl, daß er die Welt schwer beleidigt hatte. »Das Buch ist eben verschickt worden. Die erste Reaktion, die ich wahrgenommen, war die Kündigung der Freundschaft von seiten einer lieben Freundin, die sich durch die Erwähnung ihres Mannes im Traum ›Non vixit‹ verletzt fühlte [...]; wir erwarten weitere Ächtungen.« (FF, 7. 11. 1899, 421)[11] Das Problem der Indiskretion und der Verstellung des Autors war jedoch nicht mit der publizierten Schlußversion des Buches beendet. Noch dreißig Jahre später warf André Breton Freud vor, er habe wie ein »prüder Bourgeois« die sexuellen Motive in den Analysen seiner eigenen Träume unterschlagen, während er sie in denen anderer ausgebreitet hätte. Freuds Antwort lautete:

---

10 »Ich weiß, Du hast da ein undankbares Geschäft auf Dich genommen. Ich bin verständig zu erkennen, daß ich Deine kritische Mithilfe brauche, weil ich selbst in diesem Falle das dem Autor nötige Schamgefühl verloren habe.« (FF, 9. 6. 1898, 344)
11 Die gute Freundin war Sophie Schwab-Paneth, die Patentante einer seiner Töchter und die Witwe seines Freundes Josef Paneth, dessen Ruf Freud in einem seiner Ehrgeiz-Träume geopfert hatte. Ich werde noch auf diesen Fall zurückkommen.

»Wenn ich die Analyse meiner eigenen Träume nicht so weit verfolgt habe wie die Anderer, so war nur selten die Scheu vor dem Sexuellen daran Schuld, weit häufiger die Tatsache, daß ich regelmäßig den geheimen Hintergrund der ganzen Traumreihe hätte aufdecken müssen, der in meinem Verhältnis zum kurz davor verstorbenen Vater bestand. Ich meine, daß ich ein gutes Anrecht darauf hatte, der unvermeidlichen Exhibition (auch eine überwundene Kindheitserinnerung!) eine Grenze zu setzen.«[12]

Es ist die infantile Tendenz zum Exhibitionismus, die Freud hier als Grundlage seiner virtuosen Selbstenthüllung in der *Traumdeutung* anzuprangern scheint. Und seine exhibitionistischen Neigungen, sein Verlangen, ein Buch über seine eigenen Träume zu schreiben, zählten wohl zu den allerersten Wünschen, die in seiner Beziehung zu Fließ der Zensur zum Opfer fielen, im Juli 1897, als der Begriff noch nicht eingeführt war: »Was in mir vorgegangen ist, weiß ich immer noch nicht; irgend etwas aus den tiefsten Tiefen meiner eigenen Neurose hat sich einem Fortschritt im Verständnis der Neurosen entgegengestellt, und Du warst irgendwie mit hineingezogen. Denn die Schreiblähmung scheint mir bestellt, um unseren Verkehr zu hemmen.« (FF, 7. 7. 1897, 272) Und bereits wenig später spielte Freud auf den Bereich seines Traumlebens an, mit dem diese Hemmung verknüpft war: »Ein interessanter Traum ist der, daß man halb oder ganz unbekleidet mit Scham und Angst unter fremden Leuten wandelt. Merkwürdigerweise ist es Regel, daß die Leute es *nicht* bemerken, was wir der Wunscherfüllung zu danken haben. Dieser Traumstoff, welcher auf Exhibition in der Kindheit zurückgeht, ist in einem bekannten Märchen mißverstanden und lehrhaft verarbeitet worden. (Das Scheingewand des Königs – ›Talisman‹.) In der nämlichen Weise pflegt das Ich die sonstigen Träume fehlzudeuten.« (Ebd., 273) Bereits zwei Monate früher hatte Freud einen Traum berichtet, in dem er nackt gewesen war: »Ein andermal träumte ich, daß ich wenig bekleidet eine Treppe hinaufgehe, es geht, wie der Traum ausdrücklich hervorhob, sehr flink (Herz – Beruhigung!); plötzlich merke ich aber, daß ein Frauenzimmer nachkommt und da tritt das im Traum so häufige An-der-Stelle-Kleben, Gelähmt-

---

[12] Sigmund Freud an André Breton, 26. 12. 1932, zitiert nach André Breton, *Die kommunizierenden Röhren*, München 1980, 131 (zuerst auf frz. 1932 erschienen).

sein, auf. Das begleitende Gefühl war nicht Angst, sondern erotische Erregung. So siehst Du, wie die dem Schlaf eigene Lähmungsempfindung zur Erfüllung eines Exhibitionswunsches gebraucht wird.« (FF, 31. 5. 1897, 266)

All diese Motive – die Hemmungen, an Fließ zu schreiben, verbunden mit der Selbstentblößung beim Schreiben über Träume, die Bedeutung der Nacktheitsträume – setzen Freuds subjektives Manövrieren in Szene, als er beginnt, an Fließ – und das heißt an den Leser – über seine Träume zu schreiben. Die Empfindung des Gehemmtseins in Träumen wird Freud in der Folge theoretisch als den entschiedensten Eingriff der Zensur fassen, den Moment, wenn diese in ihrer nacktesten Form »Nein!« sagt: »Nach der unbewußten Absicht soll die Exhibition fortgesetzt, nach der Forderung der Zensur unterbrochen werden.« (GW II/III, 251) Hier befinden wir uns im Zentrum von Freuds Rhetorik von Zensur und Entblößung und zugleich im Zentrum seiner Auffassung der Kindheit als eines Paradieses, in dem wir nackt sind, ohne Scham zu fühlen. Folgen die Leser dem Thema der Nacktheitsträume in der letzten Version des Traumbuches, begegnen sie dem »typischen Traum« über den Tod teurer Personen, in dem Freud den universellen Kindheitswunsch aufdeckt, einen Elternteil zu besitzen und den anderen loszuwerden. In der Chronologie seiner eigenen Entdeckung dieser »ödipalen« Impulse war es seine eigene Analyse des Traums, in dem er spärlich bekleidet unter dem Blick einer alten Frau wie gelähmt verharrte, die ihm half, die alte Kinderfrau seiner Kindheit und seine sexuellen Regungen ihr gegenüber wiederzufinden. Derrida hat darauf hingewiesen, daß das Märchen von des Kaisers neuen Kleidern, mit dem Freud seine Darstellungen von Nacktheits- und Exhibitionsträumen illustriert, genau die Allegorie von Verhüllen und Enthüllen der Wahrheit darstellt, die Freud in seinem Kampf zu meistern sucht.[13]

---

13 Derrida, »Le facteur de la vérité«, in: Ders., *La Carte postale*, 441–448; deutsche Übersetzung »Der Facteur der Wahrheit«, in: Ders., *Die Postkarte*, 2. Lieferung, 183–281. – Um diese Verkettung von Wahrheit, Nacktheit, Entblößung und Zensur konsequent weiterzuführen: Was könnte angemessener erscheinen als der Umstand, daß Freuds derzeitige Kritiker keine Geschichte passender finden als die von des Kaisers neuen Kleidern? Freud wird hier in die Rolle des Kaisers gesetzt, die kriecherischen Anhänger in die des betrogenen und vom Ornat (den Theorien) verführten Volkes, und die Kritiker, die klar sehen, was für alle sichtbar sein müßte, wenn sie nur genau hinsähen, nehmen die Position des kleinen Kindes ein, das bemerkt, daß der Kaiser nackt ist.

Doch warum mußte Freud sich selbst vor seinen Lesern entblößen, nachdem der Zensor sein Werk getan hatte? Es wäre Freud auf den ersten Blick möglich gewesen, die Träume anderer als Material für sein Traumbuch zu verwenden, vor allem die seiner Patienten. An der wichtigsten Stelle in der »Vorbemerkung« des Buches begründete er, warum er dies nicht getan hatte:

»[...] ich hatte nur die Wahl zwischen den eigenen Träumen und denen meiner in psychoanalytischer Behandlung stehenden Patienten. Die Verwendung des letzteren Materials wurde mir durch den Umstand verwehrt, daß hier die Traumvorgänge einer unerwünschten Komplikation durch die Einmengung neurotischer Charaktere unterlagen. Mit der Mitteilung meiner eigenen Träume aber erwies sich als untrennbar verbunden, daß ich von den Intimitäten meines psychischen Lebens fremden Einblicken mehr eröffnete, als mir lieb sein konnte und als sonst einem Autor, der nicht Poet, sondern Naturforscher ist, zur Aufgabe fällt. Das war peinlich, aber unvermeidlich; ich habe mich also darein gefügt, um nicht auf die Beweisführung für meine psychologischen Ergebnisse überhaupt verzichten zu müssen. Natürlich habe ich doch der Versuchung nicht widerstehen können, durch Auslassungen und Ersetzungen manchen Indiskretionen die Spitze abzubrechen; sooft dies geschah, gereichte es dem Werte der von mir verwendeten Beispiele zum entschiedensten Nachteile.« (GW II/III, VIII)

In dieser Form wird das Buch mit der Dialektik zwischen dem Träumer und dem Leser eröffnet, der aufgerufen ist, zugleich neugierig und kritisch, lüstern und strafend zu sein. Der indiskrete Träumer (Freud) und der kritische Zensor (Fließ) werden von Anfang an als die wichtigsten Akteure auf die Szene des Buches gebracht. Am Beginn des zweiten Kapitels, dem zentralen Moment, der Freuds Auftritt als Hauptfigur seines eigenen Buches voraufgeht, wird die Begründung seines unfreiwilligen Erscheinens im Rampenlicht und der Notwendigkeit, sich der Diskretion des Lesers anzuvertrauen, noch einmal vorgetragen, diesmal noch eindringlicher:

»Somit bin ich auf meine eigenen Träume angewiesen als auf ein reichliches und bequemes Material, das von einer ungefähr normalen Person herrührt und sich auf mannigfache Anlässe des täglichen Lebens bezieht. Man wird mir sicherlich Zweifel in die Verläßlichkeit solcher ›Selbstanalysen‹ entgegensetzen. Die Willkür sei dabei keineswegs ausgeschlossen.

Nach meinem Urteil liegen die Verhältnisse bei der Selbstbeobachtung eher günstiger als bei der Beobachtung anderer; jedenfalls darf man versuchen, wie weit man in der Traumdeutung mit der Selbstanalyse reicht. Andere Schwierigkeiten habe ich in meinem eigenen Innern zu überwinden. Man hat eine begreifliche Scheu, soviel Intimes aus seinem Seelenleben preiszugeben, weiß sich dabei auch nicht gesichert vor der Mißdeutung der Fremden.« (GW II/III, 109 f.)

Und gleich darauf wird mit einem Paukenschlag aufgedeckt, was diese Selbstentblößung rechtfertigt:

»Nun muß ich aber den Leser bitten, für eine ganze Weile meine Interessen zu den seinigen zu machen und sich mit mir in die kleinsten Einzelheiten meines Lebens zu versenken, denn solche Übertragung fordert gebieterisch das Interesse für die verstecke Bedeutung der Träume.« (GW II/III, 110)

Hier zeigt sich endlich der Lockvogel, mit dem der Leser an Freuds Buch interessiert, von ihm fasziniert, gefesselt und vertraglich in die Pflicht genommen wird: Er wird höflich dazu aufgefordert, Freuds Interessen zu seinen eigenen zu machen und mit dem im Buch portraitierten Träumer in eine Übertragungsbeziehung einzutreten. Die Struktur des Satzes macht deutlich, daß der Leser bei diesem Vorgang etwas aufgeben muß – seine eigenen Interessen –, um etwas anderes anzunehmen: Freuds eigene Interessen. Doch wie weit soll der Leser dabei gehen?

Der Autor Freud läßt den Leser wissen, daß ihm die Anziehungskraft, die Indiskretionen eignet, genau bewußt ist. Er zeigt sich jedoch zuversichtlich, daß diese etwas anrüchige Neugierde bald eine respektablere Form annehmen wird: »Und auch beim Leser, darf ich annehmen, wird das anfängliche Interesse an den Indiskretionen, die ich begehen muß, sehr bald der ausschließlichen Vertiefung in die hierdurch beleuchteten psychologischen Probleme Platz machen.« (GW II/III, 110) Doch die Erwähnung dieser »psychologischen Probleme«, die die Aufmerksamkeit des Lesers von Freuds persönlichen Indiskretionen wegbewegen soll, ist recht zweideutig: Es gibt keinen Hinweis darauf, daß diese psychologischen Probleme *allgemeiner* Art sind. Die Annahme ist hier vielmehr, daß der Leser sich nicht mit allgemeinen Problemen beschäftigen wird, sondern mit ganz *spezifischen*: seinen eigenen Träumen. Der Leser wird so, nachdem er rasch das Stadium der Neugier für Freuds Indiskretionen passiert hat, zu einem Freudianer werden. Doch wenn er im Stadium anzüglicher Neugierde gefangen bliebe, in einer Übertragungsbeziehung mit Freud? Dann wird er eine andere Art Freudianer bleiben, der im Grunde mit den Protagonisten identisch wird, die Freuds Träume bevölkern.

Genau wie in Darwins *On the origins of species*, jenem anderen geschickt abgefaßten halb-autobiographischen wissenschaftlichen Plädoyer, setzt Freud in der *Traumdeutung* zunächst darauf, die skeptischen Reaktionen seines Lesers auf eine kühne Theorie zuerst zu provozieren, um ihnen dann zu begegnen.[14] Freud nimmt die Kritik des Lesers vorweg, indem er in seinem Namen für ihn spricht. Die »Zensur« und das »Verdrängte« wechseln die Plätze. Diese bewußt gewählte Strategie gibt dem ganzen Buch seine Form und enthält selbst seine Hauptthese. Denn warum stellt Freud als Deutungsergebnis eines einzigen seiner Träume die allgemeine These auf, »der Traum« lasse sich am Ende »als eine Wunscherfüllung erkennen« (GW II/III, 126), wenn nicht, um die skeptische Reaktion seines Lesers herauszufordern? Betrachten wir die Struktur von Freuds Argumentation, um diese Strategie zu untersuchen, so wie sie sich in der Abfolge der einzelnen Kapitel entfaltet.

Nachdem der Leser sich bereitwillig darauf eingelassen hat, Freud bei seiner »Spaziergangsphantasie« zu begleiten und sich durch den »verdeckten Hohlweg« des Mustertraums im zweiten Kapitel führen zu lassen (FF, 6. 8. 1899, 400), findet er sich, Arm in Arm mit dem Autor, »plötzlich auf einer Anhöhe [...], von welcher aus die Wege sich teilen und die reichste Aussicht nach verschiedenen Richtungen sich öffnet« (GW II/III, 127).[15] Er ist nun mit der zentralen Einsicht ausgestattet, der Traum sei eine Wunscherfüllung. Doch diese schönen Ein- und Aussichten stellen sich schon bald als illusorisch heraus, denn der erspähte Zielpunkt verliert sich wieder. Es sind weiterhin die »Verhüllungen«, die dem Traumbuch seinen dramatischen Aufbau geben.[16] Das dritte Kapitel führt eine Reihe von Träumen auf, die die These plausibel machen sollen, die Wunscherfüllung sei ein universelles Merkmal von Träumen. Die

---

[14] Zu Darwins rhetorischen Strategien siehe Gillian Beer, *Darwin's plots*, London 1982.
[15] Der »Mustertraum« von Irmas Injektion hat eine Fülle an Sekundärliteratur hervorgebracht, auf die hier nicht eingegangen werden kann. Für eine Lesart des Traums und eine Übersicht der wichtigsten Literatur siehe Appignanesi/Forrester, *Die Frauen Sigmund Freuds*, München 1994, 163–210.
[16] Siehe dazu Alexander Welsh, *Freud's wishful dream theory*, Princeton 1994, 35.

Traumbeispiele, die Freud hier bringt, sind sämtlich als Bestätigungen gedacht: Sie sind dementsprechend durchsichtig gehalten und beinhalten
auch eine Sammlung von Kinderträumen. Sie werden in einem einneh-
menden Ton erzählt, wie es »Bequemlichkeitsträumen« zukommt: So
hört der Leser vom Medizinstudenten, der verschläft und träumt, er sei
längst im Spital, oder von der frisch verheirateten Frau, die von ihrer Periode träumt, um die Realität ihrer ersten Schwangerschaft zu verdrän-
gen. Doch ihr Zauber reicht nicht aus, um die These der Wunscherfüllung zu stützen, und Freud weiß sehr gut, daß er seinen Kritiker nicht
lange mit diesem unterhaltsamen Beweismaterial einlullen kann. Er
möchte es auch gar nicht, denn er braucht seinen skeptischen Kritiker,
um in die nächste Stufe seiner Argumentation verwickelt zu werden.

Nach den wenigen Seiten, die Freud damit zubringt, seinem Leser die
reichen Aussichten vorzuführen, die die Wunscherfüllungstheorie bietet,
öffnet er das nächste Kapitel mit einem ganz anderen Willkommensgruß
für ihn: »Wenn ich nun die Behauptung aufstelle, daß Wunscherfüllung
der Sinn eines *jeden* Traumes sei, also daß es keine anderen als
Wunschträume geben kann, so bin ich des entschiedensten Widerspru-
ches im vorhinein sicher.« (GW II/III, 139) Du, der Leser, wirst mir
sicher widersprechen! Und darauf folgt ein langer Paragraph in Anführungszeichen, in dem der imaginierte Kritiker mit Hinweisen auf die
wissenschaftliche Traumliteratur seinen kategorischen Widerspruch an-
meldet. Als die ›eigene Stimme‹ Freuds schließlich außerhalb der Anführungszeichen wieder hörbar wird, gesteht sie zu, daß »gerade die
Angstträume eine Verallgemeinerung des Satzes [...], der Traum sei eine
Wunscherfüllung, unmöglich zu machen, ja diesen Satz als Absurdität zu
brandmarken« scheinen.[17]

Doch damit hat Freud die Schlacht noch nicht verloren. Ganz im Gegenteil, er hat den Boden dafür bereitet, auf dem er den skeptischen Kritiker schlagen wird. Was ihm zu tun bleibt, ist einfach eine Unterscheidung zu treffen: die Unterscheidung zwischen manifestem und latentem
Trauminhalt. Damit hängt der kritische Einwand des Lesers in der Luft
und zielt bloß auf die Windmühlen des manifesten Inhalts, während

---

[17] GW II/III, 140. Sowohl in GW als auch in SA II, 152, werden die Anführungszeichen,
mit denen der Widerspruch des Kritikers endet, nicht geschlossen. Die von Strachey besorgte *Standard Edition* dagegen schließt die Anführungszeichen genau da, wo sie auch in
der Erstausgabe des Buches stehen (EA, 93 f., SE IV, 135).

Freud seine Entdeckungen absichern kann, bringt er doch Licht in die Mysterien des latenten Inhalts. Mit der hier erstmals auftauchenden Unterscheidung von manifest und latent wiederholt Freud den Gründungsakt der Spaltung im Schreiben seines Traumbuchs: der Spaltung zwischen Traum und Deutung, zwischen Autor und Zensor, zwischen Diskretion und Enthüllung. Mit dem Konzept der ›Latenz‹ bestimmt Freud zugleich das Objekt des Deutungsvorgangs (der Deuter sucht nach dem Latenten, nicht nach dem Manifesten) und macht die Andeutungen auf Geheimnisse, die ein so verführerisches Merkmal für den Fortgang der Lektüre bilden, zur Triebfeder des Buches. So wie Sigmund Freud, der davon träumte, auf einer Marmortafel auf der Bellevue zu lesen, daß sich ihm hier »das Geheimnis des Traumes« enthüllt habe (FF, 12. 6. 1900, 458), wird der Leser dazu gebracht, sich auf die Suche nach einem Geheimnis zu begeben: nicht nur nach dem Geheimnis des Traumes, sondern auch, durch die kurzzeitig verlangte Übertragungsbeziehung, nach dem Geheimnis von Sigmund Freud und, über diesen Umweg, nach dem Geheimnis seines eigenen privaten Traumlebens.

Das Konzept der Latenz wird in der Analyse eines weiteren Traums Freuds ausgearbeitet: eines Traums, dessen grundlegender Zug darin liegt, daß der Träumer sein vernichtendes Urteil über seinen Freund *vor sich selbst zu verbergen* sucht. Die im Traum angenommene Maskierung – das Prinzip der Latenz selbst – kommt somit einer defensiven Entstellung gleich, einer Verstellung, die eine Person im Alltagsleben gegenüber einem Mächtigeren einsetzt. Und angesichts des allmächtigen und kritischen Lesers weist Freud darauf hin, wie er hier selbst in eine Verkleidung schlüpft: »wenn ich meine Träume für den Leser deute, bin ich zu solchen Entstellungen genötigt« (GW II/III, 147). Diese charakteristisch Freudianische Haltung der Welt gegenüber hat Paul Ricœur treffend beschrieben: »als begehrender Mensch schreite ich verkappt einher – *larvatus prodeo*«.[18] Doch der Akt der Maskierung und Verstellung hat zwei Seiten: Ich verstelle mich vor den *anderen*, finde aber Mittel, um das Geheimnis nur für *Deine* Augen sichtbar zu machen. »Je strenger die Zensur waltet, desto weitgehender wird die Verkleidung, desto witziger oft die Mittel, welche den Leser doch auf die Spur der eigentlichen Bedeutung leiten.« (GW II/III, 148) Der Leser springt so, von einem Absatz zum anderen, zwischen

---

18 Paul Ricœur, *Die Interpretation. Ein Versuch über Freud*, Frankfurt am Main 1969, 19.

der Rolle des Zensors, vor dem die Wahrheit verborgen werden muß, und der des Komplizen, der in die Geheimnisse des Meisters eingeweiht wird, hin und her. Was im Machtspiel für die eine Seite schlechte Nachrichten sind, für die staatliche Zensurstelle etwa, sind gute Nachrichten für die getarnten Aufständischen, die den Umsturz vorbereiten. Der Angsttraum der Mächtigen ist somit mit der Wunscherfüllung derer identisch, die von ihnen unterdrückt werden.[19]

In seinem Buch spielt Freud fortwährend Verstecken mit dem Leser. Er enthüllt zum Schein seine intimsten Geheimnisse, verschließt sich dem Leser dann jedoch wieder im nächsten Moment, mit offensichtlicher Erleichterung. Die ganze Strategie der Traumanalyse besteht im Implementieren von Techniken, die Zensur zu umgehen. Die Dialektik zwischen dem geheimen Wunsch, der nach Artikulation strebt, und der Zensur, die seine Unterdrückung fordert, wird von Träumer und Leser durchgespielt. Doch zugleich werden die Rollen fortwährend vertauscht: Manchmal wird vom Leser verlangt, sich mit dem Wunsch zu identifizieren, um Freud in der Rolle des Zensors zu finden. An anderer Stelle wiederum bezieht sich Freud auf die skeptischen Reaktionen von Fließ und fordert spätere Leser direkt auf, sich diesem Verhalten seines ersten Lesers und Zensors anzuschließen:

»Der erste Leser und Kritiker dieses Buches hat mir den Einwand gemacht, den die späteren wahrscheinlich wiederholen werden, ›daß der Träumer oft zu witzig erscheine‹. Das ist richtig, so lange es nur auf den Träumer bezogen wird, involviert einen Vorwurf nur dann, wenn es auf den Traumdeuter übergreifen soll. In der wachen Wirklichkeit kann ich wenig Anspruch auf das Prädikat ›witzig‹ erheben; wenn meine Träume witzig erscheinen, so liegt es nicht an meiner Person, sondern an den eigentümlichen psychologischen Bedingungen, unter denen der Traum gearbeitet wird, und hängt mit der Theorie des Witzigen und Komischen intim zusammen. Der Traum wird witzig, weil ihm gerade der nächste Weg zum Ausdruck seiner Gedanken gesperrt ist; er wird es notgedrun-

---

19 Es übersteigt den Rahmen dieses Textes, ausführlicher auf die Analogie zwischen politischen Machtkämpfen und dem psychischen Leben einzugehen, die in Freuds Theorien am Werk ist. Zur Verbindung von Politik und Psyche in Freuds Werk vgl. Carl E. Schorske, »Politik und Vatermord in Freuds ›Traumdeutung‹«, in: Ders., *Wien. Geist und Gesellschaft im Fin de Siècle*, München/Zürich 1994, 169–193, und William J. McGrath, *Freud's Discovery of Psychoanalysis. The Politics of Hysteria*, Ithaca/London 1986.

gen. Die Leser können sich überzeugen, daß Träume meiner Patienten den Eindruck des Witzigen (Witzelnden) im selben und im höheren Grade machen wie die meinen.«[20]

Diese Strategie verbindet nicht nur alle späteren Leser in einer Kette mit dem ersten Leser, sondern sie ist auch typisch für Freuds Vorwegnahme der Reaktion des Lesers, des Träumers und Traumdeuters. Denn sie fordert den Leser nicht nur dazu auf, die Träume von Patienten zu deuten, sondern auch seine eigenen: »Der Leser wird immer geneigt sein, dem Autor vorzuwerfen, daß er seinen Witz überflüssig vergeude; wer sich selbst Erfahrung erworben hat, wird sich eines Besseren belehrt finden.« (GW II/III, 528) Um dem Vorwurf des skeptischen Zensors, der Traumdeuter habe zu viel ›Witz‹, zu begegnen (und wenn nicht zu ›widerlegen‹, so doch auf Eis zu legen), schrieb Freud ein ganzes Buch: *Der Witz und seine Beziehungen zum Unbewußten.*

Doch der wahre Skeptiker wartet noch immer auf eine Antwort. Er läßt sich nicht von den Verlockungen umstimmen, die ihn zum Komplizen und Mittäter machen sollen. Um diesen Skeptiker zum Schweigen zu bringen, führt Freud noch im selben Kapitel eine dritte Partei ein: die witzigen, ausgekochten und skeptischen Patienten, die seine psychoanalytischen »Aufklärungen« einer »unerbittlichen Kritik« unterziehen, »wie ich sie von Fachgenossen wohl nicht schärfer zu erwarten habe. Ganz regelmäßig erhebt sich der Widerspruch meiner Patienten gegen den Satz, daß die Träume sämtlich Wunscherfüllungen seien« (GW II/III, 151 f.). Damit erscheinen zum ersten Mal die Patienten als die wichtigsten Kritiker auf dem Schauplatz: »Wie vereinen Sie das mit Ihrer Theorie?« ist ihr ständiger Refrain (ebd., 152). Eine Patientin, die »witzigste unter all meinen Träumerinnen«, träumt etwa davon, ihren Urlaub in der Nähe ihrer verhaßten Schwiegermutter zu verbringen:

»Nach diesem Traum hatte ich Unrecht; es war also ihr Wunsch, daß ich Unrecht haben sollte, und diesen zeigte ihr der Traum erfüllt. Der

---

20 GW II/III, 303 f. Man beachte hier Freuds Herausforderung des Lesers, wenn er bescheiden von sich weist, im Wachleben ein witziger Mensch zu sein. Wenn Leser zur Ansicht kommen, sein Buch sei nicht besonders witzig, werden sie sich beruhigt seinem Argument anschließen müssen, daß nicht Freud für den Eindruck des Witzigen verantwortlich zu machen ist. Sollten sie aber das Buch witzig und komisch finden, ist es weniger wahrscheinlich, daß sie Freud seinen Witz vorwerfen werden. Dennoch halten die meisten Kritiker Freud ebendies vor: Sie halten seine Beweisführungen für zu raffiniert.

Wunsch, daß ich Unrecht haben sollte [...], bezog sich aber in Wirklichkeit auf einen anderen und ernsteren Gegenstand. Ich hatte um die
nämliche Zeit aus dem Material, welches ihre Analyse ergab, geschlossen, daß in einer gewissen Periode ihres Lebens etwas für ihre Erkrankung Bedeutsames vorgefallen sein müsse. Sie hatte es in Abrede gestellt,
weil es sich nicht in ihrer Erinnerung vorfand. Wir kamen bald darauf,
daß ich recht hatte. Ihr Wunsch, daß ich Unrecht haben möge, verwandelt in den Traum, daß sie mit ihrer Schwiegermutter aufs Land fahre,
entsprach also dem berechtigten Wunsch, daß jene damals erst vermute-
ten Dinge sich nie ereignet haben mögen.« (Ebd., 157)

Damit ist das Modell gegeben, mit dem Freud den kategorischen Widerspruch seiner Kritiker zurückweist: Jeder Widerspruch ist nicht einfach eine Widerlegung seiner Theorie, sondern beinhaltet den *Wunsch*,
er habe unrecht. Auf diese Weise wird jede Möglichkeit, an der Theorie
Kritik zu üben, unterboten.[21]

Ab der zweiten Auflage der *Traumdeutung* ergänzte Freud den Abschnitt über diese Träume, indem er sie »Gegenwunschträume« taufte
(SA II, 172 ff.). Diese Träume werden bei den meisten Personen ausgelöst, wenn sie zum ersten Mal mit der Psychoanalyse in Berührung
kommen. Darum plaziert Freud sie strategisch als die ersten Träume, die
nicht seine eigenen sind, unmittelbar nachdem er die Wunscherfül-
lungsthese aufgestellt und bestätigt hat: »[...] ich kann mit großer
Sicherheit darauf rechnen, einen solchen Traum hervorzurufen, nachdem ich dem Kranken die Lehre, der Traum sei eine Wunscherfüllung,
zuerst vorgetragen habe. Ja, ich darf erwarten, daß es manchem meiner
Leser ebenso ergehen wird; er wird sich bereitwillig im Traume einen
Wunsch versagen, um sich nur den Wunsch, daß ich Unrecht haben
möge, zu erfüllen.«[22] Dieses strategische Argument Freuds setzt letztlich

---

[21] Adolf Grünbaum reiht sich mit seiner logischen Widerlegung dieses Traumbeispiels in
eine lange Reihe von Kritikern ein, die sich davon gefangennehmen lassen. Siehe seinen
Text »Two new major difficulties for Freud's theory of dreams«, in: Ders., *Validation in the
clinical theory of psychoanalysis*, Madison 1993, 357–384.
[22] GW II/III, 163 f. In einer Fußnote, die Freud in der dritten Auflage (1911) an dieser
Stelle anfügte, bemerkte er, daß ihm ähnliche Gegenwunschträume »in den letzten Jahren
wiederholt von meinen Hörern berichtet« werden, »als deren Reaktion auf ihr erstes Zu-
sammentreffen mit der ›Wunschtheorie des Traumes‹« (SA II, 173).

den Leser in die Position des *Patienten*, der die Widerlegung seiner Theorien träumt. Der Patient ist immer ein Gegenwunschträumer, der sich im Widerstand befindet: Der Leser wird dahin gebracht, dieselbe Stelle einzunehmen.

Wir können den Protest des Patienten und des Kritikers an der Logik des »Heads I win, tails you lose« das Sturheitsprinzip nennen. Freud nannte es später etwas großzügiger »ein instinktives Abwehrbestreben gegen intellektuelle Neuheiten«.[23] Er sieht die Negativität des Kritikers, des Zensors, des Gegenwünschers als einen Grundzug menschlichen Verhaltens an: »Der Laie stellt die Frage: Wo ist die Wunscherfüllung? Sofort, nachdem er gehört hat, daß der Traum eine Wunscherfüllung sein soll, und indem er sie stellt, beantwortet er sie ablehnend.«[24] Freud, der diese negative Reaktion provoziert hat, sucht ihr zugleich den Wind aus den Segeln zu nehmen. Dieses Provozieren einer absoluten Opposition in der inszenierten Konfrontation von Deuter und Skeptiker demonstriert, wie bewußt die Strategie gewählt ist. Auf der einen Seite der Auseinandersetzung steht der Leser, der einfach in die sture Ablehnung von Freuds Argumenten und Deutungen getrieben werden kann. Auf der anderen Seite steht, bestens gerüstet, nicht nur der ausgekochte Deuter, sondern auch der gewitzte Träumer.

Ebenso wie der Leser Fließ im Akt sturer Opposition der Strategie des Autors Freud entsprach, ordnete sich dessen eigenes Traumleben ganz den Aufgaben unter, die beim Schreiben des Traumbuchs auftraten. So träumte er im Mai 1897 »von überzärtlichen Gefühlen für Mathilde, sie hieß aber Hella und ›Hella‹ sah ich dann nochmals fett gedruckt vor mir. Auflösung: Hella heißt eine amerikanische Nichte, deren Bild wir bekommen habe[n]. Mathilde könnte Hella heißen, weil sie unlängst über die Niederlagen der Griechen so bitter geweint hat. Sie begeistert sich für die Mythologie des alten Hellas und sieht in allen Hellenen natürlich Helden. Der Traum zeigt natürlich meinen Wunsch erfüllt, einen pater als Urheber der Neurose zu ertappen, und macht so meinen noch immer sich regenden Zweifeln ein Ende.« (FF, 31. 5. 1897, 266) Freuds Wunsch, den Vater zu ertappen, kam hier in Form einer Selbstanklage zum Ausdruck: Er träumte eine Bestätigung seiner Verführungstheorie

---

[23] Freud, »Vorlesungen zur Einführung in die Psychoanalyse« [1917], in: GW XI, 219.
[24] Ebd.

auf Bestellung. Dabei wünscht er *heller* zu sehen.[25] Träume auf Bestellung werden zum zentralen Thema, wenn Freud die *Traumdeutung* abschließt. Am Ende der Niederschrift sind die Träume nichts mehr als manchmal recht rätselhafte Kommentare zum Prozeß des Schreibens selbst: »Meine eigenen Träume erheben sich jetzt zu blödsinniger Kompliziertheit. Unlängst berichtet man mir, Annerl hätte zu Tante Minnas Geburtstag geäußert: ›An Geburtstagen bin ich meistens ein bißchen brav.‹ Darauf träume ich den bekannten Schultraum, bei dem ich in der Sexta bin, und denke dabei: ›Bei solchen Träumen ist man meistens in der Sexta.‹ Einzig mögliche Lösung, Annerl ist meine Sexta, mein sechstes Kind! Brr...« (FF, 27. 6. 1899, 391)

Der Mutwillen des Traumtheoretikers Freud, dessen Träume nichts mehr als Theorie sind, wird stets von dem eigensinnigen Leser pariert, dessen erster Impuls beim Lesen oder beim Zuhören von dessen Thesen es ist, deren Widerlegung zu träumen. Es scheint, daß die beiden ein gutes Paar abgeben. Und eben darin liegt die ganze Strategie von Freuds Schreiben: Sie geben ein gutes Paar ab. Wir haben gesehen, wie Freuds Leser dazu aufgefordert wird, dessen Interessen zu seinen eigenen zu machen, *alles* zugunsten der Übertragung aufzugeben; weiters hat sich gezeigt, wie die Rollen von Wünscher und Zensor unter Autor und Leser in einem permanenten Rollenwechsel aufgeteilt werden; und schließlich, wie vom Leser, nach dem Vorbild von allen Dialogpartnern Freuds, erwartet wird, dessen Theorien energisch zurückzuweisen und als Folge noch enger von ihnen eingenommen zu werden, indem er beginnt, sich mit Freud zu *identifizieren*.

Es gibt nun zwei diametral entgegengesetzte Formen, dieses Wechselspiel von Identifizierung und Übertragung zu bestimmen: Die erste erkennt im *autobiographischen* Träumer und Schreiber den Hauptprotagonisten des Traumbuches und stellt die Verstrickung des Lesers mit ›Freud‹ als eine Form persönlicher und intimer Verführung dar, in der Leser und Autor den perfekt choreographierten Tanz von Zeigen und Verhüllen aufführen. Doch ein Freudianer zu werden hat eine Reihe von anderen Bedeutungen. Es kann auch heißen, sich Freuds Theorien und Doktrinen anzuschließen. Das ist die zweite Art, die Prozedur zu beschreiben,

---

[25] Siehe Jones, *Leben und Werk von Sigmund Freud*, Bd. 1, 376; Anzieu, *Freuds Selbstanalyse*, Bd. 1, 143 ff.

der sich der Leser des Traumbuches unterziehen soll: sich von der *wissenschaftlichen* (im Gegensatz zur autobiographischen) Wahrheit der hier aufgestellten Theorien überzeugen zu lassen oder sie zu bestätigen. Die wissenschaftliche Strategie Freuds ist entschieden universalistisch. Die von ihm gemachten Aussagen sind nur insofern gültig, wenn sie die Form »Alle X sind Y« haben: Alle Träume sind Wunscherfüllungen.

Freud war nie besonders für den Gebrauch von Statistik empfänglich, trotz des Aufstiegs des statistischen Denkens in den Humanwissenschaften des späten 19. Jahrhunderts.[26] Eine der wenigen Statistiken, die in der *Traumdeutung* aufgeführt sind – und nach der 57,2 Prozent der Träume als »peinlich« und nur 28,6 Prozent »als positiv angenehm« qualifiziert werden können (GW II/III, 140) –, wird bezeichnenderweise bloß dem Skeptiker in den Mund gelegt, als er die Wunscherfüllungstheorie angreift. Ein statistisches Gesetz entsprach nicht gerade der Auffassung, die Freud von echter Naturwissenschaft hatte. Seine Wissenschaftsauffassung war in einer Hinsicht kühn: Er nahm es als ein Axiom, daß, wenn man Sinn in *einem* Traum gefunden hat, es methodologisch gerechtfertigt war, *alle* Träume als sinnvolle Gebilde anzusehen. Folgerichtig war Freud überzeugt, daß das Gesetz, alle Träume seien Wunscherfüllungen, sich in derselben Weise verteidigen ließ. Er hatte nicht die Vorstellung, daß es verschiedene Traumtypen geben könnte, die bestimmten Charaktertypen entsprechen (z.B. einem ›Wunscherfüllungstyp‹ im Gegensatz zu einem ›Angsttraumtyp‹). Freud nahm dagegen an, daß ein Träumer für alle stand, so wie Physiker annehmen, daß eine Masse, die der Schwerkraft unterliegt, für alle Massen steht. Damit unterscheidet sich die psychoanalytische Wissenschaftsauffassung, wie Freud sie vertritt, grundlegend von der der Statistiker, die die Streuung von Merkmalen eines Phänomenbereichs zum Forschungsgegenstand nehmen.

Für Freud stellten die Träume einer »ungefähr normalen Person«, wie er sich selbst bezeichnete (ebd., 109), eine ausreichende Grundlage dar, um eine universelle Traumtheorie aufzustellen. Die biographische Person Freud konnte nur zum Exemplar für alle Träumer und Leser werden, falls

---

[26] Alain Desrosières, *La Politique des Grands Nombres: Histoire de la Raison Statistique*, Paris 1993; Ian Hacking, *The Taming of Chance*, Cambridge 1990; Stephen M. Stigler, *The History of Statistics. The Measurement of Uncertainty before 1900*, Cambridge/MA 1986.

dieses Universalitätsaxiom standhielt.[27] Damit scheint Freud nur die
persönliche Maxime auszudehnen, die er 1882 gegenüber seiner Verlob-
ten formuliert hat: »... es ist mir unheimlich, wenn ich das Gemütsleben
eines andern nicht auf Grund des eigenen begreifen kann«.[28] Das psychoanalytische Axiom lautet folglich: ›Mich selbst zu verstehen ist sowohl notwendig und ausreichend, um irgend jemand anderen, jeder-
mann zu verstehen. Und Du, lieber Leser, sollst es mir gleichtun, und
indem Du mich zu verstehen suchst, wirst Du Dich selbst so verstehen,
als ob Du ich wärst.‹

Freud war zweifellos ein ehrgeiziger Mann. Einer der Höhepunkte des
Traumbuches, das »Hauptstück der Deutungsleistung« (FF, 21. 9. 1899,
411), war seine Deutung des *Non-vixit*-Traums, in dem er seinen Freunden Todeswünsche zur Nährung ihres eigenen Ehrgeizes unterstellte.
»Weil er herrschsüchtig war, darum erschlug ich ihn« ist eines seiner
Hauptthemen (GW II/III, 488). Freud inszeniert hier wiederum ein Ver-
steckspiel mit dem Leser und hält die »volle Lösung« der vom Traum bereiteten Rätsel zurück, mit der Erklärung, er sei nicht fähig, »die Rücksicht auf so teure Personen meinem Ehrgeiz aufzuopfern« (ebd., 425).
Doch sechzig Seiten später vollzieht er genau dieses Opfer, indem er seinen eigenen Ehrgeiz in der Form eines erfolgreich gedeuteten Traumes
öffentlich werden läßt. Die Traumgedanken Freuds, die um den frühen
Tod seines eigenen Bruders und den Verlust seines Spielkameraden aus
Kindertagen kreisen, beinhalten die Feststellung: »Es ist niemand unersetzlich.« (Ebd., 489) Beim Abfassen dieses Teils schrieb er mit Befriedigung an Fließ: »In dem Traum ›non vixit‹ freue ich mich, Dich überlebt
zu haben; ist es nicht arg, so etwas andeuten, für jeden Wissenden also
heraussagen zu müssen?« (FF, 21. 9. 1899, 411) Eine der ersten Leserin-
nen des Buches, die Witwe von Freuds Freund Josef Paneth, jene Frau,
die Freud gerne als Patientin gehabt hätte, lieferte ihm eine Deutung, die
an Deutlichkeit nichts zu wünschen übrigließ: Sie beendete ihre

---

[27] Diese anti-statistische Wissenschaftsauffassung begründet auch eine Reihe von Unterschieden zwischen Freud und seinen Kritikern, etwa in der Frage, wie viele Fälle es braucht,
um Verallgemeinerungen aufzustellen, oder was in der psychoanalytischen Praxis überhaupt
als »Fall« gilt. Vgl. zu diesem Themenkomplex, John Forrester, »If *p*, then what? Thinking
in cases«, in: *History of the Human Sciences* 9 (1996), H. 3, 1–25.
[28] Freud an Martha Bernays, 29. 10. 1882, zitiert nach Jones, *Leben und Werk von
Sigmund Freud*, Bd. 1, 374.

langjährige Freundschaft mit Freud und setzte damit ihre Widerlegung seines Traumgedankens in die Tat um. ›Wenn Du denkst, daß niemand unersetzlich ist, wird Dir *meine* Freundschaft nicht mehr fehlen.‹ Indem Freud den Traum publizierte – und es auf derartige Reaktionen abgesehen hatte –, machte er kund, daß er sich mehr für seine Leser als für seine Freunde interessierte: Sein Wunsch war, unsterblich zu werden, ohne Rücksicht auf Verluste.[29]

Doch wird dieser Ehrgeiz am Ende seiner Deutung offenbar sublimiert, wenn Freud die rhetorische Frage stellt, die dem grundlegenden Wunsch des Traumes entspricht: »Und schließlich, ist Kinder haben nicht für uns alle der einzige Zugang zur *Unsterblichkeit*?« (GW II/III, 491) Die Kinder werden so als die vollständigste Befriedigung seines Ehrgeizes ausgegeben. Mit diesem Satz gibt Freud seinen wahren Traumwunsch jedoch nicht preis – das ungestillte Verlangen nach Unsterblichkeit –, sondern speist den Leser mit einer Sentenz ewiger Weisheit ab. Indem er dies tut, setzt er seinen Ehrgeiz in die Wirklichkeit um: Die Leser – und nicht seine Kinder – werden die Garantie für seine Unsterblichkeit abgeben. So wäre es für den letzten Absatz dieses Deutungskunststücks, ein dem Ehrgeiz errichtetes Denkmal, wohl passender gewesen, in einer leicht veränderten Version zu schließen: »Und schließlich, ist Leser haben nicht für uns alle der einzige Zugang zur Unsterblichkeit?«

Freuds Freundschaft mit Fließ überdauerte den Abschluß der Traumdeutung nicht sehr lange. Ihr letzter »Kongreß« im August 1900 endete in einem Streit, der zwar kurz ausgesöhnt, doch nie mehr ganz gekittet werden konnte. Als Freud *Die Psychopathologie des Alltagslebens* zu schreiben begann, war nicht mehr Fließ sein erster Leser. Und im Sommer 1901 ergriff Freud Partei für einen anderen seiner ersten Leser, Oskar Rie, und später sogar für Josef Breuer gegen seinen Freund Wilhelm. Etwas, das Fließ entweder im Streit des vorigen Jahres oder in einem kritischen Brief geschrieben hatte, ärgerte ihn zutiefst: »Du [...] nimmst Partei gegen mich und sagst mir, was alle meine Bemühungen entwertet: ›Der Gedankenleser liest bei den anderen nur seine eigenen Gedanken.‹ Wenn ich so einer bin, so wirf mein Alltagsleben nur ungelesen in den Papierkorb. Es ist voll von Beziehungen auf Dich, manifesten, zu denen

---

[29] Für weitere Einzelheiten zu diesem Vorfall siehe Appignanesi/Forrester, »Der Traum der Psychoanalyse«, in: Dies., *Die Frauen Sigmund Freuds*, 163–210.

Du das Material geliefert, und versteckten, bei denen das Motiv auf Dich zurückgeht. [...] Von allem Bleibenden des Inhalts abgesehen, kann es Dir Zeugnis für die Rolle ablegen, die Du bei mir bis jetzt gespielt hast. Nach solcher Ankündigung darf ich Dir dann wohl die Arbeit wortlos schicken, wenn sie in meine Hände gelangt.« (FF, 7. 8. 1901, 492)

Es überrascht nicht und scheint ganz legitim, daß Freuds erster Leser auch der erste sein sollte, der diese grundlegende Kritik am Gedankenleser Freud vorbrachte. Doch liegt in dem Vorwurf eine Zweideutigkeit: Meinte Fließ, daß Freud seine eigenen Gedanken in andere hineinlas, um sie dann dort vorzufinden, ohne zu wissen (oder im vorgeblichen Nichtwissen), daß er selbst sie ihnen untergeschoben hatte? Oder warf er ihm vor, daß er nur das sehen konnte, was seine eigenen Gedanken ihm zu sehen erlaubten, und somit nur die Gemeinsamkeiten erkennen konnte, die er mit anderen aufwies? Die Zweideutigkeit beruht auf dem Unterschied von »die eigenen Gedanken *in* den anderen hineinlesen« und »die eigenen Gedanken *im* anderen lesen«: dem Unterschied von Projektion und Identifizierung.[30] Die eigenen Gedanken *im* anderen lesen entspricht genau der exemplarischen Rolle, die Freud zufolge seine eigenen Träume notwendigerweise spielten, und damit auch der Strategie, die Träumer, Patient und Leser unauflöslich miteinander verknüpft. Am Ende ihrer Freundschaft verweigerte Fließ allerdings, dieses Spiel weiterzuspielen, als er die Wirkungen verspürte, die die Position des ersten Lesers mit sich brachte.

Freud war mit seinem ersten Leser aber noch nicht fertig. Im September 1901 machte er deutlich, wie er den Vorwurf des Gedankenlesens auslegte: »Es hat mir leid getan, den ›einzigen Publikum‹, wie unser Nestroy sagt, zu verlieren. Für wen schreibe ich denn noch? Wenn Du also in dem Moment, da eine Deutung von mir Dir Unbehagen macht, bereit bist zuzustimmen, daß der ›Gedankenleser‹ nichts am anderen errät, sondern nur seinen eigenen Gedanken projiziert, bist Du wirklich mein Publikum auch nicht mehr, mußt Du die ganze Arbeitsweise für ebenso wertlos halten wie die anderen.« (FF, 19. 9. 1901, 495) Freud reagierte auf diesen Verlust seines ›einzigen Publikums‹, indem er seine jüngste Publikation (den ›Fall Dora‹) von der Publikation zurückzog und

---

[30] Der Doppelsinn wird im Englischen einfacher mit »reading his own thoughts *into*« und »reading his own thoughts *in*« ausgedrückt (AdÜ).

auf eine Anekdote über Nestroy anspielte: »Nestroy soll, als er einmal durchs Guckloch vor einem Benefize schauend nur zwei Personen im Parterre erblickte, ausgerufen haben: Den einen ›Publikum‹ kenn' ich, der hat eine Freikarte. Ob der andere Publikum auch eine Freikarte hat, weiß ich nicht.« (FF, 11. 3. 1902, 501)

Damit hatte Freud die Leserfunktion in zwei Hälften gespalten: Die eine war überflüssig geworden bis zu dem Punkt, wo der ohne sie zustande gekommene Text ohne großen Verlust in den Papierkorb geworfen werden konnte (das ist der ›Publikum‹, der sicher eine Freikarte hat). Die andere Hälfte jedoch war unabdingbar geworden, und deshalb konnte Freud seine Fallgeschichte nicht publizieren: Fließ war nicht mehr da, um sie zu lesen. Die Unsicherheit, ob auch dieser Leser eine Freikarte hatte, war ihm unerträglich: Freud würde zumindest nicht so die Bühne der Öffentlichkeit betreten.

Das Ausfallen der von Fließ eingenommenen Leserfunktion läßt sich nicht auf einen Kampf von Projektionen und Identifizierungen reduzieren. Zwischen 1901 und 1905 ging die Publikationstätigkeit von Freud drastisch zurück, und dieser Zeitraum stellt den größten Einbruch in seinem Schreiben dar. Dementsprechend ist das historische Wissen über diesen Abschnitt von Freuds Leben gering. Erst nach 1906, wenn eine Reihe von Platzhaltern (Jung, Ferenczi, Abraham, Jones) die Funktion von Fließ als Korrespondent und Leser zu erfüllen beginnt, wird diese Lücke wieder gefüllt: Aus diesen Schriftwechseln erfahren wir sowohl den Fortgang von Freuds Leben als auch die zunehmende Ausbreitung der psychoanalytischen Bewegung. Das Kontinuum, das vom privaten Korrespondenten zum Anhänger und Mitglied der institutionalisierten Psychoanalyse verläuft, wird an beiden Enden vom Leser besetzt: am einen Ende steht Fließ als der unabdingbare »Repräsentant des ›Anderen‹« (FF, 21. 9. 1899, 410), am anderen die »weiteren Kreise von Gebildeten und Wißbegierigen« (GW II/III, IX), die Freud im Vorwort zur zweiten Auflage der *Traumdeutung* an der äußeren Grenze der psychoanalytischen Bewegung verortete. Die Grenzziehung erfolgte 1908 im Ton des mißverstandenen und erbitterten Autors: Weder die »Kollegen von der Psychiatrie« noch die »Philosophen von Beruf« und die »wissenschaftliche Buchkritik« zählten mehr als Zielpublikum, auch die »kleine Schar von wackeren Anhängern« genügte Freud nicht (ebd.). Ein allgemeines Lesepublikum sollte seine in »diesem schwer lesbaren Buche« aufgestellten Theorien testen: potentielle Patienten und Selbstanalytiker, potentielle Freudianer.

In seinem Vorwort zur zweiten Auflage plazierte Freud mit Nachdruck die ignoranten Widerständler und die begeisterten Anhänger auf einer Seite und identifizierte sie mit zwei verschiedenen Haltungen seiner wissenschaftlichen Leserschaft. Die Strategie des Traumbuches fordert den Leser auf, die Erfahrung der Analyse von beiden Seiten her zu machen: als Traumdeuter (was bei vielen Anhängern den Drang noch steigert, Freud um eine Nasenlänge voraus zu sein) und als Träumer.[31] Dabei teilt sich die Position des Lesers in drei verschiedene: Insofern der Leser sich, auf die explizite Aufforderung hin, mit Freud identifiziert und seine Interessen zu seinen eigenen macht, wird er selbst zum Gegenstand der Träume, die er analysiert. Sobald der Leser die Rolle des witzigen und skeptischen Patienten annimmt, wozu ihn Freuds rhetorische Strategie einlädt, begibt er sich in den Widerstand: Damit wird er ein notwendiger Bestandteil jeder psychoanalytischen Kultur, denn die Psychoanalyse benötigt ihre Feinde, um ganz sie selbst zu sein. Und wenn der Leser den Autor Freud beim Wort nimmt und die Technik an seinen eigenen Träumen ausprobiert, wird er zum Freudianer und somit Teil einer Kultur, die freudianische Deutungen als gegeben nimmt.

Diese Analyse der Leserfunktion ermöglicht auch eine Unterscheidung zweier verschiedener Formen, ein Freudianer zu sein. Der Freudianer, den *Die Traumdeutung* hervorbringen soll, ist ein Leser, der zu deuten weiß – oder zumindest weiß, was deuten heißt – und notwendigerweise, durch einfallsreiche Übertragung, auch weiß, was es heißt, seine Träume gedeutet zu bekommen. Der Leser des Buches ist somit zuallererst nicht ein Freudianer in dem Sinn, daß er – aus quasi-religiösen oder quasi-wissenschaftlichen Gründen – an Freuds Theorien *glaubt*, oder in dem Sinn, daß er durch seinen Berufsstand dazu *qualifiziert* ist, die Psychoanalyse zu praktizieren. In Gegensatz zu den stärker professionspolitisch disziplinierten Ansichten seiner Schüler und

---

31 Lacan versuchte, sich von diesem Drang, Freud besser zu analysieren, als dieser selbst es vermochte, zu distanzieren: »Ich bin nicht im Begriff, die Analyse von Freuds Traum selbst noch einmal nach Freud durchzuführen. Das wäre absurd. Ebensowenig wie es in Frage kommt, verstorbene Autoren zu analysieren, kann die Rede davon sein, Freuds eigenen Traum besser als er selbst zu analysieren. Wenn Freud seine Assoziationen abbricht, hat er seine Gründe dafür.« (Sém II 183/196, deutsche Übersetzung modifiziert)

Mitstreiter beharrte Freud zunächst darauf, daß die Selbstanalyse, und im besonderen die Analyse der eigenen Träume, der Königsweg in der psychoanalytischen Ausbildung sei: »Die Traumdeutung ist in Wirklichkeit die Via Regia zur Kenntnis des Unbewußten, die sicherste Grundlage der Psychoanalyse und jenes Gebiet, auf welchem jeder Arbeiter seine Überzeugung zu gewinnen und seine Ausbildung anzustreben hat. Wenn ich gefragt werde, wie man Psychoanalytiker werden kann, so antworte ich, durch das Studium seiner eigenen Träume.«[32] So äußerte sich Freud, als er 1909 zum ersten Mal in den USA vor ein größeres Publikum trat, um über die Psychoanalyse zu sprechen. Und auch da war der kritische Zensor stets anwesend und wurde sogleich mit dem nächsten Satz bedacht: »Mit richtigem Takt sind alle Gegner der Psychoanalyse bisher einer Würdigung der ›Traumdeutung‹ ausgewichen oder haben mit den seichtesten Einwendungen über sie hinwegzukommen getrachtet.«[33]

Auch noch nach der Institutionalisierung der Psychoanalyse äußerte sich Freuds Vorliebe für Autodidakten. Als Ernest Jones 1924 Pickworth Farrow, einen ›wilden‹ Analytiker, mit der Diagnose ›Dementia praecox‹ zu diskreditieren suchte, verteidigte Freud ihn mit dem Hinweis, daß er »ein sehr tüchtiger, ›shrewd‹ Mann« sei, »der bei zwei Analytikern kein Glück gehabt hat, seither Selbstanalyse treibt und ganz ernsthafte Funde macht«.[34] Er war Farrow und seinem Vorgehen so sehr geneigt, daß er eine Vorbemerkung zu seinem Text verfaßte, in der er implizit Psychoanalytiker wie Jones zurechtwies, die der Meinung waren, die heroische Ära der Selbstanalyse sei zu Ende und durch ein hierarchisch strukturiertes, gut funktionierendes Ausbildungssystem ersetzt: »Der Verfasser ist mir als Mann von starker und unabhängiger Intelligenz bekannt, der wahrscheinlich infolge einer gewissen Eigenwilligkeit mit den zwei Analytikern, mit denen er es versuchte, nicht zurechtkommen konnte. Er wandte sich dann zur konsequenten Anwendung des Verfahrens der

---

[32] Freud, »Über Psychoanalyse. Fünf Vorlesungen, gehalten zur zwanzigjährigen Gründungsfeier der Clark University in Worcester, Mass., September 1909«, in: GW VIII, 32.
[33] Ebd.
[34] Freud an Jones, 16. 11. 1924, in: Sigmund Freud und Ernest Jones, *Briefwechsel 1908–1939. Originalwortlaut der in Deutsch verfaßten Briefe Freuds*, Frankfurt am Main 1993, 32.

Selbstanalyse, dessen ich mich seinerzeit zur Analyse meiner eigenen Träume bedient habe. Seine Resultate verdienen gerade wegen der Besonderheit seiner Person und seiner Technik Beachtung.«[35]

Die hier verfolgte Stoßrichtung ist klar: Ein Leser der *Traumdeutung* mag mit der institutionalisierten Psychoanalyse nicht zurechtkommen, doch solange er sich an das Verfahren der Selbstanalyse seiner eigenen Träume hält, wird er sich letztlich immer als der bessere Freudianer herausstellen. Wenn wir von diesem Fall zu der allgemeinen Ausgangsfrage zurückkehren, wie die Selbstanalyse und die institutionalisierte Psychoanalyse aufeinander zu beziehen sind, so wird deutlich, welche Form der Lektüre die echten Freudianer hervorbringt. Zweifellos ist die Freudlektüre ein wesentlicher Bestandteil der psychoanalytischen Ausbildung. Doch nicht dieser Zug macht die Besonderheit der internationalen psychoanalytischen Bewegung aus. Das Rückgrat der Psychoanalyse sind die Leser Freuds, nicht die von der Institution anerkannten Psychoanalytiker. Keine institutionell verankerte Diskurspolizei kann die ›wilde Analyse‹ stoppen, die den Effekt von Freuds Schreiben bildet, und die Konstitution des Lesers ist eine der wichtigsten Leistungen dieser Diskursform.[36]

Freud gehört in diesem Jahrhundert in der westlichen Welt bis zum heutigen Tag zu den Bestsellern der nicht zur Belletristik zählenden Taschenbücher. Die Freudlektüre ist der obligate Punkt, den jeder zu passieren hat, der Zugang zur Psychoanalyse erlangen will: Ein Freudianer wird man zuallererst, indem man liest.[37] Dieser Umstand unterscheidet die Psychoanalyse von anderen wissenschaftlichen, kulturellen oder politischen Bewegungen, selbst vom Darwinismus trotz der vielen Ähnlichkeiten, die Texte wie *On the origin of species* und *Die Traumdeutung* aufweisen. Angesichts dieser besonderen Merkmale ist Freuds Präsenz in den Geisteswissenschaften, die sich auf die Ausbildung von

---

35 Freud, »Bemerkung zu E. Pickworth Farrow's ›Eine Kindheitserinnerung aus dem 6. Lebensmonat‹« [1926], in: GW XIV, 568.

36 Michel Foucault hat dies genau erkannt, als er feststellte, daß Autoren wie Marx und Freud »nicht nur die Autoren ihrer Werke, ihrer Bücher sind. Sie haben noch mehr geschaffen: die Möglichkeit und die Regeln zur Bildung neuer Texte [...], sie haben eine unbegrenzte Möglichkeit zum Diskurs geschaffen« (Michel Foucault, »Was ist ein Autor?«, in: Ders., *Schriften zur Literatur*, München 1974, 24; Übersetzung modifiziert).

37 Zur Theorie der »obligaten Durchgangspunkte« (*obligatory passage points*), siehe Bruno Latour, *Science in Action*, Cambridge/MA 1987.

Lesetechniken spezialisieren, dem Charakter seiner Erfindungen ange-
messen. Sobald Psychoanalytiker ihre Institutionen und Praktiken nur
noch an Modellen der Statistik, Medizin oder der Hypnose orientieren,
mißtrauen sie notwendigerweise diesen anderen Freudianern. Doch in
ihrem Mißtrauen und ihren Versuchen, die Grenzen zwischen den zu-
ständigen Experten und den Laien zu überwachen, verkennen sie das
volle Ausmaß der Leistung Freuds: nämlich jene Übertragungsmaschine
erfunden zu haben, die wir als *Die Traumdeutung* kennen.

[Aus dem Englischen übersetzt von Andreas Mayer]

Lydia Marinelli / Andreas Mayer

**Vom ersten Methodenbuch zum historischen Dokument.
Sigmund Freuds *Traumdeutung* im Prozeß ihrer Lektüren
(1899–1930)**

> »Rabbi Chisda hat gesagt: Ein Traum, den man nicht
> deutet, ist wie ein Brief, den man nicht liest.«
> *Talmud* (Berachot 55a)

Die Traumdeutung, 1899 von Sigmund Freud veröffentlicht und auf das
Jahr 1900 vordatiert, erlebte innerhalb von dreißig Jahren acht verschiedene Auflagen. Eine Geschichte dieses Buches und seiner Veränderungen
zu schreiben heißt zunächst, seine vermeintliche Einheit zu problemati-
sieren, die durch seine Eingliederung in ein Werkkorpus unerschütter-
lich befestigt scheint. Das Buch und das Werk bilden Einheiten, die sich
der historischen Analyse oft als unmittelbar und gegeben aufdrängen: sei
es in Form einer Begriffsgeschichte, die eine rein immanente Lektüre im
Korpus eines Werks unternimmt, einer Editionsgeschichte, die die Varianten eines Werks registriert, oder einer Rezeptionsgeschichte, die das
Buch als materielle Einheit faßt, das von verschiedenen Publikumskrei-
sen ausgelegt oder zu unterschiedlichen Zwecken gebraucht wird. In all
diesen Fällen wird eine Gegenständlichkeit vorausgesetzt, deren Bedingungen ihrerseits erst historisch zu beschreiben und zu analysieren sind.
Diese trügerischen Einheiten lassen sich zunächst erschüttern, wenn sie
zugunsten einer Beschreibung und Abgrenzung jenes Felds von Ereignissen suspendiert werden, in dem sie sich herausgebildet haben.[1] In
ihrer ersten Gestalt ist *Die Traumdeutung* auf ein heterogenes Feld bezogen, in dem an verschiedenen Orten (der Studierstube des Gelehrten,
den Laboren der Traumforscher, den psychiatrischen Kliniken und nervenärztlichen Privatpraxen) psychologisches Wissen durch Praktiken
»psychischer Analyse« hergestellt wird. Nach einer Rekonstruktion dieses Beziehungsgefüges läßt sich die Frage, welche Ereignishaftigkeit dem
Buch selbst zukommt, anders stellen.

Die Begründung der Psychoanalyse als einer neuen Wissenschaft
scheint mit einem einzigartigen und unwiederholbaren Ereignis zusam-
menzufallen: der »Selbstanalyse« Sigmund Freuds. »Wie bei allen bahn-
brechenden Leistungen, so fällt es auch hier der Nachwelt schwer, die

---

[1] Vgl. dazu Michel Foucault, *Archäologie des Wissens*, Frankfurt am Main 1973.

ganze Bedeutung dieser Tat zu ermessen. Ihre Einzigartigkeit bleibt
bestehen. Einmal vollbracht, ist sie es für immer, und keiner kann je
wieder als erster jene Tiefen ergründen.«[2] In dieser Metaphorik einer tief-
schürfenden Entdeckungsgeschichte inszenierte Freuds Biograph Ernest
Jones die Selbstanalyse als den heroischen Gründungsakt der Psychoanalyse. Diese nachträgliche Inszenierung verstellt nach wie vor den
Blick darauf, worauf sich dieses Ereignis bezieht: auf die Veröffentlichung eines Buches, das die in ihm beschriebenen Verfahren der Deutungstechnik auf einen lesenden, träumenden und traumlesenden Nachvollzug hin entwirft. Damit erhält der Prozeß der *Lektüre* für die
Ausbildung der psychoanalytischen Traumdeutung einen zentralen
Status.[3] Das Erscheinen der *Traumdeutung* wird im folgenden als ein
spezifisches wissenschaftshistorisches Ereignis beschrieben, das an Formen psychologischer Selbstbeobachtung anknüpft, um davon ausgehend neue Techniken der Selbst- und Fremdwahrnehmung zu ermöglichen.

Wenn *Die Traumdeutung* als der Gründungstext einer neuen Wissenschaft aufgefaßt wird, so stellt sich auch die Frage, in welchen Formen
dieser Text sichtbare Evidenz für die in ihm aufgestellte Theorie hervorbringen konnte. Denn vorderhand läßt sich die Psychoanalyse nicht auf
eine Textwissenschaft reduzieren, die sich nur durch Exegesen der
Träume ihres Begründers fortschreibt: Sie reklamiert, zuallererst eine Er-
fahrungswissenschaft zu sein. Neben dem sich in der Selbstanalyse üben-
den Subjekt ist der soziale Ort, an dem ihre psychologischen Theorien
entwickelt und getestet werden, die Privatpraxis des Nervenarztes. Zwar
ähnelt die »psychoanalytische Situation«, wie zuweilen hervorgehoben

---

[2] Ernest Jones, *Das Leben und Werk von Sigmund Freud. Bd. 1: Die Entwicklung zur Persönlichkeit und die großen Entdeckungen*, Bern 1960, 373. Die Selbstanalyse wurde zu dieser Zeit – nach der Teilveröffentlichung von Freuds Briefen an Wilhelm Fließ – erstmals
ausführlicher thematisiert. Vgl. vor allem das zuerst 1959 erschienene, inzwischen in dritter Auflage vorliegende Buch von Didier Anzieu, *Freuds Selbstanalyse und die Entdeckung
der Psychoanalyse*, 2 Bde., Stuttgart 1990.
[3] In letzter Zeit haben vor allem Kulturhistoriker begonnen, Buch- und Verlagsgeschichte
wieder verstärkt in die Wissenschaftsgeschichte einzubürgern. Die Arbeiten von Robert
Darnton und Roger Chartier haben dazu beigetragen, den Akzent von einer produktorien-
tierten Geschichte wissenschaftlichen Publizierens zu einer Historisierung von multiplen
Lektüreprozessen hin zu verschieben. Vgl. dazu die Beiträge in Roger Chartier (Hg.), *Pratiques de la lecture*, Paris 1993; ders., *Forms and Meanings. Texts, Performances, and Audien-
ces from Codex to Computer*, Philadelphia 1995.

worden ist, einer Laborsituation,[4] doch werden ihre wissenschaftlichen Erkenntnisse nur durch bestimmte Repräsentationsformen vermittelt zugänglich, da der klinische Ort ihrer Herstellung kein öffentlicher ist. Mit der Abwesenheit von Lehr- und Vermittlungssituationen, in denen die klinische Praxis für Dritte hör- und sichtbar gemacht wird, erhält das Medium Text somit für den Nachvollzug und die Ausbildung der Erfahrung zwar keinen exklusiven, aber doch einen ungleich höheren Stellenwert als in anderen Disziplinen.

Die Lesbarkeit von Träumen läßt sich in der Psychoanalyse daher nicht als ursprünglich bestimmen, sondern als »sekundäre *Mitlesbarkeit*«, die aus Konflikten und Kompromissen zwischen dem Autor und verschiedenen Leserkreisen resultiert.[5] Wir werden die verschiedenen Lektüren, die Freuds Buch in den ersten dreißig Jahren erfahren hat, hier in drei Phasen unterteilen: eine erste Phase, in der *Die Traumdeutung* als Ersatz für ein erstes Methodenbuch fungiert (1899–1908), eine zweite Phase, in der Freud und seine Schüler in einem kollektiven und zunehmend konflikthaften Prozeß das Buch in die Richtung eines Symbollexikons zu erweitern suchen (1909–1918), und eine dritte Phase, in der es zum »historischen Dokument« erklärt wird (1919–1930).

Die Lektüren in diesen verschiedenen Zeiträumen sind nicht nur durch spezifische soziale und epistemische Konfigurationen geprägt, sondern auch allgemeiner durch das Hervortreten bestimmter Kommunikationsmedien. So spielt in der Anfangszeit der persönliche Kontakt zu Freud für sich in der Methode übende Leser eine zentrale Rolle. Hier stellt das Buch noch den »Vorläufer« einer Einführung in die nur in Ansätzen mitgeteilte psychoanalytische Technik dar: Diese wird oft in Form von ›Briefanalysen‹ mit dem Autor erlernt, in einem Prozeß, in dem sich Lesen, Schreiben und Träumen abwechseln. In der zweiten Phase, die sich wissenssoziologisch als die der »Zeitschriftenwissenschaft« charakte-

---

[4] Vgl. Karin Knorr-Cetina, »The Couch, the Cathedral, the Laboratory. On the Relationship between Experiment and Laboratory in Science«, in: Andrew Pickering (Hg.), *Science as Practice and Culture.* Chicago/London 1992, 113–138; Isabelle Stengers, *La volonté de faire science à propos de la psychanalyse*, Le Plessis-Robinson 1992.

[5] Hans Blumenberg erinnert an diese Eigenheit der Psychoanalyse, die ein nahtloses Anschließen an ein philosophisches (hermeneutisches) Projekt erschwert, wenn er schreibt: »Lesbarkeit als Darbietungsform des Gegenstands der Erfahrung ist ein Artefakt, ein Derivat aus einem Kompromiß.« (*Die Lesbarkeit der Welt*, 2. Aufl., Frankfurt am Main 1983, 342)

risieren läßt, treten die Zeitschriften als ein für die Psychoanalyse neues Medium hinzu und wirken, indem sie eine expandierende populäre Deutungskultur befördern, auf das Buch selbst zurück. Damit ist eine zunehmende Erweiterung des Textes verbunden, die über den klinischen Kontext hinausweist: Das Projekt der immer mehr in Mythos und Literatur ausufernden Sammelforschung zur Symbolik soll der *Traumdeutung* universelle Gültigkeit verschaffen. Das Sammeln und Veröffentlichen von »Material«, aber auch die zunehmende Mitteilung von technischen Regeln in den neugegründeten Organen wird zum Motor der »Fortschritte« der Psychoanalyse als einer wissenschaftlichen Bewegung und bringt eine Reihe von theoretischen, methodologischen und moralischen Problemen hervor, die sich in den Veränderungen der *Traumdeutung* niederschlagen. In der abschließenden Phase schließlich kommt es nicht nur zu einer zunehmenden Historisierung des Textes durch Freud selbst, sondern auch zu dessen versuchter Kontrolle durch Eingliederung in den 1919 gegründeten Internationalen Psychoanalytischen Verlag. Dieser Prozeß, in dem das Buch zum »historischen Dokument« und zum »Klassiker« erklärt wird, kann jedoch nicht nur auf seine Kanonisierung und die Durchsetzung einer legitimen institutionell regulierten Lektüre beschränkt werden: Er öffnet ein weiteres Problemfeld, in dem sich die Frage nach der Übersetzbarkeit des Buches stellt.

I. Lesen, Schreiben, Träumen.
Die Traumdeutung als Ersatz für ein Methodenbuch

1. Zwischen Widerstand und Widerspruch: Laien- und Fachleser

> »Es scheint, daß Traumdeuten schwieriger für andere ist, als ich es angegeben habe.«
> Sigmund Freud an Wilhelm Fließ (26. 11. 1899)

Freud hatte seine in der *Traumdeutung* entworfene Theorie an seinem eigenen Fall – »einer ungefähr normalen Person« (EA, 71 [GW II/III, 109 f.]) – demonstriert, allerdings ohne die Details seiner Deutungsmethode allgemein mitzuteilen. Erst 1904 erschien eine erste von ihm verfaßte Darstellung über »Die Freudsche psychoanalytische Methode« in

Leopold Löwenfelds Buch über *Die psychischen Zwangserscheinungen*, wo es hieß:

»Die Details dieser Deutungs- oder Übersetzungstechnik sind von Freud noch nicht veröffentlicht worden. Es sind nach seinen Andeutungen eine Reihe von empirisch gewonnenen Regeln, wie aus den Einfällen das unbewußte Material zu konstruieren ist, Anweisungen, wie man es zu verstehen habe, wenn die Einfälle des Patienten versagen, und Erfahrungen über die wichtigsten typischen Widerstände, die sich im Laufe einer solchen Behandlung einstellen. Ein umfangreiches Buch über die *Traumdeutung*, 1900 von Freud publiziert, ist als Vorläufer einer solchen Einführung in die Technik anzusehen.«[6]

Diesen Vorläuferstatus behielt das Traumbuch bis 1911, als Freud begann, die zuerst in Form einer »Allgemeinen Methodik der Psychoanalyse« angekündigte Einführung in die Technik in einer Reihe von verschiedenen kurzen Aufsätzen zu publizieren.[7] Den ersten Lesern und Kritikern stellte sich damit das Problem, auf welche Weise sich das Deuten von Träumen nach Freuds Methode überprüfen ließ. Das primäre Zielpublikum des Buches wurde bereits in der Vorbemerkung »im Umkreis neuropathologischer Interessen« verortet (EA, o. S. [GW II/III, VII]), womit nicht eine spezielle Disziplin angesprochen war, sondern jenes heterogene Feld, in dem sich Philosophen, Neurologen und Psychiater am Ende des 19. Jahrhunderts um die Ausarbeitung einer wissenschaftlichen Psychologie bemühten. Die Form, in der sich der Autor der *Traumdeutung* an die Fachwelt richtete, war allerdings zweideutig gehalten, denn seine im zweiten Kapitel demonstrierte Methode sollte der herrschenden Wissenschaft widersprechen und der »Laienwelt« recht geben: »Ich habe einsehen müssen, dass hier wiederum einer jener nicht seltenen Fälle vorliegt, in denen ein uralter, hartnäckig festgehaltener Volksglaube der Wahrheit der Dinge näher gekommen zu sein scheint als das Urtheil der heute geltenden Wissenschaft. Ich muß behaupten, dass der Traum wirklich eine Bedeutung hat, und dass ein wissenschaftliches Verfahren der Traumdeutung möglich ist.« (EA, 68 [GW II/III, 104])

---

[6] Sigmund Freud, »Die Freudsche psychoanalytische Methode« [1904], in: GW V, 7.
[7] Zwischen 1908 und 1910 schrieb Freud an dieser Abhandlung, deren Erscheinen er auf dem Zweiten Internationalen Psychoanalytischen Kongreß in Nürnberg ankündigte, die er aber später wieder fallenließ. Vgl. Freud, »Die zukünftigen Chancen der psychoanalytischen Therapie« [1910], in: GW VIII, 104–115.

Mit solchen rhetorischen Strategien wurde der »Laienmeinung«, jeder Traum habe einen Sinn, zwar recht gegeben, jedoch nur insoweit, als sich deren »dunkle Ahnung« in Theorie *übersetzen* und durch ein wissenschaftliches Verfahren als allgemein gültig erweisen läßt (EA, 66 [GW II/III, 100]).[8]

Diese besondere Übersetzung, die eine wissenschaftliche Psychologie des Traumes benötigt, um Intuitionen in theoretische Wahrheiten zu verwandeln, soll sich in der ersten Konzeption der *Traumdeutung* in Form einer ›Übertragungsbeziehung‹ vollziehen, die den Prozeß des Lesens und letztlich auch des Träumens strukturieren kann. In diesem Sinn war das *Buch* zunächst als ein zentrales Vermittlungsmedium psychoanalytischer Techniken konzipiert: Die Lektüre der Träume des Autors sollte die Lesenden dazu bringen, ihre eigenen Träume anders zu lesen.[9] Diese neue Lektüre grenzte Freud zunächst von der »populären« symbolischen Chiffriermethode ab, die über einen universellen Übersetzungsschlüssel zu verfügen scheint. Dagegen setzte er im zweiten Kapitel seines Buches ein Verfahren, das er alternierend als »Selbstanalyse« und »kritiklose Selbstbeobachtung« bezeichnete. Daß die »Selbstanalyse« hier als eine neue Variante psychologischer »Selbstbeobachtung« eingeführt wird, zeigt bereits die geringe Häufigkeit an, mit der die erste Bezeichnung in dem 1899 veröffentlichten Buch im Gegensatz zur zweiten aufscheint.[10] Diese neue Form der Selbstbeobachtung wird anhand der niedergeschriebenen Traumbeispiele zwar als eine »Deutungskunst« demonstriert, doch nicht als ein allgemeines regelhaftes Verfahren beschrieben. Im weiteren Verlauf des Textes wird die Selbstanalyse selbst zum Thema eines Traums, in dem Freud sein eigenes Becken präpariert: »Die Präparation bedeutet die Selbstanalyse, die ich gleichsam durch die Veröffentlichung des Traumbuches vollziehe, die mir in Wirklichkeit so

---

[8] In einer ähnlichen Wendung fordert die *Psychopathologie des Alltagslebens*, Freuds von den Zeitgenossen meistbeachtetes Werk, die Umsetzung »von *Metaphysik* in *Metapsychologie*« (Berlin 1904, 83 [GW IV, 288]).

[9] Vgl. dazu den Aufsatz von John Forrester in diesem Band.

[10] Nur viermal ist in der Erstausgabe von »Selbstanalyse« die Rede, zunächst im Plural und in Anführungszeichen (EA, 71), wobei das Wort austauschbar mit der viel häufiger erwähnten »Selbstbeobachtung« gebraucht wird. Die »Selbstanalyse« wird auch in späteren Veröffentlichungen Freuds nur selten erwähnt, wie sich aus der Freud-Konkordanz ersehen läßt. Vgl. Samuel A. Guttman u. a. (Hg.), *Konkordanz zu den »Gesammelten Werken« von Sigmund Freud*, Bd. 5, Waterloo 1995, 4708 f.

peinlich war, dass ich den Druck des bereitliegenden Manuscriptes um mehr als ein Jahr aufgeschoben habe.« (EA, 278 [GW II/III, 481]) Damit wird der *Vollzug* der Selbstanalyse mit der *Veröffentlichung* des Traumbuches – und seines indiskreten und peinlichen Inhalts – gleichgesetzt.[11]

Freuds Methode, seine eigenen Träume mit Hilfe einer Selbstanalyse lesbar zu machen, sollte den Lesern des Buches im Prozeß der Lektüre vermittelt werden. Doch stieß dieser lesende Nachvollzug auf Probleme, mit denen der Autor schon bald konfrontiert wurde. Einer der ersten Leser der *Traumdeutung* war der Philosoph Heinrich Gomperz, Sohn des berühmten Philologen Theodor Gomperz, der mit Freud bekannt war und ihn auf jene antiken Traumtheorien hingewiesen hatte, von denen dieser sich in seinem Buch abgrenzte. Nach seiner Lektüre wandte sich der junge Philosoph direkt an den Autor und schilderte seine Schwierigkeiten, eigene Träume selbstanalytisch zu deuten. Freud schickte in seiner Antwort die folgende Warnung voraus:

»Wenn Sie auf so erhebliche Schwierigkeiten bei der Deutung Ihrer Träume stoßen, also so starke Widerstände gegen eine Reihe der in Ihnen vorfallenden Seelenregungen in sich aufgerichtet haben, so kommt eine Unterweisung in der Deutung Ihrer Träume einem Ansatz zur Selbstanalyse gleich. Hat diese einmal angefangen, so hört sie wohl nicht gleich wieder auf, und Sie sind vielleicht in Arbeiten begriffen, die eine Störung und Unterbrechung nicht gut vertragen. Können Sie sich über diese Gefahr hinaussetzen und mir die Indiskretion verzeihen, mit der ich in Ihnen spüren und forschen muß, und die peinlichen Affekte, die ich wahrscheinlich in Ihnen werde erwecken müssen, kurz wollen Sie die unerbittliche Wahrheitsliebe des Philosophen auch gegen Ihr Inneres wenden, so werde ich sehr erfreut sein, Ihnen bei dieser Arbeit den ›Anderen‹ zu ersetzen.«[12]

Die von Freud angebotene »Unterweisung« in der Traumdeutung macht deutlich, daß die »Selbstanalyse« – und damit die Überprüfung

---

11 Erst im Vorwort zur zweiten Auflage ändert Freud diesen Akzent völlig und bezeichnet das *gesamte* Traumbuch als ein Stück seiner Selbstanalyse. Mit dieser Geste verändert sich der Status des veröffentlichten Textes grundlegend. Wir kommen darauf weiter unten (II.3.) ausführlicher zurück.

12 Freud an Heinrich Gomperz, 15. 11. 1899, in: Freud, *Briefe 1873–1939*, hg. von Ernst und Lucie Freud, Frankfurt am Main 1960, 252.

der Theorie – sich nicht aus der Lektüre des Buches allein gewinnen ließ. Der persönliche Kontakt zu Freud – als dem »Anderen« – und selbst der Gang in dessen nervenärztliche Praxis waren notwendig, um die Technik zu erlernen und die Theorie auf ihre Gültigkeit hin prüfen zu können. Gomperz, in dem Freud zunächst einen »Schüler« vermutete, besuchte diesen in den Abendstunden und versorgte ihn mit »überreichlichem Material« zur Deutung seiner Träume (FF, 19. 11. 1899, 427). Der Psychoanalytiker teilte dem Novizen die Deutung nicht immer unter vier Augen mit, sondern sandte ihm auch Karten, auf denen er nachträglich die formelhafte Auflösung von Träumen mitteilte. (Für ein Beispiel einer solchen Karte siehe Abb. 1.) Damit hatte der Philosoph ein Stück weit die Rolle akzeptiert, die Freud seinen kritischen Lesern bereits in der *Traumdeutung* vorgezeichnet hatte: die eines im Widerstand befindlichen Patienten. Denn anfänglich war Gomperz als Kritiker angetreten, indem er eine Reihe von Verbesserungs- und Ergänzungsvorschlägen zum Text Freuds formuliert hatte. So hatte er gemeint, »zur Psychologie müßten einige Kapitel hinzugefügt werden« und seine Träume »als Material für eine vollständigere Traumaufklärung« angeboten. Freud lehnte diese Vorschläge mit einer Wendung ab, die seinen Leser von der Position des Kritikers umstandslos in die eines hysterischen Patienten versetzte: »Ich glaube nicht, daß es gelänge, das Gedanken- und Erinnerungsmaterial, das hinter Ihren Träumen steckt, für das Publikum unkenntlich zu machen, und ich halte Sie auch für einen Hysteriker, der ja sehr wohl gesund und widerstandsfähig sein kann.«[13]

Freud gelang die Konversion des kritischen Philosophen in einen Patienten und Schüler allerdings nicht. Obwohl er Gomperz an verschiedenen Details, die sich in seiner Praxis ereigneten, »Symptomhandeln« nachwies und dessen Träume nach einer Woche bereits nur noch seine eigenen »zitierten« (FF, 26. 11. 1899, 427), führte das »Experiment« letztlich zu keinem Erfolg. Resümierend stellte Freud gegenüber seinem Freund Fließ in Berlin fest: »für Anhängerschaft wird die Zeit nicht reif sein. Es ist zuviel des Neuen und Unglaublichen und zuwenig strenger Beweis. Auch bei meinem Philosophen habe ich es, während er mir die glänzendsten Bestätigungen am Material lieferte, nicht zur Überzeugung

---

13 Ebd. Die vorherige Passage aus Gomperz' Brief erschließt sich aus Freuds Antwort.

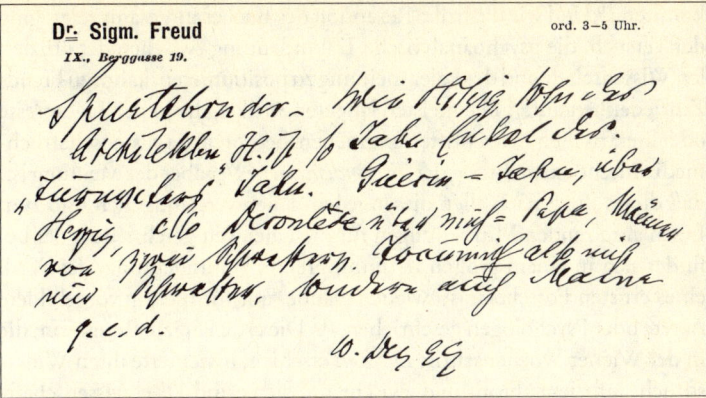

Abb. 1: Analyse eines Traumes von Heinrich Gomperz, 10. Dez. 1899
(Freud Museum, London)

»Spurtsbruder. Wie Hitzig Sohn des Architekten H. ist so Jahn Enkel des »Turnvaters« Jahn. Guérin = Jahn, über Herzig, also Dironlése [?] über mich = Papa, Männer von zwei Schwestern. Traumich also nicht nur Schwester, sondern auch Mama q[uod].e[rat].d[emonstrandum]. 10. Dez. 99«

gebracht. Die Intelligenz ist immer schwach, und der Philosoph hat es leicht, inneren Widerstand in logischen Widerspruch zu verwandeln.« (FF, 9. 12. 1899, 429)[14]

Das »Experiment« mit Gomperz führte Freud vor Augen, daß »Traumdeuten schwieriger für andere ist, als ich es angegeben habe« (FF, 26. 11. 1899, 427). Die ersten Rezensionen der *Traumdeutung*, die inzwischen erschienen waren, zeugten ebenfalls von dem Problem, daß Freuds Theorie und Methode Schwierigkeiten aufwarfen, die nicht restlos in das Register eines psychoanalytisch bearbeitbaren Widerstandes übersetzt werden

---

[14] Später rühmte sich Gomperz, einer der wenigen Fälle gewesen zu sein, deren Träume Freud – aufgrund fehlenden Widerstandes – nicht analysieren konnte (Heinrich Gomperz, »Autobiographical Remarks« [1943], in: Ders., *Philosophical Studies*, Boston 1953, 20 f.). Für dieses Scheitern mögen auch andere Gründe verantwortlich gewesen sein: Wie die oben abgebildete Karte zeigt (Abb. 1), waren die anderen Mitglieder der Familie Gomperz (insbesondere die Mutter) Gegenstand der Träume. Heinrichs Mutter Elise war mehrere Jahre hindurch Freuds Patientin gewesen (vgl. Lisa Appignanesi und John Forrester, *Die Frauen Sigmund Freuds*, München/Leipzig 1994, 236 ff.).

konnten.[15] Und wie die frühe Rezeption des Buches insgesamt zeigt, ging der Versuch, die psychoanalytische Traumdeutung zwischen der offiziellen Wissenschaft und der Laienmeinung zu positionieren, kaum zu Freuds Zufriedenheit auf.[16] Die meisten längeren Artikel, die in der Tagespresse oder literarischen Zeitschriften erschienen, betonten die wissenschaftlich-medizinische Ausrichtung der *Traumdeutung*: »Wer aber der Meinung ist, daß dieses Buch nach allen diesen jedem Laien verständlichen und zum Lesen anreizenden Mittheilungen für die Laienwelt geschrieben, der befindet sich in einem großen Irrthum. Freud's Traumdeutung, das Werk eines ernsten Forschers, ist, wie ich glaube, nur für tüchtig vorgebildete Aerzte oder Psychologen geschrieben.«[17] Die erste längere Rezension, die in der Wiener Wochenschrift *Die Zeit* erschien, inszenierte ihren Widerspruch auf dieser Frontlinie zwischen »Laien« und »Fachwissenschaftlern«. Ihr Autor Max Burckhard, als ehemaliger Direktor des Burgtheaters eine einflußreiche Figur des Wiener Kulturlebens, stellte sich hier offensiv als ein »Laie« dar, der sich gegen die von Medizinern und Psychiatern betriebene »Wissenschaft« aussprach:

»Der Verfasser ist Arzt und hebt gleich zu Beginn seiner Darstellung hervor, er glaube, ›den Umkreis neuropathologischer Interessen nicht überschritten zu haben‹. So hat er wohl sein Buch nur für einen Leserkreis von engeren Fachgenossen bestimmt und den Laien gleich von

[15] Die Tendenz Freuds und seiner Schüler, alle Formen, die Psychoanalyse zu kritisieren, als einen affektiven Widerstand aufzufassen, ist hier zwar bereits angelegt, doch kristallisiert sie sich erst später zu einem Schema aus, um die »Öffentlichkeit« in ihrer Gesamtheit (als eine Art kollektiven Patienten) zu kennzeichnen (vgl. Freud, »Eine Schwierigkeit der Psychoanalyse« [1917], in: GW XII, 3–12).

[16] Es gibt bisher keine genauere historische Untersuchung der frühen Rezeption der *Traumdeutung*. Einen guten Überblick über die ersten Besprechungen im deutschsprachigen Raum verschaffen die Auswahlkompilationen von Gerd Kimmerle (Hg.), *Freuds Traumdeutung. Frühe Rezensionen 1899–1903*, Tübingen 1986, und von Norman Kiell (Hg.), *Freud without hindsight. Reviews of his work 1893–1939*, Madison, Conn. 1988. Bei Kiell werden auch willkürliche und fehlerhafte Einschätzungen von früheren Arbeiten aufgezeigt, etwa von Hannah S. Decker, die nicht nur behauptet, daß die Wunscherfüllungstheorie überwiegend Zustimmung gefunden hätte, sondern auch, Freuds Buch sei von Laien viel positiver rezensiert worden als von Fachlesern (*Freud in Germany. Revolution and Reaction in Science, 1893–1907*, New York 1977, 21 und 278 f.).

[17] H. K., »Träume und Traumdeutung«, in: *Fremden-Blatt*, Wien, 54, Nr. 67, 10. 3. 1900 (zitiert nach Kimmerle (Hg.), *Freuds Traumdeutung*, 50). Für eine ähnliche Einschätzung vgl. Carl Metzentin, »Ueber wissenschaftliche Traumdeutung«, in: *Die Gegenwart. Wochenschrift für Literatur, Kunst und öffentliches Leben* 56, Nr. 20 (1899), 386–389.

vornherein ein abwehrendes ›hands off‹ zugerufen. Aber wir Laien sind schreckliche Menschen. Wir lesen auch uns von den Autoren verbotene Werke fachwissenschaftlichen Inhalts, bilden uns ein, daß wenn sie nur ordentlich geschrieben sind, wir sie doch verstehen müssen und, was uns als das Schlimmste angerechnet wird, zum Schluß maßen wir uns ein eigenes Urteil an und sagen ganz keck, der Autor hat Recht oder gar, der Autor hat Unrecht.«[18]

Burckhard empfahl seinen Lesern dieselbe Respektlosigkeit gegenüber Medizinern und Psychiatern, die befangen seien, da sie »die ganze Menschheit von der Isolierzelle des Irrenhauses aus« betrachteten, und appellierte »an den gesunden Sinn der Laien«, um sie zum Lesen und Prüfen von Freuds Theorien aufzufordern.[19] Dementsprechend attackierte er die Wunscherfüllungstheorie als ein Artefakt aus der Praxis des Nervenarztes: Dieser habe Wünsche »construiert« und dann seinen Patienten unterstellt, die sie ihm bestätigt hätten.[20] Indem Burckhard einen eigenen solchen Traum mitteilte, übernahm er für einen Moment die Position des Autors, um ihn freudianisch zu deuten. Doch daß er auch selbst Wunscherfüllungsträume produzieren könne, sei darum kein Beweis für die Allgemeingültigkeit der Theorie. Burckhard ließ nur »die alte Theorie des Aristoteles« gelten, »nach der die Träume Producte der fortarbeitenden Einbildungskraft sind, nicht mehr und nicht weniger«.[21]

Die frühe fachwissenschaftliche Aufnahme dagegen fiel für Freud nicht anders aus, als er es erwartet hatte: Die Vertreter der neuen Experimentalpsychologie, die der Schule Wundts angehörten oder ihr nahestanden, zeigten sich »natürlich entsetzt über den Einbruch in die Wissenschaft« (FF, 17. 1. 1902, 500). Der Psychologe William Stern bezeichnete die Theorie Freuds aus methodologischen Gründen »als verfehlt und unannehmbar«: Dieser notiere zuerst seine Träume und begebe sich sodann in ein Schreibspiel freier Assoziationen, das ihn in Form einer »sich selbst überlassenen Wachphantasie« auf die unbewußten Wünsche zurückführe. »Nunmehr wird die Hypothese aufgestellt, daß dieses freie Associationsspiel entsprechend, nur in umgekehrter Folge,

---

[18] Max Burckhard, »Ein modernes Traumbuch«, in: *Die Zeit* 22, Nr. 275, 6. 1. 1900, 9–11, Nr. 276, 13. 1. 1900, 25–27, zitiert nach Kimmerle (Hg.), *Freuds Traumdeutung*, 27.
[19] Ebd., 29.
[20] Ebd., 35.
[21] Ebd., 44.

auch im Traum gearbeitet hat – und der Zusammenhang zwischen dem Wünschen und dem Trauminhalt ist hergestellt; was die Wachanalyse zufällig gefunden, wird für die Traumsynthese zum Hauptinhalt gemacht. An diesem Verfahren ist nicht weniger als Alles zu bestreiten.«[22] Auch andere akademische Psychologen, die an klinischem Material gewonnenen Theorien skeptisch gegenüberstanden, lehnten solche »Traumdeuterei als wissenschaftliche Methode« entschieden ab.[23] Selbst eine der positiveren Rezensionen – eine der wenigen, die Freud gefielen – bemerkte, »daß sich eine wissenschaftliche Technik nicht daran knüpfen und die ganze Kunst nicht lehren ließe« (FF, 18. 6. 1900, 460).

Um eine psychoanalytische Form der Lektüre der eigenen Träume auszubilden, bedurfte es Kulturen der Selbstbeobachtung, die ihre Aufmerksamkeit auf Phänomene des psychisch Unbewußten richteten. Die Lektüre der *Traumdeutung* entfaltete sich zunächst in klinischen Kulturen, die über Orte der Beobachtung und des Experimentierens mit sichtbar gemachten Manifestationen des Unbewußten verfügten. Der Traum, der als ein unsicheres Objekt der wissenschaftlichen Forschung erschien, weil es ihm an Sichtbarkeit und Materialität mangelte, erhielt durch die Anknüpfung an andere in der Klinik oder der nervenärztlichen Privatpraxis beobachtbare Zeichen eine epistemische Absicherung.[24] Im folgenden wird gezeigt, wie sich in zwei klinischen Kulturen in Zürich und in Wien, die die Hauptachsen für die weitere Institutionalisierung der psychoanalytischen Bewegung bildeten, Lektüren der *Traumdeutung* mit unterschiedlichen Formen, Träume lesbar zu machen, verbanden.

[22] William Stern, »S. Freud. Die Traumdeutung«, in: *Zeitschrift für Psychologie und Physiologie der Sinnesorgane* 26 (1901), 130–133, zitiert nach Kimmerle (Hg.), *Freuds Traumdeutung*, 63.

[23] Ebd., 64. Der Wundt-Schüler Paul Mentz wandte sich in seiner Besprechung gegen Freuds Wunscherfüllungstheorie und die »mystische« Annahme eines Unbewußten (*Vierteljahresschrift für wissenschaftliche Philosophie* 25, 1901, 112 f.). Zur Ablehnung der *Traumdeutung* durch Wundt vgl. den Beitrag von Alexandre Métraux in diesem Band, 139 f.

[24] Damit folgen wir der von Carlo Ginzburg skizzierten wissenschaftshistorischen Verortung der Psychoanalyse in einem sich am Ende des 19. Jahrhunderts formierenden »Indizienparadigma« (Carlo Ginzburg, »Clues: Roots of an Evidential Paradigm«, in: Ders., *Clues, myths, and the historical method*, Baltimore 1989, 96–125). Unser Vorgehen weist jedoch methodologisch einen wesentlichen Unterschied auf: Wir suchen nicht nach den Gemeinsamkeiten zwischen verschiedenen disziplinären Methoden und der psychoanalytischen Technik, um sie in ein geschlossenes »Paradigma« oder »Modell« einzureihen; vielmehr geht es uns darum zu skizzieren, wie sich die zu diesem Zeitpunkt noch nicht formalisierte Methode der Traumdeutung in verschiedenen klinischen Kulturen ausdifferenzierte.

2. Unbewußtes Schreiben. Traumanalysen in Briefen

> »Wenn ich nur wüsste, wie ich mehr unbewusst schreiben
> sollte.«
> Eugen Bleuler während seiner Selbstanalyse mit der
> Schreibmaschine (5. 11. 1905)

Die ersten Zeichen der Anerkennung, die Freuds Traumtheorie von seiten der offiziellen Wissenschaft erhielt, kamen aus der Klinik Burghölzli
in Zürich. Eugen Bleuler (1857–1939), Universitätsprofessor für Psychiatrie und Leiter der Klinik, sorgte hier für eine frühe Rezeption von
Freuds Arbeiten.[25] Über *Die Traumdeutung* schrieb Bleuler 1905, sie ent-
halte »eine Fülle von scharfsinnigen Beobachtungen und Deutungen.
Die letztern erscheinen nur so lange als phantastisch, als man nicht selbst
in der Richtung geforscht hat.«[26] Zu diesem Zeitpunkt stand er bereits
mit Freud im Briefwechsel und schickte regelmäßig seine Träume und
Assoziationen an ihn, um dessen Technik zu erlernen und zu überprüfen. Wie bereits der Fall von Heinrich Gomperz gezeigt hat, reichte das
bloße Lesen des Buches nicht aus, um die Methode der Traumdeutung
zu erlernen: Die Unterweisung in der Selbstanalyse benötigte den persönlichen Kontakt zu Freud als »Anderem« oder »Meister«, der oft in
Form einer brieflichen Korrespondenz mit dem jeweiligen »Schüler« bestand. In Kontrast zum Philosophen, der sich nicht zum Patienten
machen ließ, und zu den akademischen Psychologen, denen die Vermengung von als pathologisch angesehenen »Wachphantasien« und
streng wissenschaftlicher Methode suspekt war, konnte die *Traumdeutung* in dieser klinischen Kultur der Selbstbeobachtung mit anderen
Verfahren verknüpft werden, die Symptome lesbar machten.

Die klinische Kultur des Burghölzli setzte eine Kombination verschiedener Praktiken und Aufzeichnungstechniken ein, um dem Unbewußten auf die Spur zu kommen. Als das vielversprechendste Ver-

---

[25] Carl Gustav Jung, der ab Dezember 1900 als Assistenzarzt am Burghölzli angestellt war,
fertigte bereits im Januar 1901 ein Referat über Freuds kürzere Schrift »Über den Traum«
für seine Kollegen in der Klinik an (Jung, »Sigmund Freud ›Über den Traum‹«, in: Ders.,
Gesammelte Werke, Bd. 18/1, Düsseldorf 1995, 389–397). Freud berichtete Fließ von einer
positiven Erwähnung seiner Arbeiten durch Bleuler im Jahr 1904 (FF, 26. 4. 1904, 505 f.).
[26] Eugen Bleuler, »Bewußtsein und Assoziation« (»Diagnostische Assoziationsstudien«,
V. Beitrag) [1905], in: Carl Gustav Jung (Hg.), *Diagnostische Assoziationsstudien. Beiträge
zur experimentellen Psychopathologie*, Bd. 1, Leipzig 1910, 232.

fahren wurde das Assoziationsexperiment angesehen, das zunächst noch mit der Hypnose, bald aber auch mit den Methoden der psychoanalytischen Traumdeutung kombiniert wurde. Dieses Experiment, das in früheren psychometrischen Untersuchungen zumeist an ›normalen‹ Versuchspersonen verwendet worden war, erhielt am Burghölzli einen neuartigen und privilegierten Status: Es sollte zur Ausarbeitung einer neuen psychopathologischen Diagnostik dienen. Sowohl ›Gesunde‹ als auch Patienten mit den verschiedensten Diagnosen (Epilepsie, Hysterie, Idiotie) werden einem Test unterzogen, bei dem sie zu den einzelnen Wörtern, die der Versuchsleiter von einer standardisierten Liste abliest, diesem jeweils das erste Wort zurufen müssen, das ihnen in den Sinn kommt. Die Länge der Reaktionszeit liefert den Index, ob das assoziierte Wort einem »gefühlsbetonten Komplex« zugehört oder nicht. Die auf einen affektbesetzten Tatbestand bezogenen »Komplexmerkmale« zeichnen sich demnach als eine »Störung« des Experiments ab, wie es im Fall einer durchschnittlichen »Normalperson« angenommen wird. Mit Hilfe dieses Instruments können im Verlauf einer späteren Befragung durch den Versuchsleiter Tatbestände – seien es traumatische Ereignisse in der Vergangenheit des Patienten oder eine verbrecherische Tat im Fall eines Verdächtigen – aufgedeckt und in einer ›objektiven‹, schriftlich aufgezeichneten Form dem Probanden vorgeführt werden. Indem die Versuchsmaschinerie das Experiment in Form eines Frage-Antwort-Spiels auf zwei Personen aufteilt, bei denen die eine den Reiz auslöst, mißt und registriert, und die andere ausschließlich unter dem Zwang raschen Reagierens steht, präsentiert sie sich als eine experimentell gesteigerte Variante der Verhörtechnik, bei der selbst die unbewußten ›flüchtigen‹ Assoziationen dingfest gemacht werden können.[27]

Da das Projekt der am Burghölzli unternommenen »Assoziationsstudien« auf eine neue Diagnostik zielte, ging es für Bleuler und seine Assistenzärzte Carl Gustav Jung und Franz Riklin nicht nur darum, mit Hilfe der Assoziationen eines Menschen Tatbestände oder momentane psychische Zustände aufzudecken, sondern einen Schlüssel zu seiner gesamten Persönlichkeit zu erhalten: »So spiegelt sich in der Assozia-

---

[27] Daher stellt auch die Kriminologie einen der wichtigsten Anwendungsbereiche des Verfahrens dar. Vgl. dazu Carl Gustav Jung, »Die psychologische Diagnose des Tatbestandes«, in: *Schweizerische Zeitschrift für Strafrecht* 28 (1905), 369–408.

tionstätigkeit das ganze psychische Sein der Vergangenheit und der Gegenwart mit allen seinen Erfahrungen und Strebungen. Sie wird dadurch zu einem Index für alle psychischen Vorgänge, den wir nur zu entziffern brauchen, um den ganzen Menschen zu kennen.«[28] Das Assoziationsexperiment versprach damit eines der Defizite der isoliert betriebenen Selbstbeobachtung aufzuheben, bei der sich die »innere Wahrnehmung« nur stets auf einen der vielen »Komplexe« richten konnte, aus denen sich das »Ich« zusammensetzt, doch niemals auf dieses als Gesamtheit.[29]

Der Schwäche des Einzelbeobachters, der seine Aufmerksamkeit entweder auf diesen oder jenen Komplex richten kann, begegnete nun eine auf die gesamte Klinik sich ausdehnende Kultur wechselseitiger Selbstbeobachtung, die die jeweiligen Komplexe all ihrer Mitglieder objektivierte und deutbar machte. Die Ärzte und deren Familien sowie das Pflegepersonal fungierten als die ›gesunden‹ Versuchspersonen, während die Patienten die verschiedenen Krankheitsbilder repräsentierten: Da sie alle demselben experimentellen Verfahren unterzogen wurden, entstand ein psychischer Index der gesamten Klinik, der im veröffentlichten Bericht anonymisiert wurde, um die Grundlage einer »statistischen Komplexlehre« abgeben zu können.[30] Jede Handlung im Routinealltag der Klinik wurde damit zu einem epistemisch – und im weiteren zu einem moralisch – signifikanten Zeichen: »Die Ärzte des Burghölzli haben einander nicht nur die Träume ausgelegt, wir haben jahrelang auf jedes Komplex-

[28] Eugen Bleuler, »Über die Bedeutung von Assoziationsversuchen« [1904], in: Carl Gustav Jung (Hg.), *Diagnostische Assoziationsstudien*, Bd. 1, 1910, 4.

[29] Vgl. Eugen Bleuler, »Versuch einer naturwissenschaftlichen Betrachtung der psychologischen Grundbegriffe«, in: *Allgemeine Zeitschrift für Psychiatrie und psychisch-gerichtliche Medicin, herausgegeben von Deutschlands Irrenärzten* 50 (1894), 143 f. – Der Begriff »Komplex«, den Bleuler hier verwendet und den Jung später zu seinem Markenzeichen machen wird, stammt aus der Assoziationspsychologie. Er wird von den Zürcher Ärzten oft synonym mit dem der »multiplen Persönlichkeit« oder der »Sekundärseelen« gebraucht und ist dadurch an die zeitgenössische französische klinische Psychologie (Pierre Janet) und die amerikanische Psychopathologie (Morton Prince) anschließbar. Innerhalb der Psychoanalyse hat der Begriff »Komplex« eine problematische Karriere: der Gebrauch im Plural (Berufskomplex, Ehekomplex, Sexualkomplex usw.) weicht der Annahme eines »Kernkomplexes« (dem späteren »Ödipuskomplex«) durch Freud. Nach dem Bruch mit Jung setzt dieser sich schließlich von dem Gebrauch des Begriffs überhaupt ab.

[30] So bezeichnete Jung selbst sein Projekt in einem Brief an Freud vom 28. 6. 1907 (FJ, 73).

zeichen aufgepaßt, das gegeben wurde: Versprechen, Verschreiben, ein Wort über die Linie schreiben, symbolische Handlungen, unbewußte Melodien summen, Vergessen usw. Auf diese Weise haben wir einander kennen gelernt, bekamen gegenseitig ein einheitliches Bild von unserem Charakter und unseren bewußten und unbewußten Strebungen und man war ehrlich genug, die richtigen ›Deutungen‹ als solche anzuerkennen.«[31]

In dieser Deutungskultur, die nach einer neuen Methodik für ihre Diagnostik sucht, wurden die Schriften Freuds unter diesem Gesichtspunkt aufmerksam studiert. Lektüre der *Traumdeutung* und Nachvollzug der Technik hielten jedoch nicht miteinander Schritt. So wandte sich Eugen Bleuler, dem es nicht gelang, Freuds Deutungsmethode an seinen eigenen Träumen zu überprüfen, schon bald brieflich an Freud: »Meist träume ich ein solches Durcheinander, dass es nicht möglich ist, dasselbe in Worten *& Begriffen* des Wachenden wiederzugeben. Träume ich etwas zusammenhängendes, so finde ich den Schlüssel nur selten, & und auch meine Collegen, die sich in der Sache üben, sowie meine Frau, die psychologisch ein angebornes Verständnis hat, kann die Nüsse nicht knacken.« Nachdem das Deutungskollektiv der Klinik in der Aufklärung der Träume des Direktors versagt hatte, begann Bleuler über mehrere Monate hin eine Analyse in Briefen mit dem »Meister« Freud, der ihm »durch eine Andeutung den Weg zeigen« sollte, auf dem er »die Lösung finden würde«.[32]

Bleuler zeichnete zunächst seine Träume und auf Freuds Aufforderung hin auch seine Assoziationen dazu mit der Schreibmaschine auf, um sie regelmäßig an diesen zur Deutung einzuschicken. Sowohl von der Methode der freien Assoziation als auch von den ihm »unvollständig« erscheinenden theoretischen Ansichten Freuds zeigte er sich noch nicht recht überzeugt: »Die Analyse durch einfaches Gehenlassen der Gedanken ist an mir noch nie gelungen. Entweder komme ich nicht

---

[31] Eugen Bleuler, »Die Psychanalyse Freuds. Verteidigung und kritische Bemerkungen«, in: *Jahrbuch für psychoanalytische und psychopathologische Forschungen* 2 (1910), 660.

[32] Eugen Bleuler an Sigmund Freud, Zürich, 9. 10. 1905, Freud Collection, *Library of Congress, Washington*. Der fast gleichaltrige Bleuler bezeichnete sich dementsprechend in seinen Briefen wiederholt als Freuds »Schüler« (vgl. z. B. die Briefe vom 14. 10. 1905 und vom 28. 11. 1905). – Von diesem wichtigen, bisher unveröffentlichten Briefwechsel konnten die Antwortbriefe Freuds nicht herangezogen werden, da sie sich unzugänglich in Privatbesitz befinden.

vom Fleck oder verliere mich ganz, so dass mir schliesslich nichts übrig bleibt als mit einem bewussten Ruck auf mein Thema zurückzugreifen.«[33] Um der Methode Freuds Genüge zu tun, spaltete Bleuler im Fortgang die Korrespondenz in zwei Teile auf: einerseits die Briefe, die er namentlich zeichnete und die weiterhin kritische Bemerkungen zu den Theorien des »verehrten Herrn Collegen« enthielten; andererseits die Traumtexte und Assoziationen, die er in Form von Beilagen separat und anonym schickte. Diese Aufspaltung in Patient/Schüler und Kritiker/Kollege sollte dazu dienen, mit Hilfe seiner Selbstbeobachtungen der Kritik eine empirische Grundlage zu verschaffen. In diesem Sinne insistierte Bleuler, daß Freud diese Produkte seiner Schreibanalyse nicht »als Material zur Traumdeutung sondern als Grundlage einer Kritik der Technik«[34] auffassen solle.

Aus der ersten Lieferung des »Schülers« Bleuler wird bereits deutlich, warum diesem sehr an der Anonymität gelegen war: »Sie dürfen den Traum nicht publizieren. ich stehe vor meinen Aerzten ziemlich nackend da, sie würden mich sofort erkennen. Auch meine Frau.«[35] Bereits nach zwei Seiten, auf denen Bleuler auf Freuds Nachfrage versucht, einige der Traumsymbole sexuell aufzuschlüsseln, bricht der Text ab: »Der Versuch auf diesem Wege weiter zu kommen kann deshalb mislingen, weil ich alles aufschreiben sollte, was ja unmöglich ist. ich treffe dann eine falsche Auswahl.«[36] Bei der Wiederaufnahme des Versuchs ist es die graphologische Intuition, der Blick des Spurenlesers, der einen sicheren Index für die Komplexmerkmale findet: »Bei Hysterischen findet man die Complexe meist aus der Schrift heraus. [...] Aber auch bei nicht hysterischen habe ich schon viele Complexe so gefunden.«[37] Folgerichtig setzt Bleuler die Schreibmaschine, auf der er schreibt, als Instrument zur Aufdeckung seiner Komplexe ein. Als sicherster Indikator für einen versteckten Komplex gilt nun – in Analogie zum »Verschreiben«, wo ein ähnliches Zusammenspiel von Motorik und Assoziationsvorgängen angenommen wird – das »Vertippen«: »So lange man nicht sehr grosse Übung hat, ist die Schreibmaschine ein sehr gutes Reagens auf Com-

---

[33] Bleuler an Freud, 14. 10. 1905, ebd.
[34] Ebd.
[35] Beilage, 14. 10. 1905, ebd.
[36] Ebd.
[37] Beilage, 5. 11. 1905, ebd.

plexe. Es ist aber zum Teufel holen, dass ich die meinen fast nie herausbringe, wenn ich sie nicht schon weiss.«[38]

Bleuler konnte sich die Schwierigkeiten, die ihm seine Selbstanalyse bereitete, nicht erklären: »Ich habe mich von Jugend auf ungeniert analysiert. Natürlich mag ich ni[c]ht gern allen Leuten alles sagen. Das ist aber selbstverständlich. Das ist kein Hindernis für Selbstanalyse & für wissenschaftliche Analyse mit Andern.«[39] Worin bestanden die Hindernisse, die die von Freud in der *Traumdeutung* vorgeführte Selbstanalyse für den Direktor der Zürcher Klinik so mühselig werden ließen?

Die Schwierigkeiten, den von Freud gestellten Anforderungen gerecht zu werden, ergaben sich aus der besonderen sozialen und epistemischen Konfiguration, innerhalb deren Träume zu Objekten der Selbstbeobachtung gemacht wurden. In der Klinik agierte Bleuler als Direktor und moralisches Vorbild im Kampf gegen Alkoholismus und Kriminalität. Die *Publikation* aggressiver und sexueller Regungen gegenüber nächsten Angehörigen und Kollegen, die für Freud zur Selbstanalyse gehörte, war damit ausgeschlossen.[40] Die soziale Rollenverteilung schlug sich auch in der kollektiven Deutungspraxis nieder, bei der sich die Aufdeckung von peinlichen ›Komplexen‹ in Anwesenheit des Direktors schwierig gestaltete: »In einem Falle hatte ich den Traum meinen Assistenzärzten & meiner Frau vorgelegt. In meiner Anwesenheit kam man nicht weiter. Ich musste dann für längere Zeit das Zimmer verlassen & als ich zurückkam, hatte man den Traum ausgelegt, aber so wie es gar nicht meinem Denken entsprechen konnte: man hatte ganz deutlich die Complexe meiner Frau, die bei der Analyse die Führung übernommen hatte, hineingelegt.«[41]

Im engeren Sinn wird die Praxis und nachträgliche Inszenierung der Selbstbeobachtung jedoch bereits durch die epistemischen Arrange-

---

[38] Ebd. Zum »Verschreiben« vgl. Freud, *Die Psychopathologie des Alltagslebens*, Berlin 1904, 35 ff., worunter Freud in späteren Auflagen auch Druckfehler einreiht (GW IV, 142). Freud grenzt sich hier von Wundts Erklärung der Lese- und Schreibfehler als einer Folge des »Abschweifens der Aufmerksamkeit« ab und spricht dagegen von einer »*Störung* der Aufmerksamkeit durch einen fremden, Anspruch erhebenden Gedanken« (ebd., 37 [GW IV, 145 f.]).
[39] Beilage, 5. 11. 1905, Freud Collection, *Library of Congress, Washington.*
[40] Wie sein Vorgänger Auguste Forel stellte Bleuler zeitlebens den Kampf gegen den Alkohol ins Zentrum seiner wissenschaftlichen und sozialethischen Tätigkeiten.
[41] Bleuler an Freud, 14. 10. 1905, Freud Collection, *Library of Congress, Washington.*

ments des Assoziationsexperiments und der darin implizierten Theorie des Unbewußten reguliert. Gemäß der psychologischen Theorie, die sich Bleuler »zum Hausgebrauch« bereitet hatte, stellte der Traum das Produkt einer dem wachen Ich fremden »Persönlichkeit« (eines »abnormen Ichs«) dar. Damit wird der zeitliche Verlauf des Erwachens zur Bedingung dafür erklärt, ob der Traum für das wache, ›normale‹ Ich reproduzierbar ist oder nicht: »Erwacht man langsam, so hat der Traumkomplex Zeit, mehr Assoziationen mit dem normal werdenden Ich zu schließen und die Erinnerung ist eine leichtere als bei plötzlichem Erwachen.«[42] Diese Annahme, die durch die Zeitmessungen im Assoziationsexperiment gestützt war, führte somit zur Aussonderung nur weniger »reproduzierbarer Träume«, die die Qualität des Bewußtwerdens erlangen konnten und die sich vollständig in Begriffe des Wachdenkens übersetzen ließen. Innerhalb dieser Anordnung kann Bleuler nur *lesen*, was er schon weiß und *vergessen* hat, nicht das entziffern, was er *verdrängt* hat. Die Tatsache der Verdrängung stritt er für seinen eigenen Fall ab, indem er seine Karriere als Selbstbeobachter bis in sein drittes Lebensjahr ausdehnte, um mit seinen damaligen Beobachtungen Freuds Theorie der infantilen Sexualität zu widerlegen.[43] Demgemäß erwartete er, daß seine gegenwärtigen »Complexe, die mich stark alterieren«, im Traum erscheinen sollten und nicht »nur alte Dinge«.[44]

Bleuler brachte seine Haltung der Psychoanalyse gegenüber schon bald angesichts der Traumanalysen in Freuds ›Fall Dora‹ zum Ausdruck,

---

[42] Bleuler, »Bewußtsein«, 253. Damit wird der Traum in eine Reihe mit krankhaften Zuständen gestellt, die das Ich verändern, so auch den (Alkohol-)Vergiftungen: »Was man im Traum, in einem Dämmerzustand irgendwelcher Art, in einem Rausch erlebt hat, ist mit einem abnormen Ich verbunden.« (Ebd., 254)

[43] Folglich leugnete Bleuler auch den »Gemütswiderstand«, den Freud bei ihm vermutete, wiederholt ab (vgl. z. B. Bleuler an Freud, 17. 10. 1905, Freud Collection, *Library of Congress, Washington*).

[44] Beilage, 5. 11. 1905, ebd. – Die Vorstellung vom unbewußten Komplex als etwas Vergessenem (Nicht-Wahrgenommen) ist der Experimentalanordnung des Assoziationstests gewissermaßen eingeschrieben. Am deutlichsten wird dies bei Francis Galton, der als ›Urheber‹ des Tests – erste Versuchsperson und Experimentator zugleich – angesehen wird: Dieser zeichnete zunächst eine Reihe von beliebigen Wörtern auf, um sie daraufhin abzudecken und zu vergessen (d. h. aus dem Gesichtsfeld zu bringen), bis sie wieder im Versuch aufgedeckt wurden, um die Assoziationen auszulösen, die den »Komplex« ausmachen. Vgl. Andreas Mayer, »Von Galtons Mischphotographien zu Freuds Traumfiguren. Psychometrische und psychoanalytische Inszenierungen von Typen und Fällen«, in: Michael Hagner (Hg.), *Ecce Cortex. Zur Geschichte des modernen Gehirns*, Göttingen 1999, 110–143, bes. 116 ff.

die er als »geniale Leistung« würdigte: »Die Schwierigkeit andere Leute
von der Richtigkeit Ihrer Ideen zu überzeugen wird aber nie fehlen. Andere haben eben nicht Ihren Blick & sind deshalb nicht im Stande, sich
ein eigenes Urteil zu bilden. Die Psychoanalyse ist weder eine Wissenschaft noch ein Handwerk; man kann sie nicht im gewöhnlichen Sinne
lehren. Sie ist eine Kunst, die angeboren sein muss & nur entwickelt werden kann.«[45] Bleulers Assistenzarzt Carl Gustav Jung, der zur selben Zeit
seine Arbeit *Die psychologische Diagnose des Tatbestandes* veröffentlichte,
kam hier jedoch zu einer anderen Ansicht. Jung kombinierte bereits das
Assoziationsexperiment mit den »Prinzipien der genialen Psychoanalyse
Sigmund Freuds« und verteidigte diese gegen die Angriffe von William
Stern: »Freud ist gewiß ein genial begabter Mensch, aber seine Psychoanalyse ist, in ihren Prinzipien wenigstens, keine unnachahmbare Kunst,
sondern eine übertragbare und lehrbare Methode.«[46]

Jung dürfte die Bemühungen seines Vorgesetzten genau verfolgt haben, da er als einer der Assistenzärzte zum Deutungskollektiv der Klinik
gehörte. Parallel zu Bleulers Briefanalyse mit Freud führte er die erste
größere von ihm publizierte Traumanalyse mit einer von ihm als hyste-
risch diagnostizierten Patientin durch. Die Strategie dieser Untersuchung bestand darin, das »objektive« Material der Assoziationsversuche
durch die »subjektiven« psychoanalytischen Traumanalysen zu ergänzen.
Während das Experiment mit den Komplexmerkmalen »die General-
idee« für die Diagnose lieferte, sammelte Jung in Ergänzung dazu die
Träume der Patientin, die er als »*symbolische Ausdrücke für den Komplex*«
auffaßte.[47] Erst in sein Buch *Über die Psychologie der Dementia praecox*,
das kurz darauf erschien, schaltete Jung an einer strategisch wichtigen
Stelle einen eigenen Traum ein: allerdings in anonymisierter Form, indem er ihn einem Freund zuschrieb.

»Ich sah, wie Pferde an dicken Tauen in eine unbestimmte Höhe ge-
hißt wurden. Eines derselben, ein braunes, kräftiges Pferd, das in Rie-
men eingeschnürt war und wie ein Paket nach oben befördert wurde, fiel

---

[45] Bleuler an Freud, 28. 11. 1905, Freud Collection, *Library of Congress, Washington.*
[46] Jung, »Die psychologische Diagnose des Tatbestandes« [1906], in: Ders., *Gesammelte
Werke*, Bd. 2, 352.
[47] Jung: »Assoziation, Traum und hysterisches Symptom« [1906], in: Ders. (Hg.), *Diagnostische Assoziationsstudien. Beiträge zur experimentellen Psychopathologie*, Bd. 2, Leipzig
1910, 50.

mir besonders auf, als plötzlich das Seil riß und das Pferd auf die Straße hinunterstürzte. Es mußte tot sein. Sogleich sprang es aber wieder auf und galoppierte davon. Dabei bemerkte ich, daß das Pferd einen schweren Baumstamm hinter sich her schleifte und wunderte mich, daß es dennoch so schnell vorwärts kam. Offenbar war es scheu und konnte leicht ein Unglück anrichten. Da kam ein Reiter auf einem kleinen Pferd und ritt langsam vor dem scheuen Pferde her, das dann auch seine Gangart etwas mäßigte. Ich fürchtete aber dennoch, das Pferd werde den Reiter überrennen, als eine Droschke daherkam und im Schritt vor dem Reiter herfuhr und so das scheue Pferd in ein noch ruhigeres Tempo brachte. Ich dachte dabei, jetzt ist es gut, jetzt ist die Gefahr vorbei.«[48]

Jung ging bei der textuellen Mitteilung seiner Analyse ähnlich wie Freud in seinen in der *Traumdeutung* exemplarisch vorgeführten Deutungen vor, indem er nacheinander die Assoziationen zu den einzelnen Teilstücken wiedergab und zu deuten begann. Den Träumer identifizierte er mit dem braunen Pferd, die Thematik des »In die Höhe Kommens« oder »Vorwärtskommens« desselben als Ausdruck seines Ehrgeizes oder Karriere-Komplexes; das Galoppieren des Pferdes deutete er als dessen »sexuelles Ungestüm«, das durch weitere Traumfiguren gezügelt wird: einerseits durch seinen Vorgesetzten (den Reiter auf dem kleinen Pferd), andererseits durch seine schwangere Frau, die er zu dem »kleinen Pferd« assoziiert, und eine Schar von Kindern, die er in der Droschke plaziert. Die Lösung des Traums lautete für Jung folglich, die Schwangerschaft seiner Frau und das Problem der zu vielen Kinder legten dem Mann »Zurückhaltung« auf: »Dieser Traum erfüllt einen Wunsch, indem er die Zurückhaltung bereits als eingetreten darstellt.«[49] Damit hatte Jung zwar »Einblick in eine sexuelle Nuance des Traumes« gegeben,[50] aber ohne diesen auf einen infantilen verdrängten sexuellen oder aggressiven Wunsch zurückzuführen, wie Freud dies in der *Traumdeutung* an seinen Musterträumen vorgeführt hatte.

Die Korrespondenz zwischen Jung und Freud, die mit der Übersendung der ersten Reihe der *Diagnostischen Assoziationsstudien* im April 1906 begonnen hatte, nahm nach Freuds Lektüre des *Dementia praecox*-Buches schon bald den Charakter einer brieflichen Nachanalyse dieses

[48] Jung, *Über die Psychologie der Dementia praecox. Ein Versuch*, Halle 1907, 65 f.
[49] Ebd., 71.
[50] Ebd., 70.

Traumes an. Nachdem Freud die Schwachstellen von Jungs Analyse kritisiert hatte, gab dieser sich ihm als der Träumer zu erkennen. Die Unvollständigkeit seiner Selbstanalyse rechtfertigte Jung implizit mit dem Mechanismus der Selbstzensur: »Obschon also der Traum unvollständig analysiert ist, glaubte ich doch, ihn für die Belegung der Traumsymbolismen verwenden zu dürfen. Allerdings ist Analyse und Verwendung eigener Träume immer eine bedenkliche Sache, denn man unterliegt immer wieder den Hemmungen, die vom Traume ausgehen, auch wenn man noch so objektiv zu sein glaubt.«[51] Freud beharrte darauf, daß Jung in der Deutung nicht weit genug gegangen sei: Er hätte die Deutung »Baumstamm = Penis« und den »Wechsel« Karriere – Pferd/Laufbahn »noch ohne Selbstverrat« hervorheben können. »Einzig unrichtig« erschien ihm »die Bezeichnung des im Traum erfüllten Wunsches, der ja, wie Sie wissen, erst nach vollendeter Analyse aufgezeigt werden kann, aus prinzipiellen Gründen aber anders lauten muß als Sie schreiben.«[52]

Jung bekannte daraufhin ein, daß bei der Deutung des Traums noch eine andere Form der Zensur am Werk gewesen war: »Ich muß mich eigentlich nachträglich etwas genieren wegen des Versteckenspielens mit meinem Traum. In der ersten Fassung fand ihn Bleuler, dem ich das Konzept zeigte, viel zu deutlich. Das gab mir willkommenen Anlaß, sekundär an der Deutung wieder zu verstecken, und besorgte so das Geschäft der Komplexe. Warum ich gerade die Deutung Baumstamm = Penis nicht hereinbrachte, hat seine besonderen Gründe, wozu hauptsächlich der Umstand auch gehört, daß ich nicht imstande war, meinen Traum unpersönlich zu schreiben, weshalb meine Frau die ganze Beschreibung verfaßt hat. (!!)«[53] Die Herstellung des Traumberichts innerhalb der Deutungskultur der Klinik war somit durch eine mehrfache Zensur entstellt, an der zwei in Jungs Traum vertretene Personen beteiligt waren: einerseits Bleuler, den Jung wohl mit seiner Deutung ebenfalls zu ›überholen‹ gedachte (um sich als der bessere Traumdeuter zu erweisen), andererseits seine Frau, vor der ein »illegitimer Sexualwunsch, der besser das Tageslicht nicht erblickt«,[54] verborgen werden mußte. Angesichts dieser sozialen Zensur ist es kaum verwunderlich, daß sowohl Jung als

[51] Jung an Freud, 29. 12. 1906, FJ, 15 f.
[52] Freud an Jung, 1. 1. 1907, FJ, 18.
[53] Jung an Freud, 8. 1. 1907, FJ, 21.
[54] Jung an Freud, 29. 12. 1906, FJ, 15.

auch Bleuler Freuds Annahme einer der Traumentstellung dienenden »psychischen Zensur« beharrlich ablehnten: »Eine eigentliche *Zensur* für Traumgedanken (im Sinne Freuds) brauchen wir nicht anzunehmen. Die Hemmung, die von der Schlafsuggestion ausgeht, genügt vollkommen zur Erklärung.«[55]

Die Position der Zürcher gegenüber der in der *Traumdeutung* formulierten Theorie war damit weitgehend festgelegt: Die Praxis des Assoziationsexperimentes sollte für die in den Traumsymbolen auftretende »Verdichtung« (die Überlagerung mehrerer Bilder) eine Erklärung liefern, die sich auf die Ablenkung der Aufmerksamkeit beschränkte. Die künstlich erzeugte Herabsetzung der Aufmerksamkeit im Experiment (durch verschiedene Mittel, die Versuchsperson abzulenken) wurde mit der Situation des Träumers gleichgesetzt: Dieser gleite auf eine niedrigere Stufe des Denkens, auf der er nur noch Ähnlichkeiten und keine Unterschiede mehr erkennen könne. Jung brachte die Mechanismen der Traumarbeit folglich auf den »Begriff des Ausdruckes durch Bildähnlichkeit«.[56] Der Traum selbst erscheint in seiner Theorie als ein Vorgang, in dem sich die »autonomen Komplexe« durch ihre übergroße Affektbesetzung gegen den »Ich-Komplex« durchsetzen, der den »suggestiven Imperativ« des Schlafens verordnet. Die Hemmung durch die Schlafsuggestion führt zur Herabsetzung der Aufmerksamkeit und damit dazu, daß die Symbole im Traum »nur undeutliche Nebenassoziationen zu einem Gedanken sind, die ihn mehr verschleiern als verdeutlichen«.[57] Da die Schweizer Psychiater den Traum vornehmlich auf seine biologische Zweckmäßigkeit hin bewerteten, erkannten sie in ihm ein abnormes Produkt; denn das ›unvollständige‹ und ›undeutliche‹ Denken der Traumsymbolik drückt nichts anderes als ein zu niedriges Anpassungsniveau an die Umwelt aus.

Weder in den Punkten der Theorie noch in denen der Deutungstechnik konnte Jung durch Freud in seiner Briefanalyse ganz überzeugt wer-

---

55 Jung, *Dementia praecox*, 76. Auch Bleuler meinte, der Begriff der Zensur »ließe sich wohl ersetzen durch den allgemeineren der Hemmung durch widerstrebende affektive Bedürfnisse« (»Die Psychanalyse Freuds«, 727). In dieser später verfaßten Kritik an Freuds *Traumdeutung* verwendete Bleuler zahlreiche Argumente, die er bereits in seiner Briefanalyse mit Freud in den Jahren 1905/06 geäußert hatte.
56 Jung, *Dementia praecox*, 65.
57 Ebd., 75.

den. Zur Erlernung der Methode des Traumdeutens und zur »subjektiven ›Konfirmation‹« war für ihn letztlich ein Besuch in Wien nötig.[58]
Die Vermengung von fachlicher Korrespondenz, in der Hypothesen und
Informationen ausgetauscht wurden, und persönlicher Verstrickung in
ein Meister-Schüler-Verhältnis zu Freud wurde im weiteren zum Muster,
nach dem fernerstehende Fachleser allein eine sichere Kenntnis der
Traumdeutungstechnik erwerben konnten. Jung brachte dieses Verhältnis, das die erste Phase der Lektüren der *Traumdeutung* prägte, in reli-
giöser Metaphorik auf den Punkt: »Immerhin habe ich doch das Gefühl,
einen ganz wesentlichen innern Fortschritt gemacht zu haben, seitdem
ich Sie persönlich kennengelernt habe, denn es ist mir, als könne man
Ihre Wissenschaft niemals ganz verstehen, wenn man Ihre Person nicht
kennt. Wo uns Fernerstehenden noch so vieles dunkel ist, kann einem
nur der Glaube helfen; der beste und wirksamste Glaube erscheint mir
aber das Wissen um Ihre Persönlichkeit. Mein Besuch in Wien war mir
darum eine eigentliche Konfirmation.«[59] Trotz dieser »subjektiven ›Konfirmation‹« blieb Jungs Lektüre der *Traumdeutung* von der Experimentalkultur des Burghölzli geprägt: Nicht umsonst sah er die Wirkung von
Freuds Psychologie darin, diese befördere das »Denken in Analogien«.[60]
Die Allianz zwischen der experimentellen Assoziationspsychologie und
der psychoanalytischen Traumdeutung, die in der ersten Zeit auch für
ihre wissenschaftliche Seriosität bürgen sollte, erwies sich als zunehmend
ambivalent. Die später auftretenden Differenzen zwischen Freud und
den Zürchern, insbesondere in der Frage der Symbolik, waren in den unterschiedlichen Arrangements, die Träume aufzeichneten und lesbar
machten, bereits vorgezeichnet.

[58] »Für die subjektive ›Konfirmation‹ sind, wie Sie gesagt haben, allerdings die Träume das
beste, was ich neuerdings wieder an einigen sehr schönen Beispielen konstatieren konnte.«
Jung an Freud, 31. 3. 1907, FJ, 28.
[59] Jung an Freud, 11. 4. 1907, FJ, 32.
[60] Jung an Freud, 6. 7. 1907, FJ, 82.

3. Eingebildete Ärzte und vorgebildete Kranke

> »Eine Zeitlang las Svevo Bücher über Psychoanalyse. Es lag
> ihm daran zu verstehen, was vollkommene moralische Ge-
> sundheit sei. Das war alles.«
> Italo Svevo, *Autobiographisches Profil*

Wurde in Zürich *Die Traumdeutung* innerhalb einer relativ geschlossenen psychiatrischen Kultur gelesen und an eine bereits bestehende klinische Psychologie geknüpft, so verliefen die Lektüren des Buches in
Wien heterogener. Freud lehrte zwar an der Universität, doch fehlte
ihm dort ein klinischer wie auch ein wissenschaftlicher Rahmen, der
die bloße Lehrsituation überschritt. Das erste Terrain, auf dem sich eine
psychoanalytische Deutungskultur ausbilden konnte, stellte die 1902
gegründete private Psychologische Mittwoch-Gesellschaft dar.[61] In diesem kleinen Kreis, der sich zunächst aus den Ärzten Max Kahane, Rudolf Reitler, Alfred Adler und Wilhelm Stekel zusammensetzte, sich
aber bald auch für Nicht-Mediziner öffnete, wurde klinisches Material
informell nach dem Prinzip des »geistigen Kommunismus« zur Diskussion gestellt.[62]

Die Initiative zur Einrichtung dieses Kreises war nicht von Freud,
sondern von dem Sexualforscher und Psychotherapeuten Wilhelm Stekel (1868–1940) ausgegangen.[63] Max Kahane, der die Vorlesungen
Freuds besuchte, machte Stekel um 1896 auf diesen aufmerksam, doch
erst später stellte sich über die Therapie ein persönlicher Kontakt her.
Kahane hatte als einer der ersten den Versuch unternommen, die
Traumdeutung in einem medizinischen Lehrbuch als therapeutische

---

[61] Für Daten zur Mitgliederentwicklung und weitere Literatur zur Psychologischen Mittwoch-Gesellschaft vgl. Elke Mühlleitner / Johannes Reichmayr: »Die Freudianer in Wien.
Die Psychologische Mittwoch-Gesellschaft und die Wiener Psychoanalytische Vereinigung
1902–1938«, in: *Psyche* 11 (1997), 1051–1103.

[62] Mit dieser Regel waren alle geäußerten Ideen und Kritiken zum Gemeinschaftsbesitz erklärt und damit zur weiteren Verwendung ohne Ansehung ihrer Herkunft freigegeben worden. Erst sechs Jahre später wurde diese Regel dahingehend modifiziert, daß »alles in dem
Kreis an geistigem Eigentum vorgebrachte so lange zur Benutzung frei[steht], als es nicht
vom Urheber ausdrücklich als sein Eigentum reklamiert wird« (P I, 5. 2. 1908, 258).

[63] Vgl. Sigmund Freud, »Zur Geschichte der psychoanalytischen Bewegung« [1914], in:
GW X, 63; sowie den als Antwort darauf verfaßten Text von Stekel, »Zur Geschichte der
analytischen Bewegung«, in: *Fortschritte der Sexualwissenschaft und Psychoanalyse* 2 (1926),
539–557.

Methode vorzuschlagen, vermied aber eine genauere Darstellung, da sie für den ungeübten Arzt als zu schwierig eingeschätzt wurde.[64] Mit Träumen hatte sich Stekel zunächst nicht näher befaßt, doch, stets auf der Suche nach sexuellen Anzeichen, bemerkte er, »daß der Traum mir verbotene sexuelle Regungen geoffenbart hatte, deren ich mir im Wachen nicht bewußt war«.[65] Unter dem Eindruck seiner sexuellen Träume und einer Reihe bedrückender Lebensumstände wandelte sich der Sexualforscher für kurze Zeit zum Patienten und in einem zweiten Schritt zum Leser der *Traumdeutung*.[66] 1901 begann er, aufmerksam gemacht durch Burckhards negative Rezension des Buches, eine Analyse bei Freud, die aus ungefähr acht Sitzungen bestand. Nicht nur der Sexualforscher erhielt in diesen Sitzungen neues Material für seine Theorien, Stekel beschrieb sich nachträglich auch als einen Patienten, dessen Träume und Erinnerungen der Psychoanalyse einen außergewöhnlichen Beleg für die Richtigkeit ihrer Theorien lieferte: »Freud wunderte sich, daß ich keine Verdrängungen hatte. [...Ich] sei schon aus diesem Grunde ein wertvoller Zeuge für das Bestehen der infantilen Sexualität.«[67] Der von Freud gegebenen Deutung (einer Fixierung auf die Mutter) schloß sich Stekel jedoch nicht an. Sie erschien ihm als unzureichend, weil er durch Gespräche mit Freunden zur Überzeugung gelangt war, daß sexuelle Träume ein allgemein menschliches Phänomen darstellten und deshalb keine ätiologische Bedeutung für die Neurose besitzen. »Der sogenannte Ödipuskomplex ist eine normale Er-

---

[64] In dem Abschnitt über Neurosen weist Kahane kurz auf die Bedeutung der Freudschen Neurosen-Ätiologie hin: »Der Traum wird dort wie ein hysterisches Symptom analysirt«, einschränkend schickt er jedoch voraus, daß die Analyse nur im Rahmen eines therapeutischen Verfahrens betrieben werden kann, »dessen Technik mühselig und schwer erlernbar« sei. Max Kahane, *Grundriss der inneren Medizin*, Leipzig, Wien 1901, 580.

[65] Stekel, »Zur Geschichte der analytischen Bewegung«, 540.

[66] Stekels Selbstdarstellung als Sexualforscher gibt Hinweise auf den Lektüre-Hintergrund, vor dem sich die Mittwoch-Gesellschaft konstituierte und der spätere Lesarten bestimmte. Um seine Sexualforschungen voranzutreiben, hatte er, ohne Freud zu kennen, mit seinen Freunden »eine Art Enquete veranstaltet, in der jeder über sein erstes sexuelles Erlebnis berichten sollte« (ebd., 539). Seine diesbezüglich erste Studie »Über Coitus im Kindesalter« (in: *Wiener medizinisches Blatt* 16 (1895), 247–249) ist jedoch nicht (wie der Titel vielleicht erwarten läßt) eine theoretische Auseinandersetzung mit traumatischen Konstellationen, sondern ein Beispiel für die zeitgenössische pädagogische Ratgeberliteratur.

[67] Stekel: »Zur Geschichte der analytischen Bewegung«, 540f.

scheinung. Nur das Übermaß macht ihn zu einem pathologischen Phänomen«,[68] lautete sein Einwand.

Solche Einwände hielten ihn nicht davon ab, sich nun selbst mit der
Traumtheorie zu beschäftigen und zum begeisterten Leser der *Traumdeutung* zu werden. Anders als der Philosoph Gomperz, der die Lektüre des
Buches als unvollständige Vermittlung der Psychoanalyse erfuhr, betrachtete der kritische Analysand Stekel die Kur als unvollständig und wandte
sich statt dessen dem Text zu. Er ernannte sich zum ersten Propagandisten
der psychoanalytischen Sache, indem er eine Reihe von Besprechungen
und Arbeiten in der Presse veröffentlichte, die sich an ein überwiegend
nichtärztliches Publikum richteten. In seiner 1902 verfaßten Rezension
der *Traumdeutung* wurde Freuds Methode dem Publikum damit schmack-
haft gemacht, daß Stekel sie als »sehr einfach« beschreibt und mit einer
Reihe von Ratschlägen ergänzt, was in der Kindererziehung zu vermeiden
sei. Die Einfachheit der Technik wurde dabei umstandslos aus dem
Material – den Kinderträumen – abgeleitet, in dem sich der Wunsch (für
Stekel meist ein Todeswunsch) in seiner reinsten Gestalt äußert.[69]

Zu dieser Zeit begannen die einzelnen Gründungsmitglieder der
Mittwoch-Gesellschaft auch, erste Traumanalysen mit Patienten anzu-
stellen. Reitler machte bereits vor 1902 in seiner Privat-Heilanstalt kleine
Analysen, Stekel begann in seiner Privatpraxis um 1903 damit. Seine
Ausbildung bestand in einer Kurzanalyse bei Freud sowie der Lektüre
der *Traumdeutung*. Kurz bevor die zweite Auflage des Buches erschien,
veröffentlichte er sein Buch *Nervöse Angstzustände und ihre Behandlung*,
das als einer der ersten Versuche anzusehen ist, eine für den ärztlichen
therapeutischen Praktiker zugeschnittene Darstellung der psychoanalytischen Methode zu verfassen.[70] Zu diesem Zeitpunkt konnte sich die

---

[68] Ebd. Dieser Bericht über Stekels Analyse ist allerdings mit Vorsicht aufzunehmen, da er
viele Jahre nach der Behandlung und nach dem Bruch mit Freud geschrieben wurde. Dementsprechend versucht er parteiisch im Rückblick die Deutung des Analysanden zu privilegieren.
[69] Wilhelm Stekel, »Traumleben und Traumdeutung«, in: *Neues Wiener Tagblatt*,
29.1.–30. 1. 1902, 3. Stekel stellt Freuds Buch hier dem 1901 veröffentlichten Werk *Die
Träume* von Santo de Sanctis gegenüber und sieht die von diesem untersuchten Träume der
Tiere als den Urtypus der Menschenträume an.
[70] Freud steuerte das Vorwort für diese Arbeit bei, mit dem Hinweis, daß er zwar die Verantwortung für die Arbeit des von ihm ausgebildeten Stekel übernehme, doch sein tatsäch-
licher »Einfluß auf das Buch ein geringer gewesen sei« (Sigmund Freud, Vorwort zu Wilhelm Stekel, *Nervöse Angstzustände und ihre Behandlung*, Berlin, Wien, 1908, I.).

Psychoanalyse bereits auf eine größere Verbreitung innerhalb von Ärzte- und Laienkreisen stützen, wobei beide Gruppierungen Leserschaften bildeten, die für die Psychoanalyse jeweils spezifische neue Anforderungen stellten. Was *Die Traumdeutung* anging, so bereiteten nicht mehr die feindseligen Ärzte und die unwissenden Patienten das größte Hindernis. Das Buch hatte, ebenso wie seine populäre Kurzversion *Über den Traum* und die *Psychopathologie des Alltagslebens*, zu diesem Zeitpunkt bereits eine so große Zahl von Lesern unter beiden Gruppierungen gefunden, daß die ersten Anhänger Freuds sich ihnen gegenüber zu einer Positionsbestimmung veranlaßt sahen.[71]

Die ärztlichen Leser sollten durch eine anschauliche Darstellung der psychoanalytischen Technik aufgeklärt werden: »Viele Mißerfolge von Autoren, die angeblich mit der *Freud*schen Methode behandelt haben, rühren daher, daß die Betreffenden die Technik der Psychotherapie nicht verstanden haben.«[72] Anhand von zahlreichen Fällen wurde in Stekels Buch die psychoanalytische Technik überwiegend in Form von Arzt-Patienten-Dialogen demonstriert. Seine Vermittlung der Technik folgte in ihrer Dialogform der bis dahin einzigen ausführlicheren Darstellung des therapeutischen Verfahrens durch Freud, dem 1905 publizierten fragmentarischen Fall »Dora«.[73] Den Ärzten, welche die Psychoanalyse nur aus den Büchern Freuds kannten und aufgrund der fehlenden methodischen Eindeutigkeit die verschiedensten therapeutischen Praktiken unter diesem Decknamen vereinten, sollte so ein Lehrbuch geboten werden, das die psychoanalytische Deutungspraxis normierte.

---

[71] Den erhalten gebliebenen Abrechnungen mit dem Verlag Franz Deuticke ist zu entnehmen, daß die erste Auflage der *Traumdeutung* 600 Stück betrug, die zweite im Jahr 1908 erschienene und auf 1909 vordatierte 1050 (Freud Collection, *Library of Congress, Washington*). Eine weit höhere Auflagenziffer ist für die nicht bei Deuticke veröffentlichten Arbeiten *Über den Traum* (1901) und die 1904 in Buchform erschienene *Psychopathologie des Alltagslebens* anzunehmen, doch liegen zu den Erstausgaben dieser Bücher keine Angaben vor.
[72] Stekel, *Nervöse Angstzustände*, 122.
[73] Das »Bruchstück einer Hysterie-Analyse« (GW V, 161–286) war zunächst als ein Kapitel der *Traumdeutung* (»Traum und Hysterie«) konzipiert gewesen. Die Dialogform, die Freud hier anwendet, hat viel mit den zeitgleich propagierten Methoden einer »rationalen« modernen Psychotherapie gemein. Vgl. das äußerst erfolgreiche Buch von Paul Dubois, *Les psychonévroses et leur traitement moral*, Paris 1904.

Im Zentrum jedes vorgestellten Falles steht ein Traum, aus dem in einem kurzen Dialog, in dem sich die Deutungen des Arztes und die Einfälle des Patienten abwechseln, die sexuellen Ursachen der Erkrankung erschlossen werden. Um die vom Arzt ins Auge gefaßte Deutung des Traumes zu erreichen, riet Stekel zu einer Modifikation der Technik Freuds, die auf eine »Entlarvung« des Träumers hinzielte. Lieferte der Patient zum Traum keine Einfälle, bediente er sich einer an Jung orientierten Assoziationstechnik, um »von *einem* Reizworte aus oder auch nach freier Wahl die Assoziationen wie an einer Spule abhaspeln« zu lassen.[74] Durch das Abspulen der Assoziationen entlang einer Wortkette wird der Widerstand des Träumers gebrochen und der peinliche Vorstellungskomplex aufgedeckt. Das dabei eingesetzte Hilfsmittel liefert nicht nur partielle Ergänzungen zum Freudschen Verfahren, es stellt die Form bereit, in der die gesamte vorgeführte Traumdeutung abläuft. Der Assoziationsspule auf seiten des Patienten entspricht eine Symbolspule auf seiten des Therapeuten. Gerät die Deutung ins Stocken, so kann diese über den intuitiven Rückgriff auf die Sexualsymbolik weitergetrieben werden.

Vom selbstanalytischen Erkenntnisprojekt der *Traumdeutung* ist hier nur mehr wenig zu bemerken. Die Lektüre von Stekels Lehrbuch genügt für den Arzt, um das Verfahren der Traumdeutung zu beherrschen. Die angeführten Fallbeispiele aus der therapeutischen Praxis sind das einzige zugelassene Lehrmaterial, so daß an ihnen die Traumdeutung als Fertigkeit in der Art eines Tests geprüft werden kann. Aus der Kombination von freien Einfällen, der Assoziationstechnik und der Symbolik erhält der zukünftige Therapeut ein leicht faßliches Verfahren, mit dem fast jeder Fall geheilt werden kann.[75]

Waren die Ärzte für Stekel durch die richtigen im Buch vermittelten Behandlungsanweisungen und die Rhetorik des raschen Therapieerfolges leicht zu überzeugen, verschaffte sich die zweite erwähnte Leserschaft

---

[74] Stekel, *Nervöse Angstzustände*, 144. Stekel änderte Jungs Technik dahingehend ab, daß er nicht eine standardisierte Reizwortliste verwendete, sondern die Patienten zu einzelnen Wortketten assoziieren ließ. Er gab diese Technik jedoch, auch auf Freuds Kritik hin, bald wieder auf.

[75] Auch wenn Freud Stekels Handbuch durch sein Vorwort legitimierte, warf er ihm schon bald vor, daß in diesem Buch »die Träume nicht sauber gedeutet« wurden (P I, 20. 11. 1907, 238) und eröffnete mit dieser zunächst hinter den Kulissen geäußerten Kritik eine Auseinandersetzung, die sich in den folgenden Auflagen der *Traumdeutung* öffentlich niederschlug. Vgl. dazu weiter unten (II.2., 81 ff.).

einen irritierenderen Zutritt in die therapeutische Praxis. Patienten erschienen nun beim Therapeuten, die nicht deshalb Schwierigkeiten für die Technik der Traumdeutung aufwarfen, weil sie diese nicht akzeptierten, sondern gerade umgekehrt, weil sie Freuds *Traumdeutung* und andere Arbeiten schon aus der Lektüre zu gut kannten. Diese Patienten träumten und interpretierten bereits unter dem Einfluß psychoanalytischer Literatur. Die Lektüre des Buches durch seine Patienten, die Freud zunächst als eine wichtige Bedingung zur Bestätigung seiner eigenen Theorie betrachtete,[76] entwickelte sich für die ersten psychoanalytischen Praktiker zunehmend zum Problem. So schilderte Stekel den Fall eines jungen Mechanikers, der mit einer langen selbstverfaßten Krankengeschichte zu ihm kam, die sich einer aus der psychoanalytischen Literatur angelesenen diagnostischen Rhetorik bediente. Der junge Mann berichtete darin über seine Kindheitserinnerungen, erwähnte seine »sexuellen Wünsche«, seine dadurch verursachten Zwangsgedanken, seine merkwürdigen Träume und erklärte sich alles durch Verdrängungsvorgänge und psychische Konflikte, ohne jemals einen mit der Psychoanalyse arbeitenden Arzt aufgesucht zu haben.[77]

Solche sich mittels Lektüre in der Selbstanalyse und Autodiagnostik betätigenden Patienten stellten das von Stekel praktizierte Verfahren vor neue Probleme. Dieser hatte mit seiner Modifikation des Freudschen Settings eine Brücke zur spurenlesenden Praxis der Zürcher Psychiater geschlagen, die jedoch ihrerseits nur eine Tendenz verfolgten, die sich auch in der Behandlung des »Falles Dora« abzeichnete. Auch hier richtete sich die Aufmerksamkeit über die Rede der Patientin hinaus auf ihr gesamtes Verhalten, wenn Freud an ihr Symptomhandlungen während der Therapiesitzungen beobachtete. Ihre kleinsten Bewegungen erhielten den Stellenwert eines Beweises, denn »wessen Lippen schweigen, der

---

[76] Wie aus vielen Stellen der *Traumdeutung* hervorgeht, lesen Freuds Patienten das Buch im Verlauf ihrer Behandlung und reagieren darauf in Form von »Gegenwunschträumen«, ein Ausdruck, der in der zweiten Auflage eingeführt und an einer Reihe von Beispielen belegt wird (TD, 2. Aufl., 1909, 113 [GW II/III, 163 ff.]). Zu den rhetorischen Strategien, die den Patienten als skeptischen Leser präsentieren, vgl. den Text von John Forrester in diesem Band.

[77] Vgl. Stekel, *Nervöse Angstzustände*, S. 183 ff. Auch zu Freud kommen Patienten, die ihre Symptome in seinen Büchern wiederfinden. Zu erwähnen ist hier der ›Rattenmann‹, der Freud aufsuchte, weil ihn die Wortverknüpfungen der *Psychopathologie des Alltagslebens* an sein Leiden erinnerten.

schwätzt mit den Fingerspitzen; aus allen Poren dringt ihm der Verrat«.[78]
Stekel, den seine Lektüre der *Traumdeutung* zu einer theoretischen
Rechtfertigung dieser kriminologischen Entlarvungstechniken geführt
hatte,[79] modifizierte nun das Setting, um eine *systematische Beobachtung*
von Symptomhandlungen zu gewährleisten. Er riet nicht zur Verwendung einer Couch, sondern eines Schreibtisches. Dort sitzt der Arzt, ihm
zur Seite der Patient, auf dem Schreibtisch liegt ein Blatt Papier, auf dem
die wichtigsten Einfälle des Kranken gleich notiert werden. Da der Patient sitzt, hat er einen größeren Aktionsradius, kann aufspringen und
»Symptomhandlungen ausführen«.[80] Die direkte Beobachtung der Ak-
tivitäten des Kranken erhält damit wieder eine Rolle, die sie in der neurologischen Praxis und deren Diagnostik hat. Die Handlung dieser büh-
nenhaften Inszenierung beginnt damit, daß sich Stekel vom Kranken
einen Traum erzählen läßt, der für den therapeutischen Traumdeuter von
besonderer Bedeutung ist. Der erste Traum, der noch *vor* der Behandlung geträumt wurde, enthält für ihn den Schlüssel zur Neurose, und
zwar in relativ unentstellter Form. Während alle folgenden Träume
durch den Einfluß der psychoanalytischen Übertragung einer weiteren
sekundären Bearbeitung ausgesetzt sind, erweist sich dieser erste Traum
als Interpretationsanker: »Die Kranken haben noch keine Ahnung, daß
der Psychotherapeut die Kunst beherrscht, Träume zu deuten. Deshalb
ist der erste Traum noch klar und enthüllt in ziemlich unzweideutiger
Weise das Geheimnis der Neurose.«[81]

Was aber, wenn der Träumer die Instrumentarien des Therapeuten
bereits durch private Lektüre kennt? Der erste Traum verliert dann die

---

[78] Freud, »Bruchstück einer Hysterieanalyse« [1905], in: GW V, 240.
[79] Nach dieser Theorie ist jedes Kind ursprünglich »universell-kriminell«. Der Neurotiker,
der sich durch »psychischen Infantilismus« auszeichnet, ist demnach »ein Kind und als solches der geheime Verbrecher« (Wilhelm Stekel, *Die Sprache des Traumes. Eine Darstellung
der Symbolik und Deutung des Traumes in ihren Beziehungen zur kranken und gesunden Seele
für Ärzte und Psychologen*, Wiesbaden 1911, 314). Alle Spiele des Kindes sind darum »Spiele
mit Todeswünschen«, die sich vornehmlich gegen die Eltern und die Geschwister richten.
Die sexuellen Wünsche dienten dann dazu, diese ursprüngliche Kriminalität zu überwinden. Damit verschärft Stekel die von Freud in der *Traumdeutung* als »typisch« erklärten
Träume vom Tod teurer Verwandter in einem entscheidenden Punkt: Dieser hatte die
»feindseligen Impulse der Kinder« dahingehend abgeschwächt, sie wüßten eben noch nicht,
was »Tod« und »Sterben« bedeuteten (vgl. EA, 175 [GW II/III, 260 f.]).
[80] Stekel, *Nervöse Angstzustände*, 288.
[81] Ebd., 290.

Garantie, die er für die Deutung des Therapeuten bereitstellen sollte. Das Lesen von Freuds *Traumdeutung* hatte einen Prozeß eingeleitet, der die Träume der Leser dahingehend veränderte, daß ihre Traumgedanken noch weiter entstellt und ihre psychische Zensur verstärkt wurden. Publikationen zur Traumdeutung bringen über diesen epistemischen Rückkoppelungseffekt nicht nur den Arzt um sein bedeutsamstes Material, sie erschweren auch den Fortgang der Kur. Mit dem Festhalten daran, daß es Träume gibt, die einen direkteren Zugang zum latenten Traumgedanken ermöglichen, ihr manifester Trauminhalt also höher einzuschätzen sei als bei anderen, wird die öffentliche Vermittlung der Psychoanalyse über Bücher zum Problem für die analytische Praxis und schafft unüberwindbare Aporien. An die Stelle der eingebildeten treten die vorgebildeten Kranken.[82]

In seiner späteren, im *Zentralblatt für Psychoanalyse* veröffentlichten Serie über die »Fortschritte der Traumdeutung« explizierte Stekel seine Vorbehalte gegen die Leserschaft, die sich aus diesen Laien zusammensetzte: »Der Analytiker, der seine Kranken durch Lektüre vorbildet, gleicht dem Strategen, der dem Feind seinen Feldzugsplan ausliefert. Deshalb bestehe ich darauf, dass die Kranken nur gewisse, sie nur oberflächlich orientierende Schriften lesen.«[83] Zur Demonstration schilderte Stekel einen Patienten, der »bei Tag und Nacht die psychoanalytische Literatur [studiert], angeblich um die Kur zu unterstützen. Auf meine Einwände, meinte er, er erinnere sich bei der Lektüre dann an verschiedene Vorfälle. Er notierte sich gewissenhaft die Einfälle, so dass die Stunde kaum ausreichte. Und doch war alles nur ein Spiel und er blieb trotz unzähliger Einfälle und Erinnerungen immer an der Oberfläche.«[84] Die Kenntnis der psychoanalytischen Literatur dient somit in der Kur nicht dazu, die Neurose zu heilen, sondern sie noch stärker zu befestigen, was dem Arzt die günstige Ausgangssituation verdirbt.

---

[82] In der psychotherapeutischen Neurosenbehandlung spielen die eingebildeten Kranken zu dieser Zeit eine nicht zu unterschätzende Rolle: So sollte eine der populärsten Methoden, die von Paul Dubois geübte »Persuasion«, den Patienten mit Hilfe von Überredungstechniken überzeugen, er bilde sich sein Leiden bloß ein. (Paul Dubois, *Die Einbildung als Krankheitsursache,* Grenzfragen des Nerven- und Seelenlebens, H. 48, Wiesbaden 1907)
[83] Wilhelm Stekel, «Die Ausgänge der psychoanalytischen Kuren», in: *Zentralblatt für Psychoanalyse* 3 (1913), 176.
[84] Ebd.

Die Sorge um den Lesestoff der Patienten war in einer Haltung motiviert, die den Prozeß der Lektüre selbst als ein wesentliches Element bei
der Entstehung und Heilung von neurotischen Krankheitsbildern begriff. Eine solche Diätetik der Seele, wie sie sich im 19. Jahrhundert (etwa
in Feuchterlebens Schriften) ausgebildet hatte, stand Pate bei Stekels
Traum von einer »Hochschule der geistigen Diät«: »Ärzte, die selbst Li-
teraten sind, müßten ein Komitee bilden und jene Werke bestimmen,
die man den Kranken vorsetzen dürfte. [...] Diese Bibliothek wäre in
Skalen anzulegen, welche die geistige Verdauungsstärke der Kranken
schrittweise berücksichtigt.«[85] In einer solchen Vision behielt der Arzt
die vollständige Kontrolle über den geistigen Haushalt seiner Patienten:
Die Lektüre konnte dann in entsprechend dosierten Portionen verabreicht werden. Diese Bedingungen einer systematischen ärztlichen
Steuerung der Lektüre waren allenfalls in der Isolationsbehandlung in
der Klinik oder im Sanatorium umzusetzen; in dem ambulanten Raum
der psychotherapeutischen Privatpraxis blieben lesende Patienten prinzipiell unkontrollierbar. Die verschiedenen publizistischen Formen, mit
denen die als Methodenbuch zu schwerfällige *Traumdeutung* supple-
mentiert wurde, konnten sich so vom intendierten Aufklärungs- und
Durchsetzungsinstrument zur Waffe wandeln, mit der die vorgebildeten
Kranken den Arzt mit immer unüberwindlicheren Verteidigungsstrate-
gien irritierten. Freud hatte versucht, in der zweiten Auflage seines Buches solche widerspenstigen Patienten auf die Rolle der »Gegenwunschträumer« festzulegen, was der Tendenz Vorschub leistete, alle
Formen der Kritik an der Psychoanalyse als einen *Widerstand* aufzufassen. Durch ihre Popularisierung in der Laienwelt, an der er als Journalist
selbst eifrig mitwirkte, arbeitete Stekel jedoch an der Vergrößerung viel-
facher *Widerstände*, die sich immer weniger auf die noch ungeschriebe-
nen Regeln der psychoanalytischen Situation zurückführen ließen.

<hr />

85 Stekel, *Nervöse Angstzustände*, 285.

II. Ein Königsweg und seine Verzweigungen.
Der Wandel der *Traumdeutung* zum Symbollexikon

> »Wenn Könige Paläste bauen, so haben die Kärrner zu tun«
> Wilhelm Stekel, *Fortschritte der Traumdeutung,* 1909

Als Ende 1908 die zweite Auflage der *Traumdeutung* erschien und die der *Drei Abhandlungen über Sexualtheorie* in Vorbereitung war, schrieb Karl Abraham an Freud, daß die letztere ihm von Freuds Schriften »immer von allen die liebste war, weil sie so außerordentlich viele Ideen bringt, die im einzelnen noch der Bearbeitung bedürfen, während die Traumdeutung so abgerundet und fertig ist, daß unsereinem gar nichts mehr zu tun bleibt«.[86] Nicht alle Schüler Freuds teilten diesen Eindruck: Viele der ihm näherstehenden Anhänger suchten zunächst in Zusammenarbeit mit dem Autor der *Traumdeutung,* den Text des Buches nach verschiedenen Richtungen hin zu ergänzen. Diese Ergänzungen betrafen zunächst neues Material, das zur Bestätigung von Freuds Theorie dienen sollte. Insofern bestanden viele der in die zweite Auflage aufgenommenen Zusätze aus solchen Verweisen auf Experimente (wie die Assoziationstests am Burghölzli) oder bestätigende Mitteilungen und Traumanalysen von Psychoanalytikern aus der Wiener Mittwoch-Gesellschaft.[87]

Ab 1909 verfügten die Psychoanalytiker jedoch über ein neues Organ, in dem sie solches Material mitteilen konnten, bevor es in das Freudsche Werk aufgenommen oder darin verarbeitet wurde: die Zeitschrift. Mit dem *Jahrbuch für psychoanalytische und psychopathologische Forschung,* das von Freud und Bleuler herausgegeben und von Jung redigiert wurde, brach für die Psychoanalyse die Ära der »Zeitschriftenwissenschaft« an.[88]

---

[86] Abraham an Freud, 23. 11. 1908, in: Sigmund Freud/Karl Abraham, *Briefe 1907–1926,* hg. von Hilda C. Abraham und Ernst L. Freud, 2., korrigierte Ausgabe, Frankfurt am Main 1980, 68.

[87] Freud vermerkte, die Arbeiten seiner Anhänger hätten »eben nur Bestätigungen, keine Neuerungen« gebracht (TD, 2. Aufl. 1909, 67). Diese Bemerkung wurde in der vierten Auflage jedoch stark modifiziert (TD, 4. Aufl. 1914, 71).

[88] Diese Charakterisierung verwenden wir hier im Anschluß an die wissenssoziologische Studie von Ludwik Fleck, *Entstehung und Entwicklung einer wissenschaftlichen Tatsache. Einführung in die Lehre vom Denkstil und Denkkollektiv,* Frankfurt am Main 1980 (zuerst 1935), 146–164. Fleck stellt die »Zeitschriftenwissenschaft« mit dem Charakter des »Vorläufigen und Persönlichen« der »Handbuchwissenschaft« gegenüber, die ein geschlossenes systematisches Lehrgebäude errichtet.

Zu den bisherigen brieflichen oder mündlichen Kommunikationsstrukturen trat damit erstmals ein Medium, das einerseits der internen Verständigung (zwischen der Wiener und der Zürcher Gruppe) und andererseits nach außen hin der Darstellung der »Fortschritte« der Psychoanalyse dienen konnte. Das psychoanalytische Kollektiv, das sich zunächst als geschlossen präsentierte, brach jedoch im Verlauf der nächsten Jahre auseinander. Die weiteren von Freud betriebenen Zeitschriftengründungen führten nicht zu einer Zentralisierung und Vereinheitlichung der gegensätzlichen Richtungen, sondern zu deren Abspaltung.[89] Parallel zum mißglückten Aufbau des ersten psychoanalytischen Zeitschriftennetzwerks vollzogen sich auch die einschneidendsten Veränderungen am Text der *Traumdeutung*. Der Gründungstext der Psychoanalyse war in dieser Zeit den meisten kritischen Revisionen gegenüber offen: Der Imperativ des »Fortschritts« und die rege Publikationstätigkeit seiner Anhänger führten dazu, daß das Buch schon nach einem Jahr die dritte (1911) und bald darauf die vierte Auflage (1914) erlebte, in denen nicht mehr nur zahlreiche Verweise auf andere psychoanalytische Veröffentlichungen eingearbeitet waren, sondern Textteile oder ganze Passagen von Freuds Mitarbeitern direkt in den Text eingeschaltet wurden.[90] Zwischen 1909 und 1914 – und in einigen Fällen noch darüber hinaus – wurde der Text der *Traumdeutung* somit selbst zum Ort der Auseinandersetzung zwischen dem Meister und seinen Schülern.

Im folgenden werden diese Auseinandersetzungen in bezug auf die Umgestaltung des Buches dargestellt. Das Projekt, an dem sich für die Psychoanalytiker die »Fortschritte« ihrer noch jungen Wissenschaft bemessen, ist das Sammeln von typischen Träumen und Symbolen. Die

---

[89] Vgl. dazu ausführlicher Lydia Marinelli, »... es ist seither die Buchdruckerkunst für uns erfunden worden ...‹ Zu den Anfängen psychoanalytischer Zeitschriften (1908–1914)«, in: Mark Lehmstedt / Andreas Herzog (Hg.), *Das bewegte Buch. Buchwesen und soziale, nationale und kulturelle Bewegungen um 1900*, Wiesbaden 1999, 241–261.

[90] In der zweiten und dritten Auflage wurden Zusätze noch in eckigen Klammern angegeben. Ab der vierten Auflage, die den neuen Abschnitt (e) über Symbolik im VI. Kapitel und zwei eigens von Otto Rank verfaßte Abschnitte als »Anhang« zu diesem Kapitel enthielt, wurde dies wieder fallengelassen. Wie umfangreich die Erweiterungen zwischen der zweiten und der fünften Auflage waren, illustriert annähernd die 1925 im Internationalen Psychoanalytischen Verlag veröffentlichte Fassung der *Traumdeutung*, die erstmals den Urtext wiederabdruckte (GS II) und alle Ergänzungen in einen Separatband auslagerte (GS III). Die Zusätze umfassen in dieser Ausgabe 185 Seiten zu dem 542 Seiten umfassenden Haupttext.

kollektiv betriebene Sammelforschung zielte zunächst nicht nur auf eine stärkere Verbindung zwischen den Wiener und Schweizer Psychoanalytikern, sondern auch auf die stärkere Loslösung der *Traumdeutung* von der Person Freuds. Die Evidenz psychoanalytischer Traumdeutungen sollte durch neues ›unpersönliches‹ Material gestützt werden: Zu den gesammelten klinischen Beobachtungen traten zunehmend Zeugnisse, die nicht aus der Klinik oder der Privatpraxis stammten, sondern aus dem Bereich von Dichtung, Mythos und Folklore. Die Sammelforschung zur Symbolik und zu den typischen Träumen, die zunächst zur Bestätigung der Freudschen Theorie dienen und ihre Universalität verankern sollte, nahm jedoch bald eine Wendung, mit der auch andere, rivalisierende Theorien einen Anspruch auf Universalität anmeldeten. An mehreren Beispielen läßt sich zeigen, wie sich kleinere Ergänzungen zum Text der *Traumdeutung* in kurzer Zeit zu umfassenden Revisionen wandelten. Die Symbolik, die von Freud als ein Hilfsmittel für die Technik und somit als ein zusätzliches Überzeugungsmittel für psychoanalytische Deutungen gedacht war, machte in diesem Prozeß eine Reihe von methodologischen, theoretischen und moralischen Problemen evident, die die Spaltung der psychoanalytischen Bewegung in mehrere Schulen vorantrieb.

1. Ein »Zentralbüro für Träume«: die Sammelforschung zur Symbolik

> »Er konnte die Träume seiner Patienten so leicht und
> schnell lesen, wie andere Bücher lesen.«
> Fritz Wittels über Wilhelm Stekel, *Wrestling with the Man.*
> *The Story of a Freudian*

Die psychoanalytische Sammelforschung zur Symbolik war von Beginn an durch zwei Tendenzen charakterisiert: Zum einen bildete sie ein wesentliches Element in dem Versuch, die junge psychoanalytische Bewegung zu einem geschlossenen Kollektiv zu machen. Die verschiedenen epistemischen und sozialen Konfigurationen, die die klinische Praxis in Zürich und in Wien auszeichneten und die Lektüren der *Traumdeutung* formten, sollten auf eine kollektiv geschaffene Grundlage gestellt werden. Dieses positive Programm, das sich auf organisatorischer Ebene in den Zeitschriftengründungen und der Veranstaltung von internationalen Kongressen niederschlug, fand seinen Gegenpart in einer Reihe von

methodologischen, theoretischen und moralischen Widersprüchen zu
der Erstfassung der *Traumdeutung*, die auf dem singulären Fall ihres Autors Freud beruhte. Im Programm der Sammelforschung waren zwei
Momente enthalten, die diesem Prinzip der Singularität entgegenstan-
den: Erstens wurde postuliert, die jeweiligen Traumsymbole existierten
unabhängig von den individuellen Träumern, d. h. losgelöst von ihrer
partikularen Verankerung im konkreten Deutungsprozeß; und zweitens
ließ sich ein typisches Symbol nicht durch einen einzelnen Fall ermitteln,
sondern nur durch sein wiederholtes und gehäuftes Auftreten an verschiedenen Orten. Das erste Moment drängte die Deutungstechnik in
ein Wechselspiel von Purifikation (Ablösung des Symbols vom konkreten Kontext der psychoanalytischen Situation oder der Lebensgeschichte
des Patienten) und Reduktion (Erklärung von Ereignissen unter Rückführung auf das entkontextualisierte und purifizierte Symbol). Das
zweite Moment dagegen bestand in einem quantitativen Kriterium: im
Sammeln von möglichst viel Material, zunehmend auch außerklinischen
Zeugnissen (aus Religionsgeschichte, Anthropologie, Folklore, Dichtung und Mythos), um die Universalität der typischen Symbole zu stützen. Damit war nicht mehr evident, daß Freuds Ur-Fall eine privilegierte
Rolle in der Frage spielte, welche Symbole als typisch zu gelten hätten.

Mit dem Projekt, der *Traumdeutung* eine überindividuelle Symbolik
vorzuschalten, begann die in der ersten Fassung des Buches vorgeführte
Deutungstechnik sich nicht zu vereinheitlichen, sondern in wider-
sprüchlicher Weise aufzuspalten. Diese Widersprüchlichkeit, die in einer
textimmanenten Betrachtung als eine Entstellung des Urtextes (als Verfälschung von Freuds Autorintention) erscheint, erweist sich unter so-
ziologischem Blickwinkel als die Kehrseite des Versuchs, ein verbinden-
des Programm zu finden, um die unterschiedlichen Positionen innerhalb
der psychoanalytischen Bewegung zusammenzuführen.[91] Die theoretische Konzeption der Symbolik und ihre soziale Wissensproduktion tra-

---

[91] Nur wenige Autoren haben sich bisher historisch mit diesem Problem auseinanderge-
setzt. Die immer noch beste historisch-kritische Darstellung der Diskussion um die Symbolik bietet John Forrester, *Language and the origins of psychoanalysis*, New York 1980,
63–130. Für neuere Beiträge, die die methodischen Widersprüche hervorheben und zu
überbrücken versuchen, vgl. Nicholas Rand/Maria Torok, *Questions à Freud. Du devenir de
la psychanalyse*, Paris 1995, 19–34, und Agnes Petocz, *Freud, Psychoanalysis, and Symbolism*,
Cambridge 1999.

ten dabei in ein Wechselverhältnis ein. Das kollektive Element, das in der Symbolik einen als allgemein gesetzten Zugang zu einem historischen, kulturellen und sprachlichen ›Erbe‹ eröffnet, gehörte nicht nur zu den semantischen Voraussetzungen der symbolischen Bedeutungskonstitution: In Form einer gemeinsamen Sammelforschung bestimmte es auch den Prozeß ihrer soziohistorischen Produktion. Die Kollekte sollte das Kollektiv machen.

Um das gesammelte Material zusammenzuführen, bedurfte es nicht nur zahlreicher Zuträger, sondern auch eines Ortes, der als Sammelstelle und Umschlagplatz fungieren konnte. Ernest Jones machte Freud gegenüber den ersten Vorschlag in diese Richtung: »Do you not think the time is ripe to apply a suggestion you made in the *Traumdeutung*, namely to make a collection of typical dreams? Why not establish a central bureau at Jung's to which short accounts of analyses could be sent by different workers? Then after a couple of years the results could be worked up for the *Jahrbuch*. Would it not be a suitable subject to discuss at the Congress? The same applies to typical symbolisms. It has often struck me that we meet with the same symbolisms in different countries, and that associations are readily coined for these although the words are different in the various languages.«[92] Die Gründung der Internationalen Psychoanalytischen Vereinigung 1910 in Nürnberg beschleunigte die bürokratische Umsetzung dieser Idee. Auf dem Kongreß wurde auf Antrag Stekels, der bei dieser Gelegenheit sein Prinzip der »symbolischen Gleichungen des Neurotikers« vorstellte, offiziell die »Sammelforschung auf dem Gebiete der Traum- und Neurosensymbolik«[93] beschlossen. Ein dreiköpfiges in-

---

[92] Jones an Freud, 12. 2. 1910, in: *The Complete Correspondence of Sigmund Freud and Ernest Jones, 1908–1939*, hg. von Andrew Paskauskas, Cambridge/MA 1993, 43 f. Jones bezog sich hier auf eine in der zweiten Auflage neu hinzugekommene Stelle. Sprach Freud in der ersten Auflage noch davon, er sehe sich bei der Behandlung der typischen Träume durch den »zufälligen Umstand behindert […], daß nicht genug derselben für meine Erfahrung zugänglich geworden sind« (EA, 166), hieß es anstelle dessen in der zweiten Auflage: »Die typischen Träume der Menschen wären der eingehendsten Untersuchung würdig.« (TD, 2. Aufl., 1909, 170) In dieser Auflage wurde auch erstmals eine Auflistung von einigen typischen Sexualsymbolen gegeben, »um andere zu sorgfältigerer Sammelarbeit anzuregen« (ebd., 200).

[93] Wilhelm Stekel: »Vorschläge zur Sammelforschung auf dem Gebiete der Symbolik und der typischen Träume«, in: *Jahrbuch für psychoanalytische und psychopathologische Forschungen* 2 (1910), 740 f. Dieses neue Prinzip der symbolischen Gleichung besteht aus einer Reihe von Wörtern, die für den Neurotiker gleiche Bedeutungen haben, wie: Penis = Fuß = Busen = Schenkel = Finger = Podex. (Ebd.)

ternationales Komitee, bestehend aus Wilhelm Stekel (Wien), Karl Abraham (Berlin) und Alphonse Maeder (Zürich), wurde mit der Durchführung der Sammlung betraut. Auf welche Weise der Traum aufgezeichnet und anschließend ausgewertet werden sollte, wurde nicht näher ausgeführt. Fest stand nur das Ziel, »schöne beweiskräftige Beispiele bisher unbekannter Traumsymbole aufzuklären«.[94] Als einziger Hinweis zur Einsendung wurde den künftigen Sammlern folgende Instruktion mitgegeben: »Beispiele ohne Analyse können nicht verwendet werden.«[95]

Das Symbolkomitee, das drei Orte und zwei Ausrichtungen in sich vereinigte (Abraham und Maeder wurden der Schweizer Richtung zugerechnet), reichte das Material an das neu geschaffene *Zentralblatt für Psychoanalyse* weiter, womit die zentrale Sammelstelle in Wien verankert war. Das Programm dieser Zeitschrift war es nun nicht mehr, der Psychoanalyse als Wissenschaft soziale Anerkennung zu verschaffen (wie es noch bei dem 1909 gegründeten *Jahrbuch für psychoanalytische und psychopathologische Forschungen* der Fall war), es verfolgte, wie sein Schriftleiter Stekel bemerkte, »einen im wesentlichen didaktischen Zweck«.[96] Unter der Rubrik »Mitteilungen« und »Varia« erschienen hier in unregelmäßiger Folge Beobachtungen, kleine Analysen und Hinweise aus der Literatur, wobei vorerst weniger die Analyse typischer Traumsymbole eine quantitative Unterstützung erfuhr, sondern vor allem Freuds Sammlung von Fehlleistungen und Symptomhandlungen, die 1904 in Buchform unter dem Titel *Psychopathologie des Alltagslebens* erschienen war.

Die Zürcher und die Wiener Psychoanalytiker hatten sich zunächst auf einem gemeinsamen Boden getroffen, auf dem Traum und Symptomhandlung analog behandelt wurden. Wie bereits gezeigt, bot die direkte Beobachtung des Patienten durch den Arzt in beiden klinischen Kulturen eine epistemische Absicherung für das flüchtige und unsichere Objekt »Traum«. Die konstante Patientenbeobachtung mit Hilfe von standardisierten Wortlisten im Assoziationsexperiment lieferte den Ärzten des Burghölzli die Garantie, daß es nur einige wenige stereotype Komplexe gab, die sich durch ein beschränktes Set von »Symbolhand-

---

94 »Varia«, in: *Zentralblatt für Psychoanalyse* 1 (1910/11), 135.
95 Ebd.
96 »Vorbemerkung der Schriftleitung«, in: *Zentralblatt für Psychoanalyse* 1 (1910/11), I.

lungen« äußerten.[97] Die sichtbaren Handlungen der Kranken wurden mit dem unsichtbaren Traum der Gesunden gleichgesetzt, bei beiden Vorgängen (der Wahnvorstellung und dem Traum) dieselben Mechanismen der Symbolbildung angenommen.[98] Damit war ein Versuch gemacht worden, die Deutungskultur möglichst auf den Raum der Klinik zu begrenzen: Die Isolation der Kranken von der Außenwelt und die methodische Kontrolle durch das Assoziationsexperiment, der sich alle Bewohner der Klinik unterwerfen mußten, sollte diese Begrenzung verbürgen. Trotz dieser ›exakten‹ Verfahren konnten die Zürcher Psychiater jedoch die Sicherheit, ob eine Deutung richtig war, nur durch Rekurs auf Intuition und Alltagspsychologie erlangen: durch das »Selbersehen« von Tonfall und Mimik des Patienten oder das Gefühl, »die Erklärung schlägt ein«.[99] In ähnlicher Weise berief sich Stekel, der in seiner Praxis den Patienten eine Bühne für ihre »Symptomhandlungen« gegeben hatte, bei seiner Übersetzung der Symbole auf seine ärztliche Intuition.[100] Doch der Effekt, den Stekel mit seinen Publikationen erzielte, beinhaltete auch das Umsichgreifen von intuitiven Deutungen bei einem nicht-ärztlichen Laienpublikum, die zum Entsetzen der Zürcher Psychiater weder eine methodische noch eine moralische Begrenzung kannten.

Hatte sich das *Jahrbuch* unter Jungs Leitung dem Imperativ ›exakter‹ Wissenschaftlichkeit verschrieben, so wurde das *Zentralblatt* unter Stekels Schriftführung zum ersten Träger dieser diskursiven Explosion um die Psychoanalyse, in der sich Gerüchte, Tratsch und Alltagspsychologie vermischten.[101] Die ersten Nummern der Zeitschrift, die mit zahlreichen kurzen Patienten- und Selbstbeobachtungen von Fehlleistungen gefüllt waren, beschrieben und nährten zugleich eine populäre Deutungskultur, in der die Symbolik zur handlichen ›Abkürzung‹ längerer

---

[97] Unter diesem Begriff wurden vor allem die signifikanten Fehlleistungen gefaßt, die wiederholt während des Experiments auftraten.

[98] Neben den bereits zitierten Arbeiten von Bleuler und Jung, die den Begriff der Symbolhandlung verwenden, vgl. Alphonse Maeder, »Zur Entstehung der Symbolik im Traum, in der Dementia praecox etc.«, in: *Zentralblatt für Psychoanalyse* 1 (1910/11), 383–389.

[99] Vgl. Bleuler, »Die Psychanalyse Freuds«, 667; sowie seinen Brief an Freud vom 14. 5. 1905 Freud Collection, *Library of Congress, Washington.*

[100] Stekel, *Nervöse Angstzustände*, 291.

[101] John Forrester hat wiederholt auf diese Effekte der psychoanalytischen Deutungspraxis aufmerksam gemacht. Vgl. ders., *The seductions of psychoanalysis. Freud, Lacan and Derrida*, Cambridge 1990, 49–61; 243–259.

Traumanalysen geriet. Wie sehr eine solche auf Instantdeutungen beruhende Kultur bereits ausgebildet war, bringt eine ans *Zentralblatt* geschickte und dort als gelungene Auslegung bezeichnete Traumdeutung zum Ausdruck. Ein Mädchen, das selbst analysiert wurde, bekommt von einem anderen, das sie kaum kennt, einen Traum erzählt: »Sie träumte, dass ihre Mutter sie stark ausschalt um etwas, worauf sie sich nicht erinnert. Sie erzürnte sich, nahm eine große Schere und schnitt sich die eigene Brustwarze ab; dann zeigte sie sie jubelnd ihrer Mutter.« Das Mädchen fügt folgende Analyse an: »Ich sagte ihr verwundert, dass ich ihr meine Deutung unter vier Augen sagen werde. Als die Gelegenheit kam, sagte ich ihr zaudernd, ihr Traum könne vielleicht bedeuten, dass sie kein Kind haben will und darum ihre Brustwarze abschneidet. Dann zeigt sie sie jubelnd, als ob sie sagen würde: ›Umsonst würde ich ein Kind bekommen, ich könnte es nicht stillen.‹ Worauf sie erblich, und meine Hände ergreifend, sagte: ›Um Gottes Willen, Sie haben es bemerkt?!‹ – ›Was denn?‹ fragte ich verwundert. Nun gestand sie mir ein, dass sie wirklich in anderen Umständen sei und darum sich sehr vor der Mutter fürchte.«[102] Den Brief schickte das analysierende Mädchen nicht direkt an das *Zentralblatt*, sondern an ihren Psychoanalytiker, der ihn an die Zeitschrift zum Abdruck weiterreichte. Sich als Traumdeuter bei anderen betätigend, bestätigen Laien auf diese Weise indirekt die Traumlehre. Sie leisten durch ihre eigene intuitive Deutung eine Vorarbeit für den Psychoanalytiker, auf deren Wahrheitskern dieser sich berufen kann. So gerät die Laiendeutung selbst zum Beweismaterial für die psychoanalytische Traumdeutung, die nur noch aus dieser explizit entwickelt werden muß.[103]

Die offenbare Eindeutigkeit der Übersetzungssprache und die Unpersönlichkeit des Vorgehens werden durch das Medium Zeitschrift noch befördert: Ein Eingehen auf die individuellen träumenden und traumdeutenden Personen ist hier nicht mehr notwendig, denn diese begegnen

---

[102] Mitgeteilt von J. Hárnik in: *Zentralblatt für Psychoanalyse* 2 (1912), 417.

[103] Dieser Verbreitung der *Traumdeutung* durch »Hörensagen« und Gerüchte widmeten sich die Mitteilungen im *Zentralblatt* intensiv. So steuerte Jung einen Beitrag bei, in dem er die Erzählungen verschiedener Schulkinder über einen angeblich anstößigen Traum eines Mädchens verglich, der den Lehrer zum Gegenstand hatte. »Das Gerücht hat den Traum analysiert und gedeutet«, lautet sein Fazit: somit hat der Psychoanalytiker nur noch das Gerücht zu deuten (Carl Gustav Jung, »Ein Beitrag zur Psychologie des Gerüchtes«, in: *Zentralblatt für Psychoanalyse* 1 [1910/11], 89).

sich nur noch im anonymisierten Raum des Textes, in dem sie zu exemplarischen Figuren gerinnen. Ausgehend von dieser in der Zeitschrift angewandten Darstellungspraxis faßte Stekel schon bald den Plan, eine populäre *Traumdeutung* zu verfassen, die eine Art »Traumsymbolwörterbuch« darstellen sollte.[104] Dieses Buch entstand parallel zu Freuds Arbeit an der dritten Auflage der *Traumdeutung* und läßt sich als Konkurrenzunternehmen begreifen, denn auch Freud skizzierte die Wendung, die sein Buch nun nehmen sollte, nach dem Vorbild eines solchen symbolischen Traumbuches. Schon kurze Zeit nach dem Erscheinen der zweiten Auflage der *Traumdeutung* hatte er vor der Wiener Vereinigung die Notwendigkeit von Erweiterungen angekündigt, »weil auf die fixierte Traumsymbolik viel zu wenig Wert gelegt sei: Die Möglichkeit eines symbolischen Traumbuchs werde in der Tat immer näher gerückt und er beginne schon Material für ein solches Buch zu sammeln und herauszubringen, was die wiederkehrenden Elemente bedeuten, unter der Voraussetzung, daß, wo man nichts herausbringe, man etwas Sexuelles anzunehmen habe« (P II, 28.4.1909, 196 f.).

Die Materialsammlung Freuds bestand aus einer Reihe von Notizen und »Sammelbögen«, auf denen er typische Traumsymbole und Traummuster verzeichnete, um seine in der zweiten Auflage erstmals publizierte Liste (TD, 2. Aufl., 1909, 200) zu erweitern.[105] »Sie geht viel weiter als ich geglaubt«, lautet seine einleitende Bemerkung zu einer Notiz über die Traumsymbolik, in der verschiedene typische Symbole aneinandergereiht werden: »*Stiege* ist ein in Stein gehauener Coitus. *Glatte Wände* sind Männerkörper [...] *Enge Gänge, die sich zu Gefängnis verdichten.* Intrauterin«.[106] Auf diesen Bögen finden sich auch kurze Aufzeichnungen und Analysen von Träumen, aus denen die Symbole gewonnen wurden. So bezieht sich etwa die Bedeutung der glatten Wände auf einen am 24.5.1909 aufgezeichneten Traum: »N. homosex[uell] der schon oft ähnliches getr[äumt], daß er vom Fenster einer Hausfassade herunter-

---

104 Er kündigte dies zuerst in einer Sitzung der Wiener Psychoanalytischen Vereinigung an (vgl. P II, 21.4.1909, 191), die Bezeichnung »Traumsymbolwörterbuch« verwendet Freud in einem Brief an Jung (11.11.1909, FJ, 286).
105 Auf die Existenz dieser Notizen hat Ilse Grubrich-Simitis in ihrem Buch *Zurück zu Freuds Texten. Stumme Dokumente sprechen machen,* Frankfurt am Main 1993, 140 ff. aufmerksam gemacht.
106 Freud, »3 Sammelbögen. 1. Traumsymbolik«, datiert 20.4.1909, Freud Collection, *Library of Congress, Washington.*

klettert.«[107] Im selben Zeitraum legte Freud auch ein Profil seiner eigenen »individuellen Traumcharakteristik« an, in dem er die Häufigkeit verschiedener typischer Traummuster an seinem eigenen Fall verzeichnete.[108]

Während Freud für die dritte Auflage der *Traumdeutung* diese Notizen zur Umarbeitung des Abschnitts »Typische Träume« verwendete, brachte Stekel zeitgleich sein Buch *Die Sprache des Traumes* heraus, in dem er sich jedoch nicht mit bloßen Auflistungen begnügte. Ausgehend von der bereits erwähnten Emphase auf den ersten Traum, der für ihn den wichtigsten psychischen Konflikt enthielt, stellte er auch neue technische Regeln auf. Stekel empfahl seinen Patienten, ihre ersten Träume aufzuschreiben und dem Arzt zu übergeben, um diese in möglichst unentstellter Form für dessen spätere symbolische Deutungen aufzubewahren. »Man erhält auf solche Weise ein sehr gutes Traummaterial. Denn man würde es nicht glauben, was für Finessen intelligente Träumer anwenden, um den Deuter zu verwirren. Sie bilden eine eigene Kunst der Traumentstellung, die einmal einer zusammenfassenden Darstellung würdig wäre.«[109] Er machte seine Kollegen darauf aufmerksam, daß »ihnen der Kranke in den ersten Tagen ›alles‹ gesagt hat« und daß es darum ging, sich dieses dem Kranken noch verborgene Wissen möglichst rasch anzueignen.[110]

War es zunächst der ›wilde‹ Leser, der in der Praxis technische Schwierigkeiten aufgeworfen hatte, verlagerte sich das Problem nun von der Lektüre auf den Schreibvorgang. Freud hatte bereits in der ersten Auflage der *Traumdeutung* eine Reihe von notierten Träumen erwähnt, die er zunächst nicht deuten konnte. Daß ihm eine nachträgliche Deutung möglich wurde, erklärte er sich jedoch aus dem inzwischen geschwundenen Widerstand, nicht aus der Unkenntnis der Traumsymbole (EA, 305 [GW II/III, 526]). Stekels im *Zentralblatt* und in seinem Buch veröffentlichte technische Ratschläge drängten Freud nun zu einer Abgrenzung und Ergänzung, die er in seinen nach und nach erscheinenden kleinen Aufsätzen zur Technik vornahm. Der erste Text war der »Hand-

---

107 »Zwei Tr[äume] vom Steigen«, ebd.
108 Eine Transkription dieses Manuskripts findet sich bei Grubrich-Simitis, *Zurück zu Freuds Texten*, 144 ff.
109 Stekel, *Die Sprache des Traumes*, 479.
110 Ebd.

habung der Traumdeutung in der Psychoanalyse« gewidmet. Hier erklärte Freud den Auftrag an den Patienten als überflüssig, »jeden Traum unmittelbar nach dem Erwachen schriftlich zu fixieren«.[111] An der Bedeutung der ersten Träume hielt er dagegen fest, doch sollten dem Patienten die Träume nicht zu rasch übersetzt werden: »Alles erworbene Wissen um den Traum dient auch der Traumbildung als Warnung.«[112]

Das Erscheinen der *Sprache des Traumes* löste eine Reihe von Kritiken aus. Bei den Psychoanalytikern selbst stieß das Buch auf eine zwiespältige Rezeption: Zwar wurde sein praktischer Wert anerkannt, das methodische Vorgehen erschien jedoch als fragwürdig. »Stekel habe insbesondere im Gebiet der zur Traumdeutung neu hinzugekommenen Symbolik die Grenzen nicht einzuhalten gewußt«, lautete Freuds Reaktion auf das Buch, »nicht alle Träume erfordern die Anwendung der Symbolik und viele Träume seien mit einem bescheidenen Ausmaß von Symbolik zu lösen. Durch die Ausschließlichkeit der Symbolik ist die Traumdeutung unsicher und oberflächlich geworden.« (P III, 26. 4. 1911, 225) Das Buch erfuhr in Fachzeitschriften eine besonders heftige Ablehnung.[113] Die Reaktion der Psychoanalytiker auf diese Kritik bestand darin, die Symbolforschung entschiedener der Willkür einzelner Deuter zu entreißen. Stekels Intuition wurde zwar anerkannt, doch zunehmend mit einer Wendung, in der dieser die Rolle des zu subjektiven, »willkürlichen« Interpreten zugeteilt bekam. Wenn Freud dazu aufrief, die gemeinsame Symbolforschung wieder zu forcieren, setzte er sein Vertrauen in ein noch keineswegs geschlossenes psychoanalytisches Kollek-

---

111 Freud, »Die Handhabung der Traumdeutung in der Psychoanalyse« [1912] in: GW VIII, 356.
112 Ebd., 355. Zwar wird den Patienten vom Aufschreiben der Träume abgeraten, doch für die Selbstanalyse bleibt es weiterhin eine wesentliche Bedingung. So bestätigt etwa Anna Freud ihrem Vater während ihrer eigenen Analyse, »daß man die Traumanalysen, wenn man sie allein macht, nur schriftlich machen kann« (Anna Freud an Sigmund Freud, 7. 8. 1921, Freud Collection, *Library of Congress, Washington*).
113 Vgl. Dr. Friedemann, »Dr. W. Stekel, Die Sprache des Traumes« [Besprechung], in: *Journal für Psychologie und Neurologie* 20 (1913), H. 1/2, 103 f. Diese Zeitschrift, in der die Schweizer Psychoanalytiker viele ihrer Arbeiten publizierten, hatte bereits zu Stekels ersten »Beiträgen zur Traumdeutung« im *Jahrbuch* (1909) bemerkt, daß diese »voll der kühnsten Deutungen und willkürlichsten Konstruktionen« steckten: »Im einzelnen widerlegen ist da unmöglich, wo man fast alle Grundlagen bestreiten muß.« (»Sammelbericht über die psychotherapeutische Literatur im Jahre 1909« [Referat von Mohr], in: *Journal für Psychologie und Neurologie* 17 (1911), 254).

tiv, um »durch Sammlung besonders beweiskräftiger Beispiele, die einem aus unserer Mitte zur Sichtung und fortlaufenden Veröffentlichung übergeben werden sollen, diese in manchen Punkten noch so strittige, aber wichtige Symbolik, soweit sie gesichert erscheint, festzustellen, [um] durch die gemeinsame Arbeit die Stekelsche Symbolik nachzuprüfen und ihre Schwächen auszugleichen« (P III, 10. 5. 1911, 238 f.).

2. Umkehrungen der Theorie

> »Das Rätsel der Umkehrung des Traumes lautet: er ist so und ist umgekehrt zu lesen.«
> Wilhelm Stekel in der Diskussion über Adler, 1910

Einschränkungen der Symbolik wurden von Freud nicht nur im Hinblick auf eine stärkere Festlegung und Abstützung der Traumdeutungstechnik gefordert, sondern auch um drohende Revisionen seiner Theorie abzuwehren. Die Sammeltätigkeit der Schüler sollte Erweiterungen zu den wenigen »typischen Träumen« bringen, doch ohne Traumtypen hinzuzufügen, die sich nicht unter die von ihm aufgestellte Grundformel vom Traum als Wunscherfüllung bringen ließen. Ebendieses Problem trat jedoch schon bald auf den Plan: Im Zusammenhang mit der ausufernden Sammelforschung traten rivalisierende Theorien auf, die Anspruch auf Universalität erhoben und in den gesammelten Träumen ihre offenbare Bestätigung fanden.

Zunächst wurde dieses Problem innerhalb der Wiener Vereinigung akut. Im Falle Stekels und Adlers zeigte sich bald, wie diese ihr klinisches Material zur Bestätigung ihrer psychobiologischen Theorien einsetzten: So versuchte Adler seine Theorie des »psychischen Hermaphroditismus«, nach der jeder Neurotiker miteinander im Kampf liegende männliche und weibliche Tendenzen aufweise, anhand von mehreren eigenen Traumanalysen zu belegen.[114] Er behauptete in einem Vortrag zu diesem Thema, daß »in den Träumen alle diese Erscheinungen, sowohl des Weiblichen als [auch] die Tendenz der Fortbewegung zum Männlichen, eine Rolle spielen [...]. *In diesem Sinne gibt jeder Traum die Gelegenheit,*

---

[114] Alfred Adler, »Zwei Träume einer Prostituierten«, in: *Zeitschrift für Sexualwissenschaft* 1 (1908), 103–106.

die Tendenz, sich vom Weib zum Mann zu entwickeln, zu verstehen. Auch
gibt er den Punkt an, in dem die pathogene Situation sich ausgedrückt
hat, wo das Kind seine Sexualrolle fixiert hat und gleichzeitig alle männlichen Tendenzen mobilisierte, um sich in der Welt Geltung zu verschaffen.«[115] Damit erhob Adler eine klinische Beobachtung in den
Rang eines universellen Axioms, das in die Richtung einer Revision der
Freudschen *Traumdeutung* wies. Offen formulierte er seine Differenz bei
der Ankündigung einer programmatisch angelegten Vortragsreihe über
»Einige Probleme der Psychoanalyse«, in der er als letzten Punkt »Über
die Traumtheorie, insbesondere die Frage der Wunscherfüllung« sprechen wollte. Die Wunscherfüllung wird in dieser angekündigten Revision der Sicherungstendenz, »dieser allgemeinsten Traumtendenz«,
untergeordnet (P III, 4. 1. 1911, 103). Diesen Universalitätsanspruch
wehrte Freud zunächst mit dem Verweis auf die Kinderträume ab, die
reine Wunscherfüllungsträume seien und damit eine ausschließlich ak-
tiv-libidinöse Tendenz hätten. Damit wertete er die im dritten Kapitel
der *Traumdeutung* angeführten Träume auf, die eine reine Bestätigung
seiner Wunscherfüllungstheorie liefern sollten. In den weiteren Diskussionen, die zu Adlers Austritt aus der Wiener Psychoanalytischen Vereinigung führten, berief sich Freud wiederholt auf dieses Material und
behauptete sogar, die Traumdeutung sei »vom Verständnis der Kleinkin-
derträume ausgegangen« (P III, 22. 2. 1911, 169).

Stekel, der zunächst für Adler Partei ergriff, verfolgte in diesen Diskussionen eine ähnliche Stoßrichtung, wenn er behauptete, eine *vollständige* Deutung des Traums müsse dessen »Doppelgeschlechtlichkeit«
aufzeigen. In der *Sprache des Traumes* hatte er mit der »Bipolarität« ein
Prinzip aufgestellt, das er allen physischen Phänomenen zugrunde
legte.[116] Damit plädierte er für eine Aufwertung des manifesten zugunsten des latenten Trauminhalts. Unter dem Einfluß von Fließ' Konzeption der Bisexualität und in Anlehnung an Adlers psychischen Hermaphroditismus, betrachtete er jeden Traum als Effekt zweier gegenläufiger
Ströme. Der manifeste Trauminhalt zeigt demzufolge zwei Pole, die jeweils zum Ausgangspunkt der Leserichtung werden. Auf diese Weise läßt
sich der manifeste Trauminhalt einfach umgekehrt lesen, die Umkehr

---

115 Alfred Adler, »Psychischer Hermaphroditismus«, in: P II, 23. 2. 1910, 388 (Hervorhebung von uns).
116 Vgl. Stekel, *Die Sprache des Traumes*, 535.

kann jedoch ihrerseits wieder genauso umgedreht werden. Beginnt ein Traum etwa mit einer Zukunftsphantasie, so läßt sich diese als in die Zukunft projizierte vergangene Entwicklungsgeschichte des Träumers auslegen.

Die Wiener Auseinandersetzung zwischen Freud, Adler und Stekel wurde überwiegend auf klinischem Terrain ausgetragen. Gegen die Technik der zweifachen Lektüre jedes Traumsymbols mobilisierte Freud eine Reihe von zusätzlichen »Materialien zur Traumlehre« für die dritte Auflage der *Traumdeutung*, in denen er neben Patiententräumen auch mehrere Selbstbeobachtungen mitteilte. Seine Traumreihe sollte beweisen, daß die biologischen Theorien, auf die Stekel sich bezog (wie die »Periodenlehre« seines früheren Freundes Fließ), nicht für das Traumleben gültig seien (TD, 3. Aufl., 1911, 121 ff. [GW II/III, 172 ff.]). Zur Umkehrung bemerkte er dagegen in einem Vortrag in der Wiener Vereinigung, es gebe Träume, »die man zweimal umkehren muß, um zu ihrem Verständnis zu gelangen« (P III, 1. 3. 1911, 176). Dazu teilte Freud gegen Stekels Deutungstechnik gerichtete Beispiele mit, die er in die dritte Auflage der *Traumdeutung* einfügte (vgl. z. B. TD, 3. Aufl., 1911, 258 [GW II/III, 333 f.]). Die Stekelsche Symbolik, die Freuds Interpretationsverfahren herausforderte, erzwang damit nicht nur Ergänzungen zu Freuds Traumlehre auf diesem Gebiet, sondern ab der dritten Auflage der *Traumdeutung* eine immer schärfer werdende Abgrenzung.[117] Hier schaltete er einen Absatz ein, der die Versuche seiner früheren Anhänger Adler und Stekel, die Grundformel der Traumdeutung dahingehend abzuändern, daß »alle Träume bisexuell zu deuten seien« oder ein »Fortschreiten von der weiblichen zur männlichen Linie« erkennen ließen, als »unbeweisbare wie unwahrscheinliche« Verallgemeinerungen zurückwies (TD, 3. Aufl., 1911, 206 f. [GW II/III, 401 f.]).

---

[117] Diese Abgrenzung vollzog sich schrittweise. Erst 1925 schaltete Freud in die *Traumdeutung* die abschließende Formulierung ein, Stekel habe sich »einer Methode bedient, die als wissenschaftlich unzuverlässig zu verwerfen ist. Stekel fand seine Symboldeutungen auf dem Wege der Intuition, kraft eines ihm eigenen Vermögens, die Symbole unmittelbar zu verstehen. Eine solche Kunst ist aber nicht allgemein vorauszusetzen, ihre Leistungsfähigkeit ist jeder Kritik entzogen und ihre Ergebnisse haben daher auf Glaubwürdigkeit keinen Anspruch« (GS III, 67 [GW II/III, 355]).

3. Philologie, Typographik und Sexualsymbolik

> »Es empfiehlt die *Freud*sche Deutung der Ödipus-Sage ganz
> besonders, daß sie nichts in das Material hineinträgt und zu
> seinem Verständnis keiner Hilfsannahmen bedarf, sondern
> daß sie direkt in den gegebenen Elementen den Sinn der
> Mythe nachweist.«
> Otto Rank, *Mythologie und Psychoanalyse*, 1913/14

Die textuellen Umgestaltungen der *Traumdeutung*, die ab der zweiten
Auflage vorgenommen wurden, waren nicht nur auf diese Konflikte um
Deutungstechnik und Theorie bezogen. Die Kollekte zur Symbolik und
den typischen Träumen bedeutete auch ein immer größeres Mitsprache-
recht einzelner Mitglieder des psychoanalytischen Kollektivs, in welche
Richtung das Buch umgeschrieben werden sollte. Wie die eigene Sam-
melpraxis Freuds und die in der dritten Auflage vorgenommenen Ergänzungen zeigen (TD, 3. Aufl., 1911, 210 ff.), kam ihm die Tendenz
einer lexikalischen Erweiterung der Sexualsymbolik, wie sie Stekel in
Form eines »Traumsymbolbuches« betrieb, durchaus entgegen. Allerdings mußte ein Korrektiv gefunden werden, um die Willkür des Ein-
zeldeuters einzugrenzen: Die von Freud (und wohl auch von anderen
Psychoanalytikern) angelegten Sammelbögen, deren Materialien regelmäßig in der Wiener Vereinigung zur Diskussion gestellt wurden, erfüllten zunächst eine solche Funktion. Dieses erste Korrektiv bewegte
sich somit ganz auf dem Boden der eigenen ärztlichen Erfahrung in der
psychotherapeutischen Privatpraxis: Mitteilungen von Selbst- und Patientenbeobachtungen wurden angeführt, um die Häufigkeit oder Selten-
heit eines Symbols oder Traummusters zu belegen.

Um den Kampf in der Wiener Psychoanalytischen Vereinigung aus-
zufechten, hatte es Freud genügt, auf seine eigene klinische Erfahrung
und Selbstbeobachtungen zurückzugreifen. Doch die von Stekels Gebrauch der Symbolik losgetretenen Effekte waren mit einem solchen
Vorgehen keineswegs erledigt. An seinem Fall hatte sich die klinische Intuition des deutenden Arztes erstmals als zu unsicher erwiesen, um ein
tragfähiges Band zwischen den verschiedenen psychoanalytischen Gruppierungen in Wien und in Zürich herzustellen. Von den Schweizern
drängte insbesondere Jung wiederholt darauf, man möchte doch »den
Unterschied zwischen der wirklichen Psychoanalyse und der Stekelschen

betonen«. Die Psychoanalyse sei »wissenschaftlich-methodische Arbeit« und »nicht bloß ein intuitives Erraten«: »Wer Stekel gelesen hat, hat gewöhnlich eine geringe Schätzung unserer Arbeitsleistung, von andrem ganz zu schweigen. Stekel drängt auch förmlich in die Richtung der Deutelei, was ich hier an meinen Schülern des öfteren sehen kann. Man verzichtet auf die Analyse und sagt: ›Das ist....‹.«[118] Jung, der von der Experimentalkultur des Burghölzli geprägt war und der Psychoanalyse das Ansehen einer streng wissenschaftlichen Methode verschaffen wollte, richtete sich explizit gegen die expandierende populäre Deutungskultur, die durch Stekel und andere Wiener Psychoanalytiker befördert wurde. Die Traumanalyse sollte als eine mühselige und systematisch begründete Arbeit auf einen esoterischen Kreis von Spezialisten beschränkt bleiben. Wenn auch die Ärzte *intra muros* bei ihren Deutungen auf die Intuition zurückgreifen mußten, sollte die Psychoanalyse zumindest in ihrer gezielten Vermittlung nach außen hin eine starke soziale und methodologische Begrenzung erfahren. Das von Jung redigierte *Jahrbuch* sollte der Garant für dieses Projekt sein.[119] Die Anforderung, die er an *Die Traumdeutung* stellte, war die, eine grundlegende Einführung in die psychoanalytische Deutungstechnik zu geben. In dieser Tendenz sandte er Freud einen ganzen Katalog von Wünschen, in welcher Form er die methodologischen Mängel des Buches in der dritten Auflage behoben sehen wollte. Vor allem regte er an, die unvollständigen Hauptbeispielträume des Autors durch Patiententräume zu ergänzen oder zu ersetzen, damit die Schüler gleich wüßten, wie eine musterhafte Traumdeutung à la Freud auszusehen habe.[120]

Die Gewißheit Freuds von der Unabänderlichkeit der *Traumdeutung*, die er im Vorwort zur zweiten Auflage noch unbehelligt formuliert hatte (TD, 2. Aufl., 1909, VI [GW II/III, X]), geriet angesichts dieser neuen Konfiguration erstmals ins Wanken. Auf der einen Seite expandierte die vom Wiener *Zentralblatt* getragene Sammelforschung zur Symbolik in die Richtung einer populären Übersetzungstechnik, deren Effekte kaum mehr einzudämmen waren; auf der anderen Seite erhob Jung als Sprecher der Zürcher Gruppe zwar Forderungen nach einer systematischen

[118] Jung an Freud, 8. 11. 1909, FJ, 283 f.
[119] Vgl. dazu Marinelli, »›Buchdruckerkunst‹, in: Lehmstedt/Herzog (Hg.), *Das bewegte Buch.*
[120] Jung an Freud, 14. 2. 1911, FJ, 433.

Kontrolle der Deutung im Sinne einer ausformulierten Methodologie, allerdings um den Preis, die Struktur des Buches völlig abzuändern. Worauf sein Vorschlag unter anderem zielte, war, die Vorrangstellung der selbstanalytischen Erfahrung Freuds für die exemplarischen Träume aufzulösen und durch Patiententräume zu ersetzen. Damit wäre jedoch eine Revision der Form der *Traumdeutung* verbunden gewesen, vor allem wenn die entscheidende Wendung beachtet wird, mit der Freud im Vorwort zur zweiten Auflage seinen Text völlig neu bestimmte, ohne diesen wesentlich zu verändern.[121] Einerseits hatte Freud *Die Traumdeutung* nun nicht mehr an ein psychiatrisches oder psychologisches Fachpublikum adressiert, sondern an weitere »Kreise von Gebildeten und Wißbegierigen«. Andererseits hatte er hier eine Erklärung eingeschaltet, die den Status des Buches völlig veränderte: »Es erwies sich mir als ein Stück meiner Selbstanalyse, als meine Reaktion auf den Tod meines Vaters, also auf das bedeutsamste Ereignis, den einschneidendsten Verlust im Leben eines Mannes.« (TD, 2. Aufl., 1909, VI [GW II/III, X]) Damit war nicht mehr die Selbstanalyse Methode und *Gegenstand* des Buches (wie noch in der Erstversion), sondern das Buch wurde zum notwendigerweise unvollständigen *Zeugnis* der Selbstanalyse ihres Autors erklärt.

Welche Richtung nahm die weitere Textgestaltung angesichts dieser Problemlage? Freud wollte die Grundstruktur der *Traumdeutung* bewahren, in der er sich selbst als paradigmatischen Ur-Fall der Psychoanalyse gesetzt hatte, aber dennoch die Kritik Jungs weitgehend entkräften. So faßte er diesem gegenüber seine Lösung in die paradoxe Formel, sein Buch beweise »die Lehren der Traumdeutung gewissermaßen an seinem eigenen Wesen, durch seine eigenen Mängel«. Zugleich kündigte Freud an, »dem Unfug auf andere Art abzuhelfen. In der bereits fertiggestellten Vorrede heißt es, daß dieses Buch nicht wieder herausgegeben, sondern durch ein neues unpersönliches ersetzt werden soll, für welches ich mit Ranks Hilfe nun in den nächsten drei bis vier Jahren Material sammeln werde. Ich werde dann den Traum unter Voraussetzung, eventuell Mitteilung der Ergebnisse der Neurosenlehre darstellen, während Rank die literarischen und mythologischen Beziehungen verfolgen wird.«[122] Die-

---

121 Jungs epistemologische Kritik an der Rolle der Selbstanalyse warf für die Traumdeutung zugleich eine Reihe von moralischen Problemen auf. Dazu vgl. II.5, 107 ff.
122 Freud an Jung, 17. 2. 1911, FJ, 436 f.

ser erneute Anlauf zur Sammelforschung sollte beiden Tendenzen, den durch Stekel personifizierten hemmungslosen intuitiven Symboldeutungen und der von Jung reklamierten methodologischen Strenge, gleichermaßen begegnen. Zu den in der klinischen Praxis gesammelten Patientenbeobachtungen trat nun verstärkt ›unpersönliches‹ Material, das die Diskussion auf ein anderes Terrain verschob: in den Bereich von Mythos, Geschichte und Literatur.

Im Verlauf dieses Prozesses erfuhr *Die Traumdeutung* ihre stärksten Umgestaltungen. Freuds Entschluß, sie durch ein »unpersönliches« Buch zu ersetzen, wurde zwar nicht durchgeführt,[123] doch die weiter expandierende Sammelforschung begann das Buch mehr und mehr zu überwuchern. Ein Restbestand dieses Plans läßt sich darin erkennen, daß Otto Rank (1884–1939) ab der vierten Auflage als Ko-Autor des Buches auftrat. Rank, der als bezahlter Sekretär der Wiener Psychoanalytischen Vereinigung wohl den Titel des ersten psychoanalytischen Funktionärs verdient, fungierte zunächst als Freuds nichtärztlicher Hausphilologe.[124] In der gespannten Lage zwischen dem Abfall der Wiener Anhänger Adler und Stekel und den Auseinandersetzungen mit den Zürchern, die zunehmend (wie Bleuler) offene oder (wie Jung) versteckte Kritik an Freuds Theorien betrieben, wurde er zu einem der treuesten Schüler und Verteidiger von dessen Lehre. Ziel der immer enger werdenden Koproduktion war es, die Universalität der im V. Kapitel der *Traumdeutung* erstmals erwähnten Träume vom »Tod theurer Personen« zu stützen, die Freud mit der Ödipustragödie verbunden hatte. Das Buch sollte damit stärker an die Doktrin des »Ödipuskomplexes« angeschlossen werden, die Freud inzwischen zum Schibboleth der psychoanalytischen Neuro-

---

123 Bereits gegen die von Freud verfaßte Ankündigung eines solchen Vorhabens hatte der Verleger Deuticke Einspruch erhoben, wie aus der Korrespondenz zwischen Freud und Jung hervorgeht. Freud, der Jungs Kritik zunächst wörtlich in das Vorwort übernehmen wollte, schwächte die Formulierung schließlich stark ab: »Ich getraue mich auch vorherzusagen, nach welchen anderen Richtungen spätere Auflagen der Traumdeutung – *falls sich ein Bedürfnis nach solchen ergeben würde* – von der vorliegenden abweichen werden. Dieselben müßten einerseits einen engeren Anschluß an den reichen Stoff der Dichtung, des Mythus, des Sprachgebrauchs und der Folklore suchen, andererseits die Beziehungen des Traumes zur Neurose und zur Geistesstörung noch eingehender, als es hier möglich war, behandeln.« (TD, 3. Aufl., 1911, IX; [GW II/III, XIf.], Hervorhebung von uns)
124 Zu biographischen Einzelheiten vgl. E. James Lieberman, *Otto Rank. Leben und Werk,* Gießen 1997.

senlehre erhoben hatte.[125] In der Zusammenarbeit kam es zu einer formalen Aufteilung zwischen philologischem Beweis durch Rank und psychoanalytischer Theoriebildung durch Freud: So steuerte dieser 1909 ein wichtiges theoretisches Kapitel für Ranks Buch *Der Mythus von der Geburt des Helden* bei, während Rank als einziger von Freuds Schülern das Privileg erhielt, 1914 zwei eigene Texte unter seinem Namen in die vierte Auflage der *Traumdeutung* einzuschalten.[126]

Die »Träume vom Tode theurer Verwandten« hatten in der ersten Fassung der *Traumdeutung* bereits eine Sonderstellung unter anderen typischen Träumen erhalten. Freud betonte, daß es sich um ungewöhnliche Träume handle, weil »der durch den verdrängten Wunsch gebildete Traumgedanke jeder Censur entgeht und unverändert in den Traum übertritt« (EA, 184 [GW II/III, 273]). Diese »Überwältigung« der Traumzensur erklärte er mit der »Ungeheuerlichkeit« des zugrundeliegenden Wunsches, den Vater zu töten und mit der Mutter sexuell zu verkehren. Doch weder war der Ödipustraum zunächst der typische Traum schlechthin, noch hatte Freud den Traumwunsch exklusiv als einen sexuellen bezeichnet. Die Grundformel des Traumes ließ zunächst wissentlich offen, welchen Inhalt der Wunsch hatte: »*Der Traum ist die (verkleidete) Erfüllung eines (unterdrückten, verdrängten) Wunsches.*« (EA, 111 [GW II/III, 166]) In der dritten Auflage fügte Freud eine Fußnote an, die unter Berufung auf Rank eine Abänderung dieser Formel vornahm: »Vorgreifend führe ich hier die von *Otto Rank* herrührende Erweiterung und Modifikation dieser Grundformel an: ›Der Traum stellt regelmäßig auf der Grundlage und mit Hilfe verdrängten infantil-sexuellen Materials aktuelle, in der Regel auch erotische Wünsche in verhüllter und symbolisch eingekleideter Form als erfüllt dar.‹« (TD, 3. Aufl., 1911, 117,

---

[125] Die Behauptung, Freud habe den »Ödipuskomplex« in seiner Selbstanalyse *entdeckt*, wie gemeinhin in der hagiographischen Psychoanalyse-Historiographie unterstellt wird, hält einer historischen Betrachtungsweise nicht stand. Wir knüpfen hier an die historische Darstellung von John Forrester (*Language,* 84–96) an, der die schrittweise Ausbildung von Freuds Konzeption in der Neurosenlehre genau aufgezeigt hat.
[126] Diese Beiträge wurden nach dem Zerwürfnis zwischen Freud und Rank aus der ersten Neuauflage der Urfassung der *Traumdeutung* 1925 (GS II/III) wieder entfernt und auch in die spätere achte Auflage nicht wieder aufgenommen. Sie wurden erst vor kurzem wieder separat zugänglich gemacht: Otto Rank, *Traum und Dichtung, Traum und Mythus. Zwei unbekannte Beiträge aus Sigmund Freuds »Traumdeutung«,* hg. von Lydia Marinelli, Wien 1995. Freuds Text erschien separat 1924 unter dem Titel *Der Familienroman der Neurotiker* in derselben Ausgabe (GS XII). Vgl. dazu auch Teil III, 119.

[GW II/III, 166]) Damit war nicht nur eine »Erweiterung und Modifikation«, sondern vor allem eine Eingrenzung von Inhalt und Material des Traumwunsches vorgenommen worden: So wurde zum einen (in bezug auf das Material) eine *Regelmäßigkeit* konstatiert, zum anderen eine *Regel* ausgesprochen, die sich auf den sexuellen Inhalt der Wünsche bezog.[127]

Worauf beruhte nun diese erwähnte Regelmäßigkeit? Sowohl die Selbstanalyse als auch die Patiententräume lieferten Freud dazu nur wenig Material. In seiner »individuellen Traumcharakteristik«, die er für die Überarbeitung des Kapitels über die typischen Träume anlegte, findet sich die Bemerkung, den Ödipustraum habe er »unverhüllt nie gehabt« und Träume vom »Tod lebender Verwandter« seien in seinem Falle keineswegs häufig.[128] Auch bei seinen Patienten war Freud zunächst wenig erfolgreich: Sie gaben meist an, sich an solche Träume nicht erinnern zu können. Die Wendung der Deutungstechnik angesichts dieses Problems war zweifach. Einerseits behauptete Freud, der Ödipustraum trete in der Regel nur in verhüllter oder verkappter Form auf: »Ich kann versichern, daß die verkappten Träume vom Sexualverkehre mit der Mutter um ein Vielfaches häufiger sind als die aufrichtigen.« (TD, 2. Aufl., 1909, 198 [GW II/III, 403]) Andererseits wurde die Suche nach dem unverhüllten Ödipusmotiv auf philologischem Weg an diversem außerklinischen Material weiterverfolgt, eine Arbeit, der sich vor allem Rank verschrieb.

Mit der zweiten Strategie wurde der Bereich der herkömmlichen Kasuistik verlassen, in der die Psychoanalytiker sich auf ihre Beobachtungen aus der Praxis bezogen. Die zunehmende Philologisierung der Deutungstechnik sollte so die vielfachen »Abkürzungen«, deren sich die Intui-

---

[127] In dem Text Ranks, den Freud hier zitierte, führte dieser aus, daß eine psychoanalytische Deutung erst abgeschlossen sei, wenn der unbewußte sexuelle Wunsch aufgedeckt ist (»Ein Traum, der sich selbst deutet«, in: *Jahrbuch für psychoanalytische und psychopathologische Forschungen* 2 (1910), 465–540). Die Erweiterung der Formel erfolgt aus einem Textvergleich zwischen der Erstausgabe und der zweiten Auflage der *Traumdeutung*. Rank geht von einem Zusatz aus, der Freuds erste Formulierung, er müsse es noch »dahingestellt sein lassen, ob die Forderung des Sexuellen und Infantilen auch für die Theorie des Traumes erhoben werden darf« (EA, 361) relativiert: »Je mehr man sich mit der Lösung von Träumen beschäftigt, desto bereitwilliger muß man anerkennen, daß die Mehrzahl der Träume Erwachsener sexuelles Material behandelt und erotische Wünsche zum Ausdruck bringt.« (TD, 2. Aufl., 1909, 197)

[128] Freud, »Meine individuelle Traumcharakteristik (Typische Träume)«, undatiert, zit. n. Grubrich-Simitis, *Zurück zu Freuds Texten*, 144.

tion des deutenden Arztes bei besonders »durchsichtigen Beispielen« bediente, in einer neuartigen Form absichern. Damit kamen auch andere Darstellungs- und Plausibilitätsstrategien zum Einsatz bzw. wurden bereits von Freud in der Erstfassung der *Traumdeutung* eingesetzte Techniken, Symboldeutungen als evident erscheinen zu lassen, weiter ausgebaut.

Exemplarisch für diese Entwicklung, die in der dritten und vierten Auflage ihren Höhepunkt erreichte, läßt sich die wahrscheinlich kürzeste Deutung eines Patiententraums in Freuds Buch mit einer der längsten Traumanalysen durch Otto Rank in Beziehung setzen, auf die ab der dritten Auflage ebenda verwiesen wird. Im Anschluß an einige allgemeine Ausführungen zur Sexualsymbolik führt Freud als einziges Belegstück den Traum einer Patientin an, »in dem ich alles, was sexuell zu deuten ist, unterstreiche« (EA, 234 [GW II/III, 352]). Diese Unterstreichungen, die die Hand des Deuters im manifesten Traumtext vornimmt, wird im Buch durch Fettdruck wiedergegeben (vgl. Abb. 2). Eine bruchstückhafte Deutung des Traumes wird von Freud kürzelhaft in die Fußnoten verlegt. Der Leser muß sich mit der ›Eindeutigkeit‹ der fett hervorgehobenen und so als Symbole figurierenden Wendungen begnügen. Damit wird auf eine Entsprechung von typographischen Mitteln und der bildlichen Qualität des Symbols gezielt, die bereits zuvor mit der »Rücksicht auf Darstellbarkeit« angerufen worden ist (vgl. EA, 230 [GW II/III, 345]). Diese Verbildlichung des Textes erzeugt Evidenz durch den bloßen Anblick der ins Auge springenden Typographie.[129] Freud führt den Traum somit als einen Auszug aus der klinischen Praxis vor: Der ärztliche Blick, der zielsicher auf die Diagnose hinsteuert, wird durch die im Text angezeigte Hervorhebung umgesetzt.[130]

---

[129] Freud macht sich damit jene Mittel zunutze, die Roger Chartier im Gegensatz zur »mise en texte« als »mise en livre« bezeichnet hat. Das erste Ensemble setzt sich aus einer Reihe von rhetorischen Figuren zusammen, die der Autor bewußt beim Schreiben einsetzt, um eine bestimmte intendierte Lektüre durchzusetzen. Es wird von einem zweiten Ensemble von textuellen Präsentationsformen unterstützt oder unterminiert, das typographische und illustrative Markierungen beinhaltet. (Roger Chartier, »Du livre au lire«, in: Ders. (Hg.), *Pratiques de la lecture*, 79–113, hier 101 ff.)

[130] Sowohl im Nachdruck der GW II/III, als auch der SA II werden allerdings nicht mehr Sperrdruck und Fettdruck, sondern Kursivierung und Sperrdruck verwendet, womit eine andere Wirkung erzielt wird. In der EA bedient sich Freud nur noch an späteren Stellen des Fettdrucks, die allerdings dort nicht die Rolle des völligen textuellen Interpretationsersatzes annehmen.

An ebendiese von Freud in der Erstausgabe vorgeführte Deutungspraxis, mit Hilfe von Abkürzungen die Sexualsymbolik eines Traumes
aufzudecken, hatte Stekel angeknüpft. Dieser führte auch eine neue Bezeichnung für solche Träume ein: Er nannte sie »biographische Träume«,
weil sie eine Art gerafften Überblick über die gesamte Lebensgeschichte
des Träumers geben (TD, 3. Aufl., 1911, 272, Anm. [GW II/III, 354,
Anm. 3]). Stekel brachte jedoch, wie bereits gezeigt, diese intuitive Art
des Deutens in Verruf. Die eindeutige symbolische Übersetzbarkeit, die
er in Form von Gleichungen für den Traum annahm, führte so weit, daß
er nur noch den ersten Satz eines biographischen Traumes benötigte, um
ihn vollständig deuten zu können (P II, 5. 1. 1910, 345). Rank beschritt
nun unter Anleitung Freuds den umgekehrten Weg: In einem wahren
Deutungsmarathon, der sich über 75 Seiten erstreckte, behandelte er zur
Stützung von Freuds sexualsymbolischer Deutung einen Traum, der ihm
von einer Bekannten scherzhaft erzählt worden war. Hier verschwindet
die Persönlichkeit des Deuters bereits im Titel des Textes, der eine Selbst-
deutung des Traumes verheißt. Dieser »Traum, der sich selbst deutet«,
besteht aus zwei Teilstücken, wobei das letztere das erste deutet. Das erste Stück zeigt die Behinderung der Sexualbefriedigung, während das
zweite zur Erreichung derselben führt, indem es mit einer nächtlichen
Pollution endet. Werden die beiden von der Träumerin mitgeteilten
Stücke umgekehrt gelesen, so ergeben sie eine »innere Entwicklungsgeschichte ihres (Sexual-)lebens«[131]. Bemerkenswert an Ranks Text ist die
Form, in der diese Geschichte lesbar gemacht wird: Nicht nur kann in
dem wechselseitigen Bezug der zwei Textstücke (des früher und später in
der Nacht geträumten) die gesamte Deutung der einzelnen Symbole
ohne die freien Assoziationen der Träumerin entfaltet werden; an die
umfangreiche Deutung schließen sich noch mehrere thematisch unter-
teilte und durchnumerierte Nachträge (»Traumnachträge« und »Mate-
rialnachträge«), die mit der Analyse im Haupttext mehrfach in Beziehung gesetzt werden. Die gesamte Geschichte der Träumerin (und nicht
nur ihrer nächtlichen sexuellen Erregung) wird so mittels einer philolo-
gischen Rekonstruktion lesbar gemacht, die verschiedene Elemente der
Traumtexte miteinander verknüpft.

---

131 Rank, »Ein Traum, der sich selbst deutet«, 523.

der Küche zum Versteck sexueller Bilder gewählt; im ersteren Falle
hat der Sprachgebrauch, der Niederschlag von Phantasievergleichungen
ältester Zeiten, reichlich vorgearbeitet (der „Weinberg" des Herrn, der
„Samen", der „Garten" des Mädchens im Hohen Lied). In scheinbar
harmlosen Anspielungen an die Verrichtungen der Küche lassen sich
die hässlichsten wie die intimsten Einzelheiten des Sexuallebens denken
und träumen, und die Symptomatik der Hysterie wird geradezu un-
deutbar, wenn man vergisst, dass sich sexuelle Symbolik hinter dem
Alltäglichen und Unauffälligen als seinem besten Versteck verbergen
kann. Es hat seinen guten sexuellen Sinn, wenn neurotische Kinder
kein Blut und kein rohes Fleisch sehen wollen, bei Eiern und Nudeln
erbrechen, wenn die dem Menschen natürliche Furcht vor der Schlange
beim Neurotiker eine ungeheuerliche Steigerung erfährt, und überall
wo die Neurose sich solcher Verhüllung bedient, wandelt sie die
Wege, die einst in alten Culturperioden die ganze Menschheit be-
gangen hat, und von deren Existenz unter leichter Verschüttung heute
noch Sprachgebrauch, Aberglaube und Sitte Zeugnis ablegen.

Ich füge hier den angekündigten Blumentraum einer Patientin
ein, in dem ich alles, was sexuell zu deuten ist, unterstreiche. Der
schöne Traum wollte der Träumerin nach der Deutung gar nicht
mehr gefallen.

a) Vortraum: Sie geht in die Küche zu den beiden Mädchen und tadelt sie, dass sie nicht fertig werden „mit
dem Bissel Essen" und sieht dabei soviel umgestürztes
Geschirr zum Abtropfen stehen, grobes Geschirr in
Haufen zusammengestellt. Späterer Zusatz: Die beiden
Mädchen gehen Wasser holen, und müssen dabei wie in
einen Fluss steigen, der bis in's Haus oder in den Hof
reicht.*)

b) Haupttraum:**) Sie steigt von hoch herab***) über eigen-
thümliche Geländer oder Zäune, die zu grossen Carreau's
vereinigt sind und aus Flechtwerk von kleinen Qua-
draten bestehen.†) Es ist eigentlich nicht zum Steigen
eingerichtet; sie hat immer Sorge, dass sie Platz für
den Fuss findet, und freut sich, dass ihr Kleid dabei
nirgends hängen bleibt, dass sie im Gehen so anständig
bleibt.††) Dabei trägt sie einen **grossen Ast** in der Hand,†††)
eigentlich wie einen Baum, der dick mit **rothen Blüthen**

---

*) Zur Deutung dieses als „causal" zu nehmenden Vortraumes siehe S. 216.
**) Ihr Lebenslauf.
***) Hohe Abkunft, Wunschgegensatz zum Vortraume.
†) Mischgebilde, das zwei Localitäten vereinigt, den sogenannten Boden des
Vaterhauses, auf dem sie mit dem Bruder spielte, dem Gegenstande ihrer späteren
Phantasien, und den Hof eines schlimmen Onkels, der sie zu necken pflegte.
††) Wunschgegensatz zu einer realen Erinnerung vom Hofe des Onkels, dass
sie sich im Schlafe zu entblössen pflegte.
†††) Wie der Engel in der Verkündigung Mariä einen Lilienstengel.

Abb. 2 »Die Symbolik des Sexuellen« (aus der Erstausgabe der *Traumdeutung*)

Die Symbolik des Sexuellen.   235

besetzt ist, verzweigt und ausgebreitet.*) Dabei ist die
Idee Kirschblüthen, sie sehen aber auch aus wie gefüllte
Camelien, die freilich nicht auf Bäumen wachsen. Während
des Herabgehens hat sie zuerst einen, dann plötzlich
zwei, später wieder einen.**) Wie sie unten anlangt, sind
die unteren Blüthen schon ziemlich abgefallen. Sie sieht
dann, unten angelangt, einen Hausknecht, der einen eben
solchen Baum, sie möchte sagen — kämmt, d. h. mit einem
Holz dicke Haarbüschel, die wie Moos von ihm herab-
hängen, rauft. Andere Arbeiter haben solche Aeste aus
einem Garten abgehauen und auf die Strasse geworfen,
wo sie herumliegen, so dass viele Leute sich davon nehmen.
Sie fragt aber, ob das recht ist, ob man sich auch einen
nehmen kann.***) Im Garten steht ein junger Mann (von ihr
bekannter Persönlichkeit, ein Fremder), auf den sie zugeht, um
ihn zu fragen, wie man solche Aeste in ihren eigenen Garten
umsetzen könne.†) Er umfängt sie, worauf sie sich
sträubt und ihn fragt, was ihm einfällt, ob man sie denn
so umfangen darf. Er sagt, das ist kein Unrecht, das ist
erlaubt.††) Er erklärt sich dann bereit, mit ihr in den
anderen Garten zu gehen, um ihr das Einsetzen zu zeigen,
und sagt ihr etwas, was sie nicht recht versteht: Es
fehlen mir ohnedies drei Meter — (später sagt sie: Quadrat-
meter) oder drei Klafter Grund. Es ist, als ob er für
seine Bereitwilligkeit etwas von ihr verlangen würde,
als ob er die Absicht hätte, sich in ihrem Garten zu ent-
schädigen, oder als wollte er irgend ein Gesetz betrügen,
einen Vortheil davon haben, ohne dass sie einen Schaden
hat. Ob er ihr dann wirklich etwas zeigt, weiss sie nicht.

Ich muss noch einen anderen Vorstellungskreis erwähnen, der
im Träumen wie in der Neurose häufig zur Verhüllung sexuellen Inhaltes dient. Ich meine den des Wohnungswechsels. Seine
Wohnung wechseln ersetzt sich leicht durch Ausziehen, also durch
ein mehrdeutiges Wort, das in den Vorstellungskreis der Kleidung
führt. Ist dann noch im Traume ein Lift dabei, so erinnert man
sich, dass „to lift" im Englischen aufheben bedeutet, also „Kleider
aufheben".

Ich habe natürlich gerade an solchem Material Ueberfluss, aber
dessen Mittheilung würde zu tief in die Erörterung neurotischer Verhältnisse führen. Alles leitete zum gleichen Schluss, dass man keine

---

*) Die Erklärung dieses Mischgebildes siehe S. 223: Unschuld, Periode,
Cameliendame.
**) Auf die Mehrheit der ihrer Phantasien dienenden Personen.
***) Ob man sich auch einen herunterreissen darf i. e. masturbiren.
†) Der Ast hat längst die Vertretung des männlichen Genitales übernommen,
enthält übrigens eine sehr deutliche Anspielung an den Familiennamen.
††) Bezieht sich wie das Nächstfolgende auf eheliche Vorsichten.

Die Strategien, die in Freuds erstem Exempel eingesetzt werden (die sichtbar gemachten ›eigenhändigen‹ Unterstreichungen), um die extrem abgekürzte, bewußt unvollständige Deutung plausibel zu machen und den ärztlichen Blick für das Auffinden der Symbole zu schulen, erscheinen so durch eine Reihe von quasi-philologischen Beweisverfahren ergänzt, die durch eine ausführliche Nachbearbeitung des zur Verfügung stehenden Materials die Beziehungen aufzeigen, auf denen die Gültigkeit der Symboldeutung ruht. Damit entfernt sich die Darstellung der Deutungstechnik immer mehr von den früheren Versuchen, diese innerhalb des psychoanalytischen Settings in Form von Arzt-Patienten-Dialogen darzustellen. Das zunehmende Aufgreifen solcher philologischer Verfahren soll die »Unpersönlichkeit« und die universelle Gültigkeit der bei der Traumdeutung aufgeschlüsselten Symbolik vor Augen führen.

Freud erhob im weiteren auch das Anschließen der aus der Praxis stammenden Deutungen an außerklinisches Material zum Kriterium ihrer Sicherheit: »Die Traumsymbole, die eine solche Unterstützung aus dem Mythus, Märchen, Volksbrauch etc. nicht finden würden, dürften zweifelhaft sein.« (P II, 10. 11. 1909, 281) Die Ausdehnung psychoanalytischer Forschungen in diese humanwissenschaftlichen Bereiche war bereits mit der in der *Traumdeutung* postulierten Parallele von Phantasie, Tagtraum und Dichtung vorgegeben.[132] In die von Freud geöffnete literarische Linie stellten sich einzelne Mitglieder der Wiener Psychoanalytischen Vereinigung, die allerdings die Literatur vorwiegend psychobiographisch deuteten und so dem Stil der Pathographien des ausgehenden 19. Jahrhunderts verhaftet blieben, in der Dichter analog zu Patienten als psychiatrische Fälle abgehandelt werden. Im Gegensatz zu dieser pathographischen Literaturkasuistik arbeiteten Rank und einige andere Psychoanalytiker an einem werkorientierten symbolischen Motivregister. Karl Abraham hatte als einer der ersten begonnen, mit Hilfe einer komparativen Mythologie das Traumsymbol als Schlüssel zum mythischen Symbol einzusetzen und den Mythos als eine entstellte Sexual-

---

[132] Einflußreich dafür wurden die beiden 1908 erschienenen Arbeiten Freuds »Der Dichter und das Phantasieren« und »Hysterische Phantasien und ihre Beziehung zur Bisexualität« (beide GW VII); die von Freud herausgegebene Reihe *Schriften zur angewandten Seelenkunde* erhob die Analogie von Phantasie und Traum zum Programm.

phantasie zu behandeln.[133] Das Projekt dieser Arbeiten zielte somit auf eine Ausdehnung der Gültigkeit von Freuds Traumtheorie (insbesondere der Funktionsweise der im VI. Kapitel beschriebenen Mechanismen der Entstellung) auf jegliche symbolische Ausdrucksform.

In *Der Mythus von der Geburt des Helden* erhielten die Heldenmythen in der Zusammenarbeit von Rank und Freud eine Sonderrolle zugeteilt, wie sie den ödipalen Todesträumen in der *Traumdeutung* zukam. Nach Haeckels biogenetischem Grundgesetz faßten sie die Entwicklung des Kindes als eine Wiederholung der bereits in den Mythen ablesbaren Menschheitsentwicklung auf. Die von Rank aufgelisteten Geburtssagen sollten so den von Freud für die Phantasietätigkeit des Kindes und Neurotikers dargestellten »Familienroman« am Ursprung der Menschheit verankern. Damit gelangte er zu der Formel, die Phantasie, die wirklichen Eltern zu beseitigen und durch sozial höherstehende zu ersetzen, finde sich »im Mythus, mit einer kühnen Umkehrung der wirklichen Verhältnisse, einfach realisiert«.[134] Die Umkehrung der Realität besteht darin, daß im Familienroman das Kind den Vater zum Verschwinden bringt, während im Mythos von der Kindesaussetzung der Vater sich des Kindes entledigt. Um diese Beziehungen herstellen zu können, mußte Rank sein Material zuvor auf eine spezielle Art bearbeiten. Zur Isolierung eines Erzählmusters bildete er aus einer Reihe von Geburtslegenden eine »Durchschnittssage«, aus der sich dann alle anderen ableiten lassen: »Überblickt man die bunte Menge dieser mannigfach gestalteten Heldensagen, so drängt sich einem eine Reihe durchgängig gemeinsamer Züge auf, die es nahelegen, aus diesen typischen Grundelementen gleichsam eine Durchschnittssage zu bilden. Dieses Schema entspräche etwa dem idealen menschlichen Knochengerüste, das sich mit geringen Abweichungen immer wieder bei der Durchleuchtung äußerlich voneinander verschiedener Gestalten ergibt.«[135]

Rank bediente sich hier nicht nur einer optischen Metapher, sondern griff auch zu dem typographischen Mittel, die gemeinsamen Züge dieses Typus – das Motiv-Gerüst – im gesamten Text durch Sperrdruck her-

[133] Karl Abraham, *Traum und Mythus. Eine Studie zur Völkerpsychologie* (= Schriften zur angewandten Seelenkunde 4, hg. von Sigmund Freud), Leipzig, Wien 1909.
[134] Otto Rank, *Der Mythus von der Geburt des Helden. Versuch einer psychologischen Mythendeutung*, Leipzig/Wien 1909, 69.
[135] Ebd., 60 f.

vorzuheben. Erst das abschließend vorgeführte Mischbild, in dem die gemeinsamen Züge der verschiedenen Sagentexte in Analogie zu den Mischphotographien Francis Galtons sichtbar hervortreten, wird dann mit Freuds Ausführungen aus der Neurosenpsychologie und zu den typischen Träumen in der *Traumdeutung* in Beziehung gesetzt.[136] Damit verdichtete Rank zunächst das von ihm sortierte Material künstlich in Form einer solchen Quasi-Statistik, auch um in der Fülle des ausgebreiteten Materials für den Leser die Elemente klar hervorzuheben, deren Häufigkeit nachgewiesen werden sollte. Ein solches Anlegen von Motivgerüsten bestimmte auch die weiteren von Rank verfaßten Texte: sowohl jene Zusätze, die in die vierte Auflage der *Traumdeutung* aufgenommen wurden, als auch sein 1912 veröffentlichtes Werk *Das Inzestproblem in Sage und Dichtung*, das die von Freud postulierte »Ubiquität des Inzestmotivs« belegen sollte.[137]

4. Theorie im Traum: das autosymbolische Phänomen

> »Wenn jemand fragen sollte, wie der Träumer das Unbewusste wahrnehmen könne, so gibt die Freud'sche Traumtheorie darauf die Antwort: eben durch den Traum.«
> Herbert Silberer, *Von den Kategorien der Symbolik*, 1912

Das Potential, das die Sammelforschungen zur Symbolik für eine Revision der Freudschen Traumtheorie bereitstellte, war nach den abgewehrten Versuchen von Adler und Stekel noch nicht ausgeschöpft. Während die Kollaboration von Freud und Rank auf eine stärkere Absicherung und Festlegung der Wunscherfüllungsformel und der Sexualsymbolik in

---

136 Zu Galtons Technik der Mischphotographie und den Beziehungen zu Freuds Begriff der »Verdichtung« vgl. Mayer, »Galtons Mischphotographien«, in: Hagner (Hg.), *Ecce Cortex*.
137 Otto Rank, *Das Inzest-Motiv in Dichtung und Sage. Grundzüge einer Psychologie des dichterischen Schaffens*, Leipzig, Wien 1912, 14. Dieses Buch war strategisch gegen Jung und seine Abweichungen von Freuds Sexualtheorie gerichtet, die sich in dessen neueren Arbeiten zur Symbolik niederschlugen. Gegen Jungs Auffassung, der Inzest lasse sich ebenfalls als Symbol lesen, versuchte Rank, den Inzest als ein real determinierendes Motiv aufzuweisen. Wie wenig überzeugend sein Vorgehen für die Schweizer war, geht aus einem Brief von Bleuler an Freud vom 17. 11. 1912 hervor, wo dieser das Buch als Auflistung von »Scheinbeweisen« kritisiert.

einem außerklinischen Bereich zielte, erhielt die Symbolforschung eine neue Wendung durch die Beiträge des Wiener Philosophen Herbert Silberer (1882–1923), der sich zwischen der Wiener und der Zürcher Schule zu positionieren suchte.[138] Seine zunächst auf Selbstbeobachtungen beruhenden Experimente zur Entstehung von »hypnagogen Halluzinationen« (zwischen Wachen und Schlafen auftretenden Visionen) wandelten sich von einer bloßen Bestätigung eines von Freud beschriebenen Traumvorgangs zur Ergänzung von dessen Theorie und schließlich zum Ausgangspunkt einer anderen theoretischen Auffassung des Traums, die von mehreren Mitgliedern der Wiener Schule aufgegriffen wurde, die aber in der Folge vor allem der Zürcher Schule entgegenkam. In den bisher diskutierten Lektüren der *Traumdeutung* spielte die Selbstbeobachtung der Lesenden hauptsächlich die Rolle der Bestätigung oder versuchten Widerlegung von Freuds Theorie. Für die am Burghölzli betriebene klinische Psychologie bot sie zwar die Möglichkeit einer »Anknüpfung an Bekanntes«, konnte jedoch keine neuen Theorien ausbilden.[139] Mit Silberers Arbeiten zur Symbolik im Traum und den parallel dazu einsetzenden der Zürcher Schule zeichnete sich die Tendenz zu einer Reformulierung der Grundformel vom Traum als Wunscherfüllung ab, die von der verstärkten Betonung des Sexuellen wegführte.

Silberer war noch nicht Mitglied der Wiener Psychoanalytischen Vereinigung, als er 1909 im *Jahrbuch* durch einen Text auf sich aufmerksam machte, in dem er von einem ausschließlich auf Introspektion beruhenden »experimentellen Zugang zum Traumgebiet« berichtete. Unter Anknüpfung an die ältere Traumforschung wollte Silberer die Umsetzung

---

[138] Die ausführlichste Auseinandersetzung mit Silberers Arbeiten stammt wohl von Ernest Jones, der in seiner 1916 veröffentlichten »Theorie der Symbolik« diesen als den wichtigsten Vertreter der »nach-psychoanalytischen Schule« und den einzigen, der »einen positiven Beitrag zur Theorie der Symbolik« geliefert habe, würdigte (»Die Theorie der Symbolik«, übersetzt von Hanns Sachs, in: Ernest Jones, *Die Theorie der Symbolik und andere Aufsätze*, Frankfurt am Main 1987, 84). In jüngerer Zeit haben zwei Anthologien wieder auf sein Werk aufmerksam gemacht (Herbert Silberer, *Über die Symbolbildung und andere psychoanalytische Schriften*, hg. von Michael Turnheim, Wien 1988; *Zu Fuß durch den Kopf. Wanderungen im Gedankengebirge. Ausgewählte Schriften Herbert Silberers*, hg. von Bernd Nitschke, Tübingen 1988).
[139] Bleuler, »Die Psychanalyse Freuds«, 690 ff. Bleuler kombinierte in seiner Kritik an Freuds Traumtheorie ältere Vorstellungen wie die Annahme einer »Schlafhemmung« anstelle der Zensur, oder der »Autosuggestion« zur Erklärung der Wunscherfüllung.

von Gedanken in Bilder, die sich im Traum ständig vollzieht, isolieren und einer »unmittelbaren«, »exakten Beobachtung« zugänglich machen. Wie die von dem Philosophen beschriebene Versuchsanordnung zeigt, hatte dessen Auffassung von einem Experiment nur wenig mit dem gemein, was sich seit der zweiten Hälfte des 19. Jahrhunderts in psychologischen Fachlaboren abspielte.[140] Der Schauplatz seiner ersten und auch der weiteren Versuche war ein Sofa, auf dem er sich nachmittags in einem schläfrigen Zustand zur Lösung eines philosophischen Problems zwang. Seine Methode entwickelte Silberer beim Versuch, die bewußte Denkanstrengung gegen die auftretende Ermüdung bzw. das dadurch bedingte intellektuelle Unvermögen durchzusetzen: Im Kampf zwischen Wachen und Schlafen (dem »hypnagogen Zustand«) tauchte jeweils ein unbewußtes Bild auf, das ihm seine gegenwärtige Situation symbolisch vorführte. Die fortwährend scheiternden Versuche, seine Aufmerksamkeit ganz auf das Problem zu richten, stellten sich ihm »bei geschlossenen Augen plötzlich wie im Traumbilde als anschaulich-plastisches Symbol dar: ich verlange eine Auskunft von einem mürrischen Sekretär, der, über einen Schreibtisch gebeugt, sich durch mein Drängen nicht stören läßt. Sich halb aufrichtend, blickt er mich unwillig und abweisend an.«[141]

Der sich auf dem Sofa abspielende Kampf zwischen dem passiven, der Willkür entzogenen Element der Ermüdung und dem aktiven Element der Denkanstrengung erzeugt damit »das charakteristische ›autosymbolische‹ Phänomen [...]; eine halluzinatorische Erscheinung, dadurch ausgezeichnet, daß sie gewissermaßen ›automatisch‹ ein adäquates Sym-

[140] Silberer greift vor allem auf die von Alfred Maury mitgeteilten Methoden zurück, der im Lehnstuhl begonnen hatte, seinen »geistigen Maschinismus« zu beobachten. Maury zufolge war »der Geist das Spielzeug der durch die Einbildungskraft geweckten Bilder. Diese füllen ihn gänzlich aus, führen ihn dorthin, wohin sie gehen, bezaubern ihn so, als ob er außer sich wäre, ohne ihm in diesem Moment zu gestatten, darüber nachzudenken, was er tut [...]« (Alfred Maury, *Des hallucinations hypnagogiques ou des erreurs des sens dans l'état intermédiaire entre la veille et le sommeil* (Extrait des Annales Médico-Psychologiques 11, 1848), 4). Von diesem Verständnis her war es notwendig, den Prozeß der Beobachtung auf zwei Personen aufzuteilen: Die eine beobachtet die künstlich produzierte Halluzination, die andere fixiert sie schriftlich. Auf dieses Problem des Aufzeichnens der Traumbilder, das auch in späteren Forschungen vielfach thematisiert wurde, geht Silberer nicht ein.
[141] Herbert Silberer, »Bericht über eine Methode, gewisse symbolische Halluzinations-Erscheinungen hervorzurufen und zu beobachten«, in: *Jahrbuch für psychoanalytische und psychopathologische Forschungen* 1 (1909), 514.

bol für das in dem betreffenden Augenblick Gedachte (oder Gefühlte) hervorbringt«.[142] Diese Technik, die Umwandlung von Gedanken in Bilder der Beobachtung und der Kontrolle zuzuführen, beansprucht zunächst nicht mehr, als Freuds Ausführungen zur »Rücksicht auf Darstellbarkeit« im VI. Kapitel der *Traumdeutung* zu bestätigen und so einen Mechanismus der Traumarbeit »greifbar« zu machen.[143] Der bloßen Bestätigung fügt sich jedoch eine neue Kategorisierung dieser »autosymbolischen« Traumphänomene an, die den Vorgang der Symbolbildung im Traum dreifach unterteilt: in materiale, funktionale und somatische Phänomene. Neben den materialen Phänomenen, die Silberer als eine symbolische Darstellung von Gedankeninhalten (etwa eines Begriffs oder einer Vorstellungsgruppe) definiert, wendet er seine Aufmerksamkeit in der Folge fast ausschließlich den funktionalen Phänomenen zu, in denen »der Zustand oder die Leistungsfähigkeit des Bewußtseins des Nachdenkenden selbst abgebildet wird«. Die hier auftretenden Symbole stellen weder einen Inhalt noch die somatische Verfassung des Beobachters dar, sondern die Art und Weise, »wie das Bewußtsein *funktioniert*«, vor allem in bezug auf die in seiner Psyche vorherrschenden »Gefühlsmomente«.[144]

Während die meisten Zusätze zur *Traumdeutung*, die aus der Sammelforschung zur Symbolik und zu den typischen Träumen resultierten, die Frage nach dem sexuellen Charakter der Träume und die Ausweitung der Wunscherfüllungsformel auf Mythos und Literatur zum Thema hatten, beschränkte sich Silberer in seinen zahlreichen und immer umfangreicheren Publikationen im *Jahrbuch* darauf, all diese Gegenstände unter dem Gesichtspunkt seines »funktionalen Phänomens« zu betrachten. Führten Abraham und Rank den Nachweis, der Mythos sei wie der Traum ebenfalls aus einem Wunsch hervorgegangen, so behauptete Silberer, daß die im Mythos auftretenden Figuren als *Symbole der psychischen Kräfte selbst* anzusehen seien. Damit trieb er die Behauptung, daß die von Freud für die Traumarbeit beschriebenen Mechanismen für mythologische und literarische Texte gelten, um einen Schritt weiter: Nicht nur seien sie in ihnen am Werk, sondern sie träten als sichtbare

---

[142] Ebd.
[143] Freud äußerte sich dementsprechend über Silberers erste Arbeit: »seine Sache ist gut und macht ein Stück der Traumarbeit greifbar« (Freud an Jung, 19. 7. 1909, FJ, 267).
[144] Silberer, »Bericht«, 517.

»Personifikationen« in ihnen auf.[145] Die Theorie des Traums, die die Mechanismen am Material aufdeckt, ist somit in diesem selbst immer schon in symbolisch verhüllter Form anwesend. Folgerichtig sieht Silberer Träume, Märchen und Mythen als direkte Vorläufer der Freudschen Theorie an, die auf einer »mythologischen Stufe der Erkenntnis« bereits jene Wahrheit »unbewusst erkennen und mitteilen«, die erst die Psychoanalyse wissenschaftlich formulieren wird.[146]

Die Doppelbewegung, die sich in dieser Lektüre anzeigt, erscheint wie eine Wiederholung von Freuds selbstanalytischem Prozeß beim Verfassen der *Traumdeutung*, in dem die Theorie am Ende zunehmend zum »unlesbaren« Gegenstand seiner eigenen Träume wird.[147] Parallel zu den Selbstbeobachtungen, denen zunächst nur allgemeine philosophische Probleme zugrunde liegen, ist es die Lektüre des Traumbuches in seiner ersten Version, die es Silberer ermöglicht, bei dieser Wiederholung eine Differenz zu setzen und etwas Neues zu finden: Mit seiner »funktionalen Deutung« von Freuds eigenen Träumen kann er – nach dem Muster seiner Selbstbeobachtungen – die engen Korrespondenzen zwischen den Träumen des Selbstanalytikers und dessen Theorie lesbar machen.[148] Dazu greift er einen »revolutionären Traum« aus der *Traumdeutung* auf, in dem der Träumer an einer Stelle an einer Haushälterin vorbei muß, die ihn schließlich »für berechtigt« hält, »hier zu passieren«, und ihn über die Treppe entkommen läßt (EA, 144 [GW II/III, 215]). In der Deutung gebraucht Freud die nämliche Ausdrucksweise: Er könne keine »ausführliche Auflösung« dieses Traumstücks geben, »und zwar aus Rücksichten der Censur. Ich setze mich nämlich an die Stelle eines hohen Herrn jener Revolutionszeit [...] und ich glaube, *ich wäre nicht berechtigt, hier* die Censur *zu passieren*« (EA, 147 [GW II/III, 219]).

---

145 So werden z. B. der Teufel und die dämonischen Gestalten des Märchens zu »Personifikationen des unterdrückten, nicht sublimierten elementaren Trieblebens« erklärt. Herbert Silberer, »Phantasie und Mythos«, in: *Jahrbuch für psychoanalytische und psychopathologische Forschungen* 2 (1910), 592.
146 Hubert Silberer, »Vorläufer Freud'scher Gedanken«, in: *Zentralblatt für Psychoanalyse* 1 (1910/11), 441.
147 Vgl. den Beitrag von Forrester in diesem Band, 26 f.
148 Silberer bezieht sich – im Gegensatz zu den anderen Anhängern und Lesern der *Traumdeutung* – bis 1912 immer auf die erste Auflage des Buches und ignoriert damit die Ergänzungen von Rank, Stekel und anderen in der zweiten und dritten Auflage.

Silberer stellt nun die Frage: »Welche ›*Zensur*‹ ist hier gemeint? Wohl die *Buch*zensur. Es gibt aber bekanntlich auch die ›*Traum*zensur‹. Man merke auf den Doppelsinn! So wie der *Autor Freud* hier mit Rücksicht auf die Buchzensur zu einer ausführlichen Auflösung der Traumszene sich nicht versteigen darf, sondern mit Andeutungen sich begnügen muß, so kann auch der *Träumer Freud*, wegen der Traumzensur, den zum Ausdruck drängenden latenten Traumgedanken oder Wunsch nicht in seiner wahren Form in die Öffentlichkeit des Bewußtseins gelangen lassen, sondern muß ihn zurechtstutzen und verkleiden: dann erst hält die Traumzensur ihn ›*für berechtigt, zu passieren*‹.«[149] In Silberers funktionaler Deutung wird nicht nur die Traumzensur durch die Haushälterin personifiziert, auch das Hinuntersteigen der Treppe wird als eine symbolische Darstellung des Hinabsteigens »der psychischen Stufenfolge« gedeutet: »Das Absteigen dürfte dem ›regressiven Weg‹ entsprechen, den der Traumwunsch zurücklegen muß, um als halluzinatorisches Bild der Wahrnehmung zugeführt zu werden.«[150]

Silberer war einer der ersten, der ein solches ›Fertigdeuten‹ von Freuds Träumen öffentlich praktizierte. Mit diesem Weiterdeuten des unvollständig mitgeteilten Traums des Selbstanalytikers verknüpfte er nicht nur die Traumbeispiele des Buches enger mit den in den theoretischen Teilen gebrauchten Metaphern: Er trat in eine Beziehung mit der Traumtheorie ein, die sich in mehreren positiven Erwähnungen und Aufnahmen von Beispielen im V. und VI. Kapitel in der dritten und vierten Auflage der *Traumdeutung* niederschlug (TD, 3. Aufl., 1911, 35 [GW II/III, 156]; TD, 4. Aufl., 1914, 256f. [GW II/III, 360–363]). Jung und Bleuler dagegen begrüßten Silberers Arbeiten, weil diese zunächst ausschließlich auf systematischer Selbstbeobachtung beruhten und meist keine sexuellen Traumdeutungen enthielten. Silberer wurde mit seiner Technik der Forderung des »Selbersehens« gerecht, die für die Zürcher Kliniker allein evidentes Material für eine allgemeingültige Traumsymbolik liefern konnte. Seine »Autosymbolik«, die als eine reine Übersetzung theoretischer Probleme des sich selbst beobachtenden Träumers erschien, konnte so der als willkürlich kritisierten Sexualsymbolik Stekels

149 Silberer, »Phantasie«, 555.
150 Ebd., 556.

entgegengesetzt werden.[151] Aufmerksame Leser des *Jahrbuchs* hatten bereits früh bemerkt, daß Silberers Traumdeutungen im Gegensatz zu jenen der anderen Freudianer das sexuelle Moment völlig abging: »Merkwürdig berührt der Gegensatz zu den Träumen Stekels. Man ist förmlich überrascht, zu erfahren, daß es auch nichtsexuelle Träume gibt.«[152] In einer Reihe von umfangreichen Arbeiten, die sämtlich im von Jung redigierten *Jahrbuch* erschienen, näherte sich der Standpunkt Silberers immer mehr dem der Zürcher Schule.

In einer Abhandlung »Über die Symbolbildung«, die mit einigen von Jung hinzugefügten Fußnoten 1911 im *Jahrbuch* erschien, grenzte sich Silberer von »*Freud* und seiner Schule« mit der Bemerkung ab, das Sexuelle sei der Symbolbildung nicht wesentlich: »Der Beweis dafür, daß alle Symbolik ihre Kraft aus der Sexualität beziehe, wäre nur dann zu führen, wenn es ausgemachte Sache wäre, daß das in der Symbolik liegende Moment der Verbildlichung nur auf Grund sexueller Verbindungen in Aktion treten könne.« Als Beweis für die Unnötigkeit einer solchen Annahme führte er seine »autosymbolischen Phänomene« an: »Bei diesen relativ einfachen Phänomenen, die ihre Erklärung sozusagen in sich tragen, wäre das künstliche Aufsuchen von sexuellen Verbindungen der Theorie zuliebe eine bloße Komplikation.«[153] In theoretischen Belangen schloß sich Silberer hier weitaus mehr der Komplexlehre Jungs an, die die Bedingung für die Symbolbildung in einer »*Unzulänglichkeit* des Auffassungsvermögens seinem Gegenstande gegenüber oder [...] in einer *apperzeptiven Insuffizienz*« erblickte.[154] Je nachdem ob diese Unzulänglichkeit eine intellektuelle oder affektive Grundlage (Verdrängung durch andere »Komplexe«) habe, unterschied er zwei Typen. Nur im er-

---

[151] »Inwieweit die Symbolik im Traume eine Rolle spielt, sollte doch nur durch direkte exakte Selbstbeobachtung oder höchstens an der Hand ganz durchsichtiger Fälle entschieden werden. Hier scheinen die interessanten Selbstbeobachtungen Silberers einen Anfang zu machen.« (Friedemann, »Stekel«, 104)

[152] E. Raimann, »Jahrbuch für psychoanalytische und psychopathologische Forschungen 1 (1909)« [Besprechung], in: *Wiener Klinische Wochenschrift* 13 (1911), 457.

[153] Herbert Silberer, »Über die Symbolbildung«, in: *Jahrbuch für psychoanalytische und psychopathologische Forschungen* 3 (1911), 668 f.

[154] Ebd., 680. Silberer schloß sich damit eben der Theorie an, die Jung in Anschluß an die Deutung seines eigenen Traumes im *Dementia praecox*-Buch gegeben hatte und die von Freud stark kritisiert worden war (vgl. weiter oben, I.2., 59). Er begann auch, wie die meisten Schweizer Psychoanalytiker, Assoziationsexperiment und freie Einfallstechnik zu kombinieren.

sten Typus komme es zu einer »organischen« Verknüpfung zwischen der
zugrundeliegenden Idee und dem gewählten Bild, da dieser auf einem
gleichmäßig verteilten Schwächezustand des Wahrnehmungsvermögens
beruhe. Er ist für das mythische »primitive« Denken charakteristisch,
dessen Symbole die künftige Erkenntnis verschleiert anzeigen. Im Ideal-
fall handelt es sich um eine direkte Veranschaulichung einer erkenntnistheoretischen Vorstellung: »Das in der Halluzination auftretende Symbol [...] ist von solcher objektiver Notwendigkeit (Allgemeingültigkeit
oder allgemeiner Brauchbarkeit), daß es ganz gut in einer Abhandlung
über Erkenntnistheorie stehen könnte.«[155] Von dieser Perspektive aus erscheint der zweite »affektive« Typus für die Ausarbeitung eines Kodex allgemeingültiger Traumsymbole ungeeignet, da es individuelle oder kulturell spezifische affektive Störungsmomente sind (z. B. ein bestimmtes
Krankheitsbild), die ihn regieren. Damit entprivilegiert Silberer das klinische Material zugunsten einer Wahrheitssuche im Mythos, die den
universellen latenten Sinn einer »natürlichen Symbolik« auffinden soll.
Als Vorläuferprogramm der Freudschen Psychoanalyse erscheint nun
nicht mehr die klinische Psychologie von Charcot oder Bernheim, sondern die romantische Naturphilosophie von Novalis oder Schelling.[156]

Selbst wenn Silberers Beiträge mit ihren überwiegend nicht-sexuellen
Deutungen sich immer mehr den Tendenzen der Zürcher Schule und vor
allem Jungs neueren Arbeiten zum Mythos näherten, spielte die Veröffentlichung von dessen Selbstbeobachtungen in diesem Zeitraum eine
wichtige strategische Rolle für die *Traumdeutung*. Für Freud waren damit jene Elemente seiner Traumtheorie durch Beobachtung erwiesen, die
Bleuler und die meisten anderen Zürcher Psychoanalytiker nicht anzunehmen bereit waren und öffentlich bestritten: Wie die oben zitierte
Nachdeutung von Freuds Traum zeigt, wurde die »Traumzensur« hier
selbst als beobachtbare Symbolisierung (als der »Zensor«) aufgedeckt
(TD, 4. Aufl., 1914, 362 [GW II/III, 509]). Allerdings begann Silberer

---

155 Ebd., 689 f.
156 Silberer scheint als erster Textpassagen der *Traumdeutung* mit Schellings Werk direkt
in Verbindung gebracht zu haben. Er öffnet damit eine Interpretationslinie, die später vor
allem Odo Marquard verfolgt hat, allerdings ohne Nennung seines exzentrischen Vorläu-
fers (»Über einige Beziehungen zwischen Ästhetik und Therapeutik in der Philosophie des
neunzehnten Jahrhunderts«, in: Ders., *Schwierigkeiten mit der Geschichtsphilosophie*, Frankfurt am Main 1973, 83–106).

sich zunehmend den Schweizer Kritikern anzuschließen und (wenig überzeugend) um eine Vermittlung der beiden Standpunkte zu bemühen.[157] Die starke Annäherung Silberers an Jung veranlaßte Freud wohl auch, dessen nächsten Aufsatz nicht wie geplant dem *Jahrbuch* zukommen zu lassen, sondern ihn – mit einer Subventionierung – in das von Stekel redigierte *Zentralblatt* aufzunehmen. Jung versuchte Freud von diesem Schritt abzubringen: »Fürchten Sie nicht, daß durch Publikation größerer Arbeiten im ›Zentralblatt‹ dem ›Jahrbuch‹ eine unnötige Konkurrenz erwächst? Silberers Arbeiten sähe ich gerne im Jahrbuch.«[158] Der Text, der mit einer langen Deutung eines verdrängten homosexuellen Traumwunsches begann, erschien auf Freuds Wunsch doch im *Zentralblatt.*[159]

Parallel zu diesem Wettstreit zwischen Zürich und Wien beförderte Silberers »funktionales Phänomen« eine Art sekundäre Hermeneutik. Nachdem Freud dieses Phänomen als einen wesentlichen Teil der Traumarbeit anerkannt hatte (was sich schließlich in einem langen Zusatz zum VI. Kapitel in der vierten Auflage niederschlug; TD, 4. Aufl., 1914, 360–363 [GW II/III, 507–510]), galt es die richtige Lektüre und Verwendung seiner Entdeckung festzulegen. Silberer selbst stellte seine in einer Reihe von Aufsätzen publizierte Beispielsammlung zum funktionalen Phänomen als Ergänzung zu den Sammlungen der anderen Psychoanalytiker dar, die in ihrer Deutung nur nach der Wunscherfüllung suchten und damit die »materiale« Seite abdeckten.[160] Aus dieser Arbeitsteilung leiteten mehrere Psychoanalytiker jedoch bald ab, daß die Auffassung des Traumes als Wunscherfüllung unvollständig sei und einer notwendigen Ergänzung bedürfe. Der bei Freud inzwischen in Ungnade

---

[157] Silberer, »Über die Symbolbildung«, 691–695. Vermutlich war es diese wenig gelungene Vermittlung, die Bleuler als Mitherausgeber des *Jahrbuchs* dazu brachte, den Text Silberers scharf zu kritisieren. Freud dagegen ergriff Partei für diesen: »Ich muß sagen, das funktionale Phänomen scheint mir erst jetzt sichergestellt, und ich werde es fortan bei der Deutung von Träumen in Betracht ziehen. Es ist ja im Kern nichts anderes als meine ›endopsychische Wahrnehmung‹« (Freud an Jung, 11. 4. 1911, FJ, 458).
[158] Jung an Freud, 6. 11. 1911, FJ, 501. Zur Rolle der beiden Zeitschriften in der weiteren Auseinandersetzung zwischen Freud und seinen Anhängern, vgl. Marinelli, »›Buchdruckerkunst‹«, in: Lehmstedt/Herzog (Hg.), *Das bewegte Buch.*
[159] Herbert Silberer, »Von den Kategorien der Symbolik«, in: *Zentralblatt für Psychoanalyse* 2 (1912), 177–189.
[160] Herbert Silberer, »Zur Symbolbildung«, in: *Jahrbuch für psychoanalytische und psychopathologische Forschungen* 4 (1912), 617.

gefallene Stekel griff das »funktionale Phänomen« in dieser Weise auf und revidierte damit seine früheren sexuellen Pauschaldeutungen. So wie er zuvor die Sexualsymbole in Form einer einfachen Gleichung auffaßte, um den Patienten zu entlarven, deckte er nun in der Traumerzählung alte Freunde, Haushälterinnen und Verwandte als die »Personifikationen der Neurose« auf.[161] Diese Tendenz wurde von Freud als mißbräuchliche Verwendung des Begriffs kritisiert: »Das sehr interessante funktionale Phänomen Silberers hat ohne Verschulden seines Entdeckers viel Mißbrauch herbeigeführt, indem die alte Neigung zur abstrakt-symbolischen Deutung der Träume eine Anlehnung an dasselbe gefunden hat.« (TD, 4. Aufl., 1914, 362 [GW II/III, 509]) Und Rank, der zeitgleich über die »Fortschritte der Psychoanalyse« im Bereich der Traumdeutung berichtete, verteidigte Silberer gegen Stekels Verwendung seines Begriffs, indem er präzisierte, daß »nicht die Psyche im allgemeinen oder ihre Funktionen als solche ›funktional‹ dargestellt« werden, »sondern *nur ganz bestimmte* Vorgänge und Zustände, denen ein gewisses Erlebnis- oder Gefühlsmoment anhaftet«.[162] Die Stoßrichtung dieser Kritik am »Mißbrauch« des Begriffs war klar: Silberer sollte weiterhin (von) Freuds Theorie träumen und nicht von anderen.

Mit der Aufnahme und der kritischen Diskussion von Silberers Beiträgen in der vierten Auflage der *Traumdeutung* und in »Zur Einführung des Narzißmus« zog Freud eine Grenzlinie gegenüber einer Tendenz, die sich bereits bei früheren in der Selbstbeobachtung geübten Lesern gezeigt hatte: der Überbetonung der *aktuellen* Situation des Träumers, jenes »Komplexes«, der ihn zur Zeit des Traumes beschäftigt und in den Symbolen scheinbar *direkt* ausgedrückt wird. Diese Überbetonung gründete in der epistemischen Ungewißheit, die die Erforschung der Symbolik verringern sollte: So schien sowohl den Zürchern als auch Stekel und anderen Wiener Psychoanalytikern mit der funktionalen Deutung eine Möglichkeit gegeben, durch die Aufschlüsselung von universell gültigen Symbolen einen sicheren Index für den jeweils vorherrschenden psychi-

---

[161] Vgl. auch Wilhelm Stekel, »Fortschritte der Traumdeutung«, in: *Zentralblatt für Psychoanalyse* 3 (1912), 158, wo die »Flucht von Zimmern« zur »Darstellung des Gehirns mit seinen verschiedenen Kammern« erklärt wird.
[162] Otto Rank, »Bericht über die Fortschritte der Psychoanalyse in den Jahren 1909–1913« [Teilsektion »Traumdeutung«], in: *Jahrbuch der Psychoanalyse. Neue Folge des Jahrbuchs für psychoanalytische und psychopathologische Forschungen* 6 (1914), 279.

schen Zustand des Patienten während der Behandlung zu finden. Freud, der sich dieser Tendenz bereits mit dem Aufschreibverbot in der Analyse entgegengestellt hatte, lehnte das Projekt einer solchen allgemeingültigen erkenntnistheoretischen Grundlegung für die psychoanalytische Technik ab. Die Beobachtung des funktionalen Phänomens zeigt nicht etwas objektiv über einen psychischen *Zustand* an sich an, sondern nur über den Effekt der Beobachtung selbst, der als Teil einer psychischen *Instanz* gefaßt wird.

So würdigt Freud Silberer mit der Bemerkung, er habe in seinen Arbeiten »den Anteil der Selbstbeobachtung – im Sinne des paranoischen Beobachtungswahnes – an der Traumbildung nachgewiesen. Dieser Anteil ist ein inkonstanter; ich habe ihn wahrscheinlich darum übersehen, weil er in meinen Träumen keine große Rolle spielt; bei philosophisch begabten, an Introspektion gewöhnten Personen mag er sehr deutlich werden.«[163] Damit anerkannte Freud das Phänomen, schränkte jedoch zugleich die dafür von Silberer reklamierte Universalität ein: Philosophen mögen bessere Selbstbeobachter sein, doch das sagt nichts über den höheren Wahrheitswert ihrer Beobachtungen aus. Was der Selbstbeobachter lesbar machen kann, ist nicht ein allgemeingültiger Index der sich in der Psyche abspielenden Vorgänge, sondern bloß das Aufmerken des Traumzensors, der seinen »Beitrag zum Trauminhalt« liefert: »jetzt ist er zu schläfrig, um zu denken« – »jetzt wacht er auf«. Dort wo der Philosoph sich selbst zu beobachten (und *ich* zu sagen) meint, spricht bereits *er* – der Zensor (TD, 4. Aufl., 1914, 362 [GW II/III, 510]). Die funktionale Ergänzung zur Deutung seines »revolutionären Traums« schränkte Freud mit einer 1914 hinzugesetzten Bemerkung wieder ein, die den Standpunkt des Klinikers verrät, dem seine eigene Traumtheorie Material liefert wie alles andere auch: Silberer habe übersehen, »daß die ›psychischen Vorgänge bei der Traumbildung‹ für mich ein Gedanken-*material* sind wie alles andere. In diesem übermütigen Traum bin ich offenbar stolz darauf, diese Vorgänge entdeckt zu haben.« (TD, 4. Aufl., 1914, 161 [GW II/III, 220])

---

163 Freud, »Zur Einführung des Narzißmus« [1914], in: GW X, 164.

5. Analyse ohne Synthese

> »Der Psychoanalytiker liebt und hasst sein Objekt, neidet
> ihm Freiheit oder Kraft und führt diese auf seine eigenen
> Defekte zurück. Er analysiert nur, weil er selbst aus Teilen
> besteht, die keine Synthese ergeben.«
> Karl Kraus, *Aphorismen über Psychoanalyse*

Die verschiedenen Revisionen der Freudschen Traumlehre, zu der sich
die zuerst als Bestätigungen firmierenden Beiträge der Wiener Psychoanalytiker wandelten, fanden in den offen dargelegten Abweichungen
der Zürcher Gruppe ihren Höhepunkt und, mit der 1914 vollzogenen
Spaltung, einen vorläufigen Abschluß. Die bisherigen Differenzen waren
überwiegend im Bereich der Deutungstechnik (Stekel) und der Theorie
(Adler, Silberer) sichtbar geworden. Mit den aus der Schweiz kommen-
den Revisionen traten jedoch zunehmend Probleme auf, die den Charakter des psychoanalytisch arbeitenden Arztes zum Thema machten.
Die moralische Problematik verbarg sich zunächst noch in der methodologischen Kritik, wie sie von Jung 1911 an der *Traumdeutung* formuliert wurde. Sie läßt sich zu der immer wieder auftauchenden, etwas
diffusen Formel verknappen, die Psychoanalyse bedürfe zu ihrer Vollständigkeit einer ergänzenden Synthese.[164] Der Ruf nach Synthese war
offenbar (und so verstand ihn Freud zunächst) epistemologisch motiviert: Er zielte auf ein Defizit in der *Darstellung* der mitgeteilten Traumanalysen, die (außer im Fall von Patiententräumen) niemals vollständig
sein konnten. Diese Unvollständigkeit stellte jedoch keineswegs ein bloß
darstellungstechnisches, sondern auch ein moralisches Problem dar, das
den Charakter des Träumers betraf. Die Vollständigkeit der Deutung
wurde von den Zürchern in eine Frage über die Ziele der Therapie
gemünzt und barg die Forderung nach einer besonderen moralischen
Haltung auf seiten des Deuters.

Diese Verquickung von Epistemologie und Moral läßt sich bereits
deutlich an der Form ablesen, in der Jung eine ›reine‹ Lektüre der *Traum-*

---

[164] Die Formel der »Synthese« umfaßt ein weites semantisches Feld, an das insbesondere
Pierre Janets Theorie psychischer Spannungen angeknüpft hatte. Dessen Einfluß auf die
französische Schweiz und besonders auf Jung ist in neuerer Zeit stärker hervorgehoben
worden (vgl. Sonu Shamdasani, »From Geneva to Zürich: Jung and French Switzerland«,
in: *The Journal of Analytical Psychology* 43 (1998), 115–126).

deutung durchzusetzen suchte. 1911 antwortete er im *Jahrbuch* auf eine lange Kritik an der psychoanalytischen Deutungsmethode, die der amerikanische Psychiater Morton Prince in seinem *Journal of Abnormal Psychology* veröffentlicht hatte.[165] Prince beanspruchte, Freuds Theorie und Methode anhand von eigenem Material (den Träumen einer Patientin) zu testen. Dazu setzte er eine Reihe von Methoden (vor allem Hypnose) ein, um seiner Patientin – einen Fall von »multipler Persönlichkeit« – in verschiedenen Zuständen möglichst viele Assoziationen zu ihren Träumen zu entlocken.[166] Im Gegensatz zu Ernest Jones, der sich in seiner Entgegnung damit begnügte festzustellen, Prince habe nicht die psychoanalytische Technik angewendet, griff Jung in didaktischer Absicht das von diesem mitgeteilte Material auf, um es im Detail nach Freudscher Art fertig zu analysieren: »Prince hat den großen Mut gehabt, sich in dankenswerter Weise zu exponieren, so daß ihm und uns Gelegenheit gegeben ist, an seinem Material die Divergenzen öffentlich zu vergleichen, was in jeder Beziehung lehrreich ist.«[167] Jung rekonstruierte in seinem Lehrstück nicht nur die mutmaßliche Persönlichkeit der Patientin, sondern auch die Übertragungsbeziehung zu Prince, die dieser nicht erkannt habe. Dessen Verkennen war ihm jedoch nicht bloß in einem technischen, sondern auch einem moralischen Defizit begründet. Jung betonte, daß eine reine Lektüre der *Traumdeutung* nur mit einer reinen, durch »schonungslose Selbsterkenntnis« geläuterten Seele möglich sei: »Es muß immer aufs Neue wiederholt werden, daß *das praktische und theoretische Verständnis der analytischen Psychologie eine Funktion der analytischen Selbsterkenntnis ist*. Wo die Selbsterkenntnis versagt, da blüht auch keine Psychoanalyse.«[168]

Zur selben Zeit formulierte Jung seine Änderungswünsche für die dritte Auflage der *Traumdeutung*, die Freud und seine Wiener Mitarbeiter, wie bereits gezeigt, zur Ausarbeitung verschiedener Strategien

---

[165] Jung, »Morton Prince M. D. ›The Mechanism and Interpretation of Dreams‹. Eine kritische Besprechung«, in: *Jahrbuch für psychoanalytische und psychopathologische Forschungen* 3 (1911), 309–328.

[166] Morton Prince, »The mechanism and interpretation of dreams«, in: *The Journal of Abnormal Psychology* 5 (1910), 139–195.

[167] Ernest Jones, »Remarks on Dr. Morton Prince's article: ›The mechanism and interpretation of dreams‹«, in: *The Journal of Abnormal Psychology* 5 (1910), 328–336; Jung, »Morton Prince«, 314.

[168] Jung, »Morton Prince«, 311.

brachte, um das Buch in eine »unpersönlichere« Form zu bringen. Die methodologische Kritik bediente sich jedoch hier einer ähnlichen Rhetorik, wenn sie den zentralen »Mangel« des Buches, »die Unvollständigkeit der Deutungen der Hauptbeispielträume«, gegenüber seinem Autor folgendermaßen zum Ausdruck brachte: »Ich halte sehr daran, daß meine Schüler den Traum vom Standpunkt der Libidodynamik verstehen lernen, infolgedessen vermissen wir schmerzlich das Persönlich-Peinliche in Ihren eigenen Träumen. Dieser Umstand ließe sich vielleicht dadurch heben, daß Sie dem Irmatraum eine typische Analyse von einem Patiententraum an die Seite stellten, wo *schonungslos* die letzten wirklichen Motive aufgedeckt sind, damit der Leser eine Ahnung bekomme (und zwar gleich eingangs), daß der Traum nicht in eine Reihe von Einzeldeterminationen zerfalle, sondern ein um ein zentrales Motiv höchster Peinlichkeit geschlossenes Gebilde ist.«[169] Die der Selbstanalyse geschuldete Unvollständigkeit sollte durch ›objektives‹ Patientenmaterial wettgemacht werden, da die vollständige Entkleidung des Autors aus moralischen Gründen nicht möglich sei: »Selbstverständlich kann man sich nicht nackt ausziehen, aber vielleicht besorgt das ein Modell.«[170]

An Jungs Forderung nach mehr Schonungslosigkeit ist bemerkenswert, daß sie sowohl den unverständigen Kritiker als auch den Autor des Buches selbst trifft. Die erwähnten »Mängel« zielten nicht nur auf eine Schwäche des Textes, sondern auch auf eine des Verfassers. Freud überhörte die moralischen Obertöne und brachte das Problem der Synthese auf die bereits in der *Traumdeutung* gegebene Formel, diese könne er nur »von Träumen solcher Personen geben, die dem lesenden Publicum unbekannt sind« (EA, 212 f. [GW II/III, 315 f.]). Seine eigenen Träume könne er nicht weiter aufdecken, da sie Indiskretionen beinhalten, die »nichts fürs Volk« seien: »Der Leser verdient es nicht, daß man sich noch weiter vor ihm auskleide.«[171] Mit den »corpora vilia« der Patienten könne man zwar schonungslos verfahren, doch widerspreche die Einschaltung von solchem Material der Form des Buches, in dem die Neurosenpsychologie nicht vorausgesetzt, sondern erst durch den Traum neu erschlossen werden sollte.

[169] Jung an Freud, 14. 2. 1911, FJ, 433.
[170] Ebd., 434.
[171] Freud an Jung, 17. 2. 1911, FJ, 436.

Die in der Methodologie enthaltene moralische Forderung trat jedoch in den Schriften der Schweizer Psychoanalytiker schon bald klar zutage. Das Oppositionspaar von Analyse und Synthese, das Freud in Analogie zur Chemie rein technisch aufgefaßt haben wollte, wurde zunehmend moralisch und religiös aufgeladen. In dieser Tendenz forderten die Schweizer nun, der Arzt müsse nach der Traumanalyse, die entwicklungsgeschichtlich den Weg der Regression nehme, den Patienten durch das Aufzeigen der »progressiven« Strömungen auf die höhere Stufe der Synthese seiner Persönlichkeit führen. Mit solchen Wendungen wurde die »Analyse« von Jung als eine rein historische Arbeit charakterisiert; sie arbeite »rückwärts wie die Geschichtswissenschaft« und könne darum kein Wissen für »das in der Vergangenheit Verborgene und das in der Zukunft Verborgene« bereitstellen. Als Ergänzung zur vergangenheitsgerichteten Analyse Freuds bedürfe der Therapeut »einer unendlichen verfeinerten psychologischen Synthetik, welche den natürlichen Strömungswegen der Libido zu folgen verstünde«.[172] Für den Traumdeuter bedeutete dies, daß er die im latenten Trauminhalt selbst angelegten Zukunftstendenzen – den vormals prophetischen Gehalt des Traumes – entziffern und für den Patienten lesbar machen sollte. Die »prospektive« oder »teleologische« Bedeutung des Traumes für sein weiteres Leben sei dem Patienten selbst noch unlesbar, »weil sie noch nicht den bewußtseinsfähigen Deutlichkeitsgrad erreicht« hat: »Ich meine damit jene undeutlichen Ahnungen, die wir bisweilen vom Zukünftigen haben und die nichts anderes sind als sehr feine, subliminale Kombinationen, deren objektiven Wert wir noch nicht zu apperzipieren vermögen. Mit Hilfe dieser finalen Komponente des Traumes werden die Zukunftstendenzen des Kranken elaboriert, und so tritt der Genesende, wenn diese Arbeit gelingt, aus der Behandlung und dem halbinfantilen Übertragungsverhältnis über in ein innerlich sorgfältig vorbereitetes Leben, das er sich selber gewählt hat und mit dem er sich nach reiflicher Überlegung einig erklären kann.«[173]

Was befähigt den Deuter, diese »finale Komponente« im Traum zu erkennen, um den Patienten in ein besseres Leben zu führen? Für die Zür-

---

[172] Carl Gustav Jung, »Wandlungen und Symbole der Libido«, in: *Jahrbuch für psychoanalytische und psychopathologische Forschungen* 3 (1911), 171 f., Anm. 2.
[173] Carl Gustav Jung, »Versuch einer Darstellung der psychoanalytischen Theorie (Neun Vorlesungen, gehalten in New York, im September 1912)«, in: *Jahrbuch für psychoanalytische und psychopathologische Forschungen* 5 (1913), 417.

cher stand außer Frage, daß zunächst das Assoziationsexperiment das privilegierte Mittel war, um einen »direkten« Zugang zum Unbewußten zu erlangen. In den Kumulationen von »Symbolhandlungen«, den während des Experiments auftretenden Fehlleistungen, wurden die »Aktualkomplexe« des Träumers sichtbar gemacht, die in der Deutung die noch ungelösten Lebensprobleme ergeben.[174] Alphonse Maeder, inzwischen Präsident der Zürcher Vereinigung, hatte diese Linie schon einige Zeit lang verfolgt: Wie die meisten anderen Schweizer Psychoanalytiker hatte er Schwierigkeiten damit, die teleologische Auffassung des Traums auf seine Rolle als Hüter des Schlafes zu beschränken. Die biologische Zweckmäßigkeit – die Anpassung an das soziale oder biologische Milieu – zeige sich demnach im Traum, wenn die hier stattfindende Phantasietätigkeit als »Vorübung« für die sich im Wachleben stellenden Probleme angesehen wird.[175] Zusätzlich zur »primären Funktion« des Schlafschutzes postulierte Maeder für den Traum eine »sekundäre Funktion«, die er als »vorübende« bezeichnete. Letztere müsse der Therapeut erkennen, um dem Kranken die heilenden Tendenzen zugänglich zu machen. Was ihn dazu befähigt, ist Jung zufolge einerseits die ›objektive‹ Methode des Assoziationsexperiments (und nicht die von den Wienern geübte »Deuterei«) und andererseits »ein ernsthaftes Bemühen um die eigene Charakterbildung«, die nur durch die Analyse bei einem ausgebildeten Psychoanalytiker (und nicht durch die als »Münchhausen-Psychologie« kritisierte Selbstanalyse) möglich sei.[176] Mit diesem Umschlagen von der anfänglich epistemologischen Kritik an der Kombination von Selbst- und Fremdanalyse in der *Traumdeutung* in eine moralische Forderung an die Therapie und eine stärkere Kontrolle in der Ausbildung wurde nicht nur der Charakter des Deuters an sich zum Problem gemacht: Freuds Rolle als der erste und exemplarische Traumdeuter wurde damit explizit in Frage gestellt.[177]

---

174 Ebd., 365 ff.
175 Alphonse Maeder, »Über die Funktion des Traumes (mit Berücksichtigung der Tagesträume, des Spieles usw.)«, in: *Jahrbuch für psychoanalytische und psychopathologische Forschungen* 4 (1912), 692–707.
176 Jung, »Versuch einer Darstellung«, 416.
177 Die Analyse durch einen ausgebildeten Psychoanalytiker wurde damit erstmals in Absetzung von der als ungenügend betrachteten Selbstanalyse gefordert. Daß Jung die Lehranalyse gegen die Selbstanalyse Freuds ausspielte, führte zum endgültigen Bruch zwischen den beiden (Freud an Jung 18. 12. 1912, FJ, 594).

Der 1913 in München abgehaltene psychoanalytische Kongreß geriet
vor diesem Hintergrund zum Richtungsstreit. Zum Thema »Die Funktion des Traumes« trat Maeder als Repräsentant der Zürcher Richtung
gegen Otto Rank als Sprecher der Wiener an. In seinem Hauptvortrag
»Über das Traumproblem« führte Maeder die Position der Schweizer vor,
indem er mehrere von Freud mitgeteilte Träume einer Nachdeutung unterzog. Er wählte mit Bedacht einen längeren Zusatz zur dritten Auflage
der *Traumdeutung*, der aufgenommen worden war, weil er »die Theorie
der Wunscherfüllung auf eine harte Probe« stellte (TD, 3. Aufl., 1911,
317 [GW II/III, 476]). Freud hatte hier eine autobiographische Traumreihe des österreichischen Heimatdichters Peter Rosegger eingeschaltet,
weil sich seine Theorie offenbar nicht darauf anwenden ließ. Im Leben
des Dichters schienen sich die positiven Dinge im Wachleben abzuspie-
len, während ihn in den Träumen eine längst überwundene unrühmliche
Vergangenheit (seine Jugend als Schneidergeselle) zu verfolgen schien.
Um diese Träume aufzulösen, brachte Freud sie mit einem aus seiner
Selbstanalyse stammenden Traum in Verbindung, der ihn in eine unan-
genehme Episode seiner frühen wissenschaftlichen Laufbahn versetzte,
als er im chemischen Laboratorium wenig erfolgreich mit Analysen beschäftigt war. »Bei der Deutung eines dieser Träume wurde ich endlich
auf das Wort ›Analyse‹ aufmerksam, das mir den Schlüssel zum Verständnis bot. Ich bin ja seither ›Analytiker‹ geworden, mache Analysen, die
sehr gelobt werden, allerdings *Psycho-Analysen*. Ich verstand nun, wenn
ich auf diese Art von Analysen im Tagesleben stolz geworden bin [...],
hält mir nächtlicher Weile der Traum jene anderen mißglückten Analysen vor, auf die stolz zu sein ich keinen Grund hatte; es sind Strafträume
des Emporkömmlings, wie die des Schneidergesellen, der ein gefeierter
Dichter geworden war.« (TD, 3. Aufl., 1911, 319 [GW II/III, 479]) Am
Ende seiner Deutung gelang es Freud aber doch noch, hinter dem »Straf-
traum« abermals die Erfüllung eines Wunsches aufzudecken: nämlich
des Wunsches, wieder jung zu sein und »die Wahl zwischen mehreren
Frauen« zu haben. »Der in anderen psychischen Schichten tobende
Kampf zwischen der Eitelkeit und der Selbstkritik hatte zwar den Trauminhalt bestimmt, aber der tiefer wurzelnde Jugendwunsch hatte ihn allein
als Traum möglich gemacht.« (Ebd.)
    Maeder nun verlas in seinem Referat die gesamte Stelle aus der *Traum-
deutung*, unterzog jedoch nur den Traum Roseggers einer genaueren

Nachdeutung, um die Schweizer Auffassung von der Teleologie des Traumes geltend zu machen. Grundlegend schien ihm nicht der Wunsch
nach der fernen Jugend zu sein (wie Freud von seinem Fall ausgehend
unterstellt hatte), sondern die »Überwindung des parvenühaften Stolzes
und der Eitelkeit«: Die Traumreihe des Dichters zeige die fortschreitende
Entwicklung seines seelischen Prozesses, der in einer demütigen Haltung
ende. Den Traum bezeichnete er somit als »autosymbolische[n] Ausdruck eines Stückes Entwicklung der moralischen Persönlichkeit des
Dichters«.[178] Mit einem zweideutigen Seitenhieb ging Maeder auf die
»Analyse« Freuds ein, die die Schweizer mit ihrer Synthese zu vervoll-
ständigen und zu überwinden gedachten: »Die Deutung von Freud bezieht sich auf einen berechtigten Wunsch des reifen, sogar alternden
Menschen ›jung zu sein‹; diese Auffassung enthält bloß die regressive
Seite des Phänomens, denn ein solcher Wunsch ist ja regressiv. Die
Träume enthalten aber auch eine progressive Seite, welche für mich die
bedeutsamere ist; wir wollen im Leben noch etwas anderes, als uns nach
der Vergangenheit zurücksehnen; der Dichter will noch aus dem Rest seines Lebens etwas machen.«[179]

Mit dieser Revision der Wunscherfüllungstheorie ging auch die der
Symboldeutung einher, die schon längere Zeit (durch Jungs Publika-
tionen im *Jahrbuch*) vorbereitet war. Analog zu den zwei Funktionen
des Traumes postulierte Maeder nun auch für die in ihm auftretenden
Symbole eine retrospektive und eine prospektive Lesbarkeit. Die Sexualdeutung wurde dabei nur als Vorstufe anerkannt, die sich auf die
Vergangenheit des Patienten bezog (die regressiven, in die infantile
Sexualität verweisenden Tendenzen) und die im Hinblick auf dessen
»Aktualkonflikt« hin übersetzt werden mußte. Die Form, in der Maeder
die in der dritten Auflage der *Traumdeutung* hinzugekommenen Symboldeutungen korrigierte, sollte diese zweifache Lesbarkeit deutlich machen: »Der Acker ist nicht nur ein Sexualsymbol, er ist auch ein Symbol des Feldes seiner Tätigkeit [sc. des Träumers], seiner *Lebensaufgabe*

---

[178] Alphonse Maeder, »Über das Traumproblem (nach einem am Kongresse der Psychoanalytischen Vereinigung gehaltenen Vortrage, München, September 1913)«, in: *Jahrbuch
für psychoanalytische und psychopathologische Forschungen* 5 (1913), 672. Damit wurde nicht
nur Silberers Begriff der »Autosymbolik« nach der Zürcher Richtung hin ausgelegt, sondern auch dieser selbst dort verortet (ebd., 678 f.).
[179] Ebd.

überhaupt. Den Acker bebauen heißt nicht nur Koitieren, sondern ›*sein Werk tun*‹.«[180]

Für Freud und seine Anhänger, die so zu Vertretern einer ›regressiven‹ Diagnostik erklärt wurden, waren solche Deutungen ihrerseits nichts als ›Regressionen‹ auf einen vor-analytischen Standpunkt und Übersetzungen psychoanalytischer Sexualdeutungen ins Intellektuelle. Die wechselseitige Pathologisierung der gegnerischen Lager führte dazu, daß die theoretischen und methodologischen Diskussionen für längere Zeit hinter persönliche Diffamierungen zurückfielen. Die geforderte »Synthese« (und die damit verbundenen moralischen Probleme der Deutung) klammerte Freud für einige Zeit beharrlich aus, um sie in einem abschließenden Wort »aufrichtig und unhöflich« eine »gedankenlose Phrase« zu heißen.[181] Aus der psychoanalytischen Traumdeutung, die sich mit der »Silbenchemie« des Traumes befaßte, sollte keine »Seelen(al)chemie« werden, die den Patienten zusätzlich moralisch veredelt.[182]

Die letzte Wendung, die die Symbolik gegen die von den Schweizern veranstalteten Revisionen nahm, war eine theoretische, die nur noch ansatzweise in die *Traumdeutung* einging. Der für die vierte Auflage zu einem neuen Abschnitt umgearbeitete Teil über »Die Darstellung durch Symbole im Traume« war zwar als eine erste Grenzlinie gegen Zürich konzipiert, doch vermied Freud hier eine ausführlichere theoretische Auseinandersetzung. Inmitten der zahlreichen Hinzufügungen zur Liste der Traumsymbole wurden einige Akzente verschoben und Relativierungen vorgenommen,[183] doch geriet der Abschnitt weder zu einem

---

[180] Ebd., 675 f.

[181] Freud [1919], »Wege der psychoanalytischen Therapie«, in: GW XII, 185.

[182] Es war Silberer, der als erster Mystik und Alchemie für ein solches Unternehmen wieder entdeckte und zusätzlich zur »analytischen« eine »anagogische« Traumdeutung forderte (vgl. sein Buch *Probleme der Mystik und ihrer Symbolik*, Wien/Leipzig 1914). Freud grenzte sich in späteren Auflagen und Zusätzen zur *Traumdeutung* davon deutlich ab (TD, 5. Aufl., 1919, 391 f. [GW II/III, 528 f.]).

[183] Freud modifizierte etwa einige Passagen, die zuerst gegen Stekels Tendenz zur ausschließlichen Sexualdeutung eingefügt worden waren. Der einschränkende Satz »Auch sind die gebräuchlichen sexuellen Symbole nicht gerade jedesmal eindeutig« (TD, 3. Aufl., 1911, 210) fiel hier ganz weg und machte einer längeren Passage zur »Vieldeutigkeit der Symbole« Platz (TD, 4. Aufl., 1914, 261 f.).

eigenen geschlossenen Kapitel, noch war ihm eine kohärente Position zu entnehmen.

Zwei Einfügungen zeigten die theoretische Linie an, die Freud und seine verbliebenen Anhänger weiter verfolgten. Zum einen flocht er die Bemerkung ein, die Symbolbeziehung sei nicht bloß eine beliebige indirekte Darstellung, sondern »Rest und Merkzeichen« einer in Urzeiten gebildeten Identität (TD, 4. Aufl., 1914, 261 [GW II/III, 357]). Die damit angezeigte Symboltheorie zielte auf eine Universalisierung, die über die Sprachgemeinschaft hinauswies, und erhielt gleichzeitig eine genealogische Rückbindung. Als Beleg dazu diente die zweite Einfügung, die einem ungarischen Witzblatt entnommen war. Sándor Ferenczi war auf das Problem gestoßen, daß in den Harnträumen ungarischer Träumer Schiffe als Symbole auftraten, obwohl sie (im Gegensatz zum österreichischen Sprachgebrauch) nicht die Bezeichnung »schiffen« für »urinieren« verwendeten. Das eingeschaltete Bild, die erste und einzige Visualisierung eines Traums im Text, kommentierte er folgendermaßen: »Schönes Beispiel dafür, daß das Symbol nicht aus der Sprache, sondern die Redewendung vom Symbol abstammen. Im Ungarischen gibt es *keinen* Ausdruck für Harnlassen, der an's *Schiffen* erinnert, doch denkt sich der Zeichner den Urintraum voll mit Schiffen.« (Vgl. Abb. 3 und TD, 4. Aufl., 1914, 271 [GW II/III, 373])

Ausgehend von dieser doppelten Verankerung in einem außersprachlichen Ursprung bekam das theoretische Projekt der Symbolik schließlich selbst eine Wendung ins Mythische, von dem kein Weg mehr zurück zur freien Einfallstechnik zu führen schien. Die Grundlegung des Symbols im Sexuellen fand jedoch nicht mehr innerhalb der *Traumdeutung* statt.[184] Der angewachsene und mehrfach umgestellte Teil über die Traumsymbolik und die typischen Träume blieb erratisch in seiner Widersprüchlichkeit im Buch stehen und spiegelte so das in divergierende Positionen aufgespaltene psychoanalytische Kollektiv wider. Die aufgebrochenen Konflikte, die von der Offenheit des Freudschen Textes angeregt worden waren, wurden auch in späteren Fassungen keiner abschließenden Lösung zugeführt. Die Bemühungen der Schweizer, die

---

[184] Die finale Auseinandersetzung, die jedoch auch keinen wirklichen Schluß brachte, wurde von Ernest Jones 1916 in seiner »Theorie der Symbolik« geführt. Der Hauptgegner war hier Silberer, der mit Jung, Maeder und Stekel zu den Repräsentanten der »nach-psychoanalytischen Schule« gerechnet wurde. Vgl. dazu Forrester, *Language*, 122–130.

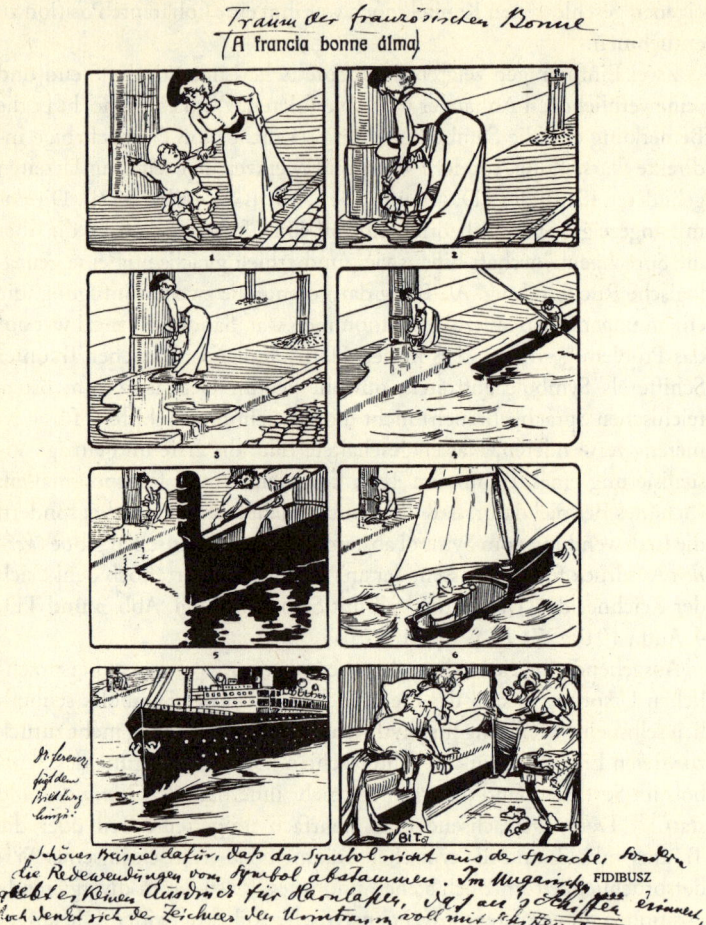

Abb. 3 Der Traum der französischen Bonne
(Freud Collection, *Library of Congress, Washington*)

von Freud auf nackten Erkenntnisgewinn zugeschnittene analytische Situation moralisch zu bemänteln, diejenigen Stekels, eine Traumsprache zu etablieren, deren Deutung jenseits jeder regelhaften Methodik stets auf die ärztliche Intuition verwies, sowie die Silberers um eine erkenntnistheoretische Grundlegung der Symboltheorie legten theoretische und methodische Probleme offen, die die psychoanalytische Traumdeutung weiterhin begleiteten. Hatten die verschiedenen Anhänger Freuds nach mehr oder weniger eiligen und eindeutigen Antworten gesucht, um die ›provisorische‹ Gestalt der *Traumdeutung* wettzumachen, so erhielt ein solches Bemühen um die Schließung des Textes spätestens mit der verstärkten Internationalisierung des psychoanalytischen Kollektivs nach dem Ersten Weltkrieg eine neue Wendung. Für die Zeit der letzten Auflagen blieb weiterhin die Frage bestimmend, in welcher *Form* das Buch seine Leser erreichen sollte, wenn sich auch nun der Akzent verlagerte.

III. Träumende Übersetzer und legitime Interpreten. *Die Traumdeutung* als »historisches Dokument«

> »Ein Traum ist in der Regel unübersetzbar in andere Sprachen und ein Buch wie das vorliegende darum auch.«
> Freud, *Die Traumdeutung* (3. Aufl. 1911, 71)

Als die *Traumdeutung* 1921 ihre sechste Auflage erreichte, war die Zeit ihrer großen Revisionen vorbei und die Interventionen ihrer Leserschaften im Text weitgehend beendet. Die Fortführung der Theorie hatten die Zeitschriften *Imago* und die *Internationale Zeitschrift für Psychoanalyse* als periodisches Unternehmen übernommen, das nicht auf die Geschlossenheit und Schwerfälligkeit des Buches setzen mußte.[185] Freuds Traumbuch hingegen verfestigte sich zu einem Monument, dessen Umgestaltungen allmählich unsichtbar wurden. Einzelne Spuren, die die Zürcher

---

[185] Daß ihm die starre Form des Buches Beschränkungen auferlegte, darauf wies Freud explizit in den 1923 in der *Internationalen Zeitschrift für Psychoanalyse* veröffentlichten »Bemerkungen zur Theorie und Praxis der Traumdeutung« hin. Einleitend heißt es dort: »Der zufällige Umstand, daß die letzten Auflagen der ›Traumdeutung‹ durch Plattendruck hergestellt wurden, veranlaßt mich, nachstehende Bemerkungen selbständig zu machen, die sonst als Abänderungen oder Einschaltungen im Text untergekommen wären.« (GW XIII, 301)

oder Wiener Deutungskollektive hinterlassen hatten, waren bereits seit der vierten Auflage verschwunden oder relativiert worden. Daß die Änderungen, die das Buch durchlaufen hatte, Debatten dokumentierten, die mittlerweile als historisch überholt oder als Sackgassen erfahren wurden, brachte ein Projekt zum Ausdruck, das der Internationale Psychoanalytische Verlag in Angriff nahm, nämlich ein Neuabdruck der Erstauflage. Der 1919 durch Freud gegründete und zunächst von Rank geleitete Verlag sicherte nicht nur die kommerzielle Unabhängigkeit psychoanalytischer Publikationen, hier erschien ein Kanon dessen, was nach den vielen »Abspaltungen« auch für den nicht eingeweihten Leser erkennbar als Freudsche Psychoanalyse gelten konnte. Hatte *Die Traumdeutung* zwanzig Jahre lang die Funktion erfüllt, immer neue Positionen zu den von ihr selbst angeregten Traumtheorien zu beziehen und ihre von Freud betriebene Weiterentwicklung abzubilden, so fiel diese Aufgabe jetzt den Schülern und deren Publikationen zu. Mit der Übertragung dieser Funktionen auf eine bestimmte Gruppe von Autoren, die eine immer reglementierter werdende psychoanalytische Ausbildung durchliefen, erhielt das Buch schließlich den Status eines »historischen Dokumentes« (TD, 8. Aufl., 1930 IX [GW II/III, XIV]), das für die Psychoanalytiker zwar als Gründungstext seinen Wert behielt, doch, mittlerweile von den Fortschritten überholt, aus einer fernen und zugleich ›wilden‹ Zeit stammte.

Auf diese Selbsthistorisierung reagierte der Internationale Psychoanalytische Verlag dadurch, daß er sich rasch um die Lizenzrechte an der *Traumdeutung* bemühte, um sie als Band einer Gesamtausgabe herausbringen zu können. 1925 erschien als Band II und III der von Otto Rank, Anna Freud und A. J. Storfer mitedierten *Gesammelten Schriften* eine Ausgabe der *Traumdeutung*, erstmals wieder in ihrer Fassung von 1899. Angesichts der vielen danach durchgeführten Umarbeitungen, Hinzufügungen und Streichungen entschlossen sich die Herausgeber, den Text der Erstausgabe in einem Band zu veröffentlichen, die Ergänzungen jedoch in einem zweiten. Freud hatte zunächst den Plan im Sinn, das Buch für diese Neuausgabe ganz neu zu bearbeiten und auch die Zusätze zu neuen Kapiteln umzuschreiben: »Dies Buch gedenke ich für die Gesamtausgabe umzuarbeiten. Es soll in einem Band die *erste* Auflage wiederabgedruckt werden, alle späteren Zusätze will ich zu neuen Kapiteln zusammengefaßt als zweiten Teil folgen lassen.«[186] Dieses Konzept, mit dem Freud *Die Traumdeutung* wieder zu seinem eigenen Werk machen wollte, wurde letztlich aber nicht umgesetzt, wohl auch wegen der Disparatheit der verschiedenen Zusätze. War der Text der Erstausgabe einfach zu rekonstruieren, sah sich der Ergänzungsband vor den Schwierigkeiten, die Überarbeitungsstufen eindeutig auszuweisen, was in vielen Fällen nicht gelang, denn sowohl die Kapitelstruktur des Buches hatte sich verändert als auch zahlreiche Textpassagen durch mehrfache Umschreibungen, so daß im Verlauf der einzelnen Auflagen ein und dieselbe Stelle bald als Ergänzung, bald als Streichung zu handhaben war. Angesichts dieser mehrschichtigen Wandlungen wäre wohl die einzige Textform, die ihnen entsprochen hätte, nicht die des Ergänzungsbandes gewesen, sondern die des Palimpsests.

In teures Leder gebunden, verstärkte die geschenkbandartige Rekonstruktion der Erstausgabe den Charakter des historischen Dokuments, das seine Rolle als Methodenbuch der Psychoanalyse zunehmend eingebüßt hatte und, abgetrennt von den vielfachen, aus Auseinandersetzungen mit den Schülern hervorgegangenen Umgestaltungen nun als Zeugnis eines singulären Ereignisses, der Selbstanalyse Freuds, dastand. Die Akzentsetzung auf eine Schließung des Lebenswerkes durch den Autor wurde nicht in Form einer finalen Synthese unternommen, sondern in unverkennbar ›analytischer‹ Weise: Der erheblichste Eingriff in die bisherige Textgestalt war die ersatzlose Streichung der beiden von Otto Rank verfaßten Abschnitte, mit dem es inzwischen zum Bruch gekommen war. Diese blieben mit der nüchternen Begründung Freuds fort, daß ihnen »die Aufnahme in eine Sammlung meiner Schriften natürlich versagt bleiben muß« (GS III, 150).

Warf diese Ausgabe zum ersten Mal das Problem auf, welche Textschichten und Ergänzungen der *Traumdeutung* in ein Gesamtwerk aufzunehmen wären, so bildete die Eingliederung des Buches in Kulturen außerhalb des deutschsprachigen Raumes eine weitere Schwierigkeit, die mittlerweile die editorischen Kanonisierungsversuche durchkreuzte. Wie sollte die Übertragung eines so eng mit seinem Autor, dessen Geschichte und Sprache verknoteten Werkes erfolgen? Als der Internatio-

---

186 Freud an Ferenczi, 13. 9. 1924, Handschriftensammlung, *Österreichische Nationalbibliothek Wien.*

nale Psychoanalytische Verlag gegründet wurde, erhoffte man sich nicht nur eine geregelte Publikationsbasis für die deutschsprachigen Bücher, er sollte auch das Gütesiegel für Übersetzungen in andere Sprachen bereitstellen. Dennoch war die Übersetzung der *Traumdeutung* zu diesem Zeitpunkt nicht die vordringlichste Aufgabe des Unternehmens. Zwar wurde gleich nach dem Krieg eine ungarische Ausgabe als Kooperation zwischen dem Wiener und einem ungarischen Verlag projektiert, doch sie kam nicht zustande. Die kleine Arbeit *Über den Traum* stellte im Vergleich damit geringere Anforderungen an die Übersetzung und ersetzte deshalb in anderen Sprachen für längere Zeit die *Traumdeutung*.[187] Die Ökonomie war allerdings nur ein Teilaspekt einer viel weiterreichenden Frage nach der *prinzipiellen Übersetzbarkeit* des Traumbuchs.

Als die ersten Versuche unternommen wurden, das Buch zu übersetzen, zeigte sich Freud skeptisch, ob eine Eins-zu-eins-Übertragung überhaupt den Zweck erfüllen würde, die Psychoanalyse in anderen Ländern bekannt zu machen. Auf die Anfrage von Samuel Jankélévitch, der sich 1911 als einer der ersten potentiellen Übersetzer an ihn wandte, antwortete er:

»Am wichtigsten wäre gewiß die Übersetzung der (jetzt in dritter Auflage erscheinenden) ›Traumdeutung‹. Dieses Buch, welches auch im Deutschen schwer lesbar ist, erscheint mir wegen seiner Traumtexte völlig unübersetzbar, und wenn eine Übersetzung – ich weiss nicht, wie – zustande käme, würde sie Franzosen wahrscheinlich von jeder weiteren Lektüre abschrecken. Die ›Studien über Hysterie‹ dagegen sind als veraltet zu bezeichnen und geben vom heutigen Stand der Psychoanalyse naturgemäß (1895) eine ungenügende Vorstellung. Mein Vorschlag geht also dahin, anstatt der beiden lieber die ›Psychopathologie des Alltagslebens‹ zu übersetzen, die leicht und amüsant ist. Sie ist bei S. Karger in Berlin 1910 in dritter Auflage erschienen und nur 150 Seiten stark. Wenn Sie beabsichtigen die Psychoanalyse in Frankreich bekannt zu machen, so müßten Sie die Übersetzung zweier kleiner Schriften hinzufügen. ›Über Psychoanalyse‹ eine wichtige Programmschrift, enthaltend fünf in Amerika gehaltene Vorträge (62 Seiten) und die grundlegenden ›Drei Abhandlungen zur Sexualtheorie‹ (2. Aufl. 1910) 86 Seiten stark,

---

187 In der italienischen Reihe des Internationalen Psychoanalytischen Verlags erschien eine Übersetzung von *Über den Traum* 1919, in der polnischen eine von Beata Rank 1923.

beide bei Fr. Deuticke Wien verlegt. Die drei Bücher zusammen erreichen noch nicht den Umfang der ›Traumdeutung‹, gerade den der ›Studien‹. Ich würde die Autorisation ins Französische nur geben, wenn alle
drei Werke gleichzeitig vor das französische Publikum treten könnten.«[188]

Was hier als Programm eines künftigen Lektürekanons vorgestellt
wurde, wies dennoch auf eine grundlegende Spannung hin, die die
Traumdeutung als Methodenbuch durchzog. Ihre Überzeugungskraft in
einer anderen Sprache hing nicht davon ab, ob die Übersetzung genauen
sprachlichen Kriterien standhielt, das Vokabular möglichst nah am Original lag, sondern davon, ob sie als Methode auch an einem aus einem
anderen Sprachkreis stammenden Träumer/Leser funktionierte. So wie
Freud den skeptischen Leser dazu aufforderte, an seinen eigenen Träumen die Wunscherfüllungstheorie zu überprüfen, sollte nunmehr der
Übersetzer auf dieselbe Art vorgehen. Das Festhalten daran, daß die
eigenen Träume nicht übersetzbar seien, nötigt zu einer anderen Art von
Übertragung in eine Fremdsprache. Als Jankélévitch, der nach dieser
Mitteilung vor einer Übersetzung des Traumbuchs zurückschreckte,
1920 einen neuerlichen Anlauf machte, erhielt er von Freud die folgende
Vorgabe: »In beiden [*Der Traumdeutung* und dem *Witz*] hängt soviel
vom Wortlaut ab, dass der Übersetzer selbst ein Analytiker sein und das
von mir gegebene Material durch eigenes, neues aus seiner Erfahrung ersetzen müsste, wie es in verschiedenen Übersetzungen auch geschehen
ist.«[189] Der Autor tritt in dieser Anweisung so weit hinter seiner Methode zurück, daß der Übersetzer, ausgerüstet nur mit einer Methode
ohne direkt übersetzbares Traummaterial, in seiner Sprache entlang der
eigenen Träume das Buch neu zu schreiben hat. Jede Übersetzung des
Buches kam damit einer Neuauflage der Selbstanalyse gleich, in jeder
Sprache sollte es neu geträumt werden.

Diesem Aufruf folgte in gewisser Weise Abraham Arden Brill mit seiner englischen Übersetzung der *Traumdeutung*.[190] Er überarbeitete seine

---

[188] Freud an Jankélévitch, 13. 4. 1911, Freud Collection, *Library of Congress, Washington.*
[189] Freud an Jankélévitch, 28. 6. 1920, Freud Collection, *Library of Congress, Washington.*
[190] Sigmund Freud, *Interpretation of Dreams*, übersetzt von Abraham A. Brill, London
1913. Allgemein zu den frühen Übertragungen ins Englische und deren Rezeption vgl.
Nathan G. Hale, Jr., *Freud and the Americans. The Beginnings of Psychoanalysis in the United
States, 1876–1917*, New York 1971, 250 ff.

1913 veröffentlichte englische Ausgabe dahingehend, daß er an einigen Stellen die angeführten Träume mit eigenem Material illustrierte und dafür im Gegenzug die Beispiele Freuds kürzte oder die anderer wegließ. Zwei Tendenzen folgen Brills Abwandlungen des Originaltextes. Die eine liefert Beweismaterial für die formalen Prozesse der Traumentstellung, die andere versucht eine »Übersetzung« der Traumsymbole. Im Zusammenhang mit der »Traumrede« – die in einem scheinbar sinnvollen Sprechen im Traum besteht – weist Freud auf die Vorteile hin, die der sprachliche Ausdruck »als Knotenpunkt mehrfacher Vorstellungen« (GW II/III, 346) für den Prozeß der Verschiebung bereithält. Als Illustration bringt er eine Liste von Beispielen, die Brill um einen Traum erweitert, den er als den eines Bekannten ausweist: Das Oberhaupt einer New Yorker Familie schließt seine Rede zum neuen Jahr mit dem Satz »None of you a liability«. Sein Schwiegersohn träumt von der Ansprache, doch sieht er neben dem plötzlich stummen Schwiegervater das Wort »Lie-Ability«[191] geschrieben. Sind die erkenntnisbildenden Funktionen der Form wie der Prozeß der Verschiebung von einer Sprache auf eine andere übertragbar, variieren die kulturell geprägten Traumsymbole und nötigen zu einer Neuschöpfung. So stellte Brill fest, daß das Symbol »König« lediglich ein Element des deutschen Traums sein kann und im amerikanischen durch den »Präsidenten«[192] ersetzt werden müsse. Die universalsprachliche »Übersetzungsanweisung«, der die Symbolik Vorschub leistete, war nicht nur theorieimmanent problematisch geworden, sondern erfuhr mit diesen Übersetzungsprojekten eine zusätzliche kulturelle und in diesem Fall auch politische Beschränkung.

Brills Vorgehensweise, die sich an Freuds Auffassung einer möglichen Übersetzung der *Traumdeutung* orientierte, mochte zwar die Überzeugungskraft des Buches für eine allgemeine Leserschaft steigern, doch wurde sie bald zum Angelpunkt einer fachwissenschaftlichen Kritik, die eine philologisch korrekte Version einforderte. Die enge Verbindung zwischen einem träumenden Autor und einer Theorie des Traumes wird in der Übersetzung abgelöst von einem träumenden Übersetzer, dessen Träume zwar die Beweisführung im Freudschen Sinne jenseits der

---

191 Sigmund Freud, *Interpretation of Dreams*, translated by Abraham A. Brill, 3rd revised edition, London, New York 1932, 383.
192 Ebd., 336.

Sprachgrenze weitertreiben, doch der sich dafür in die Position der Autorschaft begeben muß. Dieser geforderte Rollentausch, durch den Freud als Autor in den Hintergrund tritt, wird zum unsicheren Fundament für eine sich ausbreitende Institution, die sich auf *Die Traumdeutung* als ihren Gründungstext beruft. Zu ihren Bedingungen zählte zunächst die Annahme, daß in allen Sprachen gleich geträumt und gedeutet werden sollte. So lassen sich auch die Bemühungen von Ernest Jones, eine standardisierte englische Übersetzung, die ohne die Träume einzelner Übersetzer und deren Bekannter auskommt, unter seiner persönlichen Leitung anzulegen, als Versuch begreifen, einen handhabbaren, nach bestimmten Kriterien regulierten Text zu produzieren. Zu den Regeln zählte die Forderung, Freud nach den Ansprüchen einer sich auf ihn berufenden Institution als alleinigen Autor zu restituieren und Autor und Werk wieder zu vereinigen. Diese Wiedereinsetzung Freuds durch Jones korrespondierte mit der vereinheitlichenden Rolle, die sich Jones als Vertreter der Psychoanalyse für England und Amerika gab.

Als philologische Genauigkeit verstandene Freud-Nähe ging einher mit einer wissenschaftspolitischen Strategie, die über das künftige Schicksal der Lektüren der *Traumdeutung* nicht nur in englischer Sprache entschied. Obwohl Freud weiterhin die Linie vertrat, die Engländer und Amerikaner sollten eigene Arbeiten verfassen und sich nicht mit Übersetzungsproblemen aufhalten, erkannte Jones die Chance, die sich für den autorisierten Interpreten ergab.[193] Was sich bei Freud als ein Problem der Methode darstellt, wird bei Jones zu einem der Orthodoxie. In einer 1911 in die *Traumdeutung* eingefügten Fußnote sprach Freud dem Traum als solchem eine prinzipielle Unübersetzbarkeit in eine andere Sprache zu. Der Übersetzung eines Traums in der Analyse entspricht ein Prozeß, der sich ebenfalls keiner direkten Mittel bedienen kann: »Übrigens hängt der Traum so innig am sprachlichen Ausdruck, daß Ferenczi mit Recht bemerken kann, jede Sprache habe ihre eigene Traumsprache.

[193] Welche standardisierende Funktion Jones und sein mit Strachey realisiertes Übersetzungsprojekt fast weltweit erhielten, hat Riccardo Steiner untersucht (»A World Wide International Trade Mark of Genuineness‹. Some observations on the history of the English translation of the work of Sigmund Freud, focusing mainly on his technical terms«, in: *International Review of Psycho-Analysis* 14 (1987), 33–102; ders.,›To explain our point of view to English readers in English words«, in: *International Review of Psycho-Analysis* 18 (1991), 351–392). Vgl. zu den englischen Übersetzungen auch Darius Gray Ornston (Hg.), *Translating Freud*, New Haven, London 1992.

Ein Traum ist in der Regel unübersetzbar in andere Sprachen und ein Buch wie das vorliegende darum auch.« (TD, 3. Aufl., 1911, 71) Brills englische Ausgabe brachte Freud jedoch dazu, diese Annahme einzuschränken, und so änderte er die Bemerkung 1930 dahingehend ab: »Nichtsdestoweniger ist es zuerst Dr. A. A. Brill in New York, dann auch anderen nach ihm, gelungen, Übersetzungen der ›Traumdeutung‹ zu schaffen.« (TD, 8. Aufl., 1930, 69 [GW II/III, 104])

Jones konnte sich damit auf die bereits demonstrierte Übersetzbarkeit stützen und wandte seine Aufmerksamkeit den Auswirkungen zu, die diese Übertragung in andere Zusammenhänge ausgelöst hatte. Eine Regulation der Terminologie und damit auch der Interpretation sollte diese Auswirkungen eindämmen. Begonnen wurde dieses Projekt 1920 von Jones mit der Gründung des *International Journal of Psycho-Analysis* in Wien, das nicht nur Sprachbarrieren überwinden sollte, sondern auch die begriffliche Prägung für den anglo-amerikanischen Raum vornahm. Zur Zeitschrift trat später die Herausgabe einer englischen Reihe und der *Standard Edition* hinzu, die aus editorischer Perspektive »zuverlässiger als jede deutsche Ausgabe«[194] werden sollte.

Die Engführung war für Jones insofern notwendig geworden, als viele aus der Freudschen *Traumdeutung* hervorgegangene Begriffe inzwischen in England und den USA je nach Interpreten eine ganz andere Bedeutung angenommen hatten. Eine wachsende Zahl von Lesern war entstanden, die Freud nach ihren Bedürfnissen auslegten und seine Begriffe, wie Jones beklagte, ihrer »wesentlichen Bedeutung (*intrinsic meaning*) beraubten«.[195] Während Versuche unternommen wurden, die Eigentumsverhältnisse an Begriffen zu kodifizieren, und Jones mit der englischen Ausgabe zumindest einen gewissen editorischen Erfolg verbuchen konnte, entstand eine Vielzahl von Übersetzungen in andere Sprachen, die Koordinaten für die unterschiedlichsten Rezeptionskontexte lieferten und sich den Zentralisierungsbemühungen entzogen. Spätestens mit der achten Auflage der *Traumdeutung* lagen an offiziellen Übersetzungen neben der englischen eine französische, eine schwedische und eine spanische vor. Unter dem Eindruck dieser Übertragungen und der neu entstehenden Deutungskulturen, auf die sie verweisen, läßt sich

[194] Jones, *Leben und Werk von Sigmund Freud*, Bd. 3, 53.
[195] Ders., »Editorial«, in: *The International Journal of Psycho-Analysis* 1 (1920), 4.

Freuds Einschätzung des Buches als bloßem »historischen Dokument« einer historisierenden Selbstdarstellung zuschreiben. Die immer zahlreicher werdenden Leser und Interpreten jedoch, die die hier aufgeworfenen Fragen nicht zu den Akten legen wollten, widersprachen dieser Einschätzung des Autors.

Alexandre Métraux
Räume der Traumforschung vor und nach Freud

> »[...] wer auf den richtigen Genuß der Psychoanalyse
> gekommen ist, der hat es nicht so eilig.«
> Robert Musil, *Nachlaß zu Lebzeiten*

I. Einleitung

Wer heute Sigmund Freuds *Traumdeutung* in der Originalsprache lesen
will, kann zwischen verschiedenen Fassungen wählen. Fällt die Wahl auf
den im Buchhandel angebotenen Nachdruck der achten Auflage, setzt
sich der Lesestoff wie eine Collage aus Textpartien verschiedener Schreib-
epochen zusammen. So wird die späteste, 1929 angefertigte Lesart der
Traumdeutung rezipiert, als handle es sich um den ursprünglichen *con-
trat social* der Psychoanalyse, den Freud an der Wende zum 20. Jahrhundert mit der Öffentlichkeit geschlossen hat, um den Traum als
Vertreter des modernen, kulturhistorisch prägenden Unbewußten einzubürgern.

Wer sich nur für den psychoanalytischen Lehrgehalt der *Traumdeutung* in der Ausgabe letzter Hand erwärmen kann, mag es so halten wie
bisher und die (harmlose) Aufhebung der geschichtlichen Zeit, auf deren
Phasen die nach und nach gefestigten Erkenntnisse Freuds verteilt sind,
einfach ignorieren. Wer dagegen nicht (nur) Lehrsätze der Psychoanalyse, sondern die Strategien kennenlernen will, mit denen Freud das
Unbewußte historisch sagbar und so als störrischen Referenten eines bestimmten Sprachspiels konstituiert hat, ist gut beraten, die Aufmerksamkeit eine Zeitlang auf die Erstausgabe der *Traumdeutung* zu richten.

In diesem Text entwickle ich keine Argumente zum Thema der Wahr-
heitsfähigkeit psychoanalytischer Theoreme. Vielmehr strebe ich eine
historiographische (Teil-)Darstellung dessen an, was ich schlagwortartig als
epistemische Vergegenständlichung der Träume bezeichne. Ob Freud,
die Freudianer der ersten Generation, die Vertreter dieser oder jener
späteren Richtung, ob Anti-Freudianer wie Sir Karl Popper und seine
eilfertigen Nachahmer, oder Traumforscher in den Laboratorien der Experimentalphysiologie fundierte Erkenntnisse sei es über Traumphänomene, -funktionen und -mechanismen, sei es über die Güte oder die

Verwerflichkeit psychoanalytischer Traumdeutungsmethoden vorgebracht haben, ist in diesem Artikel nicht von Belang. Zur Darstellung zugelassen werden lediglich (a) einige Traumauffassungen vor und nach der Erstveröffentlichung der *Traumdeutung* und (b) die Ressourcen, mit denen Freud sein Traumobjekt *in der ersten Lesart* der *Traumdeutung* sprachlich beglaubigt und in die Arena öffentlicher Auseinandersetzungen eingeführt hat.

Zur Einstimmung in die Thematik und zur Präzisierung meines Schreibziels beginne ich mit einigen Überlegungen zur »Vorbemerkung« der *Traumdeutung*. Danach betrachte ich wenige typische Repräsentanten der Traumforschung vor 1900, um auf diese Weise die Abgrenzungen, die Freud zu diesem Forschungsfeld artikuliert hat, begreifbar zu machen. Es folgt die Untersuchung von Ressourcen, die Freud im Prozeß der Traumobjektivierung verwendet hat. Schließlich soll der Kontrast zwischen den Strategien Freuds und den in der *experimentellen* psychoanalytischen Traumforschung nach 1900 eingeschlagenen Strategien herausgearbeitet werden.

Die von Freud in der *Traumdeutung* teils extensiv beschriebenen, teils *en passant* mit einem Federzeig genannten Objektivierungsstrategien werden eingesetzt, um die *neue* Lesbarkeit der Träume gegen andere, traditionelle Auslegungsverfahren zu behaupten. Die Freudsche *Lesbarmachung* des Traumlebens fächert sich aber auf und vergegenständlicht im Grunde (mindestens) drei Facetten des Traums:

(a) Die erste Facette betrifft den Traum als *Medium*, in dem sich die Nachtseite des psychischen Apparates in barocker, allegorischer, irrer, ängstigender, lüsterner usw. Anwandlung manifestiert. Lesbar sind die Träume *in dieser Hinsicht* erst, wenn sie nicht als autonome Pseudotexte, sondern als inszenierte Symptomschauspiele begriffen werden, die auf die psychische Vorgeschichte anspielen und deshalb klinisch (mit medizinischer Handwerklichkeit, durch den bekannten ärztlichen Blick, unter Beachtung ganzer Zeichenensembles, durch Mobilisierung nosographischer und nosologischer Kategorien, durch Rückschlüsse aus therapeutischen Interventionen usw.) decodiert werden müssen.

(b) Die zweite Facette betrifft die an der Traumarbeit, d. h. an dem Vorgang des Träumens, beteiligten *Mechanismen*, deren Existenz, Wirkungsweise, Funktion und Aufbau traumpsychologisch definierbar sind.

(c) Die dritte Facette betrifft die *Traumsymbolik* – gleichsam das intersubjektiv verfügbare Protoalphabet, dessen sich die Traumgedanken in ihrem Drang nach Manifestation und in ihrem Konflikt mit der Zensurbehörde des Bewußtseins bedienen. Dieser Traumsymbolik wird in der ersten Auflage der *Traumdeutung* noch eine marginale Position zugewiesen; in späteren Auflagen erhält diese Facette dagegen bei der Lesbarmachung der Träume ein Höchstmaß an Aufmerksamkeit.[1]

Freuds Traumauffassung – oder sollte man vielleicht an dieser Stelle schon den Plural verwenden und von Traumauffassungen sprechen? – markiert in der Traumforschung, wie man sehen wird, einen geschichtlichen Einschnitt. Zugleich präsentiert sie sich als Keimzelle für *divergierende* Weiterentwicklungen. Obwohl das *opus* von 1899/1900 die Träume revolutionär umwertet und umdeutet, erzeugt es keine in sich geschlossene, mit sich versöhnte Lehre, sondern einen Theoriebauplan, der in der Geschichte der Psychoanalyse auf verschiedene Weise gelesen und ausgeführt worden ist.

II. Die »Vorbemerkung« der *Traumdeutung*

Die »Vorbemerkung« der *Traumdeutung* nimmt sich als ein derart unscheinbarer Textteil aus, daß er in der Rezeptionsgeschichte kaum einen Kommentar hervorgerufen hat.[2] Was soll denn schon viel Aufhebens von einem Vorspann gemacht werden, in dem eigentlich nicht um die Sache – die Träume als Stellvertreter des Unbewußten – gerungen und noch viel weniger die Psychoanalyse begründet, sondern fast zaghaft eine Positionsbestimmung formuliert wird?

Doch statt die »Vorbemerkung« rasch zu erledigen, achte man beim Lesen der Anfangswörter auf die Feinheiten des Duktus:

»Indem ich hier die Darstellung der Traumdeutung versuche, glaube ich den Umkreis neuropathologischer Interessen nicht überschritten zu haben.« (EA, o. S. [GW II/III, VII])

---

[1] Vgl. hierzu S. 70–117 des Aufsatzes von Lydia Marinelli und Andreas Mayer in diesem Band.

[2] Eine der seltenen, die Regel bestätigenden Ausnahmen ist Pierre-Henri Castel, *Introduction à ›L'interprétation du rêve‹ de Freud*, Paris 1998.

Bescheiden kündigt Freud keine neue Traumdeutung, sondern den *Versuch* einer Darstellung der Traumdeutung an. Die Dimensionen des Buches lassen zwar anderes – nämlich ein gewichtiges Lehrbuch – vermuten, doch vorerst fällt einem kein Einwand gegen diese Bescheidenheitserklärung ein, gleichgültig, ob man die erklärte Bescheidenheit auf die Usancen der gelehrten Schriftstellerei zurückführt oder sie dem Schriftsteller Freud vorbehaltlos zugesteht.

Im gleichen Satz behauptet Freud, den Umkreis neuropathologischer Interessen nicht übertreten zu haben. Den Lesenden wird auf diese Weise signalisiert, daß die durch Beruf und akademische Lehrbefugnis gesetzten Grenzen nicht verletzt würden.[3] Die Beschäftigung mit Träumen und Traumtheorien, möchte man nun annehmen, leitet sich weder aus philosophischem Erstauntsein (dem Motor der griechischen *philosophia*) noch aus dem Reformeifer eines Nervenarztes ab, der die akademische Psychologie unbedingt revolutionieren oder der Anthropologie zu neuem Schwung verhelfen will.

Doch der zweite Satzteil drückt eine Meinung aus: Freud ist überzeugt, den Umkreis neuropathologischer Interessen nicht übertreten zu haben. Indes, wer sich in den letzten Jahren des 19. Jahrhunderts in den Bibliotheken nach Zeugnissen der Traumforschung umsieht, stellt fest, daß diese Zeugnisse aus der Philosophie, der Psychologie, der Heilkunde, der biomedizinischen Grundlagenforschung, der Altphilologie usw. stammen. Deshalb ist nicht auszuschließen, daß Freud ohne Hinterlist den Umkreis der Neuropathologie nach seiner Hausgebrauchdefinition bestimmt, wenn er aus beruflichen Gründen eine neue Auffassung des Traums erarbeitet. Er ahnt, daß er Neuland in Besitz nimmt. Das hieße dann aber, daß er, inzwischen durch eigene Erfahrungen mündig geworden, autonom bestimmt, an welcher Richtschnur er sich in der Traumproblematik orientiert.

Mit dem ersten Satz der »Vorbemerkung« hat sich ein Rätsel über den Ort der *Traumdeutung* aufgetan. Die weiteren Ausführungen dieses Textteils lösen das Rätsel jedoch nicht auf. Man erfährt zwar, daß sich »der

---

3 Freud schrieb am 21. Januar 1885 das *Habilitationsgesuch*, das *Curriculum vitae* und den *Lehrplan* (in: GW Nachtragsband, 45–48). Nachdem das »löbliche Professoren-Kollegium« der Medizinischen Fakultät der Universität Wien ihm die *venia legendi* (Lehrbefugnis) für Neuropathologie verliehen hatte, wurde die Ernennung zum Privatdozenten am 11. September jenes Jahres vom Ministerium bestätigt.

Traum [...] bei der psychologischen Prüfung als das erste Glied in der Reihe abnormer psychischer Gebilde« erweise, »von deren weiteren Gliedern die hysterische Phobie, die Zwangs- und Wahnvorstellung den Arzt aus praktischen Gründen beschäftigen müssen« (ebd.). So besehen, gehört der Traum zu der Menge der Objekte, mit denen sich die Psychologie zu beschäftigen hat. Da der Traum jedoch den *abnormen* psychischen Gebilden zuzurechnen ist, gerät die Psychologie zu einem Annex oder zu einer Hilfswissenschaft der Psychopathologie, und dies, obwohl er – und darin *unterscheidet* er sich wiederum von den übrigen Krankheitserscheinungen – auf »eine praktische Bedeutung [...] Anspruch nicht erheben« könne. Dafür sei »aber sein theoretischer Werth als Paradigma« um so größer, und wer »sich die Entstehung der Traumbilder nicht zu erklären« wisse, werde »sich auch um das Verständnis der Phobien, Zwangs- und Wahnideen, eventuell um deren therapeutische Beeinflussung, vergeblich bemühen« (ebd.).

Nun ist die praktische Medizin, und mit ihr die ganze Neuropathologie, in den Hintergrund gedrängt – zugunsten einer psychologischen Betrachtung, die, weil sie einen Gegenstand von höchstem theoretischen Wert untersucht, den medizinischen Umgang mit Phobien, Zwangsvorstellungen, Wahnideen und verwandten Krankheitsbildern endlich auf ein sicheres Fundament stellt.

Die Objektivierung der Träume als Stellvertreter des Unbewußten beginnt also an einem Ort, an dem »Bruchflächen« (ebd.) dominieren: einerseits die Bruchfläche zwischen Theorie und Praxis, andererseits die Bruchfläche zwischen der Neuropathologie, der Psychopathologie und der Psychologie. Nur wäre man schlecht beraten, würde man beim Anblick einer derart verworfenen Diskurstopologie plötzlich aus dem stolzen Rückblick über einhundert Jahre Psychoanalyse entscheiden, wie Freud, von wo aus und mit welchem Kompaß er sich an der Darstellung der Traumdeutung versucht hat. Die Frage, wie Freud einen Kompaß verwendet hat, obliegt der historischen Rekonstruktion.

III. Eklektische Traumforschung im ausgehenden 19. Jahrhundert

Das gedehnte erste Kapitel der *Traumdeutung* enthält eine kritisch ge-
stimmte Übersicht über die Traumauffassungen, die Freud während des
Studienaufenthalts an der Salpêtrière in Paris, der Hochburg der eu-
ropäischen Hypnoseforschung[4], im Gespräch mit Kollegen (etwa mit
Josef Breuer), auf den mit Wilhelm Fließ durchgeführten Kongressen
à deux[5] und/oder durch das Literaturstudium kennengelernt hat. Jeder,
der sich in dieser Zeit unvoreingenommen auch nur mit einigen dieser
Auffassungen entfernt vertraut macht, muß deren Heterogenität bald bemerkt haben. Die damals entstandenen Veröffentlichungen betreffen so
disparate Dinge wie die Absurdität oder die Kohärenz, die Quellen und
die Ursachen, den zerebralen Ort, die Häufigkeit, die Dauer, die Erin-
nerbarkeit und die physiologische Funktion der Träume.

Freud hat in der *Traumdeutung* nicht nur weit ausgeholt; er hat auch
Fäden aus verschiedenen Forschungsbereichen miteinander verknüpft,
theoretische Widersprüche aufgedeckt und dabei einen der umfassend-
sten Überblicke über die Traumforschung bis zum *fin de siècle* verfaßt,
was die Wissenschaftshistoriographie nicht ignorieren dürfte, wenn sie
sich über die Schlaf-, Traum- und Hypnoseproblematik unter diachro-
nen Vorzeichen vernehmen läßt.

---

[4] Der Fachterminus ›Hypnose‹ leitet sich vom griechischen Wort ὕπνος (hýpnos) in der
Bedeutung von Schlaf, Schlummer ab; der Ausdruck ἐν ὕπνῳ (en hýpno) besagt soviel wie
›im Schlaf‹, aber auch ›im Traum‹. Die Hypnose hat nicht nur sprachgeschichtlich, sondern
auch theoretisch einiges mit den Schlaf- und Traumprozessen zu tun, so daß die Erwähnung von Freuds Lehrmonaten (November 1885 bis Februar 1886) an der Klinik Jean-
Martin Charcots als einer der verschiedenen Quellen seiner Kenntnisse der Träume durchaus gerechtfertigt ist. So weisen Alfred Binet und Charles Féré – beide sind damals getreue
Anhänger Charcots – in einer vermutlich im Dezember 1886 abgeschlossenen Monographie im Anschluß an den Traumforscher Alfred Maury darauf hin, daß »die psychischen
Phänomene der Hypnose nur dann begriffen werden können, wenn man sie mit den Träu-
men des natürlichen Schlafs vergleicht. Die bei den Hypnotisierten durch Suggestion zur
Entwicklung gebrachten Effekte sind nichts anderes als ein durch Assistenten [d. h. durch
Helfer, die bei der Produktion experimenteller Träume anwesend sind] hervorgerufener und
gelenkter Traum.« (Alfred Binet/Charles Féré, *Le magnétisme animal*, Paris 1908, 126 f.)
Zum gleichen Thema vgl. auch Charles Féré, »Note sur un cas de paraplégie hystérique
consécutive à un rêve«, in: *Comptes rendus de la Société de Biologie*, Nr. 41, November 1886.
[5] In Freuds Brief an Fließ vom 18. Mai 1898 (FF, 343) heißt es: »Wenn Du willst, gehen
wir beide nach Graz, zur Kongreßstadt recht geeignet.«

Ein Fresko der im 19. Jahrhundert betriebenen Traumforschung kann hier nicht gemalt werden. Deshalb werden ausgesuchte Beispiele vorgestellt, auf die Freud in seinem *opus* zumeist selbst verweist. Es zeigt sich bei der Betrachtung dieser Beispiele, daß Freuds frühe psychoanalytische Auffassung sowohl von grellen Kontrasten zur damaligen Traumforschung wie auch von Anknüpfungen an diese lebt.[6]

Als Paradigma aus dem Umfeld der neuen, universitär verankerten Experimentalpsychologie figuriert Wilhelm Wundts Traumkonzeption von 1880. Zu Papier gebracht wird diese Konzeption in Leipzig, wo Wundt, Inhaber eines philosophischen Lehrstuhls, das Psychologische Laboratorium leitet, eine der modernsten Forschungsinstitutionen des Faches und zugleich Vorbild für die Gründung anderer Psycholabors in Europa, Nordamerika und Asien.[7]

Das zweite Beispiel führt uns in ein vergessenes Laboratorium in Lyon, wo Doktor Laupts, der sich besonders mit Belangen der medizinischen Diagnostik befaßt, eine Traumsammlung nicht bekannten, doch ansehnlichen Umfangs angelegt, in seinen Fundstücken seltene Ausnahmeerscheinungen bemerkt und diese zum Thema einer für neurologisch und psychologisch interessierte Ärzte bestimmten Untersuchung gemacht hat.

Als drittes Beispiel wird eine zuerst in einer halböffentlichen Versammlung der Akademie der Wissenschaften zu Paris verlesene, danach in den Sitzungsberichten dieser Institution veröffentlichte Untersuchung über das Träumen im Tiefschlaf und die Mechanismen der unbewußten Hirntätigkeit besprochen. Charakteristisch für dieses Beispiel ist der Umstand, daß sich das primäre Zielpublikum aus Koryphäen verschiedener Disziplinen (Mathematik, Physik, Chemie, Geologie, Zoo-

---

[6] Die Wahl der Beispiele berücksichtigt die Gesichtspunkte: Fachrichtung (Medizin, Psychologie usw.), primäres Zielpublikum (Akademiemitglieder, allgemeinmedizinisches Publikum usw.), Objektivierungsstrategie (klinische Datensammlung oder Rezeption ausgewählter Literatur oder Einzelfallanalyse usw.), Lokalität (ist die Arbeit in einem Labor, in der Studierstube eines Gelehrten, in einer medizinischen Klinik entstanden?).

[7] Vgl. Alexandre Métraux, »Wilhelm Wundt und die Institutionalisierung der Psychologie«, in: *Psychologische Rundschau* 31 (1980), 84–94; zur Rekonstruktion der Sicht eines Zeitzeugen, vgl. ders., »Die zeitgenössische Würdigung des Wundtschen Instituts durch den französischen Soziologen Durkheim«, in: Wolfram Meischner/Anneros Metge (Hg.), *Wilhelm Wundt – progressives Erbe, Wissenschaftsentwicklung und Gegenwart*, Leipzig 1980, 244–255.

logie, Physiologie usw.) zusammensetzt, die von der Traumforschung vermutlich wenig Ahnung haben, vom Wert methodischer Strenge für den Fortschritt der Wissenschaften, unabhängig vom Untersuchungsobjekt, aber überzeugt sind.

1. Wilhelm Wundts Auffassung des Traums und die Zerebralisierung des Schlafs

In der zweiten, 1880 erschienenen Auflage der *Grundzüge der physiologischen Psychologie* von Wilhelm Wundt (1832–1880)[8] werden Schlaf und Traum in unmittelbare Nachbarschaft der Halluzinationen, der hypnotischen Zustände und der geistigen Dysfunktionen unter den Generalnenner der »Störungen des Bewußtseins«[9] gebracht. Dem damaligen Leiter des Psychologischen Laboratoriums der Universität Leipzig sind das Zustandekommen des Schlafs und das Traumgeschehen *psychologisch* so weit klar, daß er darüber einige Lehrsätze aufzustellen vermag. *Physiologisch* sind ihm (freilich nicht ihm allein!) die Schlaf- und Traumphänomene dagegen ziemlich schleierhaft, so daß er in dieser Hinsicht vor Festlegungen zurückschreckt.

Sehr allgemein bestimmt Wundt den Schlaf als »periodischen Lebensvorgang«[10], der bei Erschöpfung des Nervensystems eintritt und »durch die stattfindende Muskelruhe und die verminderte Wärmebildung die erforderliche Ansammlung neuer Spannkräfte«[11] fördert. Unter Hinweis auf Eduard Wilhelm Friedrich Pflügers Auffassung, nach der die Abnahme von Sauerstoff die »Erregbarkeit der Nervenelemente« herabsetzt und »die Verbrennung [sc. von Sauerstoff] zu Kohlensäure ein völliges Erlöschen derselben herbeiführt«, setzt Wundt den Schlaf mit der Herabsetzung der intramolekularen Wärmeschwingungen gleich. Doch anders als sein physiologischer Gewährsmann, der das ganze Nervensystem, ja den Gesamtorganismus theoretisch in den Schlaf hat ver-

---

[8] Bei der Vorbereitung von Kapitel I der *Traumdeutung* hat Freud (höchstwahrscheinlich) nur diese Ausgabe verwendet.
[9] Vgl. Wilhelm Wundt, *Grundzüge der physiologischen Psychologie*, Bd. 2, Leipzig 1880, 359–371.
[10] Ebd., 359.
[11] Ebd., 360.

sinken lassen, meint der jüngere Gelehrte, daß dieser Zustand »von einem bestimmten Centralgebiet«[12] des Gehirns ausgeht. Das eröffnet ihm die Möglichkeit zur Unterscheidung zwischen primären und sekundären Erscheinungen des Schlummers. Während Pflüger also Schlafen und Wachen auf die Wärme als das Kardinalprinzip des Lebenskreislaufs zurückgeführt hat, erfolgt mit Wundt eine Zerebralisierung insofern, als die *Schlafsteuerung* in ein kortikales Funktionszentrum verlegt wird. So geht denn »der Schlaf von einem bestimmten Centralgebiet« aus, verbreitet sich über die übrigen Teile des Zentralnervensystems in Gestalt einer Kette von »Hemmungswirkungen«[13] und bringt Träume als eine seiner sekundären Erscheinungen hervor.

Die schlafbedingten Hemmungswirkungen sind nun Ursache dafür, daß »äussere Reize von mässiger Stärke nicht mehr percipirt und namentlich nicht appercipirt werden können, und dass die Reproductionen wahrscheinlich ebenfalls allmälig verschwinden«.[14] Der Schlaf errichtet also Barrieren (Hemmungen) gegen die normalen, von den Sinnesrezeptoren zu den zentralen Anteilen des Gehirns bestehenden Erregungsströme. Verliert der Schlaf an Intensität, vermindert sich die Widerstandskraft dieser Barrieren. Kein Wunder, daß sich dann die Büchse der Pandora öffnet und dem nicht mehr ganz bewußtlosen Hirn irrwitzige Bilder zu sehen gibt. Gegenüber dem hellwachen Bewußtsein ist das Traumbewußtsein aber »in doppelter Beziehung ein verändertes: erstens besitzen die reproducirten Vorstellungen einen halluzinatorischen Charakter, wesshalb auch die Assimilation äusserer Sinneseindrücke in der Regel nicht normale Sinneswahrnehmungen sondern Illusionen verursacht, und zweitens ist die Apperception eine veränderte, so dass die Beurtheilung der Erlebnisse des Bewusstseins wesentlich alterirt erscheint«.[15]

In der psychologischen Analyse des träumerischen Scheins legt Wundt den Akzent auf die Korrelationen zwischen den als Traumquellen fungierenden Reizungen und den zu bemerkenden Phantasmen. Unbequeme Körperlage und die dabei entstehenden körpereigenen Empfindungen verketten sich »mit der Vorstellung einer mühseligen Arbeit,

[12] Ebd., 370.
[13] Ebd., 361.
[14] Ebd., 369.
[15] Ebd., 362.

eines Ringkampfes, einer gefährlichen Bergbesteigung u. dgl. [...]«;
Atemnot bewirkt Alpträume, in denen Ungeheuer auftreten; das »unwillkürliche Ausstrecken des Fusses« steigert sich im Traum »zum Fall
von der schwindelnden Höhe eines Thurmes«; Phosphene, d. h. die
Selbstreizungen der Sehnervendigungen in der Netzhaut – von Wundt
als »subjective Netzhautreizungen« bezeichnet –, verzaubern sich zu
Raupen, Schmetterlingen, Käfern, Fischen, Vögeln, Blumen: »[...] der
Lichtstaub des dunklen Gesichtsfeldes [hat] phantastische Gestalt angenommen, und die zahlreichen Lichtpunkte, aus denen derselbe besteht,
werden von dem Traum zu ebenso vielen Einzelbildern verkörpert, die
wegen der Beweglichkeit des Lichtchaos als *bewegte* Gegenstände ange-
schaut werden.«[16] Langeweile käme auf, würden hier alle in den *Grund-*
zügen erwähnten Korrelationen namhaft gemacht werden, die zwischen
subjektiven Sinneserregungen und/oder »Leibreizen« – als welche die
von Muskelsinn und Organzuständen ausgehenden Erregungen von
Freud in der *Traumdeutung* bezeichnet werden (EA, 22 [GW II/III, 23])
– auf der einen, und bildhaften Wucherungen im Traum auf der anderen Seite bestehen. So sei lediglich angemerkt, daß Traumvorstellungen
mit anderen Vorstellungen Assoziationen eingehen (können), »die aus-
schliesslich in der Reproduction ihre Quelle finden«. Anders gesagt, die
phantasmatisch verarbeiteten Reizungen wachsen über sich zu Vorstel-
lungsbildern hinaus und suchen mit jüngeren oder jüngsten Erinnerungen Verbindung: irgendwelche »Erlebnisse der verflossenen Tage, namentlich solche, die einen tieferen Eindruck auf uns hervorgebracht
haben oder mit einem Affect verbunden gewesen sind, bilden die ge-
wöhnlichsten Bestandteile unserer Träume«.[17]

Für Wundt ist der Traum eine ausgemachte Sache. Da das Subjekt im
Schlaf die »zureichende Herrschaft«[18] über seine Vorstellungen und
Empfindungen nicht mehr ausübt, vertut sich das für den kritischen Verkehr mit der dinglichen und sozialen Umwelt zuständige Apperzeptionszentrum und halluziniert. Aber das Subjekt ist ohne Erholung
untüchtig. So erweist sich das *Schlafen* als ein notwendiges *Erholungs-*
zwischenspiel, das *Träumen* dagegen als eine *Kränkung* des Verstandes-
subjektes.

[16] Ebd., 363.
[17] Ebd., 365.
[18] Ebd., 369.

In den schlafphysiologischen Ausführungen knüpft Wundt an den Normaldiskurs der biomedizinischen Wissenschaften seiner Zeit an. Er steuert einige Informationen über die Untersuchungsmethoden bei – so auch über das von dem niederländischen Physiologen und Ophthalmologen Frans Cornelis Donders entwickelte Verfahren zur *in-vivo*-Beobachtung der »während des Schlafes eintretenden Veränderungen der Bluthbewegungen im Gehirn« mittels einer Trepanöffnung[19], die »durch ein festgekittetes Glasplättchen« verschlossen wird und den Blick auf die Hirnoberfläche freigibt.[20] Was dagegen die psychologischen Untersuchungsmethoden angeht, ist Wundt nachgerade verschwiegen. Die Frage, ob er Probanden beim Schlafen beobachtet und sie über ihre Träume befragt hat, bleibt ebenso ohne Antwort wie die ganz andere Frage, welche Theorien, Ideen, Annahmen, Modelle ihm bei seinen traumtheoretischen Gehversuchen geholfen haben. Doch eines steht fest: Die Hypothese, daß das Apperzeptionszentrum im Traum aus nervösen Signalen Phantasmen bastelt, geht mindestens bis auf die Aufklärungszeit zurück, obgleich sie damals mit einem anderen Vokabular formuliert wurde.[21]

Wie eilig Traumphänomene psychologisch abgefertigt werden können, illustriert der einzige in den *Grundzügen* berichtete und interpretierte Traum:

»[...] Vor dem Hause stellt sich, so träumte mir, ein Leichenzug auf, an welchem ich Theil nehmen soll: es ist das Begräbniss eines vor länger Zeit verstorbenen Freundes. Die Frau des Verstorbenen fordert mich und einen andern Bekannten auf, uns auf dem jenseitigen Theil

---

19 Unter ›Trepanöffnung‹ versteht man eine durch einen Bohrer (Trepan) herbeigeführte Eröffnung der Schädelhöhle.

20 Wundt, *Grundzüge*, 362, Anm. 1.

21 Albert Lemoine, dessen Buch *Du sommeil au point de vue physiologique et psychologique*, Paris 1855, Freud nicht gänzlich unbekannt war, verweist auf die Auffassung von Samuel Formey, die dieser in einer Denkschrift von 1746 zum Ausdruck gebracht hat: Sobald sich der Schlaf der menschlichen Maschinerie bemächtige, würden alle Vorstellungen wirr. Nebst den bei Lemoine zitierten Stellen sei auch verwiesen auf Formey, *Mélanges philosophiques*, Leyden 1754, Bd. I, 164. Außer Lemoine, ebd. 91, haben im 19. Jahrhundert so verschiedene Autoren wie Macario, Maury, Simon, Tissié die Auffassung des Traums als einer Störung der normalen Apperzeptionstätigkeit vertreten. Zum gleichen Thema vgl. den doxographischen Überblick von Raymond de Saussure, »La psychologie du rêve dans la tradition française«, in: René Laforgue (Hg.), *Le rêve et la psychanalyse*, Paris 1926, Kap. II, 39–47.

der Strasse aufzustellen, um an dem Zug Theil zu nehmen. Als sie fort-
gegangen, bemerkt der Bekannte, ›das sagte sie nur, weil dort drüben
die Cholera herrscht; deshalb möchte sie diese Seite der Strasse für sich
behalten!‹ Nun versetzt mich der Traum plötzlich ins Freie. Ich finde
mich auf langen, seltsamen Umwegen, um den gefährlichen Ort, wo
die Cholera herrschen soll, zu vermeiden. Als ich endlich nach ange-
strengtem Laufen am Haus ankomme, ist der Leichenzug schon weg-
gegangen. Noch liegen aber zahlreiche Rosenbouquets auf der Strasse,
und eine Menge von Nachzüglern, die mir im Traume als Leichenmänner erscheinen, sind alle gleich mir im eiligen Lauf begriffen, den
Zug einzuholen. Diese Leichenmänner sind sonderbarerweise alle sehr
bunt, namentlich roth gekleidet. Während ich eile, fällt mir ausserdem
noch ein, dass ich einen Kranz vergessen habe, den ich auf den Sarg
legen wollte. Darüber erwache ich denn mit Herzklopfen. – Der ur-
sächliche Zusammenhang dieses Traumes ist folgender. Tags zuvor war
mir der Leichenzug eines bekannten Mannes begegnet. Ferner hatte ich
in der Zeitung gelesen, dass in einer Stadt, in der sich ein Verwandter
aufhielt, die Cholera ausgebrochen sei; und endlich hatte ich über die
im Traume erscheinende Dame mit dem betreffenden Bekannten ge-
redet, wobei mir dieser einige Thatsachen erzählte, aus denen der
eigennützige Sinn derselben hervorging. Dies sind die Elemente der Reproduction. Der gesehene Leichenzug erweckte offenbar die Erinnerung an das Begräbniss des vor einiger Zeit verstorbenen Freundes,
daran schliesst sich die Frau desselben; die Erzählung des Bekannten
über sie verwebt sich mit der Nachricht über die Cholera. Die weiteren Bestandtheile des Traumes gehen dann vom Gemeingefühl und von
den Sinneserregungen aus. Herzklopfen und Angstgefühl lassen mich
zuerst den gefährlichen Ort umlaufen, dann dem abgegangenen Leichenzug nacheilen, und als dieser beinahe eingeholt ist, erfindet die
Phantasie den vergessenen Kranz, dessen Vorstellung durch die auf der
Strasse liegenden Rosensträusse nahe gelegt ist, um das Motiv für das
vorhandene Angstgefühl nicht ausgehen zu lassen. Die zahlreichen Rosensträusse und der Schwarm der bunt gekleideten Leichenmänner
endlich werden wohl in dem Lichtchaos des dunklen Gesichtsfeldes
ihre Ursache haben.«[22]

22 Wundt, *Grundzüge*, 366 f., Anm. 1.

Es ist bereits hervorgehoben worden, daß Wundt das Träumen als Anomalie bestimmt. Der Traumbericht reiht sich also dem Genre der Autopathographie eines Traumtheoretikers ein, der an sich selbst die Richtigkeit seiner Traumauffassung bestätigt findet. Das legt den Schluß nahe, daß Wundt den Traum theoriekonform erinnert, aufgeschrieben und gedeutet, nachdem er ihn womöglich bereits theoriekonform geträumt hat. Ergibt sich einmal eine derartige Kongruenz zwischen der Selbstbeobachtung des Traumtheoretikers und dem verschrifteten Traum, erscheint der Bedarf an Analysen bereits als gedeckt und die Theorie als bestätigt.

Die jeder symbolischen Deutung der Träume abholde Haltung Wundts läßt die Traumbilder und -vorstellungen bloße Phantasmen und Halluzinationen des seiner selbst nicht mehr mächtigen Geistes sein. Man könnte auch sagen: Träume sind Abfallprodukte schlummernd-gestörter Hirntätigkeit. Daß in diesem Seelenabfall nicht einmal interessante Vorfälle vermutet werden, hebt den Charakter der Bedeutungslosigkeit der Traumeindrücke zusätzlich hervor.[23]

---

[23] Daran änderten Freuds traumpsychologische Theorien nichts. In der fünften Auflage des dritten Bandes der *Grundzüge* von 1903 verweist Wundt (653, Anm. 1) kommentarlos auf Freuds »Über den Traum« von 1901 (in: GW II/III, 643–700). – In der sechsten Auflage des dritten Bandes der *Grundzüge* von 1911 entlädt sich Wundts aufgestaute Wut auf Freud, dessen Auffassung er in einem taktisch aufgebauten Abschnitt auseinandernimmt. »Über seine [sc. Freuds] mit dieser Traumtheorie zusammenhängende Methode der ›Psychoanalyse‹ hat *natürlich*, da sie sich therapeutischen Aufgaben stellt, *nicht* die Psychologie, sondern die *pathologische Erfahrung* zu entscheiden.« (Ebd., 638; Hervorhebung AM) Nach dieser Aussage ist der Ort der psychoanalytischen Traumtheorie ein diskursives Territorium, auf dem Wundt gemäß seinem Selbstbild *mangels psychopathologischer Erfahrung* nichts zu suchen hat. Trotzdem fühlt er sich berufen, mindestens zu den *psychologischen* Aspekten von Freuds Theorie einige kritische Bemerkungen anzubringen, z. B. die, »daß ihre psychologischen Voraussetzungen abseits von den Wegen der experimentellen Psychologie liegen« – wie Wundts eigene Traumtheorie auch! – und »daß sie eine große, wenn auch selbstverständlich durch manche moderne Züge äußerlich etwas verhüllte Verwandtschaft mit der von Schelling beeinflußten Strömung in der Medizin des vorigen [sc. 19.] Jahrhunderts erkennen lassen« (ebd., 636). Die Idee des Unbewußten und die Vorliebe für das Studium abnormer Seelenzustände bilden somit die Verklammerung zwischen der älteren und der neuen ›naturphilosophischen‹ Psychomedizin. Gravierender nimmt sich der Vorwurf aus, daß das Unbewußte, da »man nichts von ihm weiß, sozusagen den natürlichen Beruf [hat], unbeweisbaren Hypothesen Eingang in die Psychologie zu verschaffen; und die abnormen Seelenzustände sind, weil sie sich vielfach den normalen Bewußtseinsvorgängen gegenüber inkommensurabel erscheinen, besonders geeignet in jene verborgene Tiefe des Unbewußten verlegt zu werden« (ebd., 636 f.). Der Gedanke, daß das Unbewußte sich unmittelbarer

2. Träume als Gegenstand der Laborforschung

Der in Lyon tätige Doktor Laupts ist ein eifriger Sammler von Fallgeschichten, Befragungen und anderen Daten aus dem Gebiet der klinischen Psychologie gewesen. Allein zur Beantwortung der Frage, wie viele
Leute überhaupt träumen, befragt er zweihundert Probanden. Dabei gelangt er zu einem ihm selbst noch problematisch erscheinenden Ergebnis. Es zeigt sich zwar, daß etwa jeder zehnte Mensch traumlos seine
Nächte verbringt. Warum aber traut er diesem Ergebnis nicht? Seine Daten sind durch Introspektion gewonnen worden. Die Introspektion ist,
wie Methodiker bereits wissen, nicht immer ein zureichend sicheres Erhebungsverfahren.[24] Zudem ist es ein Merkmal des menschlichen Gedächtnisses, Träume oft und rasch zu vergessen. Deshalb erscheint ihm
der Anteil der Nichtträumenden an der nicht gerade kleinen Stichprobe
doch als ungesichert.

Der Doktor sammelt fleißig eigene und fremde Traumberichte. Die
meisten dieser Traumberichte sind für ihn allerdings bloße Durch-
schnittsware – Dokumentationen eines ganz normalen Vorganges, bei
dem die phantasmatischen Zeitverhältnisse nicht mehr mit den Zeiger-

Erfahrung entzieht und deshalb jede beliebige, allerdings auch jede unbeweisbare Hypothese zu erzeugen vermag, erweist sich als Merkmal eines damals bereits zum Stereotyp gewordenen Arguments der akademischen Psychologie gegen Freuds psychoanalytische Auffassung. Zu bemerken wäre hingegen, daß die in der akademischen Psychologie längst
heimischen »unbewußten Schlüsse« der Helmholtzschen Theorie zunächst auch vergegenständlicht werden mußten, damit sie als Objekt der Fachgelehrsamkeit sagbar werden
konnten. Daß Freud seinerseits die Objektivierung des Traums als Stellvertreters des Unbewußten, obgleich *nicht experimentalmethodisch*, auch beschrieben und argumentativ begründet hat, läßt Wundt jedoch ohne Not (und vielleicht genüßlich) außer acht.
[24] Kritik an der Introspektion als einem psychologischen Erhebungsverfahren ist mitnichten erst im 20. Jahrhundert – etwa durch den Behaviorismus – erhoben worden, wie
das Beispiel Herbarts zeigt: »Die Selbstbeobachtung verstümmelt die Thatsachen des Bewusstseins schon in der Auffassung, reisst sie aus ihren nothwendigen Verbindungen und
überliefert sie einer tumultuarischen Abstraction, welche nicht eher einen Ruhepunkt findet, als bis sie bei den höchsten Gattungsbegriffen, dem *Vorstellen*, *Fühlen* und *Begehren*,
angelangt ist, denen nun durch Determination (also auf dem, für eine empirische Wissenschaft verkehrten Wege) das beobachtete Mannigfaltige so gut es gehen will, untergeordnet wird. Wenn nun zu den unwissenschaftlich entstandenen Begriffen von dem, *was
in uns geschieht*, die Voraussetzung von *Vermögen, die wir haben*, hinzugefügt wird, so verwandelt sich die Psychologie in eine Mythologie [...]« (Johann Friedrich Herbart, *Lehrbuch der Psychologie*, 3. Aufl., hg. von G. Hartenstein, 3. Abdruck, Hamburg/Leipzig
1887, 8).

bewegungen auf dem Zifferblatt übereinstimmen, die Logik des gesunden Menschenverstands an Macht verliert und die Vergessenskurve fast immer einen steilen Neigungswinkel aufweist. Auch die Informationsdichte dieser Berichte ist für einen geübten Traumleser wie Laupts nicht weltbewegend. Es handelte sich um mehr oder weniger geglückte Prosatexte, in denen die Probanden bei wachem Verstand das Traumgeschehen rekonstruiert haben. Die *écriture automatique* – das ungesteuerte, gleichsam bauchrednerische Schreiben bei völliger Geistesabwesenheit – ist noch den Hypnotisierten vorbehalten (zwei Dezennien später werden sich die Surrealisten dieses Schreibverfahrens bemächtigen). Auf den Gedanken, Hypnotisierte in den Schlaf zu versetzen, ihnen ein Traumthema einzugeben und sie aufzufordern, noch während der Hypnose den Traumbericht zu verfassen, scheint Laupts indes nicht gekommen zu sein. Jedenfalls ist in seinem Beitrag *Le fonctionnement cérébral pendant le rêve et pendant le sommeil hypnotique* (Die Hirnverrichtungen während des Traums und des hypnotischen Schlafs)[25] von 1895 keine Spur eines derartigen Versuchsplans zu finden, obgleich der Texttitel eine solche Gedankenassoziation nicht verbietet.[26]

Hätte sich der Lyoner Arzt mit zwei, drei Traumberichten aus eigener Feder begnügt, wie dies offensichtlich bei Wundt der Fall gewesen ist, wären ihm einige Träume mit absonderlichen Merkmalen kaum aufgefallen. Da seine Traumsammlung jedoch beachtliche Dimensionen angenommen haben muß, bemerkt er bei der Sichtung der Traumberichte, daß darunter auch ein anscheinend seltener Typus vertreten ist. Dieser seltene Traumtypus bildet den Ausgangspunkt einer neuartigen Theorie des träumenden Hirns. Die Materialfülle bildet somit die epistemische Voraussetzung, die den 1895 vorgestellten neurologischen Traumhypothesen zugrunde liegt.

Unter den zweihundert (oder mehr) Probanden finden sich »einige wenige Personen«, die, weil sie die Charaktereigenschaften des nervösen Menschen besitzen, auch auf ungewöhnliche Weise träumen. Die

[25] Laupts, »Le fonctionnement cérébral pendant le rêve et pendant le sommeil hypnotique«, in: *Annales médico-psychologiques. Journal destiné à recueillir tous les documents relatifs à l'aliénation mentale, aux névroses et à la médecine légale des aliénés* 53 (1895), 354–375.

[26] Auf einen ähnlichen Gedanken ist Schrötter – vermutlich unabhängig von Laupts – später gekommen; vgl. weiter unten, S. 171.

Träume dieser Nervösen sind verarmt. Sie bestehen entweder aus reinen Vokalphänomenen, aus Gedanken ohne Bildern oder aus lauter Buchstaben, sind aber trotzdem vollwertige Träume.

In Anbetracht dieses Materials formuliert Laupts die Hypothese, daß im Falle durchschnittlicher Träume einige Hirnzentren mehr oder weniger synchron tätig sind, dagegen im Falle der reinen Stimmen- oder Buchstabenträume jeweils nur *ein* Hirnzentrum in Aktion versetzt wird. Offensichtlich besteht ein Zusammenhang zwischen Trauminhalt, Traumform und zerebralem Funktionszentrum. Laupts legt damit ein Bekenntnis zum strikten Lokalisationismus ab. Nach seiner Meinung ist die menschliche Hirnrinde in schnittscharf begrenzte Funktionsfelder oder -areale unterteilt.

Betrachten wir kurz Laupts' Hirnkartierung, die zwei ausgedehnte Hirnprovinzen unterscheidet: die vordere, stirnseitige Hirnprovinz ist für höhere geistige Funktionen zuständig, die okzipitale, hinterhauptseitig gelegene Provinz für instinktive oder Reflexfunktionen. In beiden Provinzen befinden sich Bereiche (Areale oder Felder), in denen jeweils *eine* (und nur eine) Funktion untergebracht ist. Ein Areal des Vorderhirns beherbergt das visuelle Sprachgedächtnis, ein anderes das akustische Sprachgedächtnis, ein drittes das nichtsprachliche visuelle Gedächtnis, und so weiter. In der anderen Hirnprovinz sind, wiederum streng nach Arealen getrennt, die mit den Affekten, dem Gemeingefühl, dem Schmerz usw. zusammenhängenden Funktionen beheimatet. Diesen beiden Provinzen ist ein weiteres, im Stirnhirn lokalisiertes »höheres geistiges Zentrum«[27] oder höheres Ideationszentrum vorgeordnet, in dem die übrigen Hirntätigkeiten gesteuert, überwacht und, wenn nötig, angespornt werden.

Seine Auffassung der Zerebralfunktionen hat Laupts mit dem Vokabular eines höheren Verwaltungsbeamten der *Troisième République* folgendermaßen umschrieben: »Vergleichen wir die Hirngruppen mit Départements oder mit unterschiedlich dimensionierten Städten eines einzigen Landes. Das Zentrum oder die Gruppe der Zentren der höheren Ideation bildet die Hauptstadt, in die alle Nachrichten gelangen und von der alle Befehle sowie alle zur Beförderung des Gemeinwohls getroffenen Maßnahmen ausgehen.«[28]

---

[27] Ebd., 370.
[28] Ebd.

Zwischen welchen Furchen die Hauptstadt auf der gewölbten Oberfläche des Vorderhirns liegt, darüber verliert Laupts kein Wort. Er meint
allerdings folgerichtig, daß dieses Ideationszentrum allein aufgrund des
Verwaltungs- und Koordinationsaufwands mehr als alle anderen Hirn-
départements oder -städte auf Ruhe angewiesen sei. Mit der (physiologisch ganz selbstverständlichen) Einbeziehung der zerebralen Stoffwech-
selprozesse nehmen seine Ausführungen nun auch eine Wendung zur
Metaphorisierung der politischen Ökonomie. Gehen in der Hauptstadt
die Lichter aus, weil dort Organermüdung eintritt (will sagen: weil die
Rohstoffe erschöpft sind), können die Départements oder Provinzstädte
das tun, wonach ihnen der Sinn steht: Träume fabrizieren. Der Witz der
politischen Hirngeographie ist allerdings der, daß Laupts nun durch Per-
mutation der miteinander verbundenen Départements alle möglichen
Ausprägungsgrade zwischen dem hellen Wachsein und dem Tiefschlaf eines Individuums zu bestimmen vermag: »Wir können folglich definie-
ren: den *vollständigen Schlaf* als Ruhe des Gehirns insgesamt; das
Wachsein als Funktionszustand des höheren Zentrums; den *Teilschlaf* als
Ruhezustand des höheren Zentrums bei fortgesetzter Tätigkeit mehr
oder weniger großer Zellgruppen, die anderen Zentren angehören.«[29]
    Eine terminologische Unschärfe wird den Lesenden in die Augen ge-
sprungen sein. Das höhere Befehls- und Koordinationszentrum, d. h. das
Regierungs- und Verwaltungsorgan im Stirnhirn, wird einmal als Ein-
heitszentrum, ein andermal (in der Mehrzahl) als ein Verbund von Zentren bezeichnet. Bei der Bestimmung des Teilschlafs untergeordneter
Zentren ist dagegen nur noch von Zellgruppen die Rede. Die Unschärfe
ist mühelos zu beheben, wenn man bedenkt, daß Laupts an die noch sehr
junge Neuronentheorie anschließt.[30]
    Wir erhalten das folgende neuroanatomische Bild: Die Hirnrinde
setzt sich aus Unmengen von Nervenzellen zusammen; diese Zellen gehen feste Koalitionen ein und bilden Gruppen (in der Terminologie

---

[29] Ebd., 371.
[30] Nach dieser vornehmlich von dem spanischen Forscher und Arzt Santiago Ramón y Ca-
jal verfochtenen Theorie (die auch unter dem Label ›Neuronismus‹ kursiert) besteht das
Nervensystem aus diskreten, morphologisch in sich geschlossenen Elementen (den Neuro-
nen) und nicht aus einem geschlossenen, übergangslosen, dem System der Blutgefäße ähnlichen Netz aus nervöser Substanz, wie die Gegentheorie (auch unter dem Namen ›Retiku-
larismus‹ bekannt) behauptet.

Laupts›); die einzelnen Gruppen sind für einzelne Funktionen zuständig; zwischen den Funktions-Départements existieren natürlich Verkehrswege, auf denen Nachrichten hin und her wandern; schließlich ist im Vorderhirn ein spezieller Neuronenverband vorhanden, der das Geschehen auf den unteren Ebenen lenkt. Von dieser Befehlszentrale werden Order gegeben, welche Botschaften wohin gesandt werden sollen, damit ein Individuum beispielsweise auf die Frage ›Ist π durch π teilbar?‹ nicht mit dem Satz ›Soeben hat's geblitzt‹ antwortet.

Das Merkmal der zuvor erwähnten, sonderbar verarmten Träume, um derentwillen Laupts seine Studie verfaßt hat, ist nun darauf zurückzuführen, daß – hirnphysiologisch ausgedrückt – nur noch ein Département wach ist. In dem für den reinen visuellen Traum gegebenen Beispiel[31] ereignet sich folgendes: »[...] Traum einige Stunden nach Einnahme eines sehr starken Kaffees: Eine blendende Sonne genau in der Mitte des Gesichtsfeldes; plötzlich herrscht stockfinstere Nacht auf der einen Seite des Traumbildes; nach und nach breitet sie sich über das gesamte Gesichtsfeld aus und wird zugleich dämmrig; im Dämmerlicht ist ein Felsen an einem verwilderten Ort zu sehen, ein Wagen gleitet auf Schienen zwischen zwei Reihen wunderbarer Skulpturen, deren erste ganz lebhafte, von unvergleichlichem und unerträglichem Glanz leuchtende Augen besitzt... (Hier Aufwachen)...«[32] Für den rein visuellen Sprachtraum bietet Laupts dieses Beispiel an: »Ansicht einer Seite einer Broschüre, die der Proband im Wachsein geschrieben hat; wiedererkennbar ist sie an Format, Schriftbild, Flecken; er [sc. der Proband] versucht zu lesen und erblickt die Wörter *dennoch muß man*... (diese Wörter finden sich nicht im wirklichen Text), dann verschwimmt alles.«[33] Und endlich das Exempel eines reinen Hörtraums: »Lärm von Rädern, Wagen, Glocken, geschobenen Eisenbahnwaggons, rasches Erwachen.«[34]

Diese Träume gelten Laupts als Beleg für die Plausibilität seiner Hypothese, daß die Schlafintensität *der einzelnen Hirnregionen* darüber ent-

---

[31] Aus dem Text geht nicht eindeutig hervor, ob es sich um einen Traum eines Probanden oder um einen solchen des Verfassers handelt. Meine Hypothese: Es handelt sich um einen Probandentraum.
[32] Laupts, ebd., 357.
[33] Ebd., 357f.
[34] Ebd, 357.

scheidet, in welcher Form Trauminhalte sich beleben. Der visuelle Sprachtraum kommt also dadurch zustande, daß das fürs Lesen zuständige Zentrum exklusiv tätig ist; der nichtsprachliche Sehtraum dagegen dadurch, daß nur das Sehzentrum noch nicht (oder nicht mehr) schläft, und der Buchstabentraum dadurch, daß das Zentrum des visuellen Schriftgedächtnisses mental irgendwelche Schriftzüge oder das entstellte Druckbild einer Buchseite hervorzaubert.

Laupts versucht sich mitunter auch an der Berücksichtigung traumdynamischer Momente. So stellt er beispielsweise fest, daß ein übermäßig beanspruchtes Funktionszentrum weniger schnell zur Ruhe kommt als andere Zentren – deswegen würden Leute, die tagein, tagaus Schreibarbeit verrichten, immer wieder Schreibträume träumen. Werden Funktionszentren dagegen kaum beansprucht, suchen sie im Traum nach Kompensation: »Kein Wunder, daß im Kompensationstraum eines Friedfertigen Zerstörungsgedanken, in dem eines Tapferen Angstgefühle, und in dem eines Keuschen häßliche und niederträchtige Visionen [...] zu finden sind.«[35] Damit gelangt die Thematik des nächtlichen Ersatzphantasmas bereits bei Laupts bis an die Schwelle der Freudschen Auffassung des Traums als einer Wunscherfüllung heran, wie das Beispiel der Produktion erotischer Träume bei sexueller Enthaltung suggeriert.[36]

Ein letzter Punkt sei erwähnt. Er ist deshalb erwähnenswert, weil Laupts die träumerischen Affektperversionen mit unbewußt gebliebenen Kindheitserinnerungen in Verbindung bringt, ohne den *Mechanismus* dieser Verbindung stichhaltig erklären zu können (oder zu wollen).[37]

»Ich habe gelegentlich eine vollständige Veränderung, eine absolute Perversion normaler Gefühle der Probanden bemerkt – eine Perversion, die ich in dem [...] [folgenden] Beispiel durch die Vergegenwärtigung uralter Erinnerungen zu erklären vermag. Diese Erinnerungen gehen auf einen ganz anderen Lebensabschnitt, die Kindheit, zurück, und werden in bestimmten Zentren ohne Wissen des intelligenten Gehirns aufbewahrt. Ich bin Arzt und habe bei vielen Operationen assistiert. Ich habe deren viele selbst durchgeführt, habe schlimme Unfallfolgen gesehen,

---

[35] Ebd., 363.
[36] Vgl. ebd., 361.
[37] Laupts geht von einem an mehreren Probanden und an sich selbst festgestellten Phänomen aus; der Bericht selbst handelt von einem Traum des Autors, wie aus dem Kontext und aus der Anspielung auf den Arztberuf hervorgeht.

aber stets die erforderliche Kaltblütigkeit bewahrt und nie versucht, mich vor den Verpflichtungen und der Verantwortung meines Berufs zu drücken. Und doch habe ich dies geträumt: Ein Passant wird von einem Pferdewagen überfahren, sein Bein wird zerdrückt, es fließt viel Blut, eine riesige Wunde klafft, ich empfinde unbändige Angst und entfliehe... (Hier das Erwachen).«[38]

Es mag dahingestellt bleiben, in welchem Ausmaß Zentren der okzipitalen Hirnprovinz (Funktionsareale der Angst, der Affekte und anderer emotionaler Regungen) erregt werden mußten, damit der Traum, über den Laupts berichtet, hat zustande kommen können. Relevant für die Traumtheorie ist allein die Tatsache, daß das Material, an dem sich der Autor abarbeitet, nicht nur von unzähligen Probanden mit Durchschnittsträumen und einigen wenigen Probanden mit sensorisch verarmten Träumen, sondern auch vom Traumforscher selbst stammt, der die Erweckung unbewußt gebliebener Erinnerungen im Schlaf schlicht zur Kenntnis nimmt, als handle es sich um ein gewöhnliches psychisches Phänomen. Ersatzerlebnis, Vergegenwärtigung verlorener Kindheitsszenen[39], Fragmentierung von Vorstellungen, chronologische Verdichtung gesehener oder ausgeführter Handlungen – all das sind Themen, die für Laupts aufgrund seiner medizinischen Praxis und dank seiner Sammeltätigkeit bereits geläufig, alltäglich und keineswegs exotisch sind.

3. Träume als Manifestationen des Unbewußten

In der Sitzung vom 3. Juli 1899 wird vor den Mitgliedern der Akademie der Wissenschaften zu Paris eine Mitteilung Monsieur Vaschides verlesen. Die Mitteilung glänzt durch konzise Darstellung: Die Forschungsergebnisse füllen in den Sitzungsberichten der Pariser Akademie drei knappe Druckseiten.

Vaschide hat im Laboratorium für Experimentalphysiologie der Salpêtrière, das damals unter der Leitung Pierre Janets stand, das Thema der

---

[38] Laupts, ebd., 363.
[39] Neu ist die Auffassung, daß Kindheitserinnerungen in Träumen wiederbelebt werden, auch nicht – es handelt sich nämlich um einen in der Epoche der Romantik beliebten literarischen und psychologischen Topos; als eine unter diversen Quellen sei verwiesen auf Gotthilf Heinrich von Schubert, *Die Symbolik des Traumes*, Bamberg 1814.

Kontinuität der Träume im Schlaf aufgegriffen und damit zugleich an die von Jean-Martin Charcot und dessen Team stabilisierte Hypnoseforschung angeknüpft. Es geht um die Frage, ob das Träumen nicht allein im leichten Schlaf – in der sogenannten *époque prémorphéique* des Einschlafens sowie in der Phase des Aufwachens –, sondern auch *im Tiefschlaf* geschieht.[40]

Die Untersuchungstechnik nimmt sich so einfach wie aufwendig aus. An 36 Probanden im Alter zwischen 1 und 80 Jahren sind die Manifestationen des Tiefschlafs über viele Stunden beobachtet und verzeichnet worden. Vaschide tritt dabei sowohl in der Rolle des Untersuchungsleiters wie auch in der des Probanden auf. Die Ergebnisse sind in einem Zeitraum von fünf Jahren angesammelt worden. Das hängt damit zusammen, daß der Arbeitsaufwand beim Beobachten schlafender Probanden vergleichsweise groß ist. »Unsere Methode bestand darin, die Probanden [*sujets*] während der ganzen Nacht, oder wenigstens während eines Gutteils der Nacht, sehr genau zu beobachten, alle physiognomischen Veränderungen, die Gesten, die Körperbewegungen, die von stimmlichen Äußerungen begleiteten sowie die von den Probanden mitgeteilten Träume aufzuschreiben; dabei haben wir jeweils die Schlaftiefe [...] festgestellt. Gelegentlich weckten wir in bestimmten Fällen einen Probanden; wir verheimlichten ihm jedoch, daß sein Erwachen durch uns herbeigeführt worden war. Indem wir ihn [über seine Träume] berichten ließen oder ihm Fragen stellten, erhielten wir zureichend Auskunft sowohl über seine Geistesverfassung wie auch über seine Träume. Spontanes Erwachen machte manchmal unsere Aufgabe leichter.«[41]

Die meisten Probanden sind sowohl im Unwissen darüber belassen worden, daß man sie nachts aus dem Schlaf riß, wie auch darüber, daß sie ungebeten an einer Untersuchung teilnahmen. Es sind immerhin 46 Helfer zur Registriertätigkeit verurteilt worden – ein erheblicher Aufwand, wenn man bedenkt, daß das Festhalten von Beobachtungsdaten normiert, also den Helfern zuvor beigebracht und womöglich auch kontrolliert werden muß. Allerdings handelt es sich bei diesen Registrierverrichtungen nicht um schöpferische, sondern um pseudo-automatisierte

---

[40] Vgl. N. Vaschide, »Recherches expérimentales sur le rêve. De la continuité des rêves pendant le sommeil«, in: *Comptes rendus hebdomadaires des séances de l'Académie des Sciences* 129 (1899), 2. Semester, Nr. 1, 183–186.

[41] Ebd., 184.

Prozesse. Der registrierende Mensch löst Aufgaben, die von maschinellen Aufschreibvorrichtungen auch gelöst werden *könnten*, wenn diese bereits zur Verfügung stünden. So bleibt es dabei, daß Menschen normiert etwas tun, was in anderen Forschungssituationen von geeichten Maschinen erzielt wird. Das hindert Vaschide mitnichten, die Struktur der maschinellen Registrierung auf die Schlafforschung zu übertragen und dort Menschen als Aufschreibapparate einzusetzen.[42]

Was die Schlaftiefe der Probanden betrifft, so wird diese durch Störreize ebenmäßig gestufter Intensität gemessen. Vaschide verwendet mit Vorliebe Kugeln zunehmenden Gewichts. Reißt eine kleine, aus einer bestimmten Höhe auf den Probanden fallende Kugel den derart Getroffenen aus dem Schlaf, handelt es sich um leichten Schlaf. Bei einer etwas größeren Kugel ist der Schlaf bereits etwas tiefer. Wird ein Proband erst unter der Aufschlagswucht eines ›Projektils‹ ansehnlichen Gewichts wach, hat er sich im Tiefschlaf befunden.

Die aus den Beobachtungen gezogenen Folgerungen werden von Vaschide in neun kleine Abschnitte gepackt, deren erster die Quintessenz der ganzen Untersuchung enthält: »Man träumt unentwegt im Schlaf, sogar *im allertiefsten Schlaf*, der der völligen Bewußtlosigkeit gleicht. Das wahre Seelenleben des Schlafs wie auch das wahre Traumleben enthüllen sich erst, wenn der Schlaf eine gewisse Tiefe erreicht. Dann tritt das Unbewußte [*l'inconscient*] in Aktion. Die Berichte über die im Tiefschlaf sich zutragenden Träume offenbaren die Phasen und die Existenz der unbewußten Gehirnarbeit, der wir zu unserer Überraschung die Lösung der uns seit langem beschäftigenden, wie durch ein Wunder wieder aufgetauchten Probleme verdanken.«[43]

Der letzte Satz ist symptomatisch für den Stand der Traumforschung im *fin de siècle*. Vaschide verweist auf eine bereits 1851 in den *Mémoires de l'Académie des Sciences, Arts et Belles-Lettres* von Caen erschienene Denkschrift eines gewissen Charme, der die Hypothese aufgestellt hatte, daß sich die eigentliche Natur des Unbewußten erst im traumerfüllten

---

[42] Unklar bleibt jedoch, ob die Beobachtung in Schichten erfolgt oder ob mehrere Beobachter jeweils gleichzeitig (und zur Genauigkeitssteigerung) mit dem einen Auge den Probanden anblicken und mit dem anderen den Mitbeobachter überwachen. Unklar ist ferner, ob die Beobachtungen der einzelnen Probanden sich über mehrere Nächte oder nur über deren eine erstreckt haben.

[43] Vaschide, »Recherches«, 184.

Tiefschlaf bemerkbar mache. Das ist kein zureichender Grund, um auch in diesem Falle von sich wiederholenden Entdeckungen zu sprechen, da die ältere Studie unter anderen Bedingungen und in einem anderen semantischen Kontext entstanden ist als die jüngere. Aber Vaschides Rede von der ihn überraschenden Wiederkehr einer Problematik deutet darauf hin, daß er wohl zuerst seine Untersuchungen begonnen, sich danach erst in der Literatur umgesehen und schließlich die Vorgängerstudie ausfindig gemacht hat. Das demonstriert einmal mehr, daß die Traumforschung in der zweiten Hälfte des 19. Jahrhunderts nicht auf vorgezeichneten Bahnen, nicht als Fortschreibung eines dominierenden Paradigmas und schließlich nicht in einem epistemisch bereinigten Kontext betrieben wird.

Vaschide hebt ein anderes seiner Forschungsergebnisse hervor. Im Zyklus von Schlafen und Wachen haben viele Traumtheoretiker die Übergangsphasen als Zustände der Traumproduktion identifiziert, dagegen den Tiefschlaf mit der vorstellungsleeren Bewußtlosigkeit gleichgesetzt. Die Übergangsphasen und die darin sich manifestierenden typischen Träume ignoriert Vaschide nicht, hält sie aber für uninteressant. Die Gesetzmäßigkeiten des Psychischen machen sich nach seiner Auffassung nämlich einerseits im wachen Bewußtsein und in dessen Logik bemerkbar, und andererseits, gleichsam spiegelbildlich, in den Träumen des Tiefschlafs, in dem sich die Eigenmächtigkeit des Unbewußten durch dessen Logik manifestiert. Anders als etwa die hypnagogischen Halluzinationen[44] in der Einschlafphase sind die Träume im Tiefschlaf nicht wirr, barock oder überdreht, sondern werden durch »eine gewisse unbewußte Logik [*logique inconsciente*], durch Aufmerksamkeit und durch den Willen gesteuert«, so daß man den »psychischen Zustand in diesen Träumen« mit »der unbewußten Arbeit im Wachen vergleichen könnte«.[45] Die Beobachtungsdaten lassen Vaschide sogar erkennen, daß Trauminhalte und Schlaftiefe miteinander Hand in Hand gehen: Je oberflächlicher der Schlaf, desto deutlicher werden im Traum Tagesreste verwertet, je tiefer dagegen der Schlaf, desto markanter werden darin Episoden aus früheren Lebensepochen verarbeitet. So entpuppt sich der

---

44 Vgl. Raymond de Saussure, »La psychologie du rêve«, 51–55 (unter Hinweis auf Maury, Hervé de Saint-Denis und Le Lorrain).
45 Vaschide, »Recherches«, 184–185.

Tiefschlaf als Vorstellungsraum, in dem archaische Gedächtnisspuren stundenlang als Spektakel für Einzelzuschauer reinszeniert werden.

Man wird sich fragen, wie sich die Kohärenz, die innere Geschlossenheit dieses Schauspiels von außen diagnostizieren läßt. Darauf erteilt Vaschides Erhebungstechnik die Antwort: Die Probanden werden (mit dem bei der Schlaftiefenmessung gebräuchlichen Kugelfall) mehrmals aus dem Schlummer gerissen. Die in den kurzen Wachzeiten berichteten Träume ergeben, zusammengesetzt, einen in Episoden unterteilten, narrativ kontinuierlichen Handlungsablauf. Was also bei erster, oberflächlicher, weil einmaliger Betrachtung der Daten als ungehobelte Vorstellungsassoziation erscheint (weil die Verbindung disparater Vorstellungen nicht der Logik des gesunden Menschenverstands entspricht), nimmt bei genauerer, kontinuierlicher Analyse die Gestalt kohärenter, aus alten Gedächtnisschichten stammender Szenen an.

Vaschides traumtheoretische Untersuchung verkündet eine kühne These: Das erst im Tiefschlaf aufblühende unbewußte Seelenleben untersteht einer Eigengesetzlichkeit, die es, was die Kohärenz angeht, mit derjenigen des wachen Seelenlebens bedenkenlos aufnehmen kann. Um aber diese Eigengesetzlichkeit des unbewußten Seelenlebens – und vor allem des darin waltenden Gedächtnisses – verfügbar zu machen, muß man methodisch vorgehen und das im Traum sich manifestierende Unbewußte gleichsam auf frischer Tat ertappen. Der Traumforscher ist damit zum spitzfindigen Spurenleser im Labor geworden.

4. Intermezzo

Als Freud die Arbeit an der *Traumdeutung* beginnt, sind Träume hochgradig fragile, labile und kontroverse Objekte. Den einen (z. B. Wundt) erscheinen sie als Verwandte geistiger Anomalien, den anderen (z. B. Vaschide oder dem in der Traumforschung, so auch von Freud, rezipierten belgischen Gelehrten Joseph Delbœuf) als Entsprechungen normaler geistiger Tätigkeit. Man sagt ihnen nach, daß sie vom Gehirn produziert werden, wenn es in den Schlaf versinkt oder daraus emportaucht; es könnte aber auch sein, daß sie eigentlich nur im Tiefschlaf hervorgebracht werden. Die einen (z. B. Albert Lemoine) meinen, daß Tagesreste verarbeitet, andere (wie Laupts) meinen dagegen, daß sowohl Tagesreste wie auch unbewußt gebliebene, verstaubte Gedächtnisspuren aus frühen Lebensepochen inszeniert werden. Neurophysiologisch betrachtet, entstehen Träume, glaubt man den einen Forschern (Wundt etwa), nur in den höchsten Funktionszentren; glaubt man anderen Forschern (beispielsweise Laupts), entstehen sie beinahe in jedem Hirnrindenareal oder vielleicht in tieferen Zerebralschichten. Die einen behaupten, daß Träume entbehrliche Nebenerscheinungen neurophysiologischer, ja metabolischer Prozesse der lebenden Materie sind; andere (z. B. Alfred Maury, Vaschide) behaupten indes, daß es sich um essentiell psychische Phänomene handelt, die nach Maßgabe ihrer Eigengesetzlichkeit zur Manifestation ihrer selbst gelangen.

Nur in einem Punkt besteht Einmütigkeit unter beinahe allen Forschern: Die Selbsterfahrung ist eine strategisch hochwillkommene Informationsquelle. Das Anschaulichkeitsdefizit, mit dem die Erfassung von Trauminhalt, -prozeß und -dynamik vorliebnehmen muß, sowie die Gebrechlichkeit physiologischer Erhebungstechniken verleihen der träumenden Selbsterfahrung eine epistemische Relevanz, die fast kein Traumforscher zu ignorieren willens ist.[46] Da aber der Gegenstand der Introspektion undurchsichtig oder flüchtig ist, besteht die Neigung, aus den eigenen Träumen den archimedischen Punkt theoretischer Konstruktionen zu machen oder umgekehrt vorschnell als Bestätigung einer übergeordneten psychologisch, hirnphysiologisch, neurologisch oder biologisch inspirierten Theorie auszubeuten. Deswegen sehen Träume, die in der Literatur dokumentiert sind, oft wie Illustrationen abstrakter Theorien aus (wie im Falle Wundts) – oder die Theorien geben den Anschein metamorphisierter Träume (wie im Falle der Ärzte der Salpêtrière).

In einem Wort: Im *fin de siècle* entführten Träume ihre Forscher in Grenzbereiche, an denen der *common sense* sich aufzureiben schien, und die Traumforschung geriet dabei ins theoretische Dämmerlicht.

Eine Katharsis der Traumlehre war fällig.

---

[46] In Ergänzung zu den zuvor betrachteten Beiträgen sei auf zwei Arbeiten verwiesen, deren Autoren Traumselbstbeobachtungen und -analysen in grundverschiedener Art verwertet haben: Joseph Delbœuf teilt nicht nur eine seitenlange Analyse eines exemplarischen Eigentraums mit, sondern verwertet auch unveröffentlichte Traumaufzeichnungen des Soziologen Gabriel Tarde (*Le sommeil et les rêves considérés principalement dans leurs rapports avec les théories de la certitude et de la mémoire*, Paris 1885). Ludwig Strümpell dagegen streut in sein Buch *Die Natur und die Entstehung der Träume* (Leipzig 1874) gelegentliche Traumselbstbeobachtungen ein, doch ohne diese als solche auszuweisen.

IV. Freuds Strategien der Traumobjektivierung

Nachdem Freud im langen (und von späteren Generationen kaum rezipierten[47]) Kapitel I der *Traumdeutung* die relevanten Lehren dargestellt
hat, trägt er im verhältnismäßig kurzen Kapitel II – und zwar im Anschluß an die Analyse seines Traums von Irmas Injektion – *seine* Grunderkenntnis vor, die sich schematisch in einem Dreiwortsatz zusammen-
fassen läßt: Träume sind Wunscherfüllungen (EA, 84 [GW II/III, 126]).
Dieses Kapitel II ist dazu berufen, die Stimmigkeit dieser traumtheoretischen Grunderkenntnis zu beglaubigen. So bedeutsam es indes für die
Begründung einer neuen Traumauffassung sein mag: Es liefert nur wenige Informationen darüber, welche Strategien Freud im Prozeß der Objektivierung von Träumen entwickelt hat. Zu diesen Strategien gehören
sowohl die Erhebungsverfahren (z. B. die Fixierung von Trauminhalten)
wie auch die Deutungsmethoden, die rhetorischen (Darstellungs-)Mit-
tel und die Prozeduren der epistemischen Plausibilisierung (von den einzelnen Schritten der psychoanalytischen Theoriebildung selbst abgesehen).

In diesem Abschnitt rekonstruiere ich einige am gesamten Textcorpus
der *Traumdeutung* ablesbare Objektivierungsstrategien. Zuerst richte ich
die Aufmerksamkeit auf die Traummaterialsammlung. Danach folgt die
Beschreibung der in der Traumselbstanalyse eingesetzten Verfahren.
Schließlich werden die für die Fremdtraumanalyse relevanten Strategien
nachgezeichnet, soweit diese, wissenschaftshistoriographisch betrachtet,
die Lesbarkeit der Träume stabilisiert und dann womöglich auch univer-
salisiert haben. Es geht in diesem Abschnitt also um eine Metalektüre der
Freudschen *Lesbarmachung der Träume*.

1. Die Oneirothek

Die in der *Traumdeutung* berichteten Träume hat Freud über Jahre
gesammelt. Wie viele um 1900 in die Sammlung aufgenommen waren, läßt sich derzeit nicht einmal annähernd ermitteln. Er teilt mit,
mehr als eintausend Träume neurotischer Kranker untersucht zu

---

[47] Auch in diesem Punkt bildet Castel eine Ausnahme; vgl. Castel, *Introduction*, 61–100.

haben (EA, 70 [GW II/III, 108]). Zählt man die seinen dazu und legt man der Schätzung des Sammlungsumfangs die (beinahe willkürlich anmutende) Annahme zugrunde, daß etwa ein Drittel der Traumberichte *lege artis* aufgezeichnet und archiviert worden sind, dann dürfte Freuds Oneirothek[48] vier- bis fünfhundert Einzelträume enthalten haben.

Daß die Traumniederschriften eine *Sammlung* gebildet haben oder womöglich verschiedenen Klassifikations*reihen* zugeordnet waren, ersieht man an Freuds Gebrauch beider Ausdrücke.[49] Welche Klassifikationskriterien sind aber für die Ordnungsstiftung, und damit auch für die archivalische Wiedererkennung der Träume, angelegt worden? Darüber enthält die *Traumdeutung* keine Informationen. So beschädigt Freuds Schweigen von Anfang an die Rekonstruierbarkeit einer Objektivierungsstrategie, die ihm – als dem paradigmatischen Objekt der Selbstanalyse und als einem an Grenzproblemen der Nosologie interessierten Kliniker – aus der Anwendung auf andere epistemische Gegenstände (z.B. hysterische Symptomkomplexe) schon jahrelang vertraut gewesen sein muß. Ein Kliniker, der sich in einem unkonventionellen Umkreis der Neuropathologie aufhält, ist auf übersichtlich gegliedertes Anschauungsmaterial angewiesen. Denn die Charakterisierung umstrittener Symptomkomplexe erfolgt nicht auf der Basis seltener Vorfälle, sondern aufgrund von Häufungen familienähnlicher Fälle.

Freud hat schon einige Zeit *vor* der Komposition der *Traumdeutung* mit dem Anlegen von Fallsammlungen, -reihen oder -gruppen[50] begonnen – ganz in Anlehnung an die von Charcot und seinen Mitarbeitern in der Salpêtrière praktizierte Datenerhebung, -verwaltung und -archi-

---

[48] Der Fachausdruck, den unter anderem Michel Jouvet in seinem letzten Buch an zentraler Stelle verwendet, ist abgeleitet aus den griechischen Wörtern ὄνειρος (óneiros) für ›Traum‹, ›(Traum-)Gesicht‹ und θήκη (théke) für ›Behältnis‹, ›Aufbewahrungsort‹, ›Lade‹ (analog zu ›Bibliothek‹ für ›Aufbewahrungsort für Bücher‹); vgl. Michel Jouvet/Monique Gessain, *Le grenier des rêves. Essai d'onirologie diachronique*, Paris 1997, 177–191.

[49] Vgl. EA, 125 (GW II/III, 189): »[…] will ich eine Reihe von ›harmlosen‹ Träumen aus meiner Sammlung hier der Analyse unterziehen«, oder EA, 125 (GW II/III, 210): »An solchen Träumen von Patienten […] hat meine Sammlung natürlich überreichen Vorrath«.

[50] Freud spricht in dem Essay »Die Abwehr-Neuropsychosen« [1894] auch von Gruppen – beispielsweise von der »Gruppe von typischen Phobien, für welche die Agoraphobie Vorbild ist« (GW I, 71, Anm. 1).

vierung.[51] So heißt es in einem an Wilhelm Fließ gerichteten Brief: »Ich habe als Vorarbeit eine Sammlung begonnen: 100 Fälle von Angstneurosen, desgleichen möchte ich die entsprechenden Zahlen von männlicher und weiblicher Neurasthenie und der selteneren periodischen Verstimmung sammeln.« (FF, 8. 2. 1893, 33)

Man mag sich zwar vorstellen, daß Freud die Oneirothek, aus der er nach Bedarf schöpfen würde, nicht nach dem Reihenprinzip gegliedert, sondern die Traumaufzeichnungen den einzelnen Krankengeschichten einverleibt hat. Damit hätte er aber zur Bewahrung der Orientierung eine mit fortschreitender Berufserfahrung parallel sich steigernde Gedächtnisarbeit leisten müssen. Denn er hätte nicht nur, ähnlich wie bei der Verknüpfung von Erinnerungsinhalt und Örtlichkeit in der alten *ars memoriae*, über die Träume seiner Patienten mit Hilfe einer umständlichen Topologie mental Buch führen, sondern auch den Überblick über die Aufzeichnungen der eigenen Träume bewahren müssen.[52]

In Anbetracht der architektonisch herausgehobenen Stellung, die dem Traum von Irmas Injektion zugewiesen ist, an dem die psychoanalytische Grunderkenntnis ›Träume sind Wunscherfüllungen‹ dargelegt wird, könnte man mit Fug auch die Frage aufwerfen, ob der Griff in die *geordnete* Materialfülle der Oneirothek für die Durchführung der Traumanalyse tatsächlich erforderlich ist. Eine abgerundete Antwort darauf ist der *Traumdeutung* nicht zu entnehmen. So muß man es bei der Feststellung belassen, daß Freud *sowohl* mit Serien, Gruppen, Häufungen oder Klassen familienähnlicher Träume *als auch* mit einzelnen, prototypischen Schlüsselträumen arbeitet.[53]

---

[51] Über den Zusammenhang zwischen dem Anlegen und Verwalten von naturhistorischen Sammlungen und der neuropathologischen Klinik äußert sich Freud im Nachruf auf Charcot (»Charcot« [1893], in: GW I, 23). Vgl. dazu Andreas Mayer, »›Ein Übermaß an Gefälligkeit‹. Der Sammler Jean-Martin Charcot und seine Objekte«, in: Lydia Marinelli (Hg.), »*Meine . . . alten und dreckigen Götter*«. Aus Sigmund Freuds Sammlung, Frankfurt am Main 1998, 47–59.

[52] Ergänzend hierzu vgl. die Ausführungen von Lydia Marinelli und Andreas Mayer zu Freuds Sammlung von Notaten zur Traumsymbolik in diesem Band S. 78 f.

[53] Zur Frage, ob ein Wandel von der Untersuchung häufiger Fälle zur intensiven Einzelfallstudie schon einige Zeit vor der Traumdeutung in der Methodik Freuds eingetreten ist, vgl. Michael Schröter, »Freud und Fließ im wissenschaftlichen Gespräch. Das Neurasthenieprojekt von 1893«, in: *Jahrbuch der Psychoanalyse* 22 (1988), 141–183.

Das Klassifikationssystem bildet nicht den einzigen blinden Fleck der *Traumdeutung*. In der Tat, die Herstellung der Traumverschriftungen wird auch nicht offenbart. *Wie* bei der Traumniederschrift verfahren wird, ist keine methodische Nebensächlichkeit. Die unmittelbare Koppelung von Ereignissen und Registrierapparaturen ist im Falle des Träumens materiell unmöglich; anders verhält es sich etwa mit den Schwankungen des Pulsschlags, die von einem Schreiber frequenzgetreu registriert, oder mit stimmlichen Äußerungen, die von einem Phonographen wortgetreu verewigt werden. Wie also hat Freud Träume verschriftet? Wer oder was ist die Schreibapparatur? Und welche medialen Vermittlungsinstanzen sind an der Verschriftung beteiligt?[54]

Aufgrund von Angaben aus späteren Schriften können zu diesem Thema immerhin einige Vermutungen angestellt werden. Aus den »Ratschlägen für den Arzt bei der psychoanalytischen Behandlung« von 1912 ist zu erfahren, daß das Anfertigen von Notizen *während* der Kursitzungen nicht empfehlenswert sei, da die Niederschrift »eine schädliche Auswahl aus dem Stoffe«[55] mit sich bringe. Das Schreibabstinenzgebot gilt indes nicht allgemein, denn man »kann ohne Vorwurf Ausnahmen von dieser Regel zulassen für Daten, Traumtexte oder einzelne bemerkenswerte Ereignisse, die sich leicht aus dem Zusammenhange lösen lassen und für eine selbständige Verwendung als Beispiele geeignet sind. Aber ich pflege auch dies nicht zu tun. Beispiele schreibe ich am Abend nach Abschluß der Arbeit aus dem Gedächtnis nieder; Traumtexte, an denen mir gelegen ist, lasse ich von Patienten nach der Erzählung des Traumes fixieren.«[56]

Gilt diese Regel auch für die Zeit vor 1900, kann man vermuten, daß wenigstens einige Träume Freud zuerst in einer von den Kranken angefertigten Niederschrift vorliegen, bevor er die für den Druck bestimmte Lesart umschreibt, glättet oder sonstwie bearbeitet. Über die von ihm stammenden Träume braucht man sich dagegen den Kopf nicht zu zerbrechen, denn in der Traumanalyse tritt er in der Doppelrolle des Verschriftungs- und des Deutungsautors auf. Damit macht er sich zur letz-

---

[54] Wurde die Verschriftung von Träumen in der älteren Traumforschung noch als zentrales Thema erachtet, scheint sie bei Freud fast zu einem sekundären Belang geworden zu sein.
[55] Freud, »Ratschläge für den Arzt bei der psychoanalytischen Behandlung« [1912], in: GW VIII, 379.
[56] Ebd.

ten Autorität über den Wortlaut des Traumberichts und über die Güte der im Deutungsprozeß einfallenden Assoziationen. Das Ensemble ›Traum / Traumerinnerung / Traumniederschrift / Traumdeutung‹ ist das einer psychoanalytischen Monade. Es unterscheidet sich technisch und methodisch – wie man sehen wird – von dem Ensemble ›Fremdtraum / Fremdtraumerinnerung / Fremdtraumbericht / Traumniederschrift durch Freud / Traumdeutung durch Freud‹, das für die psychoanalytische Dyade charakteristisch ist.

2. Der Schlüsseltraum der Selbstanalyse

Nachdem Freud einen kritischen Überblick über psychologische, physiologische und andere Traumtheorien gegeben hat, führt er, fast unvermittelt, seine Leserschaft hin zur Vergegenständlichung des Traums als eines Mediums. Er tut dies am Beispiel der Deutung des inzwischen berühmt gewordenen Traums von Irmas Injektion.[57] Andere, in der zeitgenössischen Forschung wiederholt untersuchte Aspekte der Traumtätigkeit scheinen in der Analyse dieses Schlüsseltraums ausgeklammert zu sein. Daß sich dem historisch neugierigen Blick ein anderes Bild darbietet, tut nichts zur Sache, denn die Präsentation des Injektions-Traums versteht sich nicht als verschriftete Wiederholung der Genese von Freuds neuer Traumkonzeption, sondern gleichsam als Scherenschnitt des Selbstanalytikers im ›besprechenden‹[58] Schriftverkehr mit sich selbst. In diesem Schriftverkehr strebt der Autor eine vortheoretische Haltung zu dem Medium ›Traum‹ an, um dessen Flüchtigkeit und Vieldeutigkeit zum Sprechen zu bringen. So macht sich Freud metaphorisch zum Behandlungszimmer im selbstgesprächigen Kopf.

Erforderlich für die Deutung eines Traums ist ein nichtalltäglicher Mentalzustand – der Zustand der *Kritiklosigkeit* gegenüber jedweden Einfällen. Gelingt es einem ansonsten nachdenklichen und über seine Reflexionen wachenden Menschen, nicht nur die Aufmerksamkeit auf die Mentalszenerie vor dem inneren Auge und auf die dort »wahrge-

---

[57] Vgl. Didier Anzieu, *Freuds Selbstanalyse und die Entdeckung der Psychoanalyse*, Bd. 1, Stuttgart 1990, 25 ff.
[58] Zum Terminus ›Besprechung‹ siehe weiter unten, S. 164.

nommenen Gedankenbildungen« (EA, 69 [GW II/III, 105]) zu richten, sondern auch keine Kritik zu üben, »in Folge deren er einen Theil der in ihm aufsteigenden Einfälle verwirft« (EA, 69 [GW II/III, 106]), ist die Vorbedingung für das Lesbarmachen von Träumen erfüllt. Paradoxerweise erfordert diese Geistesverfassung die Addition eines bei Ermüdung eintretenden Zustands (ziellose Dösigkeit mit unwillkürlicher Gedankenbildung) und der dazu konträren angespannten Selbstbeobachtung (EA, 70 [GW II/III, 106 f.]).

Freud berichtet, daß viele seiner Patienten den »Zustand der kritiklosen Selbstbeobachtung [...] nach der ersten Unterweisung zu Stande« (EA, 70 [GW II/III, 108]) brächten. Von sich meint er indes: »Ich selbst kann es sehr vollkommen, wenn ich mich dabei durch Niederschreiben meiner Einfälle unterstütze.« (Ebd.) Diese Passage ist erhellend, denn sie deutet auf die (vermutlich idiosynkratische) Steigerung der Produktion von Einfällen durch die Schreibhandlung hin. Die Sachlage stellt sich so dar, als ob die Innervationen der Hand-, Arm- und Schultermuskulatur beim Schreiben Assoziationen anbahnten, die beim stillhaltenden Nachdenken ausbleiben würden, so daß ich den Schluß wage, daß Freuds *Hand* mit dem Schreibutensil bei der Decodierung der Trauminhalte mitdenkt, indem sie hilfreiche »Hintergedanken« (ebd.) hervorlockt.

In der prototypischen Vergegenständlichung des Traums versagt sich Freud den Rückgriff auf exemplarisch erscheinende Träume neurotischer Kranker und begründet dies mit dem Argument, daß die Traumtätigkeit von Neuropathen keine Schlüsse auf diejenige gesunder Menschen gestatten würde. Zudem sei es ja seine Absicht, mit der Traumanalyse die Grundlagen der Neurosenpsychologie zu legen. Deshalb blieben eigentlich nur Beispiele aus der Literatur und Exemplare von (gesunden) Bekannten, bei denen ihm allerdings die Analyse abgehe. »Somit bin ich auf meine eigenen Träume angewiesen als auf ein reichliches und bequemes Material, das von einer ungefähr normalen Person herrührt und sich auf mannigfache Anlässe des täglichen Lebens bezieht.« (EA, 72 [GW II/III, 109])

Synoptisch betrachtet, beglaubigen die technischen und methodischen Erwägungen des zweiten Kapitels der *Traumdeutung* zunächst nicht die Objektivierung des Traums, sondern die epistemische Einzigartigkeit Freuds in der Rolle des traumdeutenden Psychoanalytikers. Träume gesunder Menschen sind in diesem *ursprünglichen, basalen*

Objektivierungsprozeß nicht analysierbar. Träume neurotischer Kranker sind pathologisch vorbelastet. Träume von Dichtern sind wortästhetisch der Psyche ihrer Urheber bereits entrückt. Und im Setting berichtete Träume sind auf die dyadisch ausgehandelte Deutung angewiesen. So bleibt nur die Selbstanalyse eines paradigmatischen Traums – und damit die paradigmatische Analyse eines selbstregistrierten Traums. Diese Selbstanalyse erzeugt die epistemische *Echtheit*, ohne die der Traum als psychoanalytisch brauchbares Medium nicht verstanden würde.

Die Untersuchung des Traums von Irmas Injektion gliedert sich in drei ungleiche Teile. Dem Vorbericht (EA, 72 [GW II/III, 110 f.]) folgt, typographisch hervorgehoben, der Traumbericht – die Niederschrift der mehr oder weniger frischen Erinnerungen an den nächtlichen Traum –, dessen Länge derjenigen des Vorberichts entspricht (EA, 72 f. [GW II/III, 112]). Vor der Analyse im eigentlichen Sinne fügt Freud einen kleinen Traum-Metabericht von etwa einer halben Druckseite ein. In der Analyse (EA, 73–82 [GW II/III, 113–123]) werden Trauminhalte Stück um Stück mit der vorhin skizzierten Körpertätigkeit der schreibenden Gedankenbildung interpretiert.

Der Traum wird nun »en détail« (EA, 70 [GW II/III, 108]) analysiert, nicht »en masse« (ebd.), wie es in der »populären Chiffrirmethode« (EA, 71 [GW II/III, 109]) geschieht, »welche den gegebenen Trauminhalt nach einem fixirten Schlüssel übersetzt« (ebd.). So kann der Umfang der Traumanalyse den des Traumberichts um ein Vielfaches übersteigen. Volumenmäßig verhält sich beim Injektionstraum der Vorbericht zur Traumniederschrift samt der kurzen Bemerkung wie $1:1^1/_2$, und die Traumniederschrift (einschließlich der Bemerkung) zur Analyse wie $1^1/_2:11^1/_2$. An anderer Stelle der *Traumdeutung* findet sich eine aufschlußreiche Bemerkung zu den Verhältnissen zwischen Traumbericht und Traumanalyse: »Der Traum füllt niedergeschrieben eine halbe Seite; die Analyse [. . .] bedarf das sechs-, acht-, zwölffache an Schriftraum. Die Relation ist für verschiedene Träume wechselnd; sie ändert, soweit ich es controliren konnte, niemals ihren Sinn.« (EA, 191 [GW II/III, 285]) Daraus folgt, daß die latenten Traumgedanken verdichtet, gleichsam nach einer Raffungs- und Beschleunigungssyntax kondensiert sind, die methodisch zergliedert und nach der Logik des *common sense* entfaltet werden. Es besteht somit eine je nach Traum variierende »Verdichtungs-quote« (ebd.), die, weil ein Traum auch nach einer als abgeschlossen beurteilten Analyse nach wie vor zusätzlichen Sinn kundzugeben vermag, in einen potentiell endlosen Erschließungstext ausufern kann. Damit stößt die Traumobjektivierung ausschließlich durch Deutung an eine methodisch nicht mehr bestimmbare, aus pragmatischen Gründen aber erzwungene Grenze, denn kein Traum ist prinzipiell je *abschließend* interpretiert, woraus man, ziemlich verwegen, folgern könnte, daß die unendliche Analyse[59], von der Freud in späten Jahren sprechen wird, nicht nur aus der Zeitlosigkeit des Unbewußten, sondern auch aus der unabschließbaren Sinnbildung der Träume ableitbar ist. Die in der *Traumdeutung* skizzierte Auffassung des Traums könnte also von der Analyse eines einzigen Falles leben...

Zur Veranschaulichung der Decodierung der Traumgedankenarbeit seien zwei Teilstücke des Injektionstraums einer gerafften Metalektüre unterworfen.

(1) Zuerst heißt es im Traumbericht: »Eine große Halle – viele Gäste, die wir empfangen. – Unter ihnen *Irma*, die ich sofort beiseite nehme [...].« (EA, 72 [GW II/III, 111]) Im Analyseteil werden die Sätze ungefähr zitiert. Es folgt, durch Assoziationen befördert, die Eruierung von Gedächtnisspuren, die visuell, akustisch oder sonstwie einen Konnex zum Traumgeschehen bilden: »Wir wohnten in diesem Sommer auf der Bellevue, einem einzelstehenden Hause auf einem der Hügel, die sich an den Kahlenberg anschliessen. [...] Der Traum ist auch auf der Bellevue vorgefallen, und zwar wenige Tage vor dem Geburtsfeste meiner Frau.« (EA, 73 f. [GW II/III, 113]) Da zu den eingeladenen Gästen auch Irma zählt, ergibt sich daraus für Freud, daß sein Traum den Geburtstag seiner Frau antizipiert.

Die Einfälle, aus denen sich die Deutung speist, können nun entweder durch den ersten Satz der Niederschrift oder durch die mnemonische Spur vom Traumanfang ausgelöst sein. Verankert wird die Deutung am Aussehen des Schlosses Bellevue, denn der Ort wird im Traum ›zitiert‹. Anschauungsbild und/oder Erinnerungsbild auf der einen, ›ikonisches‹ Zitat auf der anderen Seite ergeben eine Kongruenz, die auf die Anwesenheit von Tagesresten weist. Während aber der Ort den Zusammenhang zwischen einer biographischen Episode und dem im Traum ›gesehenen‹ gewährleistet, fiktionalisiert das Traumgeschehen durch das

59 Vgl. Freud, »Endliche und unendliche Analyse« [1937], in: GW XVIII.

Überspringen der Zeitenfolge die im Traum erblickte Örtlichkeit: Es wird ein Ereignis antizipiert, bei dem eine Person, Irma, auftritt, die bestenfalls nach dem Wunsch von Freuds Ehefrau Martha zu den Gästen der Geburtstagsfeier zählt.

Es sind also zwei diskursive Ebenen zu unterscheiden. *Auf der einen Ebene* wird an ›echte‹ Ereignisse angeknüpft, was soviel heißt, wie daß Träume *nicht aus sich heraus* die für das Traumgeschehen wichtigen Vorfälle anzeigen; *auf der anderen Ebene* versetzt sich Freud unvoreingenommen in die Fiktionalität der Traumnarration und expliziert die Eigenlogik des Traumgeschehens.

(2) Das andere Teilstück des Traums entspricht formal genau dem ersten. Dem Selbstzitat »*Sie* [sc. Irma] *sieht bleich und gedunsen aus*« folgt die interpretatorische Auflösung: »Meine Patientin war immer rosig. Ich vermuthe, dass sich hier eine andere Person ihr unterschiebt.« (EA, 74 [GW II/III, 114])

Der *post-hoc*-Einfall führt zur Entdeckung eines durch die Traumarbeit hergestellten Mischgesichts. Der Traum verfährt bei dieser Verdichtung wie die von Francis Galton entwickelte optische Vorrichtung zur Produktion von Mischphotographien.[60] Die Analyse verdeutlicht, daß auch hier mnemonische Gesichtseindrücke fiktionalisiert worden sind. Dadurch hat sich der feste Bezug zum ikonischen Traumreferenten verflüchtigt.

Selbst wenn man andere, für die Erschließung von Träumen unverzichtbare Deutungsregeln noch außer acht läßt, zeigt sich bereits an diesen Beispielen ein Grundzug der psychoanalytischen Deutungstechnik. Anders als beispielsweise Wundt *löst* Freud die phantasmatischen Vorstellungsbilder durch Rekurs auf psychologische oder physiologische Lehrsätze *nicht einfach auf.* Er könnte ja das im Traum ›gesehene‹ Mischgesicht mit Galtons Theorie zu erklären versuchen, nach der das menschliche Gehirn Gesichtseindrücke mischt wie eine optische Vorrichtung. Doch es widerstrebt ihm, sich vorschnell auf irgendein Erklärungsmuster festzulegen. Motiviert ist diese Zurückhaltung durch wiederholte

---

[60] Auf diese Vorrichtung spielt Freud in der Traumdeutung mehrmals explizit an, so z. B. in EA, 96 (GW II/III, 144). Vgl. dazu Andreas Mayer, »Von Galtons Mischphotographien zu Freuds Traumfiguren. Psychometrische und psychoanalytische Inszenierungen von Typen und Fällen«, in: Michael Hagner (Hg.), *Ecce Cortex. Beiträge zur Geschichte des modernen Gehirns*, Göttingen 1999, 110–143.

klinische Beobachtungen, daß zwischen den Anzeichen funktioneller Störungen (lähmende Ängste, Zwangshandlungen usw.) und den Ursachen derselben *keine unmittelbar erfaßbare* Kausalrelation besteht wie zwischen einem Krankheitserreger und der Entzündung eines Organs.

Erst so wird verstehbar, warum Freud den Traum von Irmas Injektion nicht im Rahmen der Bewußtseinspsychologie (und ihrer Abkömmlinge) oder in dem der Neurologie (und ihrer Abkömmlinge)[61] deutet, sondern mit klinischem Gespür auslotet wie ein fremdartiges Symptom. Klinische Verfahrensweisen befolgen keine von Erkenntnistheoretikern erlassenen Gesetze, sondern richten sich zumeist nach reinen Opportunitätserwägungen und behelfen sich mit den gerade verfügbaren Mitteln (autobiographische Äußerungen von Kranken, Methoden des ›Symptomlesens‹, experimentelle Nebenuntersuchungen, klinischer Blick usw.).[62] Gegenstand der Freudschen ›Klinik‹ ist nicht zuletzt die Konstruktion einer schlüssigen Narration, durch welche die Entwicklungsgeschichte eines psychischen Vorfalls samt den körperlichen und mentalen Manifestationen plausibilisiert wird. Deshalb beginge Freud eine Fehlhandlung, wenn er die auffälligen Traumerscheinungen im Deutungsprozeß durch Subsumtion unter die Gesetze der Assoziation, der Leibreizverarbeitung, der Hemmung der Stirnrindenzentren oder dergleichen auflöste und sie als Produkte bestimmter psychischer Mechanismen erstarren ließe. Solche theoretisch möglichen Auflösungen ergeben *keine Narration*. Erst die Technik des Spurenlesens in der Lebensgeschichte in Verbindung mit der technisch nachvollziehbaren Entzifferung der Manifestationen bildet die Bedingung der Möglichkeit psychoanalytischer Narration.

61 Freud hat sich bis 1896 als Hirnforscher versucht, ist aber danach mit Sicherheit nicht mehr zu den Hirnforschern zu zählen – anders als es die (vor allem unter Neurowissenschaftlern) verbreitete modische Tendenz, Freud als Hirnforscher wahrzunehmen, glauben machen möchte. Dokumentiert wird diese Tendenz z.B. durch den Sammelband Giselher Guttmann/Inge Scholz-Strasser (Hg.), *Freud and the Neurosciences. From Brain Research to the Unconscious*, Wien 1998. – Zur Einstellung Freuds zur Hirnforschung vgl. z.B. die Bemerkung in einem Brief an Fließ: »Ich bin [...] gar nicht geneigt, das Psychologische ohne organische Grundlage schwebend zu erhalten. Ich weiß nur von der Überzeugung aus nicht weiter, weder theoretisch noch therapeutisch, und muß mich so benehmen, als läge mir nur das Psychologische vor.« (FF, 22. 9. 1898, 357)

62 Vgl. dazu Alexandre Métraux, »Metamorphosen der Hirnwissenschaft. Warum Sigmund Freuds ›Entwurf einer Psychologie‹ aufgegeben wurde«, in: Hagner (Hg.), *Ecce Cortex*, 75–109.

Narrativ-psychoanalytisch steht sich Freud selbstredend am nächsten. Deshalb nimmt die Selbstanalyse unter den Strategien der Traumobjektivierung eine Sonderstellung ein. Aber neu ist die durch die Klinik inspirierte Selbstbeobachtung nicht (der Terminus ›Selbstbeobachtung‹ wird hier nicht im Sinne einer bestimmten Richtung oder Schule der Psychologie und/oder einer verwandten Disziplin verwendet). Seine frühe Psychoanalyse ist Teil einer konjunkturellen Entwicklung, die Mitte des 19. Jahrhunderts eingesetzt hat. Mit Freud formiert sich allerdings ein Seitenzweig dieser konjunkturellen Entwicklung, denn die Narration wird selbst zum Medium der Objektivierung des Traums und damit zur Objektivierung eines Stellvertreters des Unbewußten.

Somit entfaltet die Analyse des Injektionstraums die Narration eines Mentalgeschehens. Ohne viel Zögern benennt Freud dieses: Der Traum ist nichts anderes als ein »Plaidoyer« (EA, 83 [GW II/III, 125]), durch das er sein Gewissen zu entlasten wünscht. Oder, um die Erkenntnis in den bereits zitierten Lehrsatz zu übertragen: Der Traum »*lässt sich* [...] *als eine Wunscherfüllung erkennen*« (EA, S 84 [GW II/III, 126]). Nicht zum Scherz, aber mit einer gewissen, strategisch wohlüberlegten Selbstironie metaphorisiert Freud diese Erkenntnis an anderer Stelle unter Rekurs auf das Laienwissen. Dort fragt er, wovon Tiere träumen.[63] Er wisse es nicht, meint er, und gibt zu bedenken: »Ein Sprichwort, dessen Erwähnung ich einem Hörer danke, behauptet es zu wissen, denn es stellt die Frage auf: *Wovon träumt die Gans?* und beantwortet sie: *Vom Kukuruz* (Mais). Die ganze Theorie, dass der Traum eine Wunscherfüllung sei, ist in diesen zwei Sätzen enthalten.« (EA, 92 [GW II/III, 137]) Eine jiddische Variante des Sprichworts, auf das sich Freud in der vierten Auflage von 1914 beruft, teilt Gleiches mit diesen, seither verstummten Worten mit: »wus chulojmt sich der hihn? – prosse.«[64]

---

[63] Das will nun besagen: welche Wünsche erfüllen sich die Tiere in ihren Träumen?
[64] Ignaz Bernstein (Hg.), *Jüdische Sprichwörter und Redensarten*, 2. Aufl., Warschau 1907, 79–79*, Stichwort ›Huhn‹, Sprichwort Nr. 7:

װאָס חלוֹמ׳ט זיך דער היהן ? – פּראָסע.

(Ich zitiere sowohl die Transliteration wie auch das jiddische Original nach der Quelle von 1907 und verzichte dabei auf die durch die spätere jiddische Orthographiereform empfohlene Modernisierung.)
Freuds Übersetzungsvorschlag (in GW II/III, 137) lautet: »Wovon träumt das Huhn? -Von Hirse.«

3. Die dyadische Traumanalyse

Freuds Eigentraumdeutungen dienen der Veranschaulichung wie auch der Beglaubigung einer Methode, deren Applikation auf die Analyse von Kranken therapeutisch, nosographisch und ökonomisch motiviert ist – therapeutisch insofern, als die Traumdeutung technisch in der Kur psychoneurotischer Fälle verwendet wird; nosographisch insofern, als Traumdeutungen Aufschluß über das Schicksal von Störungen geben; ökonomisch insofern, als Freud mit der Technik der Traumdeutung in der Kur auch für seinen Lebensunterhalt sorgt. Aber die *Traumdeutung* enthält keine systematisch gegliederte Liste von Handlungsanweisungen. Obwohl als Darstellung von Technik und Methode der Traumdeutung gedacht, ist die Freudsche Monographie kein Methodenlehrbuch. Sie vermittelt vielmehr, formal idiosynkratisch, Exemplifizierungen des Traumdeutens *en action* und konstituiert deshalb die Vorstufe eines eigentlichen Methodenlehrbuchs. Es stellt sich historisch dennoch die Frage, wie Träume *als fremdpsychische Erscheinungen* im klinischen Zugriff erobert, beschrieben, gelesen und zur Sagbarkeit gebracht werden.

Die *Traumdeutung* teilt über die dyadische Analyse von Patiententräumen wenig mit. Das Kapitel IV über die Traumentstellung bietet für die Rekonstruktion wenigstens einige Anhaltspunkte, wo es heißt: »Dass der Traum wirklich einen geheimen Sinn hat, der eine Wunscherfüllung ergiebt, muss [...] für jeden Fall durch die Analyse erwiesen werden. Ich greife darum einige Träume peinlichen Inhalts heraus und versuche deren Analyse. Es sind zum Teil Träume von Hysterikern, die einen langen Vorbericht und stellenweise ein Eindringen in die psychischen Vorgänge bei der Hysterie erfordern. Ich kann dieser Erschwerung der Darstellung aber nicht aus dem Wege gehen.« (EA, 101 [GW II/III, 151]) Der Ausdruck ›langer Vorbericht‹ scheint aber eher auf den ausgegliederten ›Fall Dora‹ als auf die in der *Traumdeutung* mitgeteilten Fragmente der Krankheitsgeschichten anzuspielen, denn *narrativ abgeschlossene* Fälle enthält die Monographie nicht.[65]

---

[65] Unter ›narrativ abgeschlossenen Fällen‹ verstehe ich Fallgeschichten, aus denen – wie aus dem Fall Emmy v. N., dem Fall Dora, dem Fall des Wolfsmannes usw. – die pathogene Situation, die Entwicklung der Krankheitssymptome, die Analyse derselben und die durch die Kur bewirkten Veränderungen auf nacherzählbare (durch Dritte paraphrasierbare) Weise beschrieben sind.

Eröffnet wird das Thema der dyadischen Analyse mit der Bemerkung, daß die Träume psychoneurotischer Personen »regelmässig [...] zum Thema unserer Besprechungen« (ebd.) gemacht werden. Jedem Kranken müsse Freud »alle die psychologischen Aufklärungen geben, mit deren Hilfe ich selbst zum Verständnis seiner Symptome gelangt bin, und [ich] erfahre dabei eine unerbittliche Kritik, wie ich sie von den Fachgenossen wohl nicht schärfer zu erwarten habe« (ebd.).

Man kann nur darüber rätseln, aus welcher Geisteshaltung sich die Kritik an der von Freud gelieferten Aufklärung speist. Der Vergleich zwischen Kranken und Fachgenossen hinkt nicht; er ist aber vieldeutig. Er kann besagen, daß die Kranken gegenüber der Psychoanalyse so ablehnend eingestellt sind wie die Ärzte; er könnte auch besagen, daß die Kranken von Freud derselben Kategorie der Gegenwunschträumer zugeschlagen werden wie die Fachgenossen. Damit würde er in der Beurteilung dieser »unerbittlichen Kritik« eher Widerstände vor Augen haben als das kritische Reflektieren auf Deutungshypothesen. So streben die teilweise dialogisierten Beispiele denn auch nur einem Zentralpunkt zu: der an die Adresse der Kranken gerichteten Bestätigung der These, daß Träume Wunscherfüllungen *sind*.

Die dialogisierte Besprechung von Träumen erfüllt mindestens drei Funktionen: (a) sie ist Teil der Erschließung der Krankheitsgeschichte und wird in diesem Sinne ›pathonarrativ‹ verwertet; (b) sie trägt dazu bei, den Kranken zur Einsicht in die Ätiologie ihres Leidens zu verhelfen; (c) sie bestätigt *wiederholt* die Gültigkeit der in der Selbstanalyse erarbeiteten Erkenntnis, daß Menschen träumen, um sich verdrängte Wünsche zu erfüllen. Der Dialog festigt also nicht die Autorität der Kranken als metaphorischer Fachgenossen, sondern eher die Freuds, der Patiententräume mit seinem Expertenwissen von ihrem Schleier befreit und sie zu einer ärztlich beglaubigten, authentischen Rätselauflösung hintreibt.

Die Anschaulichkeit der Besprechung liefert Freud geschickt nach, die auch dazu dient, die in dyadischen Traumanalysen bestehende Authentizitätslücke narrativ zu füllen. Den Traumberichten entgeht ja nun die erzählte Unmittelbarkeit, für die er bei der Niederschrift seiner Träume in der Doppelrolle des Traumerinnerers und Traumschreibers selbst sorgt. Wenn aber der Wortlaut des Traumberichts für die Deutung als Katalysator wirken soll, stellt sich das Wortlautproblem der Patiententraumberichte: Auf welche Weise leiht Freud den traumerzählenden

Kranken *seine* Stimme, um im nachhinein wenigstens den Eindruck der stimmlichen Präsenz, in der sich das Unbewußte der Patienten verrät, zu erwecken? Um die Frage auf die Spitze zu treiben: Wie sollen, wenn überhaupt, das symptomatische Stottern, Schnalzen, Seufzen, nicht nur behalten, sondern imitativ zur Herstellung einer hörbaren Pseudo-Präsenz in die Verschriftung der einzelnen Analyseschritte eingebaut werden?[66]

Die am 31. Dezember 1899 unterbrochene Behandlung Doras, über die Freud im *Bruchstück einer Hysterie-Analyse* in aller Ausführlichkeit berichtet[67], öffnet ein Fenster auf die Besprechungen mit der Hysterika. Da Freud *während* der Sitzungen keine »Notizen machen darf, weil er [ansonsten] das Mißtrauen [...] [der] Kranken erwecken und sich in der Erfassung des Materials stören würde«, legt er den Wortlaut der Träume »unmittelbar nach der Sitzung fest«.[68] Zur Niederschrift des Falles bemerkt er dann: »Die Krankengeschichte selbst habe ich erst nach Abschluß der Kur aus meinem Gedächtnisse niedergeschrieben, so lange meine Erinnerung noch frisch und durch das Interesse an der Publikation gehoben war. Die Niederschrift ist demnach nicht absolut – phonographisch – getreu, aber sie darf auf einen hohen Grad von Verläßlichkeit Anspruch machen. Es ist nichts anderes, was wesentlich wäre, in ihr verändert, als etwa an manchen Stellen die Reihenfolge der Aufklärungen, was ich dem Zusammenhange zuliebe tat.«[69]

Die Behandlung Doras dauert drei Monate. Die in dieser Zeit analysierten Träume werden jeweils unmittelbar nach der Sitzung fixiert, so daß sie »einen sicheren Anhalt für das anschließende Gespinst von Deutungen und Erinnerungen abgeben« können.[70] Das heißt, daß der Traumbericht aus dem durch spätere Begebenheiten noch nicht beanspruchten Gedächtnis reproduziert wird. Die Serie der späteren Traumbesprechungen wird schließlich nach Abbruch der Kur Anfang 1900 zur

---

66 Vgl. zum »eigentümlichen Schnalzen« der Emmy v. N., »[...], das ich [sc. Freud] nicht nachahmen kann«, die Ausführungen in *Studien über Hysterie* (gemeinsam mit Josef Breuer), in: GW I, 100, 153.

67 Vgl. Freud, »Bruchstück einer Hysterie-Analyse« [1905], in: GW IV, 171 (Zusatz 1923). Der Fall Dora war zuerst als Kapitel (»Traum und Hysterie«) der *Traumdeutung* vorgesehen.

68 Ebd., 166.

69 Ebd., 166f.

70 Ebd., 166.

Krankengeschichte verdichtet. Dabei verläßt sich Freud auf sein Gedächtnis, dem er allerdings die Effizienz eines Phonographen nicht zu-
billigen mag, so sehr er wiederum an die Güte der beim Schreiben wie-
derbelebten Gedächtnisspuren glaubt.

Die dyadische Analyse von Doras Träumen führt also den Textar-
chäologen auf zwei chronologisch getrennte Verschriftungsschichten.
Die erste Schicht beherbergt die Traumberichte im Wortlaut Freuds
(nicht Doras!) und eventuell Notizen und Aufzeichnungen. Die zweite,
rezentere Schicht besteht aus der Krankengeschichte mit pseudo-phono-
graphischen Einsprengseln, d. h. den dialogisch komponierten Traumanalysen. Diese Textpartien vermitteln *durch die Sprachform* den *Eindruck* der *Hörbarkeit* der Analyse. Die authentische Lesbarkeit der
Träume wird auf diese Weise durch Rückführung auf den virtuellen
Raum der Stimmakustik erhöht.

Im Fall Dora wird der Dialog zwischen Freud und seiner Patientin
über ganze Seiten geführt. In der *Traumdeutung* hingegen sind von Besprechungen nur veranschaulichende Ausschnitte wiedergegeben –
sicherlich nicht lautgetreu, wohl auch nicht völlig wortgetreu, doch narrativ optimal nach dem Prinzip der Minimierung des Gedächtnisspu-
renrauschens. Ein Beispiel:

Bei einem Traum widersetzt sich eine junge Patientin der Auffassung
des Traums als einer Wunscherfüllung. Das Mädchen beichtet Freud,
daß sie den jüngeren Sohn ihrer Schwester, die den älteren Sohn verloren
hat, tot vor sich liegen sehe.

»Nun sagen Sie mir, was soll das heissen? Sie kennen mich ja; bin ich
eine so schlechte Person, dass ich meiner Schwester den Verlust des einzigen Kindes wünschen sollte, das sie noch besitzt? Oder heisst der
Traum, dass ich lieber den Karl todt wünschte als den Otto, den ich um
so viel lieber gehabt habe?

Ich versicherte ihr, dass diese letzte Deutung ausgeschlossen sei. Nach
kurzem Besinnen konnte ich ihr die richtige Deutung des Traumes
sagen, die ich dann von ihr bestätigen liess. Es gelang mir dies, *weil mir
die ganze Vorgeschichte der Träumerin bekannt war*.« (EA, 106 [GW II/III,
157 f.]; Hervorhebung A. M.)[71]

---

[71] Es folgt die Analyse des Traums, allerdings nicht in der aus dem Fall Dora bekannten
dialogisierten Form.

Freud verfährt fast durchweg nach dem dieser Passage zugrunde liegenden narrativen Grundsatz: Traumfragmente werden fixiert, dialogisch zergliedert und auf die *verschlüsselt* mitgeteilten Traumgedanken
hin gedeutet. Dabei werden die Zensurbehörden des psychischen Apparates ebenso außer Gefecht gesetzt wie die Wirkung anderer bewußt-
seinshemmender Mechanismen aufgehoben.

In der Charakterisierung der Vergegenständlichung von Fremdträu-
men haben einige Kommentatoren, durch das Freudsche Vokabular angeregt, sich der Metapher des Schlachtfelds bedient. Ausdrücke wie
›Abwehr‹, ›Konflikt‹, ›Widerstand‹, ›innerer Feind‹ können an die analytische Arbeit als agonale Auseinandersetzung denken lassen.[72] Dann
wäre die Vergegenständlichung der Träume das Ergebnis eines unglei-
chen Kampfes zwischen dem Traumexperten und (noch) hilflos ihren
Leiden ausgesetzten und durch Widerstände uneinsichtig gewordenen
Kranken.

Freud hat später aber ein anderes Bild der analytischen Arbeit ge-
zeichnet. In den »Ratschlägen für den Arzt bei der psychoanalytischen
Behandlung« von 1912 schreibt er: »Wie der Analysierte alles mitteilen
soll, was er in seiner Selbstbeobachtung erhascht [...], so soll sich der
Arzt in den Stand setzen, alles ihm Mitgeteilte für die Zwecke der Deutung, der Erkennung des verborgenen Unbewußten zu verwerten, ohne
die vom Kranken aufgegebene Auswahl durch eine eigene Zensur zu ersetzen, in eine Formel gefaßt: er soll dem gebenden Unbewußten des
Kranken sein eigenes Unbewußtes als empfangendes Organ zuwenden,
sich auf den Analysierten einstellen wie der Receiver eines Telephons
zum Teller eingestellt ist. Wie der Receiver die von Schallwellen angeregten elektrischen Schwankungen [sic!][73] der Leitung wieder in Schallwellen verwandelt, so ist das Unbewußte des Arztes befähigt, aus den
ihm mitgeteilten Abkömmlingen des Unbewußten dieses Unbewußte,
welches die Einfälle des Kranken determiniert hat, wiederherzustel-
len.«[74] Die Telephonmetapher, durch die ein Unbewußtes mit einem an-

---

[72] Zum Topos des Behandlungsraums als eines Schlachtfeldes vgl. Joseph Sandler/Anna
Ursula Dreher, *Was wollen die Psychoanalytiker*, Stuttgart 1999, 41 ff.; zum Fall Dora vgl.
Lisa Appignanesi/John Forrester, »Dora: ein exemplarisches Scheitern«, in: *Die Frauen Sigmund Freuds*, München 1994, 202–231.
[73] Es sollte vermutlich eher ›Schwingungen‹ heißen.
[74] Freud, »Ratschläge«, in: GW VIII, 381 f.

deren Unbewußten in ein imaginäres Verhältnis gebracht wird, suggeriert das Bild eines Prozesses, in dem der Austausch von Botschaften (ohne Belauschung durch die Dame in der Telephonzentrale) so behend und so akkurat abläuft wie das Hin und Her elektrischer Impulse. Aber die gleichschwebende Aufmerksamkeit des Hörapparates und das auf Empfang eingestellte Unbewußte des Analytikers ergeben – entgegen der Metapher – noch keine Fallnarration. Denn selbst der gegen psychophysische Geräusche abgeschirmte Austausch von Botschaften in der Besprechung von Träumen ist stets nur eine notwendige Bedingung der Möglichkeit der Traumvergegenständlichung. Wie in der Eigentraumanalyse sind Träume in der dyadischen Analyse erst dann lesbar, wenn die pathonarrativen Zusammenhänge zwischen der Besprechung und der Leidensgeschichte verfügbar geworden sind. Deshalb ist der Medienaspekt für die Thematik der Traumdeutung zwar keine Nebensache; er bildet aber nicht den Nullmeridian, von dem aus die ganze Traumdeutung medienlogisch einholbar ist.[75]

Mit der *Traumdeutung* präsentiert sich Freud als exemplarische Registrier-, Deutungs- und Narrationsinstanz der Psychoanalyse, die über den medial verstandenen Traum bis zum Kern des psychischen Apparates vorzudringen versucht. Diese Registrier-, Deutungs- und Narrationsinstanz jongliert, wie gezeigt wurde, mit epistemischen Strategien, technischen Verfahren, Empfindungen für Sprachfloskeln, hinter denen

---

[75] Die Metaphorisierung der Besprechungssituation legt medienlogisch die Idee der von Störfaktoren zunehmend gereinigten Verschriftung des Unbewußten in der Sprache des bewußten Sprechers durch Verkettung verschiedener Systeme (Traum – Gedächtnis – Sprecher – Hörer – Aufschreiber – Deuter usw.) nahe. In der *Traumdeutung* wird programmatisch allerdings eine Gegenrichtung eingeschlagen: Der psychische Apparat bedient sich des Traums als eines Mediums, dessen Botschaften durch das Medium ›Mund – Ohr – Hand – Schrift‹ niedergeschrieben werden. Ist aber die Niederschrift vollbracht, werden die im Medium der Niederschrift lesbaren Botschaften gleichsam entmediatisiert und nach dem Prinzip der klinischen Opportunität mit Körpersymptomen, Zwangsvorstellungen, Hemmungen, Ängsten, Sprachtics, Versprechern, Fehlhandlungen usw. vernetzt. Diese Bemerkung richtet sich gegen Friedrich Kittlers medientheoretische Interpretation der Psychoanalyse als einer Veranstaltung, die mit den zu decodierenden Manifestationen des psychischen Apparates beginnt und mit der Publikation gelehrter (oder gewitzter) Texte endet. Kittlers Ansatz ist indes als Pharmakon gegen die medienlogisch blind gewordene Alltagspraxis der heutigen Psychoanalyse durchaus bedenkenswert; vgl. Friedrich Kittler, *Grammophon, Film, Typewriter*, Berlin 1986, 136–144; ders., *Aufschreibsysteme 1800/1900*, München 1987, 278–294.

sich verschlüsselt Botschaften verbergen, und mit allerlei klinischen Methoden. Entgegen den Erwartungen der heutigen psychoanalytischen Gemeinde schreibt Freud in der *Traumdeutung* aber keine Mentalautobiographie. Vielmehr entwirft er den geometrisch *offenen* Bühnenraum, in dem ein Stellvertreter des Unbewußten einmal als Medium, einmal als Besprechungsgegenstand und einmal als Symptom aus verschiedenen Gesichtspunkten wahrgenommen und lesbar gemacht wird. So erweist sich die *Traumdeutung* nicht als die Gesetzestafel der Psychoanalyse. Sie gleicht nämlich viel eher einem epischen Theaterstück, in dem der Autor, seine maskierten und entlarvten, tratschenden und verklemmten Helden und das indiskrete Publikum in einer Aufführung ohne Ende zugleich auftreten.

V. Die experimentelle Traumforschung im psychoanalytischen Kontext

Freuds Haltung zur Experimentalpsychologie im allgemeinen war ebenso ambivalent und von strategischen Überlegungen motiviert wie seine Haltung zur experimentellen Traumforschung. Die Ambivalenz minderte sich auch dann nicht, wenn in einzelnen Beiträgen Anknüpfungen an seine Auffassungen und die seiner Anhänger offenbar waren. Im folgenden Abschnitt diskutiere ich einige Beispiele aus der unmittelbar an die psychoanalytische Konjunktur sich anschließenden, von Freud inspirierten experimentellen Traumforschung. Ich versuche die These zu untermauern, daß die experimentelle Traumforschung zum psychologischen Verständnis der *Traummechanismen* das Ihre beigetragen hat, etwa die Erkenntnis, daß marginal verarbeitete oder unverarbeitete Tagesreste im Traum eher zur Darstellung gelangen als verarbeitete Tagesreste. Die experimentalmethodisch veranstaltete Entdeckung des Neuen hat aber einiges gekostet, denn die durchgeführten Traumversuche haben die *narrative Erschließung der psychoneurotischen Störung* weggestrichen, zu deren Aufklärung Träume analysiert wurden. Damit wurde der schon in der »Vorbemerkung« zur *Traumdeutung* geäußerte Gedanke, der Traum sei das erste Glied in der Reihe abnormer psychischer Gebilde, im experimentellen Zugriff bis heute ersatzlos zum Verschwinden gebracht.

In der Sitzung vom 9. März 1919 der Wiener Psychoanalytischen Vereinigung meldet sich in der Diskussion Viktor Tausk zu Wort und äußert
(nach der Protokollaufzeichnung) die Ansicht: »Es gibt eine Analyse der
Träume, weil die Mechanik entdeckt wurde. Die Verschiebung des Problems auf Experimentalpsychologie ist unfruchtbar, weil sie auf Vorstellungen beruht und nicht auf effektivem [sic] Spiel.«[76] Der ebenfalls an-
wesende Otto Pötzl, dessen traumexperimentelle Abhandlung zwei Jahre
früher veröffentlicht worden ist, verteidigt in seiner Replik die Experimentalmethodik: auch sie sei für die psychoanalytische Objektivierung
von Träumen zuständig. Meister Freud greift danach in die Tausk-Pötzl-
sche Kleinkontroverse mit der Bemerkung ein, daß »zuviel Bewußtseinspsychologie« in die Diskussion eingeführt werde. »Wir haben zu wenig vom Unbewußten gehört.«[77]

Dagegen ist aus den späteren Auflagen der *Traumdeutung* der Eindruck zu gewinnen, daß Traumexperimente Freud einmal als erfreuliche
Bestätigung seiner Lehre, ein andermal als überflüssige Fingerübung
empfunden hat. Wer indes nur diese Passagen zur Kenntnis nimmt,
nicht aber die Arbeiten, auf die sie anspielen, wird das Ausmaß von
Freuds Ambivalenz und den strategisch nützlichen Spielraum, den er
sich mit der Ambivalenz bewahrt, nicht erfassen. Die Experimente, auf
die im folgenden eingegangen wird, sind nämlich methodisch derart ver-
schieden angelegt, daß deren jedes den Traum auf seine Weise objektiviert. Seine ambivalente Haltung erlaubt es Freud, diese Inkompatibilität
elegant zu übergehen und die Experimente als Munition gegen virtuelle
Experimentatoren, die eine Verschwörung gegen die Psychoanalyse an-
zetteln könnten, in Reserve zu halten.

Ungeachtet der Ambivalenz oder der stoisch anmutenden Distanz
Freuds zu diesem Zweig der experimentellen Psychologie stellt sich die
Frage, was in den Labors den zuvor bereits psychoanalytisch vor-objek-
tivierten Träumen widerfahren ist. Einige *exempla* werden zur Beantwortung der Frage herangezogen.

---

[76] Es soll wohl heißen: »auf affektivem Spiel«. Vgl. »Die Sitzungen der Wiener Psychoanalytischen Vereinigung von 1919 bis 1923«, zitiert nach Karl Fallend, *Sonderlinge, Träumer, Sensitive. Psychoanalyse auf dem Weg zur Institution und Profession. Protokolle der Wiener Psychoanalytischen Vereinigung und biographische Studien*, Wien 1995, 167.
[77] Ebd.

1. Experimentalträume und Hypnose

In dem von Freud herausgegebenen und von Wilhelm Stekel redigierten *Zentralblatt für Psychoanalyse* erscheint 1912 der Artikel »Experimentelle Träume« von Karl Schrötter (1887–1913).[78] Es handelt sich um eine »vorläufige Mitteilung« über Proben aus einer »grossen Versuchsreihe auf dem Gebiete der experimentellen Träume«.[79] Der Verfasser beschreibt das Experimentaldesign folgendermaßen:

»Zum Zwecke der Experimente wurden die Versuchspersonen in den tiefen hypnotischen Schlaf versetzt, der bekanntlich durch vollständige Bewusstlosigkeit und nachträgliche Amnesie gekennzeichnet ist. Darauf habe ich ihnen entsprechende Traumsuggestionen erteilt. Nach Verlauf von etwa 4–5 Minuten fingen die Medien spontan zu träumen an. Auf meinen Befehl gaben die Personen Beginn und Ende des Traumes durch bestimmte Bewegungen zu erkennen, so dass die Dauer des bewussten Traumvorganges exakt gemessen werden konnte. Nach dem Erwachen wurde der Inhalt des Traumes mitgeteilt. In einer anderen Versuchsreihe träumten die Medien in der auf den Experimentalabend folgenden Schlafnacht. In diesen Fällen wurde – ebenfalls auf Grund einer posthypnotischen Suggestion – der Traum in der Frühe von den Versuchspersonen aufgeschrieben und mir übergeben.«[80]

Schrötter hat zwei Versuchsreihen veranstaltet. Bei der ersten handelt es sich um die Wiederholung früherer Experimente, die »auf Anregung des Dozenten der Wiener Universität Dr. Hermann Swoboda«[81] entstanden sind. Die Anweisungen für die erste Versuchsreihe sind denkbar simpel. Nachdem die Versuchspersonen in den hypnotischen Tiefschlaf versetzt sind, werden ihnen »3–7 Worte als Vorstellungserreger mitgeteilt und dazu der Befehl, von ihnen zu träumen«.[82] Die zweite Versuchsreihe hat Schrötter »ganz selbständig in Angriff genommen. Ihr liegt die Freud'sche Fragestellung zugrunde. Ein latenter Trauminhalt, ähnlich

---

[78] Karl Schrötter, »Experimentelle Träume«, in: *Zentralblatt für Psychoanalyse. Medizinische Monatsschrift für Seelenkunde. Organ der Internationalen Psychoanalytischen Vereinigung* 2 (1912), 638–646.
[79] Ebd., 638.
[80] Ebd.
[81] Ebd., 639
[82] Ebd., 638.

jenen, die Freud und seine Schule durch ihre Methode der Traumdeutung entdeckt haben, wird als Traumsuggestion verwendet.«[83]

Die knappe Feststellung gibt zu verstehen, daß Schrötter nach *seinem
Selbstverständnis* nahtlos an die Psychoanalyse anknüpft: ein methodischer, theoretischer oder technischer Bruch soll zwischen der psychoanalytischen Thematisierung der Träume und der experimentellen mittels der Suggestion *nicht* bestehen. An der Unbefangenheit dieser
Aussage ist selbst Dezennien später nichts auszusetzen. Schrötter erscheint einem auch heute noch als ein treuherziger Anhänger der Psychoanalyse, der sich berufen fühlt, mit den Werkzeugen der Experimentalmethode an eine inzwischen nicht mehr lokale (d. h. Wiener)
Konjunktur Anschluß zu suchen und sich einem Kernproblem der
Freudschen Lehre unter einem veränderten Blickwinkel zuzuwenden.
Mit der gewählten Methode zeichnet sich indes ein Fundamentalwandel
ab, der beinahe die ganze seit 1910 bestehende, anscheinend im Geiste
des psychoanalytischen Übervaters in Gang gehaltene experimentelle
Traumforschung überschattet. Dieser Fundamentalwandel verändert
den epistemischen Status des Untersuchungsobjekts. Mit der Nach-
zeichnung der Schrötterschen Experimente wird der besagte Wandel explizit zu machen versucht.

Es sei zuerst ein Beispiel aus der Versuchsreihe Nummer 1 herangezogen. Die ganze Versuchsreihe baut auf der traditionellen Assoziations-
theorie auf. Schon deshalb kann sie »das Interesse der Psychoanalytiker
nur teilweise in Anspruch nehmen«.[84] Im zweiten Experiment dieser
Reihe wird der (lediglich durch ein Namenskürzel und das Geschlecht
identifizierbaren, aber weder nach Alter noch nach sozialem Status defi-
nierten) Versuchsperson im hypnotischen Schlaf suggeriert, sie solle »von
einem Biber, der französischen Revolution, Rom, einer elektrischen
Lampe, von einem Bild, das in meinem [sc. Schrötters] Zimmer hängt,
und von einem Schmuckkästchen« träumen. In dem drei Minuten
währenden Traum ereignet sich laut Bericht: »Ich fahre in einem Kahn
auf einem grossen dunklen Teich allein; plötzlich sitzt neben mir eine
Dame; wir fahren, es wird heiss. Marmorbauten umgeben uns ringsum-
her: Wir sind in Rom. Und dann bin ich wieder auf dem Teich und

---

[83] Ebd., 641.
[84] Ebd., 639.

komme auf eine weite Ebene, wo eine elektrische Bahn fährt. Da drängen Leute darauf zu. Ich frage einen Herrn in einem braunen Pelz, was da los sei. Er sagt: Wir fahren zur französischen Revolution. Ich erkläre ihn für einen Narren. Er bekräftigt es aber und fordert mich auf mitzufahren. Wir kommen nach Paris. Ich steige aus und gehe ins Theater, wo gerade der erste Akt der Jungfrau von Orleans gegeben wird.«[85]

Das Protokoll und die von Schrötter verzeichneten Vorstellungselemente im Traum ergeben folgende vordergründige Assoziationen (die folgende Reihe berücksichtigt die chronologische Ordnung der suggerierten Vorstellungserreger):
– Biber > Herr in einem braunen Pelz
– französische Revolution > Fahrt zur französischen Revolution >
  Paris
– Rom > Teich, Marmorbauten, Rom
– elektrische Lampe > elektrische Bahn auf der Ebene
– Bild (im Zimmer Schrötters hängt ein Bild, auf dem kleine Seen zu
  sehen sind) > großer dunkler Teich
– Schmuckkästchen > Schillers Jungfrau von Orleans (I. Akt, 4. Auftritt)

Zu ergänzen wäre, daß die Versuchsperson nicht nur, wie ihr befohlen, von einem, sondern spontan von drei Bildern geträumt oder Bildmotive assoziativ verarbeitet hat. Der überfleißige Verarbeitungsprozeß selbst mißachtet jedoch die Assoziationsgesetze nicht. Vielmehr ist es ein Charakteristikum der Assoziationstätigkeit, daß sie Beziehungen zwischen Wortvorgaben und entsprechenden Bildvorstellungen nur mit einer bestimmten Wahrscheinlichkeit herstellt. Die auf dem Bild in Schrötters Zimmer zu sehenden kleinen Seen hätten theoretisch auch zum Traumvorstellungsbild eines Fjords, eines Tümpels oder einer Pfütze verwandelt werden können.

Geträumt hat die Versuchsperson die Übertragung manifester Inhalte in manifeste Inhalte. Deshalb kann die von Schrötter durchgeführte Traumanalyse auch keine überraschende Wendung nehmen. Banalisierend ausgedrückt: Der Traum ist das Produkt eines Übersetzungsapparates, der auf Anweisung (Suggestion) Äquivalenzen zwischen sprach-

[85] Ebd.

lichen und ikonischen Zeichen fixiert – allerdings kopflos, denn der Übersetzungsapparat verrichtet seine Arbeit in einer bewußtlos schlafenden Person.

Die Versuche der zweiten Reihe bleiben dem Schema der experimentell induzierten Träumerei verhaftet. Nur wird kein anscheinend banaler Trauminhalt suggeriert, sondern ein »latenter Trauminhalt, ähnlich jenen, die Freud und seine Schule durch ihre Methode der Traumanalyse entdeckt haben«. An einem Beispiel veranschaulicht: Schrötter suggeriert der Probandin Frl. B., daß sie im Traum »mit einem Manne auf französische Weise« verkehren solle. Zuvor hat er sich vergewissert, daß Frl. B. »diese Art des Verkehrs unter dem wiedergegebenen Namen bekannt sei«. Der während des hypnotischen Schlafs sich ereignende, ca. vierminütige Traum beginnt gemäß Niederschrift mit folgender Episode: »Mir war, als ob sich vom oberen Augenrand eine Masse über mich senken würde, die mich am Sehen verhinderte und sich dann wie schwere Flügel über meine Schultern senkte. Ich hüllte mich ganz darin ein, als ob es ein Domino wäre und ging auf einen Maskenball, um B zu suchen.«[86]

In der analytischen Bemerkung führt Schrötter aus, daß »die Symbolisierung der Stellung bei dem Akte vollkommen klar« sei, und bei so viel Klarheit kann er es sich nicht verkneifen, Gleichungen aufzustellen wie »Flügel über die Schultern = Beine« und »Masse = fremder Körper«.[87]

Natürlich ist Frl. B. nicht bewußt, was ihr im hypnotischen Schlaf zu träumen aufgegeben ist. Von einem latenten Trauminhalt, der *durch* Verdrängung ferngehalten, im Traum die Zensurbehörde hinters Licht führt und sich entstellt wieder meldet, um so einen Wunsch zu erfüllen, ist indes im Sinne der in der *Traumdeutung* dargestellten Sachverhalte nichts mehr übrig. Das einzige Datum, das psychologisch mehr als bloßes Achselzucken zu verursachen vermag, betrifft die ikonische Darstellung des suggerierten Trauminhalts. Und die scheint nach der analytischen *Symbol*theorie auflösbar zu sein. Dann ist jedoch die Voraussetzung voranzuschicken, daß der psychische Apparat des Menschen, ungeachtet der individuellen Erfahrung, einen eingegebenen sexuellen Inhalt ikonisch

[86] Ebd., 641.
[87] Ebd.

zwar nicht direkt, sondern indirekt, aber nach vorgegebenem, überindividuell gültigem Chiffriercode ausmalt.

Die Schrötterschen Versuche verdeutlichen, wie Freuds Traumauffassung von 1900 eine zweifache Abstraktion hat erdulden können. Einerseits werden die Träume aus Lebens-, Leidens- und Triebnarrativen herausseziert und Versuchspersonen zur automatischen Durcharbeitung eingegeben. Zum anderen ist die experimentell nachgewiesene Substitution bestimmter Vorstellungsinhalte durch andere, keineswegs beliebige Inhalte der in der ersten Lesart der *Traumdeutung* noch höchst marginalen Erforschung der Traumsymbolik verpflichtet. So sind denn Schrötters Versuche bereits im Umfeld des inzwischen kollektiven Umschreibens der *Traumdeutung* anzusiedeln.[88]

Kein Wunder, daß sie von Freud als experimenteller Beweis für die Existenz eines universellen Symbolwörterbuches rezipiert werden, auf das der psychische Apparat *unabhängig von den individuell geprägten Lebens- und Leidensgeschichten* unter Umgehung der im Bewußtsein installierten Zensur- und Polizeibehörden rekurriert. In diesem Sinne reagiert Freud auf die dargestellten Experimente, als er Jung davon berichtet: »Unlängst hat ein junger Wiener (Dr. Schrötter) die Traumsymbolik – ziemlich gegen seinen Willen – experimentell bestätigt. Er hat seinen Hypnotisierten aufgegeben, von sexuellem oder homosexuellem Verkehr zu träumen, und sie haben es in den uns bekannten, ihnen selbst, wie versichert wird, völlig unbekannten Symbolen getan. Damit fängt ein neuer Zweig der experimentellen Psychologie an.«[89] So mag es sein, daß die Schrötterschen Experimente einen selbst für das psychoanalytische Kollektiv neuen Zweig der Experimentalpsychologie inauguriert haben; viel wichtiger ist indes die Tatsache, daß einzelne der »uns bekannten« Vorstellungslexeme, die ohne Kenntnis der individuellen Verwender in einem gattungsfixierten Symbolwörterbuch verzeichnet sind, für Freud *auch experimentell* nachgewiesen werden. Die strategisch motivierte Bewertung der Experimentalmethodik als einer nützlichen Schützenhilfe der Psychoanalyse drückt sich später in der vierten Auflage der *Traumdeutung* von 1914 so aus:

---

88 Vgl. dazu den Beitrag von Lydia Marinelli und Andreas Mayer in diesem Band, S. 70 ff.
89 Freud an Jung, 18. 2. 1912, FJ, 538.

»Phil. Dr. K. Schrötter hat 1912 über Anregung von H. Swoboda bei tief hypnotisierten Personen Träume durch einen suggestiven Auftrag erzeugt, der einen großen Teil des Trauminhalts festlegte. Wenn die Suggestion den Auftrag brachte, vom normalen oder abnormen Sexualverkehr zu träumen, so führte der Traum diese Aufträge aus, indem er anstelle des sexuellen Materials die aus der psychoanalytischen Traumdeutung bekannten Symbole einsetzte. [...] Leider wird die Einschätzung dieser bedeutsamen Untersuchung durch die unglückliche Tatsache gestört, daß Dr. Schrötter bald nachher durch Selbstmord endete.« (TD, 4. Aufl., 279 [GW II/III, 389])

2. Pötzls Traumimitate

Die experimentelle Psychologie beschäftigt sich seit 1870 mit dem Phänomen der unterschwelligen Wahrnehmung: Ein im Hundertstelsekundenbereich dargebotener Reiz spricht zwar das Nervensystem an, wird als solcher jedoch nicht erkannt. Wenn das Nervensystem trotzdem gereizt wird, kann die Möglichkeit bestehen, daß es das unmerklich Dargebotene dennoch auf eine bestimmte Weise verarbeitet. Somit stellt sich das Problem, unter welchen Bedingungen eine Versuchsperson unterschwellige Reizkonstellationen auf welche Weise erfaßt (oder noch erfassen kann).

Nun wurden in der Zeit des Ersten Weltkriegs verschiedentlich Hirnverletzte beobachtet, die infolge einer Läsion der Sehrinde durch Einschuß von Gewehrmunition oder von Granatsplittern im Kernbereich des Sehfeldes erblindet waren, in den Randzonen des Sehfeldes dagegen optisch mehr oder weniger unversehrt Gegenstände zu erblicken vermochten. Richteten diese Hirnverletzten die Aufmerksamkeit auf den überproportional angewachsenen blinden Zentralbereich des Sehfeldes, sahen sie nichts. Dagegen erfaßten sie unwissentlich Dinge, die sich ihnen außerhalb des Aufmerksamkeitsfokus, also indirekt darboten. Vereinfachend gesagt, an der Peripherie des Sehfeldes besaßen diese Hirnverletzten etwas, das man in Anlehnung an die spätere neuropsychologische Fachterminologie als ›Blindsehen‹ bezeichnen kann.

Die Kriegsneurologie, die experimentelle Wahrnehmungspsychologie und die psychoanalytisch motivierte Neugier für die Mechanismen der

Traumarbeit trafen sich nun in der Person des Wiener Neurologen Otto Pötzl (1877–1962)[90], der 1917 in einem Artikel von über sechzig Druckseiten (welch akademische Gediegenheit!) Neuestes aus dem Bereich der experimentellen Traumforschung mitteilte.

Den Ausgangspunkt des Beitrags bildet die Frage, welche Wege die in den Randzonen der Netzhaut ausgelösten optischen Erregungen einschlagen, wenn Erregungen im Kernbereich des Gesichtsfelds aufgrund einer Hirnrindenverletzung nicht mehr verarbeitet werden. Dank anhaltender Beobachtungen an Verletzten des vorhin beschriebenen Typus bemerkte Pötzl, daß diese Personen erstaunliche Ersatzleistungen zu erbringen vermögen, obgleich nur noch das *indirekte* Sehen funktioniert: »[...] das Farbensehen, das Lesen steht bei ihnen trotz des indirekten Sehens auf einer Höhe, die zunächst erstaunlich wirken mag [...].«[91] Die Beobachtungen scheinen speziell »zu zeigen, daß die zentralen Partien des Gesichtsfeldes auf Leistungsstufen zurücksinken können, die sie den peripheren Bezirken des Gesichtsfelds ähnlich machen. [...] Die gleichen Erfahrungen zeigen aber auch, wie periphere Gesichtsfeldpartien sich auf Leistungsstufen erheben können, die sie den zentralen Gesichtsfeldpartien mehr und gleichen lassen.«[92] Kriegerische Ereignisse haben also das Sehhirn dieser Verletzten so verändert, daß Prozesse der Sinnesphysiologie, die sich ansonsten dem experimentellen Zugriff widersetzen, schlagartig doch zum Gegenstand von Versuchen gemacht werden können.

Worin besteht nun die Ersatzleistung, wenn das direkte Sehen infolge einer Läsion nichts mehr erfaßt? Das optisch angeregte Gehirn setzt, *wie im Traum*, sukzessiv und fragmentarisch erblickte Partialeindrücke zu-

90 Pötzl stellte sich, als er als Entlastungszeuge im Verfahren gegen Wagner-Jauregg geladen war, mit folgenden Worten vor: »Ich bin ein theoretischer Anhänger der Psychoanalyse [...]«; zitiert in: Kurt R. Eissler, *Freud und Wagner-Jauregg vor der Kommission zur Erhebung militärischer Pflichtverletzungen*, Wien 1979, 71. Das heißt konkret, daß er von der Freudschen Psychoanalyse als Psychotherapeutikum nicht viel hielt. Seine Differentialbewertung lautete: »Man kann sagen, daß man mit der Psychoanalyse in zwei Jahren nicht erreicht, was man mit der Faradisierung in zwei Stunden, mit der Isolierung in einigen Wochen erreicht.« (75 f.)
91 Otto Pötzl, »Experimentell erregte Traumbilder in ihren Beziehungen zum indirekten Sehen. I. Mitteilung«, in: *Zeitschrift für die gesamte Neurologie und Psychiatrie* 37 (1917), 280.
92 Ebd.

sammen, verkittet also einen ungeordneten visuellen Splitterhaufen wieder zu einem optischen Gesamtbild, das, zwar mit Abstrichen, dem entspricht, das sich bei unversehrtem Gesichtsfeld auch darbieten würde. Die Verwandlung des visuellen Splitterhaufens in ein Gesamtbild bezeichnet Pötzl entweder als ›Nachentwicklung‹ oder, gleichbedeutend, als ›Evolutionsprozeß‹. »Damit ist der Übergang zu einer Annahme gegeben, die vielleicht selbstverständlich ist: daß der geschilderte Evolutionsprozeß auch beim Gesunden vor sich geht, daß nur die Abstraktion durch die Gegenarbeit unter gewöhnlichen Verhältnissen sein Bewußtwerden verhindert [...].«[93] Pötzl setzt gedanklich bei der durch die Läsion erst möglich gewordenen Bewußtwerdung der Nachentwicklung disparater Gesichtseindrücke an, »um wenigstens illustrativ jenen Prozeß zu erläutern, der bei den cerebral bedingten Läsionen des zentralen Sehens das indirekte Sehen nach und nach mit den Eigenschaften des direkten Sehens begabt [...].«[94]

Nun stellt sich die Aufgabe, eine Analogie zwischen dem indirekten Sehen der Hirnverletzten und dem unversehrten Sehen der Gesunden *im Experiment zu materialisieren.* Es müssen also experimentell genau die Bedingungen bei gesunden Versuchspersonen geschaffen werden, die dem indirekten Sehen bei Hirnverletzten entsprechen. Oder anders: Gesucht wird ein experimentelles *Imitat* des indirekten Sehens der optisch versehrten Hirnverletzten. Als reelle Brücke zwischen Hirnverletzten und Gesunden fungiert die Pseudozerstörung des normalen Gesichtsfelds im Experiment, als gedankliche Brücke zwischen der Nachentwicklung der Gesichtseindrücke bei Hirnverletzten und derjenigen bei Gesunden dagegen der Traum. Pötzl begreift also den Traum als das Medium, in dem sich die Nachentwicklungsprozesse manifestieren, die bei hirnpathologischen Fällen ohne äußeres Zutun ablaufen, wenn sich das Gesichtsfeld auf die Randzonen zurückgezogen hat.

Die experimentelle Zerstörung des Gesichtsfelds erfolgt durch unterschwellige Exposition einer Reizvorgabe. Das besagt, daß die gesunden Versuchspersonen im Versuch zu Blindsehern werden, die im Traum das nachliefern, was sie aufgrund der experimentellen Blindheit nicht *erfaßt* haben.

[93] Ebd., 282.
[94] Ebd., 283.

In seinem Artikel beschreibt Pötzl nur vier Experimente aus der Versuchsreihe, an der zwölf Versuchspersonen[95] teilnehmen. Die Auswahl der Versuchspersonen erfolgt nach nur einem Kriterium: Sie sollen »dazu disponiert« sein, »auf ihre Träume gut zu achten, und willig den Schlaf unterbrechen, um sofort Notizen zu machen«; allerdings sollen sie »sich selbst mit Traumanalysen im Sinne der Freudschen Schule« vorher nicht beschäftigt oder vertraut gemacht haben. Pötzl experimentiert »im streng unwissentlichen Verfahren«.[96] Die Versuchspersonen wissen daher nicht, zu welchem Behuf etwas an ihnen untersucht wird.

Die Durchführung der Experimentalsitzungen beschreibt Pötzl mit diesen Worten: »Der größte Teil der Versuche wurde im direkten Sehen angestellt. Exponiert wurde beim Grundversuch nur einmal, durchaus in der Zeit von 1/100 Sekunde; die Zeitangabe bezieht sich auf die Angabe des Compoundverschlusses; es handelt sich übrigens nur um die Größenordnung der Zeit, nicht darum, ob es gerade 10 σ [= Millisekunden] sind.«[97]

Man stelle sich also vor, daß eine über ihre Aufgaben instruierte Versuchsperson in einem abgedunkelten Raum vor einem Bildschirm Platz nimmt, konzentriert auf diesen blickt, und auf dem Bildschirm etwas aufleuchtet, das in Wirklichkeit eine tachistoskopische, nur etwa zehn Millisekunden dauernde Projektion eines farbigen Diapositivs der Wiener Firma Reichert ist. In zehn Millisekunden ist von dem Bild*inhalt* nichts zu erkennen. Das Experimentalgerät ist die funktionelle Entsprechung des aus der Tradition der akademischen Psychologie bekannten Tachistoskops, einer Maschine, die man, statt mit dem technischen Fremdwort, mit einer Periphrase als ›Schnellgucker‹ bezeichnen könnte und deren Zweck darin besteht, kurzlebige visuelle Reize bis zur Größenordnung eines Bruchteils einer Sekunde beliebig oft und chronometrisch exakt gleichbleibend dem Auge darzubieten. Die Versuchsperson macht visuell – um das Beispiel des zweiten Versuchs heranzuziehen, bei dem ein Diapositiv von der Klagemauer in Jerusalem verwendet wird – laut Protokoll nur diese Erfahrung: »Ich habe etwas gesehen; es ist

---

[95] Vgl. ebd., 283 f.: »Es war nicht notwendig, mehr als 12 Vp. [sc. Versuchspersonen] zu nehmen, da die Erscheinungen bei der Mehrzahl der Vp. sich gesetzmäßig in allen Einzelheiten wiederholten.«

[96] Ebd.

[97] Ebd.

unmöglich zu sagen, was. Überhaupt nur Schwarz und Weiß.‹ Nach einer Pause: ›Schatten; längliche Streifen...‹ Nachträglich: ›Wie Bäume‹.«[98]

Im Verlauf des Experiments entstehen mehrere Protokolle und Berichte. Das erste Protokoll wird, wie soeben gezeigt, nach der Exposition aufgenommen. Ein zweites Protokoll hält »nachträgliche Einfälle vom Tage« fest.[99] Am folgenden Tag schreibt die Versuchsperson »die Traumbilder und hypnagogen Halluzinationen« nieder, wenn sie dies nicht schon unmittelbar nach dem nächtlichen Aufwachen aus dem Traum getan hat. Daraufhin begibt sich die Versuchsperson erneut zum Versuchsleiter, der in einem weiteren Protokoll deren nunmehr aufkeimende Assoziationen fixiert. Es folgen noch zwei Schritte: die Versuchsperson wird aufgefordert, die erinnerbaren Traumbilder zu zeichnen; danach betrachtet sie in Anwesenheit des Versuchsleiters das normal zur Exposition gelangende Diapositiv, wobei die Bemerkungen der Versuchsperson sei es zum Bild, sei es zum Traum niedergeschrieben werden.

Ist das Experiment bis zu dieser Phase vorangebracht worden, verläßt die Versuchsperson die Bühne des Geschehens. Dafür übernimmt Pötzl als Versuchsleiter die Hauptrolle. Er und nur er kann als Experte abschätzen, was der Wahrnehmungsapparat bei *Vision nulle* aus der aufleuchtenden Reizvorgabe auswählt, was die Versuchsperson im Traum zusammenwürfelt und was nach verrichteter Traumarbeit *tatsächlich* mit diesem oder jenem Element des Diapositivbildes übereinstimmt oder nicht.

Pötzl stellt mit einer von ihm als zureichend bewerteten Regelmäßigkeit fest, daß die Versuchspersonen von den Reizvorgaben fast nichts erfassen; was sie zu sehen vermeinen, entspricht so gut wie nie den Elementen des auf die Leinwand projizierten Bildes. Ferner konstatiert er, daß die Bildanteile, die die Versuchspersonen nach der Exposition in irgendeiner Weise assoziativ verarbeiten, im Traum nicht wiederkehren. Oder anders gesagt: gleichgültig, ob ein Element nach der Exposition bildgetreu oder verzerrt sprachlich zum Ausdruck gebracht oder psychisch sonstwie verwertet wird, für die Traumarbeit selbst ist es *verloren*. Im Traum dagegen tauchen blindgesehene Elemente mit einer gewissen Kohärenz aus dem Schlaf empor.

[98] Ebd., 287.
[99] Ebd., 284.

So läßt sich »zunächst die Existenz jener verspäteten Nachentwicklung von Anteilen des Gesehenen«[100] nachweisen: es »erfolgt eine nachträgliche Entfaltung vorbewußt aufgenommener optischer Keime«.[101] Indes, nach Pötzl ist die nachträgliche Entfaltung dieser optischen Keime *sinnesphysiologisch*, d.h. durch die Verrichtungen des Sehapparates, schon vorbereitet, womit empirisch die Möglichkeit einer vollständigen Entfaltung allein durch die Traumarbeit ausgeschlossen ist. Das Traumbild setzt sich folglich zusammen aus (a) genuin traumbedingten Anteilen und (b) den durch den Sehapparat bedingten, beispielsweise durch virtuelle Blickbewegungen vorgeprägten Anteilen: »[...] man kann innerhalb gewisser Grenzen von einer optisch-motorischen Transformation sprechen in dem Sinne, daß die gebremste Bewegung den Raum und die Gestaltqualität psychisch erscheinen läßt.«[102] Das heißt, daß sinnesphysiologisch beschreibbare Mechanismen gleichsam den virtuellen Gestaltungsraum konstituieren, in dem die Traumarbeit die zuvor nicht bearbeiteten Impressionen aus ihrer Blindheit reißt und zu Gestalten, Figuren, Farbflächen, Bauten, Landschaften, Eisenbahnen, Mordszenen und dergleichen zusammensetzt.

Aus der Interpretation der Experimentaldaten ergibt sich für Pötzl ein wichtiges Ausschlußgesetz: »Es besteht die exklusive Beziehung, daß von der Gesamtwirkung einer optischen Situation der einmal gestaltete Teil aus der Nachwirkung verschwindet, daß dagegen nur die noch nicht gestaltlich entwickelten, vorbewußt aufgenommenen Anteile der Situation, fortwirken. Hat das Erfaßte ein Maximum, so haben die latent im Vorbewußten nachwirkenden Elemente ein Minimum und umgekehrt.«[103]

Die Pötzlschen Ergebnisse sind allerdings überhaupt nur sinnvoll, wenn eindeutige Relationen zwischen den Bildelementen der tachistoskopischen Reizdarbietung und den entsprechenden Elementen des Traums hergestellt werden können. Diese Relationen sind entweder geometrisch (ein *Flächenelement* der Reizvorgabe entspricht seiner morphologisch *ähnlichen Flächengestalt* des Traums) oder physiognomisch (ein *baumartig aussehendes* Element der Reizvorgabe entspricht einer *baum-*

---

100 Ebd., 286.
101 Ebd.
102 Ebd., 347.
103 Ebd., 348.

artig aussehenden menschlichen Gestalt im Traum). Solche Relationen sind sprachlich kaum zu erfassen. Deshalb operiert Pötzl vornehmlich mit ikonischen Daten: einerseits mit den von den Versuchspersonen angefertigten Zeichnungen, den erinnerbaren Traumikonen, und andererseits mit Illustrationen, die durch photographische Techniken hergestellt werden.

Zu dem als »darstellendes Verfahren« bezeichneten Vorgehen schreibt Pötzl: »Die geometrisch-optische Treue vieler Deckungsstellen zwischen Traumbild und Exposition, die in [...] Versuchen festgestellt worden ist, ließ es als verhältnismäßig leicht erscheinen, die Versuche auf rein photographischem Weg zu illustrieren. Dieses Verfahren ließ auch noch eine weitere Kontrolle dafür erwarten, wie weit die optische Treue der visuellen Traumreaktion geht. [Es zeigt sich,] daß die photographisch dargestellten Traumbilder einen Anspruch darauf machen dürfen, daß man sie als treu gelten läßt; vielleicht wird sich ergeben, daß dieser Anspruch auf Treue nicht so wesentlich hinter den Anforderungen zurückbleibt, die man in dieser Beziehung an die Photographie eines Gehirnschnittes stellt.«[104]

Mit der photographischen »Illustration der Versuche« erfahren die Träume eine Fremdniederschrift völlig ungeahnter Art. Pötzl beauftragt den Wiener Photographen Karl Grail, dem er als dem »Illustrator für sein feines Verständnis und seine außerordentliche Geduld und Sorgsamkeit zu größtem Dank verpflichtet«[105] ist, nach seinen Angaben Abzüge der Bildvorlagen so anzufertigen, daß sie den von den Träumern gesehenen Bildszenen entsprächen. Zur Anwendung gelangt »keine andere als die photographische Technik«.[106] Das Diapositiv der Exposition im Versuchsraum, inzwischen zum Negativ verwandelt, wird konsequent mit photographischen Techniken der Überbelichtung, der Unterbelichtung, der Teilbelichtung und der Retouche zum illustrativen ›Nachbild‹ der Zeichnung eines Traumbilds einer Versuchsperson transformiert und materialisiert. An den serienweise vor ihm liegenden Illustrationen überprüft Pötzl schließlich die geometrischen und morphologischen Relationen, die in das einfließen, was man als ›Treuequotienten‹ zwischen der Bildvorlage und dem Traumbild nennen mag.

---

104 Ebd., 295.
105 Ebd.
106 Ebd., 296.

Vorlage dieser Illustrationen sind die Zeichnungen der Versuchspersonen. Zum Verständnis jeder Zeichnung verwendet Pötzl die Traumberichte der Versuchspersonen und deren protokollarisch festgehaltene Bemerkungen, Einfälle usw. Textpartikel und Zeichnungen ergeben jeweils die Matrix, nach der das bereinigte Imitat eines Traumbildes durch den Photographen hergestellt wird. Pötzls Artikel macht jedoch klar, daß er die Feinabgleichung zwischen der Bildvorgabe und dem Traum primär an diesen Imitaten vornimmt – das in der Dunkelkammer eines technisch bewanderten Photographen entstandene Imitat *ersetzt* letztlich die Zeichnungen und die sprachlichen Äußerungen der Versuchspersonen. Nach den diversen Niederschriften und Verbildlichungen des Traums sind die psychischen Prozesse der Träumenden von der Bildfläche verdrängt worden: Es bleiben nur noch der Traumexperte und seine schwarz-weißen Traumimitate übrig.

VI. Die »Couch im Labor«?

Freud hat in der fünften Auflage der *Traumdeutung* auf Pötzls Experimentaluntersuchung geantwortet. Er lobt deren Finesse und die dabei beschrittenen neuen Wege. Allerdings hebt er auch hervor, daß die Pötzlsche Untersuchung dem Mechanismus der Verarbeitung rezenter, nebensächlicher (nicht bemerkter oder im Wachen noch nicht verarbeiteter) Eindrücke gegolten habe und zudem »weit über die Absichten einer Traumdeutung, wie sie in diesem Buche versucht wird« (TD, 5. Aufl., 1919, 127 [GW II/III, 188]), hinausgehe.

In der experimentellen Traumforschung erlebte der Pötzlsche Ansatz erst in den fünfziger Jahren des 20. Jahrhunderts ein merkliches *revival* durch Howard Shevrin und Lester Luborsky[107], an die andere Forscher, darunter Charles Fisher[108] sowie eine Generation später Wolfgang

---

[107] Vgl. Lester Luborsky/Howard Shervrin, »Dreams and day-residues: A study of the Poetzl observation«, in: *Bulletin of the Menninger Clinic* 20 (1956), 135–148; sowie Howard Shevrin/Lester Luborsky, »The measurement of preconscious perception in dreams and images: An investigation of the Poetzl phenomenon«, in: *Journal of Abnormal and Social Psychology* 56 (1958), 285–294.

[108] Vgl. u. a. den paradigmatischen Beitrag von Charles Fisher, »A study of the preliminary stages of the construction of dreams and images«, in: *Journal of the American Psychoanalytic Association* 5 (1957), 5–60.

Leuschner und seine Mitarbeiter[109] angeknüpft haben. Bemerkenswert an diesem *revival* ist die Verfeinerung der Untersuchungstechniken, die Anwendung der Statistik als wahrscheinlichkeitstheoretisches Hilfsmittel zur Überprüfung vereinzelter Hypothesen, die Normalisierung des Experimentaltraumparadigmas – und nicht zuletzt die Tatsache, daß dieser Trend wie schon 1920 ›weit über die Absichten einer Traumdeutung‹ *à la* Freud hinausgreift. Durch die Experimentalmethode ist der Traum gewiß objektiviert worden. Als experimentell festgelegtes Objekt ist er jedoch aus dem klinischen Diskurs entfernt und so zu einem fügsamen, glatten *Produkt* verdinglicht worden. Wodurch erklärt sich das Paradox, daß der besagte Trend mit der Psychoanalyse sowohl konvergiert wie auch von ihr divergiert?

An der psychoanalytischen Experimentaltraumforschung sind zwei Abstammungslinien zu unterscheiden. Deren erste entspringt den universitär verankerten Fächern der Psychologie, Neurologie und Physiologie, deren zweite dagegen einem von Freud selbst beförderten Seitenzweig der Psychoanalyse. Diese Bastardisierung erweist sich, wie die Rezeptionsgeschichte zeigt, als die offenkundige Ursache von Mißverständnissen und zugleich als verdeckte Triebfeder unvereinbarer Erkenntnisansprüche und Wahrheitsbehauptungen.

Wolfgang Leuschner und seine Mitarbeiter haben im Kontext der experimentellen Traumforschung von der »Couch im Labor«[110] gesprochen. Ich halte diese Redensart für wohlklingende Selbstpropaganda. Propagiert wird nämlich die Transferierbarkeit (oder die Vorstellung von der Transferierbarkeit) des klassischen psychoanalytischen Settings[111] an einen anderen Ort, an dem es *ohne Verlust* parametrisch zerlegt, forschungstechnisch reproduziert und nach bestimmten Versuchsplänen variiert zu werden vermag. Nun kann man verschiedenste Versatzstücke aus der Alltagswelt – auch aus der Alltagswelt der Psychoanalyse – ins

---

[109] Vgl. z. B. Wolfgang Leuschner, »Mitteilung über eine akustische Methode experimenteller Traumerregung«, in: *Psyche* 40 (1986), 341–354, sowie aus neuerer Zeit Wolfgang Leuschner/Stephan Hau/Tamara Fischmann, »Couch im Labor – Experimentelle Forschung unbewußter Prozesse«, in: *Psyche* 52 (1998), 824–849.

[110] Vgl. Leuschner/Hau/Fischmann, »Couch im Labor«, 824.

[111] Das heißt: das Ensemble, das durch die Person A auf der Couch, durch die Person B auf dem Stuhl hinter der Couch und durch die in diesem exterritorialen Eiland stattfindenden, psychodynamisch aufgeladenen Prozesse von Übertragung und Gegenübertragung gebildet wird.

Labor transferieren. Selbst das Möbelstück ›Couch‹ läßt sich im Labor ergonomisch und materiologisch testen. Bei genauerem Hinsehen erkennt man jedoch, daß in keiner Episode der experimentellen Traumforschung je ein Umzug der Couch (nicht des Möbelstücks, sondern des belebten Settings) in ein Laboratorium stattgefunden hat. Im Labor sind bestenfalls Mechanismen der Traumarbeit (oder andere psychische Mechanismen) mit den genuin zu diesem Ort gehörenden Verfahren erneut vergegenständlicht, manipuliert, gemessen und statistisch bewährt worden, und zwar an träumenden Analysanden, Analytikern oder Personen, denen die Psychoanalyse kognitiv und gefühlsmäßig so indifferent war wie die Newtonschen Fallgesetze einem im Herbstwind aufgewirbelten Quittenbaumästchen.

Und dennoch sind der Pötzlsche Ansatz und seine Weiterentwicklungen unzweifelhaft freudianischen Ursprungs. Das psychoanalytisch inspirierte und informierte Paradigma unterscheidet sich ja durch seine Thematik und seine theoretische Stoßrichtung von anderen experimentellen Traumforschungsparadigmen und nicht durch die methodischen Regulative, die für es nicht weniger Geltung besitzen als für die Wahrnehmungspsychologie und die Kognitionswissenschaften.

Aber die *freudianische* Genealogie ändert nichts an der Tatsache, daß das psychoanalytische Experimentalparadigma den Traum notwendigerweise einem epistemischen Regime unterwirft, das für die von klinischen Erkenntnisinteressen motivierte Objektivierung des Traums keine Geltung mehr besitzt. Die klinisch veranstaltete Objektivierung ist am Traum als einem Medium interessiert, in dem sich die Geschichte eines Individuums verrät. Im klinischen Verständnis wird der Traum folglich als Symptom gelesen, mit anderen Symptomen verknüpft, besprochen und narrativ entschlüsselt. Er wird in diesem Falle nicht mehr als Produkt aufgefaßt, dessen Dasein und Struktur sich den Gesetzmäßigkeiten der psychischen Mechanik verdanken, sondern als symptomatische, in den Schriftzügen eines individualgeschichtlichen Prozesses geschriebene Episode. Da auch diese klinische Form der Traumobjektivierung *freudianischen* Ursprungs ist, verwundert es kaum, daß die genealogische Identität der klinischen und der experimentellen Traumobjektivierung als Vorwand für die irreführende Vereinheitlichung der beiden epistemischen Regimes – hier des experimentellen, dort des klinischen – hergehalten hat.

Die Kontaminierung der epistemischen Differenz durch die genealogische Einheit macht sich beispielsweise in der unendlichen Kontroverse darüber bemerkbar, ob Freuds Traumkonzeption wissenschaftlich stichhaltig sei oder nicht. Bekanntlich haben die Mechanismen der Traumarbeit zu unterschiedlichen theoretischen Auffassungen reichlich Anlaß gegeben. Die an Pötzl anschließenden, späteren Experimentalstudien sind tendenziell als Bestätigung der Freudschen Lehre der Traummechanismen interpretiert worden, woraus in einem zweiten Schritt der Schluß gezogen wurde, daß die psychoanalytische Traumauffassung insgesamt kein Irrglaube sei, sondern als wissenschaftlich begründete Normalität anerkannt werden müsse. Traumforscher anderer Provenienz, denen keine Sympathie für die *Traumdeutung* nachgesagt werden kann[112], sind auf der Grundlage anderer Experimentalmodelle zu anderen Ergebnissen gelangt, aus denen sie gefolgert haben, daß Freud und seine Anhänger sich wissenschaftlich verheddert und bloßen Schein für Sein gehalten hätten.

Von wenigen Ausnahmen abgesehen, haben Anhänger und Gegner der Psychoanalyse dabei übersehen, daß mit der experimentellen Traumforschung nur eine Facette der mit Freud einsetzenden psychoanalytischen Objektivierung der Träume gemeint sein kann – und eben nicht der Traum als Gegenstand von Besprechungen im Sprachraum des Settings. Zu den wenigen Ausnahmen zählt der französische Psychoanalytiker Pierre Fédida, der unlängst in einer Kontroverse mit der Neurophilosophin Joëlle Proust zugestanden hat, daß zwischen der besprechenden Thematisierung der Träume und der psychophysiologischen Thematisierung der Traummechanismen eine unüberwindbare Kluft bestehe. Im Besprechen der Träume werde die Traumpsychologie metaphorisiert, während der psychophysiologische Diskurs es auf die biochemischen Zuständlichkeiten des Zentralnervensystems (sei es des Menschen, sei es der Warmblüter) abgesehen habe.[113] Das heißt in letzter Konsequenz, daß die von klinischen Erkenntnisinteressen geleitete Objektivierung menschlichen Träumens in der Tat erreichbar war – und es nach wie vor ist –, ungeachtet der gerade für plausibel gehaltenen Theorie der Traum-

---

[112] Vgl. z. B. Michel Jouvet, *Le sommeil et le rêve*, Paris 1992, besonders Kapitel VII.
[113] Joëlle Proust/Pierre Fédida, »La psychanalyse a-t-elle fait son temps?«, in: *Le Monde des Débats*, September 1999, Nr. 6, 25.

mechanismen,[114] und daß die von Freud in der *Traumdeutung* artiku-
lierte Auffassung des Traums *als ganze* experimentell weder widerlegbar
noch beweisbar ist.

So hat also die *Traumdeutung* von 1899/1900 nicht eine, sondern zwei
– und wenn man die später kollektiv dechiffrierte Traumsymbolik ein-
bezieht, sogar drei – *Lesbarmachungen* der Träume inauguriert. Daß die
daraus resultierenden *Lesbarkeiten* unterschiedslos als ›psychoanalytisch‹
kursieren, mag in Anbetracht der Übergröße Freuds für Anhänger und
Gegner dieser Disziplin noch nachvollziehbar sein. Unter epistemischen
und diskursiven Vorzeichen betrachtet, ist die Verwischung der Differenzen zwischen den Lesbarmachungen (folglich auch der Lesbarkeiten)
der Träume für das Verständnis des Traumlebens in der okzidentalen Moderne dagegen mißverständlich, argumentativ verfänglich und reichlich
unproduktiv.[115]

---

[114] An der fehlenden Kongruenz zwischen den Traummechanismustheorien und der Vergegenständlichung des Traums als eines Mediums lassen sich denn auch die kulturellen
Wirkfaktoren des Träumens und der Traumnarrative ablesen. Formal und inhaltlich sind
weder die Traumszenarien noch der öffentliche und private Umgang mit Träumen anthropologische Konstanten. Wer eines Belegs bedarf, beachte die Untersuchung von Jean-
Claude Schmitt, der die zaghafte Demokratisierung der Träume und den sozialen Wandel
des Traumsehens im 12. Jahrhundert analysiert hat; vgl. Jean-Claude Schmitt, »Les dimen-
sions multiples du voir. Les rêves et l'image dans l'autobiographie de conversion d'Hermann
le Juif au XIIᵉ siècle«, in: *Micrologus. Natura, scienze e società medievali* 6 (1998), 1–27.

[115] Ich danke Lydia Marinelli und Andreas Mayer für unzählige Anregungen, Kritik und
insistierend aufmunternde Anrufe aus Wien; ferner danke ich Anke Kleta (Berlin), Hilde-
gard Parekh (Heidelberg), Gerhard Schneider (Mannheim), Urs Schöpflin (Berlin) und
Charles Wolfe (Paris/Boston) für wertvolle Hinweise auf Quellen, Beschaffung von Material und Kommentare.

Hans-Dieter Gondek
Der Freudsche Traum und seine französische Deutung:
Foucault, Lacan, Derrida als Leser der *Traumdeutung*

Eine Vorbemerkung

Es gibt keine sachliche Einheit, unter der man Denker wie Foucault, Lacan und Derrida zwanglos zusammenführen könnte. Was sie eint, ist allein, daß sie ihre wesentliche Wirkung in der zweiten Hälfte dieses Jahrhunderts erzielten und mehr oder weniger an der Fortentwicklung der Psychoanalyse beteiligt waren. Auch die Schul- und Epochenkategorie *Strukturalismus* trifft nur sehr bedingt und eingeschränkt zu. Bestenfalls läßt sich für jeden der Genannten eine vorübergehende Annäherung an diesen wesentlich von außen induzierten Begriffstitel konstatieren – Zeichen vielleicht für eine als bequem und förderlich empfundene Zugehörigkeit, hinter der aber niemals jene grundsätzliche Überzeugtheit stand, wie sie für die Ausbildung einer »Schule« und eine konsequente Fortwirkung unabdingbar ist. Kurzum, den Strukturalismus, der Foucault, Lacan, Derrida und Lyotard vereinen könnte, gibt es nicht und hat es auch im Jahr 1966 nicht gegeben – außer vielleicht als Phantom, als Hoffnung, als Illusion.[1] Nichtsdestotrotz hat ein anderes Denken des Verhältnisses von Struktur und Subjekt, von Sprache als vorgegebener Ordnung (*langue*) und Sprechen als Akt (*parole*), sowie ein Bruch mit dem Subjektivismus des Erlebnisses und der Erfahrung und folglich einer Philosophie des *Cogito* und des Bewußtseins – für die in der polemischen Abgrenzung vor allem Sartre zum Negativemblem erkoren wurde – die Voraussetzungen dafür geschaffen, daß in Frankreich ab Mitte der fünfziger Jahre Freuds Buch *Die Traumdeutung* sehr anders gelesen wurde als zuvor.

Daher werden die genannten Autoren hier einzeln dargestellt. Wo Korrespondenzen – und Divergenzen – bestehen, werden diese ange-

---

[1] Insofern halte ich auch das Unternehmen einer »Geschichte des Strukturalismus« für in Titel *und/oder* Sache verfehlt. Vgl. zur Kritik an François Dosses *Histoire du structuralisme* (2 Bde., Paris 1992/93; dt. *Geschichte des Strukturalismus*, 2 Bde., übersetzt von Stefan Barmann, Hamburg 1997; Frankfurt am Main 1999) meine Besprechung: »Die Aktualität des Strukturalismus«, in: *Philosophische Rundschau* 45 (1998), 311–327, v. a. 316 ff.

führt. Aber ein Krieg der Systeme, Ideologien oder Schulen – etwa: Dekonstruktion vs. Strukturalismus – findet nicht statt.

I. Die Vorgeschichte

Die erste französische Übersetzung des Buches *Die Traumdeutung* durch Ignace Meyerson[2] ist 1926 – also dreizehn Jahre nach der ersten englischen Übersetzung durch Abraham Arden Brill – unter dem irreführenden Titel *La Science des rêves* (Die Wissenschaft der Träume) erschienen. Erst seit 1967 liegt eine von Dénise Berger revidierte und erweiterte Fassung unter dem treffenderen Titel *L'Interprétation des rêves* vor.

1926 wurde auch die erste psychoanalytische Vereinigung Frankreichs, die *Société psychanalytique de Paris*, gegründet; zwölf Personen taten sich auf diese Weise zusammen. Elisabeth Roudinesco spricht von einer fünfzehnjährigen Verspätung, mit der die Rezeption und Organisation der Psychoanalyse in Frankreich einsetzte.[3] Nur daß sich diese Verspätung nicht als gleichbleibend linearer Verzug durchhielt, sondern zu einer von der Chronologie des Freudschen Werkes abgelösten Rezep-

[2] Jacques Lacan spricht von der »sehr sympathischen Übersetzung des mutigen Herrn Meyerson« (Sém I 44/47). [Wird im folgenden wie hier eine Originalausgabe und deren Übersetzung zitiert, ist allein maßgeblich der Text des Originalzitats und der Verweis darauf. Die Übersetzungen habe ich mitunter leicht verändert (in der Regel aus kontextuellen Gründen), ohne dies ausdrücklich zu vermerken. Nur bei schwerwiegenden Abweichungen erfolgt ein entsprechender Hinweis. Alle Zitate, die allein nach dem Original nachgewiesen werden, sind von mir übersetzt worden.]

[3] Art. »France«, in: Elisabeth Roudinesco, Michel Plon, *Dictionnaire de la psychanalyse*, Paris 1997, 322. Für eine umfassende Darstellung der Gründungsgeschichte siehe Elisabeth Roudinesco, *La bataille de cent ans: Histoire de la psychanalyse en France. 1*, Paris 1986; [2]1994, v. a. 269 ff.; dt. (Teilübersetzung) *Wien–Paris. Die Geschichte der Psychoanalyse in Frankreich. Band I*, übersetzt von Brigitta Restorff, Weinheim/Berlin 1994, v. a. 221 ff. Bedauerlicher-, aber auch unverständlicherweise ist die deutsche Übersetzung ausgerechnet in dem Teil, der sich um die Geschichte der *Société psychanalytique de Paris* dreht, massiv gekürzt worden. Ähnlich ärgerlich ist die Tatsache, daß mit einer Übersetzung des zweiten, vor allem Lacan gewidmeten Bandes des Standardwerks von Roudinesco nicht mehr zu rechnen ist. Die deutsche Ausgabe des stärker biographisch angelegten Buches *Jacques Lacan. Esquisse d'une vie, histoire d'un système de pensée*, Paris 1993; dt. *Jacques Lacan. Bericht über ein Leben, Geschichte eines Denksystems*, übersetzt von Hans-Dieter Gondek, Köln 1996, Frankfurt am Main 1999, kann hier nur bedingt Abhilfe schaffen.

tion führte, die direkt an den aktuellen Schriften ansetzte, vor allem den Texten der sogenannten *Metapsychologie* und denen der *Zweiten Topik*.[4] Freuds *Traumdeutung* fand ihr Publikum dagegen vornehmlich außerhalb dieser aus Medizinern bestehenden psychoanalytischen Gruppe im aufkommenden *Surrealismus* – eine Rezeption, die Freud bekanntlich überhaupt nicht behagte.[5]

Die eigentliche psychoanalytische und die eigentliche philosophische Rezeption von Freuds *Traumdeutung* setzt erst in den Jahren der Okkupation und dann nach dem Ende des Zweiten Weltkriegs ein. Denn nicht anders als die deutschen Philosophen, die sich mit der Freudschen Psychoanalyse im allgemeinen und dem Buch und dem Verfahren der *Traumdeutung* sehr schwertaten,[6] traf auch in der französischen Philosophie das Freudsche Œuvre vorwiegend auf taube Ohren oder solche, die nur flüchtig und sehr selektiv wahrzunehmen bereit waren. Im übrigen dürfte die Tradition des cartesianischen Rationalismus, der ohne den Ausgang vom *Cogito* als initialer Verknüpfung von Subjekt und Objekt, Bewußtsein und Sein jedes Denken für unmöglich erachtet, die Barriere auf der anderen Seite des Rheins noch weiter erhöht haben. Sartres massive Abwehr der Psychoanalyse und seine wohl nur als bauernschlau zu bezeichnende »Widerlegung« der Freudschen Theorie des Unbewußten

---

[4] So führt etwa Jacques Lacan in seiner 1932 publizierten medizinischen Dissertation, die in Sache und Verfahren eine Brücke schlägt von der avancierten zeitgenössischen Psychiatrie zur Freudschen Psychoanalyse, an Werken Freuds nur Texte aus dem Zeitraum von 1911 (Freuds Schreber-Analyse) bis 1923 (»Das Ich und das Es«) an. Auch in dem darin enthaltenen kurzen Abriß der Entstehung der Psychoanalyse bleibt *Die Traumdeutung* unerwähnt (vgl. Jacques Lacan, *De la psychose paranoïaque dans ses rapports avec la personnalité*, Paris 1932, wiederaufgelegt Paris 1975, 318 ff., und Literaturverzeichnis; dt. *Von der paranoischen Psychose in ihren Beziehungen zur Persönlichkeit*, übersetzt von Hans-Dieter Gondek, Wien 2000); siehe aber weiter unten, S. 212.

[5] Vgl. Art. »Rêve«, in: Elisabeth Roudinesco, Michel Plon, *Dictionnaire de la psychanalyse*, 902 f. Vgl. auch die instruktiven Artikel von J.-B. Pontalis, »Entre le rêve-objet et le texterêve«, in: *Entre le rêve et la douleur*, Paris 1977, 19 ff.; dt. »Zwischen Traum als Objekt und Traumtext«, in: *Zwischen Traum und Schmerz*, übersetzt von Hans-Dieter Gondek, Frankfurt am Main 1998, 23 ff., und »Les vases non communicants«, in: *Perdre de vue*, Paris 1988, 133; dt. »Die nicht kommunizierenden Röhren«, in: *Aus dem Blick verlieren. Im Horizont der Psychoanalyse*, übersetzt von Hans-Dieter Gondek, München 1991, 140 ff.

[6] Siehe Carl Eduard Scheid, *Die Rezeption der Psychoanalyse in der deutschsprachigen Philosophie vor 1940*, Frankfurt am Main 1986.

sind als exemplarisch anzusehen.[7] Selbst in seinen Untersuchungen über *Das Imaginäre* (mit einem Kapitel über den *Traum*)[8], die *Imagination*, die *Theorie der Emotionen* und die *Transzendenz des Ego*[9] läßt Sartre Freuds Beitrag – und damit auch *Die Traumdeutung* – unbeachtet.

Ähnlich verhält es sich mit dem anderen Philosophen jener Zeit, der wie Sartre die deutsche phänomenologische Philosophie in die französische Philosophie einführte. Auch Maurice Merleau-Pontys erste Begegnungen mit dem Freudschen Denken in *La structure du comportement* und *Phénoménologie de la perception*[10] sind durch massive Vorbehalte geprägt, so daß immer schon bereits abgewehrt ist, was noch gar nicht richtig zur Kenntnis genommen sein kann. Hinsichtlich der Psychoanalyse besteht zwischen den beiden Büchern nur insofern ein Unterschied, als sich Merleau-Ponty 1942 für deren Abwehr auf Georges Politzer[11] und Kurt Goldstein[12] beruft (und Freud nirgendwo im Wortlaut zitiert), 1945 dagegen Ludwig Binswanger[13] und Jean-Paul Sartre für die (etwas gemäßigtere) Ablehnung bürgen (und immerhin drei Zitate aus zwei Texten Freuds Eingang ins Buch finden).

[7] Vgl. Jean-Paul Sartre, *L'Être et le Néant*, Paris 1943, 89 ff.; dt. *Das Sein und das Nichts*, übersetzt von Traugott König, Reinbek 1991, 124 ff.: Weil das Unbewußte letztlich wissen muß, was es verdrängt, stellt es doch nur eine Version der *mauvaise foi*, der Unaufrichtigkeit, dar. Nichtsdestotrotz ist Sartre 1943 als »der erste französische Theoretiker« anzusehen, der »eine wirkliche phänomenologische Lektüre des Freudschen Unbewußten« vorgelegt hat (E. Roudinesco, »Sartre lecteur de Freud«, in: *Les Temps Modernes*, Nr. 531–533: *Témoins de Sartre*, Dezember 1990, 591).

[8] Sartre, *L'imaginaire. Psychologie phénoménologique de l'imagination*, Paris 1940; dt. *Das Imaginäre. Phänomenologische Psychologie der Einbildungskraft*, übersetzt von Hans Schöneberg, Reinbek 1971, 1980.

[9] Sartre, *L'imagination*, Paris 1936, [4]1994. *Esquisse d'une théorie des émotions*, Paris 1939. »La transcendance de l'ego. Esquisse d'une description phénoménologique«, in: *Recherches philosophiques*, Nr. VI, 1936/37. Gesammelt auf dt. in: *Die Transzendenz des Ego. Philosophische Essays 1931–1939*, übersetzt von Uli Aumüller, Traugott König und Bernd Schuppener, Reinbek 1982.

[10] Siehe Maurice Merleau-Ponty, *La structure du comportement*, Paris 1942, 1990, v. a. 191 ff.; dt. *Die Struktur des Verhaltens*, übersetzt von Bernhard Waldenfels, Berlin/New York 1976, 202 ff.; *Phénoménologie de la perception*, Paris 1945, v. a. 180 ff.; dt. *Phänomenologie der Wahrnehmung*, übersetzt von Rudolf Boehm, Berlin 1965, 185 ff.

[11] Siehe Georges Politzer, *Critique des fondements de la psychologie*, Paris 1928; [3]1994, 70; dt. *Kritik der Grundlagen der Psychologie*, übersetzt von Hans Fürchtner, Frankfurt am Main 1978, 81 f.

[12] Kurt Goldstein, *Der Aufbau des Organismus*, Den Haag 1934.

[13] Man täusche sich nicht: Der Text von Binswanger, auf den sich Merleau-Ponty bezieht,

II. Der Traum, das Bild und der Tod –
Foucaults Feier der Imagination

> »Am tiefsten Punkt seines Traums begegnet der Mensch
> seinem Tod – der Tod, der in seiner uneigentlichsten Form
> nur die brutale und blutige Unterbrechung des Lebens, in
> seiner eigentlichsten Form aber die Vollendung seiner
> Existenz ist.« (F 94/B 53)[14]

Auch Michel Foucaults Zugang zu Freud, vor allem zum Freud der
Traumdeutung, sollte über Binswanger gehen, und nicht anders als bei
Merleau-Ponty sollte dies eher eine Blockade als einen Zugang bedeuten.
Im Frühjahr 1954 kam die französische Ausgabe eines kleinen, aus dem
Jahre 1930 stammenden Textes von Ludwig Binswanger heraus, »Traum
und Existenz«. Foucault hatte zu dem von Jacqueline Verdeaux über-
setzten Text (vermutlich war er an der Übersetzung beteiligt; auf jeden
Fall stammten die hinzugefügten Anmerkungen von ihm) eine *Intro-
duction* verfaßt, die nicht nur den doppelten Umfang von Binswangers
Text aufwies, sondern auch weit über das hinausging, was man von einer
Einführung erwarten konnte.[15]

Traum und Existenz ist nicht das systematische Pendant zu Binswangers
historischer Untersuchung von 1928 über *Wandlungen in der Auffassung
und Deutung des Traumes von den Griechen bis zur Gegenwart*, die, von Ho-
mer bis Freud reichend, vor allem das Traumdenken der Romantik reha-
bilitierte. Vielmehr soll entlang der Metaphorik des Fliegens, Schwebens
und Fallens im Traum eine für die Sprache, die »Einbildungskraft des

---

»Über Psychotherapie«, stiftet keinen Zugang zu Freud, über den Merleau-Ponty bis dahin
nicht verfügte, sondern führt eine rein geistphilosophische Abrechnung mit Freud. Siehe
ausführlicher dazu meinen Beitrag »Der Leib, das Unbewußte und das Fleisch. Merleau-
Ponty und die Psychoanalyse«, in: Regula Giuliani (Hg.), *Maurice Merleau-Ponty und die
Humanwissenschaften*, München 2000.

[14] Da ich an der Übersetzung dieses Textes durch W. Seitter so manche terminologische
Entscheidung nicht nachvollziehen kann und mir die Übersetzung generell zu frei erscheint, werde ich eine eigene Übersetzung verwenden; die Hinweise auf Seitters Übersetzung dienen der leichteren Auffindbarkeit.

[15] Walter Seitters *Nachwort* zu der deutschen Ausgabe ist leider recht unergiebig, zumal er
sich zum distanzlosen Fürsprecher von Binswanger/Foucault und deren Kritik an Freud
macht. Ähnliches gilt für sein »Onirocritiques«, in: *Michel Foucault philosophe*, Paris 1989,
166–171. Brauchbarer ist der Artikel »Traumanalysen« in: Michel Foucault/Walter Seitter,
Das Spektrum der Genealogie, Bodenheim o. J., 61–83.

Dichters« und den Traum geltende »ontologische Wesensstruktur« aufgedeckt werden (B 99). Dies geht auf Kosten des Sexuellen, dem Freud bekanntlich und nicht zuletzt an Bildern des Steigens, Fliegens oder Fallens[16] einen Vorrang eingeräumt hatte. Binswanger postuliert eine Verbundenheit zwischen dem »Stimmungsgehalt der Bilder« und der »reaktiven Stimmung des Träumers«, die er bei Freud aufgekündigt sieht: »Gerade die Vertiefung in den manifesten Trauminhalt, der seit Freuds epochemachendem Postulat der Rekonstruktion der latenten Traumgedanken in neuerer Zeit allzusehr in den Hintergrund des Interesses gerückt ist, lehrt uns, die ursprüngliche enge Zusammengehörigkeit von Gefühl und Bild, von Gestimmtsein und bildhaftem Erfülltsein richtig zu würdigen.« (B 108) Im übrigen ist das die direkteste Bezugnahme auf Freuds *Traumdeutung*; ansonsten wird eher vage Kritik an der Triebtheorie (B 132) und der Lehre vom Unbewußten (B 133) geübt. Für die geforderte Vertiefung in den manifesten Trauminhalt werden literarische Traumbeispiele (Gottfried Keller, Jeremias Gotthelf, Jean Paul) sowie das antike Traumverständnis, insbesondere Heraklits *Fragment 89* (»Die Wachen haben eine einzige gemeinsame Welt; im Schlaf wendet sich jeder der eigenen zu.«[17]), mobilisiert. Binswanger zielt auf eine Versöhnung zwischen dieser Eigenwelt und der Kollektivität, wofür er sogar die Hegelsche Dialektik bemüht und mit ihrer Hilfe den Gang der Psychotherapie als den Weg einer »echte[n] Vergeistigung« (B 131) anlegt.

Foucault sieht die Leistung Binswangers im Beitrag zu einer *philosophischen Anthropologie*, die den Zugang zur »konkreten Existenz« erschließt und doch den Anspruch wahrt, eine »Tatsachenwissenschaft« zu sein. Thema sei »nicht so sehr der Traum *und* die Existenz als vielmehr die Existenz, so wie sie sich selbst erscheint und so wie man sie im Traum entziffern kann« (F 68/B 11). Dazu bedarf es eines *Verstehens* existenzialer Strukturen und gestifteten Sinns. Daran aber fehlt es der Freudschen Traumdeutung. Sie verkenne die »Sprachstruktur« des Traumes, indem sie den Sinn so aufnimmt, wie man tote, »verlorene Sprachen« analysiert und »verborgene Codes entschlüsselt«, womit sie eine »eventuelle«, mehr

[16] Wenn auch weniger eindeutig als gemeinhin angenommen. Vgl. GW II/III, 398 ff. Zum problematischen Status allgemeiner Symbole in Freuds *Traumdeutung* siehe John Forrester, *Language and the Origins of Psychoanalysis*, Kap. 3: »Symbolism«, London 1980, S. 63–130. Vgl. auch Lacan, E 713.
[17] Heraklit, *Fragmente*, griech./dt., hg. von Bruno Snell, München [7]1979.

oder weniger wahrscheinliche Bedeutung, aber nicht den gestifteten Sinn erreiche; »niemals wird der Ausdrucksakt selbst in seiner Notwendigkeit rekonstituiert« (F 71/B 17).

Vor allem verfehle Freud die Dimension des Bildes, die eigene Logik des Bildhaften und dessen Rückübersetzung in einen sinnhaften Ausdrucksakt. Freud analysiere die Sprache des Traums nur nach seiner »semantischen Funktion«, vernachlässige aber »die morphologische und syntaktische Struktur«. So suche er nur nach allgemeinen, dem Gegenstand als bezeichnend zugesprochenen Bedeutungen – tote Bedeutungen *ohne ein Bedeuten*, ohne ein Sagen-Wollen, einen intentionalen, sinngebenden Akt. Daß Freud für die Analyse von Träumen ein Prinzip der »Überdeterminierung« und damit ein »Überschießendes an Sinn« postuliert, ändert nichts, sondern fördert noch die Zerstreuung und Anonymisierung eines den Ausdrucksakten zugrunde liegenden Subjekts.

Foucault schließt in die Kritik einer um die Dimension des Verstehens gekappten Hermeneutik und einer verkürzten Theorie des Symbols auch prominente Nachfreudianer ein, nämlich Melanie Klein und Jacques Lacan, die aufgrund komplementärer Fehler in einer Art imaginärer Verhaftung zueinander stehen sollen: Während die eine sich ganz der Analyse der Phantasien zuwendet und aus ihnen den Sinn hervorgehen läßt, nimmt der andere die Imago zum Punkt, »in dem die signifikative Dialektik der Sprache erstarrt und sich durch den Gesprächspartner faszinieren läßt, den sie sich geschaffen hat«. Beiden gelingt folglich nicht die Einheit »zwischen einer Psychologie des Bildes, die das Feld der Präsenz bezeichnet, und einer Psychologie des Sinns, die das Feld der Virtualitäten der Sprache bestimmt. / Die Psychoanalyse hat es niemals geschafft, die Bilder zum Sprechen zu bringen.« (F 73/B 20)

Um deutlicher zu zeigen, was hier nicht zusammengeht, nimmt Foucault auf ein weiteres, 1900 erschienenes Werk Bezug: Edmund Husserls *Logische Untersuchungen*. Die in der ersten *Logischen Untersuchung* vorgelegte »wesentliche Unterscheidung« zwischen *Bedeutung* und *Anzeichen*[18] wendet Foucault auf eine »Phänomenologie des Traumes« an: Die Anzeichen beziehen sich auf eine »objektive Situation«, die »signifikativen Gehalte« auf die Traumerfahrung (F 76/B 24). Doch auch die Hus-

18 Jacques Derrida hat diese »wesentliche Unterscheidung« Husserls 13 Jahre später einer selbst durch Freud und seine Theorie der Nachträglichkeit motivierten dekonstruktiven Lektüre unterzogen. Siehe ders., *La voix et le phénomène*, Paris 1967.

serlsche Phänomenologie hilft nur bedingt weiter; sie weist letztlich eine der Psychoanalyse komplementäre Schwäche auf. Die strikte Trennung zwischen Bedeutung und Anzeichen läßt eine Überwindung der ursprünglichen Spaltung zwischen Innerlichkeit und Äußerlichkeit nicht zu: »Die Phänomenologie hat es geschafft, die Bilder zum Sprechen zu bringen; aber sie hat niemandem die Möglichkeit gegeben, deren Sprache zu verstehen.« (F 79/B 29)

Für Binswangers Auftritt ist damit alles vorbereitet. Foucault rühmt an ihm dreierlei: Erstens sei ihm die Integration von Psychoanalyse und Phänomenologie und damit die Überwindung der jeweiligen Sackgassen gelungen. Zweitens habe er die im neunzehnten Jahrhundert vollzogene Verwerfung der tradierten Ansicht des Traumes als einer auf die Zukunft gerichteten Erkenntnisform rückgängig gemacht. Im Mittelpunkt steht das schon angeführte *Fragment 89* von Heraklit, das von Binswanger in dem Sinne psychotherapeutisch umgedeutet wird, daß die Funktion des Arztes »als des wissenden Vermittlers zwischen Eigenwelt und gemeinsamer Welt, zwischen Täuschung und Wahrheit« (B 129) nunmehr als eine Art Weckvorgang eines Sinns für die Allgemeinheit zu verstehen sei. Und drittens habe er das Mißverständnis eines strikten Gegensatzes zwischen der Traumwelt als eigener, privater Welt und der gemeinsamen Welt beseitigt.

Denn der heraklitische *idios kosmos* des Träumenden kommt nicht durch einen *sekundären* Rückzug aus der gemeinsamen Welt zustande, sondern ist der *primäre* Ort der Konstitution der Welt aus der eigenen Existenz. Darin sieht Foucault auch keinen Widerspruch zur romantischen Tradition, die den Traum als »Transzendenz« der gegebenen Welt wahrnimmt. Der Traum bringt mich auf »meine eigene Einsamkeit« (F 90/B 47), damit aber auch auf meine »radikale Freiheit« (F 90/B 47) und auf meine »ursprüngliche Verantwortung« (F 91/B 47) zurück. Dies ist der von der Traumerfahrung untrennbare, aber von der Psychologie verkannte »ethische Gehalt« des Traums. Was aber letztlich im Traum begegnet, wenn das Bewußtsein eingeschlafen ist und die Existenz erwacht, ist *der Tod*, der von Foucault in die jähe Unterbrechung des Lebens einerseits und den Gipfelpunkt der menschlichen Existenz andererseits verdoppelt wird (F 94/B 53; siehe das Motto zu diesem Kapitel). Und den Freud verfehlt:

»Es ist sicher kein Zufall, wenn Freud in seiner Deutung des Traums durch die Wiederholung der Todesträume zum Einhalten gezwungen worden ist: In der Tat stellten sie eine absolute Grenze dar für das biologische Prinzip der Befriedigung des Wunsches; sie zeigten – Freud hat das nur zu gut gefühlt – die Forderung nach einer Dialektik an. Doch ging es dabei nicht um den rudimentären Gegensatz zwischen dem Organischen und dem Anorganischen, dessen Spiel sich bis ins Innere des Traumes hinein kundtun sollte. Freud stellte zwei äußerliche Prinzipien gegeneinander auf, deren eines für sich allein alle Mächte des Todes beinhalten sollte. Doch der Tod ist sicher etwas anderes als das Relatum eines Gegensatzes; er ist jener Widerspruch, in dem sich – in der Welt und gegen die Welt – die Freiheit als Schicksal zugleich vollendet und verneint.« (F 94 f./B 53 f.) Für Foucault ist der Tod kein Thema unter anderen. Freud aber wird bezichtigt, ihn so behandelt zu haben, und eben dies habe sich gerächt. Denn die von Freud unzureichend gedeuteten Todesträume entwickelten ihre eigene Dynamik und sorgten weiterhin für Unruhe. Foucault zieht hier eine interessante Linie von den Angst- und Todesträumen in der *Traumdeutung* bis hin zur Einführung des *Todestriebs*. Daß dieser Trieb und seine Verknüpfung mit dem Realitätsprinzip eine einseitige Sache sei und damit eine inadäquate Behandlung des »Themas« *Tod*, wird zweifellos von der stillschweigend vorausgesetzten *existenzialen Analytik des Daseins* als Folie her erzwungen.[19]

Es ist letztlich eine andere Einstellung zum Tod, die Foucault hier einfordert. Sie ist stoischen Ursprungs: »Die Wiederholung der Todesträume, die die Freudsche Psychoanalyse einen Augenblick schwanken machte, und die sie begleitende Angst zeigen in ihnen einen als Strafe oder Widerspruch trotzig verweigerten, zurückgewiesenen, verfluchten Tod an. Doch auch in den heiter-gelassenen Träumen der Vollendung ist der Tod da: sei es im erneuerten Antlitz der Auferstehung beim geheilten Kranken, sei es auch als die Ruhe, endlich, des Lebens. Doch in allen Fällen ist der Tod der absolute Sinn des Traumes.« (F 95/B 55) Dieser existenzial verstandene Tod ist die dem Weisen vorbehaltene Belohnung.[20]

Unmittelbar für den Gegenstand Traum relevant ist die scharfe Unterscheidung, die Foucault zwischen *image* und *imagination*, »Bild« und »Einbildungskraft« zieht. Sie sind nicht von derselben »Webart«. Das

---

[19] Doch auch Lacan kritisiert die Freudsche Konstruktion des Todestriebs wegen ihrer biologischen Grundlegung (Sém II 35/36).
[20] Hieran schließt eine Diskussion des Selbstmords an. Eine ausführliche Auseinandersetzung mit Foucaults *Introduction* erscheint in RISS. *Zeitschrift für Psychoanalyse. Freud – Lacan.* 48 (2000).

Bild wird in die Rolle eines »Realitätsersatzes« zurückbeordert und beerbt die Imagination, sobald diese ins Stocken kommt: »Das Bild bietet sich nicht in dem Moment dar, in dem die Imagination ihren Höhepunkt erreicht, sondern in dem Moment, in dem sie umschlägt. [...] Ein Bild haben heißt also darauf zu verzichten zu imaginieren. [...] das Bild mimt die Freiheit durch eine Quasi-Befriedigung des Wunsches.« (F 115/B 86 f.) Das Bild ergibt sich aus dem Zugriff des wachen Bewußtseins auf die Imagination des Traums als dessen eigentlicher Produktivität und Expressivität. Zwar habe Freud erkannt, daß der Sinn des Traumes nicht auf der Ebene der Bildgehalte zu suchen und daß der Traum ein Kompromißprodukt sei; nur habe er die Kräfte dieses Kompromisses falsch bestimmt: »Doch in Wirklichkeit besteht der Kompromiß nicht zwischen dem Verdrängten und der Zensur, zwischen den instinktiven Trieben und dem Wahrnehmungsmaterial, er besteht zwischen der eigentlichen Bewegung des Imaginären und seiner Verfälschung im Bild.« (F 117/B 90) Dennoch bleibt zwischen Imagination und Bild (*image*) eine Versöhnung möglich. Doch bedarf es dazu einer (für Foucault von Binswanger geleisteten) »transzendentalen Reduktion des Imaginären«, dem »Übergang von einer anthropologischen Analyse des Traums zu einer ontologischen Analytik der Imagination«. Am Ende landet man beim Problem des Ausdrucks: »Das Bild kann sich nun von neuem darbieten, nicht mehr als Verzicht auf die Imagination, sondern im Gegenteil als deren Vollendung; gereinigt im Feuer des Traumes wird das, was in ihm nur Verfälschung des Imaginären war, zur Asche; dieses Feuer selbst aber vollzieht sich in der Flamme. Das Bild ist nicht länger Bild *von* etwas, ganz und gar auf eine Abwesenheit hin entworfen, die es ersetzt; es wird an sich selbst empfangen und gibt sich als die Fülle einer Anwesenheit; es bezeichnet nicht länger etwas, es wendet sich an jemanden. Das Bild erscheint jetzt als eine Modalität des Ausdrucks und erlangt seinen Sinn in einem Stil...« (F 118/B 92)

Wir haben es folglich noch mit einem anderen Tod zu tun, der analog der »toten Arbeit« des Kapitals die Imagination bedroht: dem Tod als Bild, der Erstarrung im Bild als Tod.

Zumindest eine Gemeinsamkeit zeichnet sich zwischen Freud und Foucault ab: ein Mißtrauen gegen das Bild. Bei Freud richtet sich dieses allerdings gegen den Faszinationswert eines mehr oder weniger expressiven Bildes, das scheinbar aus sich heraus etwas zu bedeuten vermag. Man weiß, daß Freud der Traumarbeit, genauer: der Zensur, die Funktion zugesprochen hat, für »eine völlige ›Umwertung aller psychischen Werte‹« (GW II/III 335) zu sorgen. Woraus folgt: »Das Moment der Realität geht für die Intensitätsbestimmung der Traumbilder verloren.« Also auch für Freud ist das Traumbild keine Ersatzbildung für etwas Abwesendes. Und wenn Freud eine »Bilderschrift« des Traumes anführt, »deren Zeichen einzeln in die Sprache der Traumgedanken zu übertragen sind«, folgt die notwendige Präzisierung auf dem Fuß: »Man würde offenbar in die Irre geführt, wenn man diese Zeichen nach ihrem Bilderwert anstatt nach ihrer Zeichenbeziehung lesen wollte.« (GW II/III 283 f.)

Foucaults Kritik greift somit zunächst einmal zu kurz: Freud und Foucault/Binswanger sprechen von verschiedenen Dingen. Tatsächlich ist in dem Buch *Die Traumdeutung* die Frage einer Theorie des Traumes ausgeklammert bzw. wird äußerst rudimentär und grundsätzlich im (theoretischen) VII. Kapitel angeschnitten. Im Kern geht es jedoch allein um *Deutung* und Deutbarkeit des Traums und, wie auch Foucault selbst zeigt, erfolgt die Ausarbeitung einer Theorie des Traumes und vor allem deren Verknüpfung mit den Theorien des Triebes, der Phantasie, der Symptombildung etc. erst später – und gewiß nicht zureichend innerhalb des Freudschen Werkes. Allerdings ließ auch bei Freud selbst das Interesse an der Theorie des Traumes allmählich nach[21] – wie ja auch die Relevanz der Traum*deutung* in der psychoanalytischen Praxis.

Vor allem aber erkennt Foucault nicht, daß Freuds Entscheidung für die »Zeichenbeziehung« und gegen den »Bilderwert« eine bewußte und methodische Entscheidung ist. Sie ist gegen das Imaginäre und gegen die Imagination gerichtet. Die allgemeine Hypothese Freuds, der Traum sei *sinnvoll*, setzt sich in einer spezifischen Hypothese fort: Der Traum besteht aus (prinzipiell rekonstruierbaren) *Gedanken*. Um an diese Gedanken heranzukommen, ist jedes Verharren auf der Ebene der manifesten Bilder nicht nur überflüssig, sondern schädlich.

In einem allgemeineren Sinne jedoch ist die Foucaultsche Kritik nicht so einfach abzuweisen. Lacan beispielsweise räumt ein, daß, als Psychologie des Traums betrachtet, Freuds Theorie eher armselig sei (E 623/ S II 214). Doch Freuds *Traumdeutung* ist eben keine Psychologie.

---

[21] So hat Freud allein in der kleinen Schrift »Metapsychologische Ergänzung der Traumlehre« (GW X, 401–426) die Konsequenzen der Triebtheorie, insbesondere der Einführung des Narzißmus, für seine Auffassung vom Traum dargelegt.

Lacan hat bekanntlich den Freudschen Vorrang der »Zeichenbeziehung« gegenüber dem »Bilderwert« mit seiner Theorie der Signifikanten noch weiter verstärkt. Man mag dies für eine Einseitigkeit halten. Doch Belege dafür, daß dies so ist, sind bei Freud gar nicht so einfach zu entdecken. J.-B. Pontalis macht auf eine Passage aufmerksam, die zeigt, daß Freud die sinnliche Seite am Traum, nämlich die visuelle Erfahrung desselben, keineswegs eskamotiert hat. »Wenn man sich nun erinnert, welche Rolle in den Traumgedanken den infantilen Erlebnissen oder den auf sie gegründeten Phantasien zufällt, wie häufig Stücke derselben im Trauminhalt wieder auftauchen, wie die Traumwünsche selbst häufig aus ihnen abgeleitet sind, so wird man auch für den Traum die Wahrscheinlichkeit nicht abweisen, daß die Verwandlung von Gedanken in visuelle Bilder mit die Folge der Anziehung sein möge, welche die nach Neubelebung strebende, visuell dargestellte Erinnerung auf den nach Ausdruck ringenden, vom Bewußtsein abgeschnittenen Gedanken ausübt. Nach dieser Auffassung läßt sich der Traum auch beschreiben als der durch Übertragung auf Rezentes veränderte Ersatz der infantilen Szene. Die Infantilszene kann ihre Erneuerung nicht durchsetzen; sie muß sich mit der Wiederkehr als Traum begnügen.« (GW II/III 551 f.)

Ähnlich wie Foucault, doch nicht mit dessen polemischer Stoßrichtung hat J.-B. Pontalis diesen Bezug auf die Visualität des Traums als eine »Traumerfahrung« deklariert und deren Reduktion im Vollzug der Deutung kritisiert. Denn, so Pontalis, »der Bezug des Visuellen auf das Unbewußte ist nicht kontingent, sondern wesentlich«, und damit ist gar so etwas möglich wie eine »Osmose« zwischen dem Visuellen und dem Unbewußten.[22]

Ob unter dem Titel »das Imaginäre« bzw. »die Imagination« oder unter dem der Visualität – auf jeden Fall werden Zweifel angemeldet am Primat oder Alleinvertretungsanspruch der Signifikanz (des Seman-

---

22 »Perdre de vue«, 280; dt. 303. Vgl. auch »L'attrait du rêve«, in: J.-B. Pontalis, *La force d'attraction*, Paris: Seuil 1990, 36 f.; dt. »Das Anziehende am Traum«, in: *Die Macht der Anziehung*, übersetzt von Hans-Dieter Gondek, Frankfurt am Main 1992, 30. Pontalis wendet sich in Fortführung des von der Romantik gesponnenen und vom Surrealismus aufgenommenen Fadens dem Roman *Peter Ibbetson* von Daphne Du Maurier zu, der von der Überwindung der Einsperrung in einen *idios kosmos* durch eine Art »Wahrträumen« erzählt. Vgl. zusammenfassend Hans-Dieter Gondek, »J.-B. Pontalis – zwischen Sartre und Lacan«, in: Pontalis, *Zwischen Traum und Schmerz*, 7–22.

tischen nach Foucault) für die Erfahrung des Traumes. Pontalis weiß um die möglichen negativen Konsequenzen für die Freudsche Psychoanalyse und hält betont Abstand zum Jungianismus[23] (Foucault ist da offener und unbesorgter[24]). Lacan dürfte sich besagter Gefahren durchaus bewußt gewesen sein: Entsprechend hat er zum einen stets am Signifikanzprimat des Traums und seiner Deutung festgehalten, ja dieses noch theoretisch untermauert, und zum anderen mit einer Theorie des Symbolischen, die zugleich immer auch eine Theorie der Optik ist, das Wuchern des Imaginären einzudämmen sich bemüht.

Wollte man weiteres zutage fördern, so müßte man sich allgemein mit Foucaults ambivalentem Verhältnis zur Psychoanalyse befassen.[25] Auf das Deuten von Träumen kommt Foucault letztmalig im dritten Band seiner *Geschichte der Sexualität* zu sprechen – freilich nicht auf Freuds *Traumdeutung*, sondern auf das klassische Traumbuch der Antike von Artemidor.[26] Weder auf seine *Introduction* noch überhaupt auf Binswanger oder Freud geht Foucault mit einem Wort ein. Und selbst wenn an einer Stelle von Signifikanten und Signifikaten die Rede ist und der Signifikant mit Bild und Repräsentation gleichgesetzt wird,[27] hat man nicht den Eindruck, daß hier eine Spur gelegt wird, die zurückführt.[28]

[23]   Vgl. Pontalis, *Entre le rêve et la douleur*, 22 und 79; dt. 26 und 89.

[24]   F, 98/59. Ein wichtiger Vermittler dürfte der von Jung beeinflußte Gaston Bachelard gewesen sein, dessen Versuche einer poetischen Psychoanalyse von Feuer, Wasser, Materie und Traumgesichten wiederum Binswanger gelesen hat.

[25]   Siehe dazu John Forrester, »Michel Foucault and the history of psychoanalysis«, in: ders., *The Seductions of Psychoanalysis. Freud, Lacan and Derrida*, Cambridge 1990, 286–316, 378–385, sowie die Beiträge (darunter Forrester) in: Marcelo Marques (Hg.), *Foucault und die Psychoanalyse. Zur Geschichte einer Auseinandersetzung*, Tübingen 1990; Jacques Derrida, »Être juste avec Freud‹. L'histoire de la folie à l'âge de la psychanalyse«, in: ders., *Résistances – de la psychanalyse*, Paris 1996, 89–146; dt. »›Gerecht sein gegenüber Freud‹. Die Geschichte des Wahnsinns im Zeitalter der Psychoanalyse«, in: ders., *Vergessen wir nicht – die Psychoanalyse!*, hg. und übersetzt von Hans-Dieter Gondek, Frankfurt am Main 1998, 59–127.

[26]   Michel Foucault, *Histoire de la sexualité 3: Le souci de soi*, Paris 1984, 16–45; dt. *Sexualität und Wahrheit 3: Die Sorge um sich*, übersetzt von Ulrich Raulff und Walter Seitter, Frankfurt am Main 1986, 10–51.

[27]   Ebd., 39; dt. 38.

[28]   Weitere Bezugnahmen auf *Die Traumdeutung* sind ephemer (etwa auf das Motto der *Traumdeutung* in »La recherche scientifique et la psychologie«, in: Foucault, *Dits et écrits*, Paris 1994, Bd. I, 158). Ein einziges Mal wird dieses Buch ausdrücklich beim Titel genannt, und das in einem durchaus brisanten Kontext: In einer Diskussion mit Lacan-Schülern,

III. Der Traum, die Angst und das Phantasma – der Traum und seine Deutung bei Lacan

> »Ich sage Ihnen, was Freud gemacht hat. Ich sage Ihnen,
> wie seine Methode vorgeht. Und in Wahrheit genügt es,
> eine beliebige Seite der *Traumdeutung* [i. O. dt.]
> aufzuschlagen, um etwas Entsprechendes zu finden. [...]
> Sie werden immer eine Folge von Homonymien oder
> Metonymien finden, von Namensbildungen, die ganz
> wesentlich für das Verständnis des Traumes sind, und ohne
> welche dieser sich auflöst, zerrinnt.«
> (Sém III 269 f./281)

Lacans direkte Bezugnahmen auf Freuds *Traumdeutung* – kein Buch wird in seinem Seminar so häufig genannt wie dieses, insgesamt sechzig Mal[29] – setzen im Jahr 1953 ein, in dem Jahr, in dem Foucault an seiner *Introduction* zu Binswangers *Traum und Existenz* geschrieben haben dürfte. Doch ist dies der einzige gemeinsame Punkt zwischen Lacans Herangehen an den Traum und dem von Foucault.[30] Denn Lacan läßt Binswangers Versuch einer Amalgamierung von Phänomenologie und Psychoanalyse gänzlich unbeachtet – vermutlich, weil er selbst an einer solchen Verbindung arbeitet. Zumindest für die Jahre 1953 bis 1957 wird man eine starke Orientierung Lacans an Heidegger konstatieren müssen, die sowohl die Grundannahmen zur Zeitlichkeit des Subjekts, vor allem aber die Theorie der Sprache und die der Wahrheit (Entber-

---

[29] darunter Jacques-Alain Miller, erklärt Foucault *Die Traumdeutung* zu dem entscheidenden Werk Freuds, das man nicht nur über die *Drei Abhandlungen zur Sexualtheorie* zu stellen, sondern diesen sogar entgegenzusetzen habe (vgl. »Le jeu de Michel Foucault«, in: *Dits et écrits*, Bd. III, 315; dt. »Ein Spiel um die Psychoanalyse«, übersetzt von Monika Metzger, in: *Dispositive der Macht. Michel Foucault über Sexualität, Wissen und Wahrheit*, Berlin 1978, 149). Und plötzlich stellt Foucault den Anschluß zu seinem eigenen damaligen Projekt her – der *Geschichte der Sexualität*, die im Grunde eine Geschichte des Sprechens, der Diskurse über Sexualität ist – und macht den Freud der *Traumdeutung* gar zu dessen Vorläufer (ebd., 320; dt. 158).

[29] Vgl. *Index des noms propres et titres d'ouvrages dans l'ensemble des séminaires de Jacques Lacan*, Paris 1998, 30.

[30] Es stimmt zwar, daß Foucault zu der Zeit am Hôpital Sainte-Anne als Assistent angestellt war, als Lacan dort sein Seminar aufnahm. Doch was Walter Seitter in Verlängerung dieser Tatsache an (zumal nur in eine Richtung verfolgten) Überlegungen zur Wirkung dieser *Introduction* auf Lacan aufbietet, ist nicht allzu plausibel und vor allem nicht gut belegt.

gung, Unverborgenheit, *aletheia*) betrifft und die Lacan gar motiviert, seine stilistischen Fähigkeiten in den Dienst der Aufgabe des Übersetzers zu stellen: *Logos*.[31]

Dies ist insofern nicht ohne Belang, als Lacan sein übersetzerisches Tun selbst wie folgt zweckbestimmt hat: »Wenn ich von Heidegger spreche oder vielmehr, wenn ich ihn übersetze, bemühe ich mich, dem Wort *(parole)*, das er vorträgt, seine souveräne Signifikanz *(signifiance)* zu lassen.« (E 528/S II 54) Der Ausdruck »signifiance« ist hier zweifach bedeutsam: Zum einen bezeichnet er – als Substantivierung des Partizip Präsens des Verbs *signifier*, »bedeuten« – die »Qualität« genau dessen, dem Lacan in einer eigenständigen Theorie zu seiner Autonomie verhelfen wird, des *Signifikanten* nämlich;[32] zum anderen nimmt er diesen Ausdruck, um für den Titel eines ihm wichtigen Werkes eine bessere Übersetzung zu liefern: *La signifiance du rêve*, *Die Traumdeutung*.

Allerdings ist Lacan unmißverständlich darin, daß die Freudsche *Traumdeutung* diesen Titel erst dann verdient, wenn sie in der Weise be- und überarbeitet worden ist, wie Lacan dies in seiner seit 1955 ausgerufenen »Rückkehr zu Freud« postuliert,[33] nämlich als eine »Sprachstruktur«: »Diese die Operation des Lesens ermöglichende Sprachstruktur steht am Anfang der *Traumsignifikanz*, der *Traumdeutung* [i. O.

---

[31] Martin Heidegger, »Logos (Heraklit, Fragment 50)«, in: *Vorträge und Aufsätze*, Pfullingen 1954, 199–221. »Logos«, übersetzt von Jacques Lacan, in: *La psychanalyse* 1 (1956), 59–79. Vgl. dazu Norbert Haas, »Lacans Deutsch«, in: Jutta Prasse und Claus-Dieter Rath (Hg.), *Lacan und das Deutsche. Die Rückkehr der Psychoanalyse über den Rhein*, Freiburg 1994, 40–56, und Hans-Dieter Gondek, »Logos und Übersetzung – Heidegger als Übersetzer Heraklits, Lacan als Übersetzer Heideggers«, in: Alfred Hirsch (Hg.), *Übersetzung und Dekonstruktion*, Frankfurt am Main 1997, 263–348.

[32] Vgl. dazu auch die Anmerkungen von Samuel Weber zur Übersetzung von *signifiant* durch *Signifikant* in: *Rückkehr zu Freud. Jacques Lacans Ent-stellung der Psychoanalyse*, Wien 1990 (erweiterte Neuausgabe), 201 f.

[33] In dem am 7. November 1955 in Wien gehaltenen Vortrag *La chose freudienne ou Sens du retour à Freud en psychanalyse* (E 401–436) heißt es: »Der Sinn einer Rückkehr zu Freud ist eine Rückkehr zum Sinn Freuds. Und der Sinn dessen, was Freud gesagt hat, läßt sich wem auch immer mitteilen, weil, auch wenn adressiert an alle, ein jeder darin einbezogen sein wird: Ein Wort wird genügen, um es spürbar zu machen, die Entdeckung Freuds stellt die Wahrheit in Frage, und es gibt niemanden, der nicht persönlich von der Wahrheit betroffen ist.« (E 405)

dt.].« (E 510/S II 35)[34] Diese – andere – Übersetzung des Titels des Buches *Die Traumdeutung* ist mehr als eine (andere) Übersetzung; tatsächlich wird aus dem Buch, das man bis dato unter dem Titel *La science des rêves* gekannt hat – ein Titel, der das szientifische Mißverständnis reproduziert, unter dem *Die Traumdeutung* zunächst vielfach gelesen wurde, nämlich die Trennung zwischen Methode (Wissenschaft) und Gegenstand (Traum) –, ein ganz anderes Werk. Ein Werk nämlich, in dem der Objektivismus der *science* schon darin überwunden ist, daß die Produktionsseite des Traums als dessen *signifiance* – sagen wir, um fürs erste eine Übersetzung anzubieten, dessen »Signifikant-Sein« – sich in direkte Entsprechung bringt zu genau dem Tun desjenigen, der diesem Traum seine »Wahrheit« abringen will, sprich: der ihn *deutet*.[35] Doch auch das Wort *Deutung* bleibt nicht unbeeindruckt von dieser Übersetzung: Lacan nähert die *Deutung* der *Be-deutung* an, was durchaus im imperativischen Sinne verstanden werden kann. Die konstitutive Mitte zwischen der *signifiance* des Traumes *und* seiner *Deutung* oder *Be-deutung*, die ihnen gemeinsame Bedingung der Möglichkeit, bildet die Sprachstruktur.[36]

Lacans »Rückkehr zu Freud« ist kein Versuch zur Gründung einer Orthodoxie. Die Rückkehr gilt den Texten Freuds, ohne daß sie damit in die Fiktion jungfräulicher Unberührtheit zurückgestellt werden. Lacan sieht den zeitgenössischen Psychoanalytiker – und damit an erster Stelle sich selbst – in einer Art Übertragungsbeziehung, die Freud und seine Nachwelt aneinander bindet; und wie Heidegger gegenüber der Sendung des Seins obliegt es den Nachgeborenen, sich zu dieser von Freud ausgehenden Übertragung in eine *Ent-sprechung* zu bringen. Das geschieht nicht passiv empfangend, sondern aktiv, mit höchstem eigenen Aufwand: Lacan bringt in diese Rückkehrbewegung alles ein, was sich auf

---

[34] Vgl. die Bestimmung des Wertes der *Traumdeutung* in der Eröffnung des ersten Seminars von 1953–54: »Mit der *Traumdeutung* [*la Science des rêves*] wird nämlich etwas von einem verschiedenartigen Wesen, von einer konkreten psychologischen Dichte wiedereingeführt, nämlich der Sinn.« (Sém I 7/7) Von »Sinn« und »konkreter psychologischer Dichte« wird später nach Einführung der Terminologie von Signifikant und Signifikat nicht mehr die Rede sein. Vgl. auch E 622/S I 213.
[35] E 514/S II 39: »Die Rückkehr zu Freuds Text zeigt dagegen die absolute Kohärenz seiner Technik mit seiner Entdeckung...«
[36] Zum Begriff »signifiance« vgl. Jean-Luc Nancy/Philippe Lacoue-Labarthe, *Le titre de la lettre*, Paris 1973, 63 ff.

den verschiedenen Feldern der Geistes-, aber auch der Naturwissenschaften, der Literatur und der Dichtung, der Philosophie und der Mathematik an Entwicklungen seit und nach Freud vollzogen hat. Und alles, was Freud, aus welchen Gründen auch immer, vernachlässigt hat. Natürlich ruft dieses Vorgehen den Verdacht eines formidablen Eklektizismus hervor, und dieser Verdacht dürfte sich auf den verschiedenen Stufen der fortlaufenden Konstruktionsbemühungen Lacans auch immer wieder neu bestätigen lassen. Da es hier nun um eine sehr eingegrenzte Fragestellung geht, nämlich Lacans Rezeption des Freudschen Jahrhundertbuches *Die Traumdeutung*, braucht die Fülle der »Entlehnungen«[37] wahrlich nicht ausgebreitet zu werden.

Um einige Worte zum Verhältnis von Lacan und Saussure wird – schon wegen *signifiant* und *significance* – nicht herumzukommen sein (1). Ich werde sie sehr knapp und thesenhaft halten und dabei eine Gegenposition zu der leider nach wie vor weithin akzeptierten Strukturalismus-*Doxa* beziehen, ohne die Auseinandersetzung voll aufzunehmen. Anschließend wird Lacans Bezug zur Freudschen *Traumdeutung* nach thematischen Schwerpunkten gegliedert dargestellt: Lacans Revision von Freuds Theorien der *Traumarbeit* (v. a. Kap. VI der *Traumdeutung*) und (kurz) des *psychischen Apparates* (Kap. VII der *Traumdeutung*) (2) sowie Lacans Analyse einiger ausgesuchter Träume Freuds (A. Der Traum von Irmas Injektion, B. Der Traum der witzigen Metzgersfrau, und C. Der Traum vom brennenden Kind) (3).

Zu (1) Lacan – Freud – Saussure

Zunächst einmal ist an der gängigen Rede von einem Strukturalismus Lacans zu bemängeln, daß der Begriff Strukturalismus unscharf bleibt. Ein weiter Begriff *Strukturalismus* befaßt beispielsweise sogar noch

---

[37] Als ein »System, geschaffen aus Entlehnungen« oder kurz als ein »System von Entlehnungen« bezeichnen Nancy/Lacoue-Labarthe in ihrer ausführlichen Lektüre des Textes »L'instance de la lettre« das Lacansche Werk (*Le titre de la lettre*, 90), und Mikkel Borch-Jacobsen geht gar so weit zu behaupten, daß Lacan »in der Tat keinen wirklich eigenen Gedanken« hatte, sondern »auf wohlüberlegte, offene und *ehrliche* Weise Plagiator« und »ein Genie der *Anverwandlung*« war (*Lacan. Le maître absolu*, Paris 1990, 14 f.; dt. *Lacan. Der absolute Herr und Meister*, übersetzt von Konrad Honsel, München 1999, 12).

Martin Heidegger[38] oder Ernst Cassirer[39] (die sich bekanntlich 1929 in Davos als Antipoden gegenüberstanden) mit ein und läßt auch Verbindungen zur Gestalttheorie und zur Husserlschen Phänomenologie zu. Ein Strukturalismus im engeren Sinne lehnt nicht nur jede Vermischung mit gestalttheoretischen oder phänomenologischen Ansätzen ab, sondern formiert sich gerade im Bruch mit ihnen. Ihm zufolge wird aller Sinn aus der formalen Kombination an sich sinnfreier Elemente generiert; die Annahme eines subjektiven Akts der Sinngebung erübrigt sich.[40] Und genau dieser Strukturalismus leitet auch jene spezifische Rezeption des Saussureschen *Cours de linguistique générale* ein, die aus demjenigen, der noch nicht einmal der Autor des Werkes war (der *Cours* wurde posthum von Schülern Saussures aus verschiedenen Vorlesungsmitschriften kompiliert), den »Urvater« eines Strukturalismus machte, den er selbst so niemals vertreten oder auch nur angestrebt hat.[41]

Diese Differenzierung zwischen einem weiten und einem engen Strukturalismus ist wichtig, um Lacan richtig einzuschätzen. Denn bei ihm hat man den vergleichsweise seltenen Fall eines Übergangs von einem Strukturalismus im weiteren zu einem Strukturalismus im engeren Sinne vor sich, wiewohl auch von letzterem nur sehr (sachlich und zeitlich) eingeschränkt die Rede sein kann. Außerdem wird diese Diagnose noch durch eine Ungleichzeitigkeit kompliziert: Sehr früh bereits, nämlich seit Mitte der fünfziger Jahre, nimmt Lacan (ähnlich wie Lévi-Strauss) Überlegungen aus der Spiel- und der Organisationstheorie so-

---

[38] Vgl. nur die Rede von einem »Strukturganzen« des In-der-Welt-Seins in: *Sein und Zeit*, Tübingen [13]1976, 180 ff. Auch der Begriff *Struktur* taucht darin häufig und in eminenten Bezügen auf.

[39] Der unmittelbar vor seinem Tod (1945) noch einen Vortrag über »Structuralism in Modern Linguistics« gehalten hat, der in der ersten Nummer der von Roman Jakobson gegründeten Zeitschrift *Word* veröffentlicht wurde, in der auch Lévi-Strauss publizierte.

[40] Vgl. dazu meine Artikel »Struktur« in: *Historisches Wörterbuch der Philosophie*, Bd. 10, Basel 1999, 314–323; »Strukturalismus« in: Hans Jörg Sandkühler (Hg.), *Enzyklopädie der Philosophie*, Hamburg 1999, 1542–1548, und »Strukturalismus« in: *Theologische Realenzyklopädie*, Bd. XX, Berlin (im Erscheinen), sowie »Die Aktualität des Strukturalismus« (siehe Anm. 1).

[41] Für Saussure siehe die wichtige Edition: ders., *Linguistik und Semiologie. Notizen aus dem Nachlaß. Texte, Briefe und Dokumente*. Gesammelt, übersetzt und eingeleitet von Johannes Fehr, Frankfurt am Main 1997. Besondere Beachtung verdient die als Einleitung vorangestellte Studie von J. Fehr: »Saussure. Zwischen Linguistik und Semiologie. Ein einleitender Kommentar.«

wie der Kybernetik auf mit dem Ziel, die »ursprüngliche Maschine« zu
erfassen, welche »das Subjekt in Szene setzt«. Für diese Maschine beansprucht Lacan einen spezifischen dritten Status, der die (von Daniel La-
gache skizzierte) Alternative zwischen einer scheinbar objektiven Struktur und einer Struktur als Modell »mit Distanz zur Erfahrung«
überwinden soll, und zwar, indem besagter »Maschine« eine unmittelbare Einwirkung zugesprochen wird mittels der »Effekte, die die reine,
einfache Kombinatorik des Signifikanten in der von ihr hervorgebrach-
ten Realität determiniert« (E 649).[42]

Dennoch hält Lacan an einer durch Hegel bzw. Kojève inspirierten
Dialektik des Begehrens fest, die zugleich eine Dialektik der Anerkennung ist – mit dem Fluchtpunkt eines »Jenseits«, »in dem sich die Anerkennung des Begehrens mit dem Begehren nach Anerkennung verknüpft« (E 524/S II 51). Dieser Zwiespalt wird niemals aufgelöst: Der
Tendenz einer Formalisierung des Subjekts im Sinne eines Kalküls steht
immer mehr oder weniger unversöhnt die Anknüpfung an einem philo-
sophisch-neuzeitlichen Subjektbegriff gegenüber, der gleichsam die Geschichte der Philosophie von Descartes bis Heidegger reflektiert.

Schlüsselbegriff einer dennoch immer wieder versuchten Versöhnung
oder zumindest Kombination dieser beiden Tendenzen ist *der Signifikant*. Dieses Substantiv läßt sich fürs erste ganz gut von den gebräuchlichen Verwendungen des Adjektivs *signifikant* her verständlich machen
(vom Sinn des Wortes in der Statistik einmal abgesehen): *Signifikant* ist
das, was für jemanden auffällig, bedeutsam, von Wichtigkeit ist, was sich
von anderem deutlich abhebt und die Aufmerksamkeit erregt. Dabei
kommt es auf die reine Faktizität an. Warum etwas die Aufmerksamkeit
erregt und als wichtig eingestuft wird, spielt keine Rolle. Vor allem wird
dies nicht dem Objekt zugerechnet. Signifikant ist etwas für jemanden,
sagen wir, für ein Subjekt. Für das Lacansche Verständnis des Signifikanten ist nun folgender Dreh entscheidend: Damit etwas als *signifikant*
wirkt, ist es Bedingung, daß die sachliche Qualität, die diesen Effekt bewirkt, unbekannt bleibt. Man empfindet, daß einen etwas berührt; man
verspürt sogar, daß da etwas ist, das Bedeutung hat für einen selbst, aber

---

[42] Solche Anspielungen finden sich zuhauf in den frühen Seminaren, vor allem im Seminar II, sowie in den zwischen 1953 und 1960 entstandenen Schriften (vgl. nur E 518/S II
44).

diese Bedeutung ergibt sich nicht, offenbart sich nicht, sie stellt sich nicht dar, sie kann als solche nicht gewußt werden. Der Effekt des Signifikanten ist daran gebunden, daß seine Ursache unbewußt bleibt.

Ich habe hier für die Begriffserklärung des Ausdrucks *Signifikant* die Beziehung Lacans zu Saussure ausgeklammert, weil ich der Überzeugung bin, daß die geläufige Ableitung des Lacanschen Signifikanten aus dem Signifikanten bei Saussure mehr verunklart als erhellt. Und doch muß etwas für einen Bezug zwischen beiden sprechen, denn ganz ohne realen Kern setzt sich keine Doxa durch. Zunächst einmal spricht der *Name* dafür, die *Homonymie*, die auf eine *Entlehnung* hindeutet. Die sich freilich auf die des Namens beschränken kann. Ernsthafte Untersuchungen der Beziehung zwischen dem Signifikanten bei Lacan und dem Signifikanten bei Saussure konstatieren immerhin erhebliche Differenzen. Der Linguist Michel Arrivé sieht neben der eindeutigen Divergenz in der von Lacan behaupteten Autonomie des Signifikanten, die bei Saussure kein Pendant hat, weil dieser die Einheit des Zeichens niemals aufgibt, durchaus noch eine Gemeinsamkeit in der Annahme einer Dualität (Saussure) resp. Duplizität (Lacan) von Signifikant und Signifikat.[43]

Bedauerlicherweise ist seine Lesart zu ahistorisch, sonst hätte er erkennen müssen, daß Lacan nur vorübergehend, nämlich in den Seminaren der Jahre 1956/57 und 1957/58 (vgl. v. a. Sém IV 47 f.), die Auffassung einer Duplizität von Signifikant und Signifikat vertritt. Später läßt die Relevanz des Signifikats immer mehr nach; es wird zum passiven Effekt – Sinneffekt – der autonomen Organisation der Signifikanten.[44] Die Gemeinsamkeit einer Dualität bzw. Duplizität von Signifikant und Signifikat als separater, aber verbundener Ordnungen ist nicht von Dauer.

Diejenigen, die eine direkte Kontinuität von Saussure zu Lacan in der Fortführung eines strukturalistischen Programms behaupten, setzen in der Regel bei Lacans Vortrag »L'instance de la lettre dans l'inconscient et la raison depuis Freud« (was nicht einfach zu übersetzen ist: Das Drängen/das Innestehen/die Instanz des Buchstabens im Unbewußten und die Vernunft seit Freud/von Freud her) von 1957 an. In der Tat gibt

---

[43] Vgl. Michel Arrivé, *Linguistique et psychanalyse. Freud, Saussure, Hjelmslev, Lacan et les autres*, Paris 1986, 123 ff.
[44] Trotz der Kritik in diesem einen Punkt ist das Buch von Arrivé wegen seiner Klarheit und Unbefangenheit im Aufzeigen der Probleme unbedingt lesenswert.

Lacan in diesem Text vor, einen direkten Bezug zur Linguistik herzustellen, wie sie von Saussure im *Cours de linguistique générale* begründet worden sein soll. Wobei Lacan es sich nicht nehmen läßt, die von Saussure skizzierte Grundkonstellation in einer forcierten und formalisierten Version vorzutragen, die sich im *Cours* – weder dem Geist noch dem Buchstaben nach – so nirgendwo findet: als »Algorithmus [...]

$$\frac{S}{s}$$

zu lesen: Signifikant über Signifikat, wobei das über dem Balken entspricht, der beide Etappen trennt« (E 497/S II 21).

Gewöhnlich wird die Operation, die Lacan an Saussures Konzeption des Zeichens als einer Einheit von Signifikant und Signifikat vornimmt, als »Umkehrung« oder »Umdrehung« beschrieben, motiviert durch den Wunsch, dem Signifikanten den ihm gebührenden Vorrang zu verschaffen.[45] Denjenigen, die es etwas genauer nehmen, fällt immerhin auf, daß Lacan im Zuge dieser Umkehrung am Schema des Zeichens bei Saussure noch mehr verändert: Lacan variiert die Schreibung der Zeichen (S/*s*) und läßt die »Ellipse« fort, mit der Saussure Signifikat und Signifikant umgeben hatte (wohl, um so die Einheit des Zeichens auszudrücken), sowie die zwei gegenläufigen, vertikalen Pfeile, die jeweils rechts und links der Ellipse beigegeben waren. Doch es geht weniger um die Genauigkeit der Beschreibung als um die Folgen der gesamten Operation: Mit ihr unterbricht Lacan im selben Zug, in dem er sich aus Legitimationsgründen (analog wie Lévi-Strauss) auf die »Leitwissenschaft« Linguistik gründen will, den materialen Konnex zu dieser. Heraus kommt, wie J.-L. Nancy und Ph. Lacoue-Labarthe in ihrer genauen Lektüre dieses Lacan-Textes festgestellt haben, »eine Linguistik ohne eine Theorie des Zeichens«, was nicht nur eine »unhaltbare Position«, sondern auch eine »unmögliche Aufgabe« beinhaltet.[46] Von einer *Verwendung*, die noch eine Kontinuität zum sowieso bereits strukturalistisch mißverstandenen Saussure wahrt, kann also nicht die Rede sein.

---

[45] Vgl. exemplarisch Gerda Pagel, *Lacan – zur Einführung*, Hamburg ³1999, 42 (dieses Buch wird hier wegen seiner faktischen Verbreitung, keinesfalls als Empfehlung genannt), und deren aufwendige, aber letztlich inhaltsleere Begründung (43). Ähnlich schon, wenn auch behutsamer Samuel M. Weber, *Rückkehr zu Freud. Jacques Lacans Ent-stellung der Psychoanalyse*, Frankfurt am Main/Berlin/Wien 1978, 39.

[46] Nancy/Lacoue-Labarthe, *Le titre de la lettre*, 40 f.

Aber vielleicht ist Saussure nur ein Durchgangspunkt, eine Etappe auf dem Weg zu einer Annäherung von Psychoanalyse und Linguistik, bei der erstere ähnlich wie die *Strukturale Anthropologie* von Lévi-Strauss von der anerkannten Wissenschaftlichkeit letzterer profitieren soll.[47] Es sieht nämlich ganz danach aus, daß der eigentliche Schwerpunkt dieser Annäherung nicht im »Algorithmus« des Zeichens, sondern in einem Punkt liegt, in dem die Sprache selbstbezüglich, reflexiv und poetisch wird und so dazu dienen kann, »*alles andere* zu bedeuten als das, was sie sagt« (E 505/S II 29). Was sich aus Sicht der Zeichentheorie wie das Produkt eines Zerfalls des Zeichens ausnimmt – der autonom gesetzte *Signifikant* –, wird von Lacan zugleich als eine Art Überschußprodukt der Sprache selbst genommen, da, wo sie sich der Dienstbarkeit als Kommunikationsmittel entzieht, wo sie nicht mehr allein die Referenzfunktion erfüllt, sondern darüber hinaus ihrer Möglichkeit nach zugleich allegorisch wirkt. Lacan zieht es allerdings vor, von Rhetorik zu sprechen, einer *Rhetorik des Unbewußten* (vgl. E 268/S I 107), wozu er sich – alle Probleme mißachtend, die sich aus dieser Verbindung ergeben[48] – sowohl auf die antike Rhetorik eines Quintilianus (vgl. E 466, E 505/S II 30, E 521/S II 47) als auch auf die zeitgenössischen Überlegungen von Roman Jakobson[49] beruft, der mit einer Neuordnung der rhetorischen Figuren zur Unterscheidung von Aphasietypen wie zur Differenzierung zwischen literarischen Genres beitragen will.

---

[47] Vgl. Lacans programmatische Aussage in der »Rede von Rom«: »Aber es scheint uns, daß sich diese Termini [die von Freud gebildeten Termini] nur erhellen lassen, wenn man ihre Äquivalenz zum aktuellen Sprachgebrauch der Anthropologie, ja zu den letzten Problemen der Philosophie herstellt, die die Psychoanalyse oft nur aufzugreifen braucht.« (E 240/S I 76)

[48] Vgl. Nancy/Lacoue-Labarthe, *Le titre de la lettre*, 74 ff.

[49] Roman Jakobson, »Two Aspects of Language and Two Types of Aphasic Disturbances« (1956), in: *Selected Works II*, Den Haag 1971, 239–259; dt. »Zwei Seiten der Sprache und zwei Typen aphatischer Störungen«, übersetzt von Regine Kuhn, in: *Aufsätze zur Linguistik und Poetik*, hg. von Wolfgang Raible, Frankfurt am Main, Berlin, Wien 1979, 117–141.

Zu (2) Lacans Revisionen der Traumdeutung als Theorie

Doch möchte ich mich, die Schwierigkeiten ausklammernd, auf das Ergebnis konzentrieren, die Abhebung und Entgegensetzung zweier privilegierter Tropen: *Metonymie* und *Metapher*, die Lacan, an Jakobson anschließend, nach den Dimensionen von *Kontiguität* oder Kombination und *Substitution* oder Selektion unterscheidet. Die *Metonymie* nimmt den Teil fürs Ganze in einem *Wort für Wort*, also in der Linearität des Syntagmas, während in der *Metapher ein Wort für ein anderes* zu stehen kommt, was die paradigmatische Dimension der Ersetzung betrifft (E 505–507/S II 29–32).

Lacans Unterfangen läßt sich am besten als zweifacher und in sich gestaffelter Übersetzungsvorgang von Saussure in Freud und Freud in Saussure bezeichnen. *Metapher* und *Metonymie* werden quasi als Mittelglieder genutzt, um den beiden Mechanismen der *Traumarbeit, Verdichtung* und *Verschiebung*, eine der Theorie des Signifikanten gemäße Version zu geben. Doch besser, wir folgen Schritt für Schritt dem von Lacan gewählten Weg:

Nach einer allgemeinen Würdigung der Freudschen Leistungen als Philologe, Logiker und Analytiker der Sprache steuert Lacan direkt die zentralen Aussagen in der Einleitung zum VI. Kapitel der *Traumdeutung* über *Die Traumarbeit* an (von der schon Freud gesagt hat, sie allein sei »das Wesentliche am Traum, die Erklärung seiner Besonderheit« – GW II/III 511 Anm.): daß der Traum ein »Rebus«[50] sei und nicht dem »Bilderwert«, sondern der »Zeichenbeziehung« gemäß zu deuten sei (GW II/III 284). Letzteres übersetzt sich Lacan wie folgt: »... les images du rêve ne sont à retenir que pour leur valeur du signifiant« (»... die Bilder des Traumes sind nur ihres Signifikantenwertes wegen zu berücksichtigen...«). Darin sieht er eine Bestätigung seines eigenen Vorhabens einer »science de la lettre«, einer »Wissenschaft vom Buchstaben« (wobei zu berücksichtigen ist, daß »lettre« auch den »Brief« bezeichnet), und verweist auf die Rolle des Determinativums in der Hieroglyphenschrift, das, wie schon Freud feststellt, »nicht zur Aussprache, sondern zur Erläuterung eines anderen Zeichens« (GW II/III

[50] E 510/S II 35. Vgl. die Parallelstelle in E 267/S I 107, wo Lacan die Aussage, der Traum sei ein Rebus, der Aussage, der Traum sei ein »Satz«, gleichsetzt.

326)[51] dient, sowie auf die *Fliegenden Blätter* (E 521/S II 47), jene rätselhaften, scheinbar in lateinischer Sprache verfaßten Inschriften, die sich als Scherz- oder Sinnsprüche in deutscher Sprache, mitunter in Dialekt, Jargon oder lautlicher Umschrift, erweisen[52], für die gleichfalls Freud bereits erkannt hat, daß sie genau deshalb das geeignete »Vergleichsobjekt« für den Traum darstellen, weil in ihnen »die Buchstabenelemente der Worte aus ihrer Zusammenfügung zu Silben gerissen und neu angeordnet (werden)«. Woraus sich als Anweisung für die Deutung ergibt: »Wenn wir dem Scherze nicht aufsitzen wollen, müssen wir uns über alle Requisite einer Inschrift hinwegsetzen, die Buchstaben ins Auge fassen und sie unbekümmert um die gebotene Anordnung zu Worten unserer Muttersprache zusammensetzen.« (GW II/III 505)[53]

---

[51] Siehe auch S. Freud, »Das Interesse an der Psychoanalyse«, in: GW VIII, 404: »Wenn wir daran denken, daß die Darstellungsmittel des Traumes hauptsächlich visuelle Bilder, nicht Worte, sind, so wird uns der Vergleich des Traumes mit einem Schriftsystem noch passender erscheinen als der mit einer Sprache. In der Tat ist die Deutung eines Traumes durchaus analog der Entzifferung einer alten Bilderschrift, wie der ägyptischen Hieroglyphen. Es gibt hier wie dort Elemente, die nicht zur Deutung, respektive Lesung, bestimmt sind, sondern nur als Determinativa das Verständnis anderer Elemente sichern sollen.«

[52] Die *Fliegenden Blätter* hat J.-F. Lyotard genauer untersucht. Für ihn als seinerzeitigen Phänomenologen darf das Bild nicht gegenüber der Legende vernachlässigt werden. Und von Übersetzung kann nicht die Rede sein, weil es sich bei den Inschriften um eine »Pseudo-Sprache« handelt, die einen »dreifach unverständlichen Text« präsentiert (*Discours, figure*, Paris 1971, 266). Die Täuschung, aber auch die Auflösung, das heißt die Erkenntnis, daß es sich nur scheinbar um Latein, sondern vielmehr um eine Art phonetischer Nachschrift zum Beispiel eines Dialekts handelt, wird durch die im Bild dargestellte Szene unterstützt oder gar ermöglicht. Lyotard spricht von einer »topischen Einheit des Geschriebenen und der Szene«, in der das Bild seine »alte Funktion des *pseudein*« erfüllt (267). Getäuscht wird also das Auge, und das gilt nach Lyotard genauso für den Traum: »Sehen durchkreuzt Hören und Sprechen, gleich wie Begehren Verstehen durchkreuzt.« (267 f.) Und doch darf das Sehen keinesfalls eskamotiert oder vernachlässigt werden, indem man sich nur auf den Text und den Buchstaben konzentriert. Was es herauszuarbeiten gilt, um die *rätselhafte Inschrift* auflösen zu können, ist die versteckte Einheit von dargestellter Szene und Legende als einer zweifach wiedergegebenen *figure à lire*, einer »Figur, die zu lesen« Aufgabe ist (270). So kommt Lyotard zu dem abschließenden Urteil, mit dem er seine Ablehnung der Rekonstruktion von Freuds Theorie der Traumarbeit durch Lacan untermauert: »Tagtraum, Traum, Phantasie sind Mixta, in denen es zu lesen und zu sehen gibt. Die Traumarbeit ist keine Sprache; sie ist die vom Figuralen (als Bild oder als Form) auf die Sprache ausgeübte Wirkung.« (270)

[53] Siehe dazu Weber, *Rückkehr zu Freud*, 200.

Es finden sich also durchaus bestätigende Hinweise im Freudschen
Werk. Doch Lacan macht mehr aus ihnen, gibt ihnen eine Kohärenz, die
so bei Freud nicht zu finden ist, und bemüht sich allgemein darum, überall da, wo bei Freud immer noch die Analyse von Gedanken, Bildern,
Vorstellungen – kurz: *Signifikaten* – geschieht, den Gesichtspunkt der
Sprachstruktur und des Signifikanten geltend zu machen. Es mag mit
dieser interessierten Bezugnahme auf Freud zu tun haben oder nicht: Bei
der Übersetzung zentraler Termini der *Traumdeutung* verfehlt Lacan
mehrfach den Freudschen Wortsinn. Das beginnt mit der *Entstellung*, für
die Lacan die Übersetzung »transposition« angibt und die er als »allgemeine Vorbedingung der Funktion des Traums« beschreibt, vergleichbar
dem »Gleiten des Signifikats unter dem Signifikanten« nach Saussure (E
511/S II 36). Nun, sowenig sich ein solches »Gleiten« bei Saussure ausfindig machen läßt, so offensichtlich ist auch die *Entstellung* als »transposition« fehlverstanden. Die *Entstellung* »ist ein Mittel der *Verstellung*«
(GW II/III 147), in der sich eine Abwehr, den Traum zensierend, kund-
tut. Lacans Übersetzung durch »transposition« beruht auf einer Verwechslung, denn das von Lacan gewählte Wort bezeichnet das Umstel-
len von Buchstaben (oder Satzteilen), den Vorgang einer Umsetzung in
Literatur oder eben die musikalische Transposition. *Entstellung* im
Traum aber meint die Verkleidung, das Unkenntlichmachen, was am
ehesten mit »déformation« wiederzugeben wäre. Wir haben also den ex-
tremen Fall vor uns, daß Lacan am Doppelsinn des Wortes *Entstellung*
genau die Bedeutung als die von Freud eingeführte geltend macht, die
letzterer selbst bei der Verwendung des Wortes unbeachtet gelassen hat.[54]
In Lacans *Écrits* taucht der Ausdruck *Entstellung* fünfmal auf, und
jedesmal legt Lacan eine andere Übersetzung vor: 1. »déplacement«,

---

[54] *Zunächst* unbeachtet gelassen hat. Denn knapp vierzig Jahre später sollte sich Freud der
Doppelsinn des Wortes »Entstellung« erschlossen haben: »Es ist bei der Entstellung eines
Textes ähnlich wie bei einem Mord. Die Schwierigkeit liegt nicht in der Ausführung der
Tat, sondern in der Beseitigung ihrer Spuren. Man möchte dem Worte ›Entstellung‹ den
Doppelsinn verleihen, auf den es Anspruch hat, obwohl es heute keinen Gebrauch davon
macht. Es sollte nicht nur bedeuten: in seiner Erscheinung verändern, sondern auch: an
eine andere Stelle bringen, anderswohin verschieben. Somit dürfen wir in vielen Fällen von
Textentstellung darauf rechnen, das Unterdrückte und Verleugnete doch irgendwo ver-
steckt zu finden, wenn auch abgeändert und aus dem Zusammenhang gerissen. Es wird nur
nicht immer leicht sein, es zu erkennen.« (*Der Mann Moses*, in: GW XVI, S. 144) Vgl. auch
Lyotard, *Discours, figure*, 241 f.

was später als Übersetzung für die *Verschiebung* vorgesehen wird (E 11/
S I 9–1955); 2. »transposition« (E 511/S II 36–1957); 3. »ex-sistence«
(E 629/S II 220–1958): »C'est cette ex-sistence *(Entstellung)** du désir
dans le rêve…« (»Es ist diese Ex-sistenz *(Entstellung)** des Wunsches
im Traum…«), wobei anzumerken ist, daß Lacan in der Anmerkung
(hier durch * angezeigt) die mögliche richtige Übersetzung durch
»distorsion« benennt, aber in einer mehrere Sprachen einbeziehenden
Argumentation indirekt als irrelevant zurückweist; 4. »dé-position«
(E 662–1958/1960) und 5. »distorsion essentielle« (E 663), und diese
Übersetzung läßt Lacan gelten, wenn sie bezogen wird auf die »Topologie des Subjekts in der Signifikantenstruktur«, also nicht auf den
Traum.

Gehen wir weiter bei Lacan:

»Die *Verdichtung* [i. O. dt.] *(condensation)* ist die Struktur des Über-
einanderlegens *(surimposition)* der Signifikanten, in der die Metapher ihr
Feld erhält, und deren Name, indem er in sich die *Dichtung* [i. O. dt.]
verdichtet, die Gleichgebürtigkeit des Mechanismus zur Poesie solcher-
maßen anzeigt, daß er deren eigentlich traditionelle Funktion einschließt.« (E 511/S II 36) Es ist zu beachten, daß Lacan hier keine
Gleichsetzung von *Verdichtung* und *Metapher* vornimmt. Die Verdichtung von *Verdichtung* und *Dichtung* ist allerdings eine etymologische
Phantasie.[55]

»Die *Verschiebung* [i O. dt.] *(déplacement)* ist, dem deutschen Ausdruck näher, jene Überweisung der Bedeutung, die die Metonymie demonstriert und die seit ihrem Erscheinen bei Freud als das geeignetste
Mittel des Unbewußten dargestellt wird, um die Zensur zu umgehen.«
(E 511/S II 36)

Des weiteren führt Lacan die *Rücksicht auf Darstellbarkeit* als das Kriterium an, das die *Traumarbeit* und ihre beiden Mechanismen von deren
homologer Funktion in der Rede unterscheidet. Bei der Übersetzung
unterläuft ihm ein weiterer Fehler: Für *Rücksicht auf Darstellbarkeit* gibt
er »égard aux moyens à la mise en scène« an, was offenkundig eine Kon-
fusion der Unterkapitel *C: Die Darstellungsmittel des Traums* (GW II/III
315) und *D: Rücksicht auf Darstellbarkeit* (GW II/III 344) beinhaltet.

---

55 Vgl. Nancy/Lacoue-Labarthe, *Le titre de la lettre*, 98, und Lyotard, *Discours, figure*,
254, Anm.

Neben den offensichtlichen Übersetzungsfehlern ist Lacans Weise des Herangehens auch darin unzureichend, daß er das eigentliche Problem nicht behandelt. Denn Freud hat die Beschreibung der zwei Mechanismen oder »Werkmeister« (GW II/III 313) der Traumarbeit, *Verdichtung* und *Verschiebung*, keineswegs inhaltlich so leer gelassen, wie man es nach dem feierlichen Einzug von *Metapher* und *Metonymie* meinen könnte. Freuds Beispiele für die Verdichtung halten sich mitnichten ausschließlich an die Bedingung der Trope als Form, sondern umfassen auch Bilder, Verdichtungen von Gesichtszügen zu sogenannten »Mischpersonen« oder »Mischbildungen«. Und insbesondere an der Verschiebung macht Freud klar, daß diese an einem Substrat geschieht, das eben nicht die Sprache selbst ist. Es geht um eine »*Übertragung und Verschiebung der psychischen Intensitäten* der einzelnen Elemente« (GW II/III 313 – Hervorhebung im Original), die im übrigen bis zu einer »*Umwertung aller psychischen Werte*« (GW II/III 335 – H. i. O.) gehen kann.

Allerdings kennt Freud noch »eine zweite Art der Verschiebung«, die »sich in einer *Vertauschung des sprachlichen Ausdruckes* für den betreffenden Gedanken kund gibt. Es handelt sich beide Male um Verschiebung längs einer Assoziationskette, aber der gleiche Vorgang findet in verschiedenen psychischen Sphären statt, und das Ergebnis dieser Verschiebung ist das eine Mal, daß ein Element durch ein anderes substituiert wird, während im anderen Falle ein Element seine Wortfassung gegen eine andere vertauscht.« (GW II/III 344 f.) Es dürfte vermutlich nicht schwerfallen, den ersten Modus als Vorgang zu identifizieren, der die Signifikatseite betrifft, während es sich beim zweiten Modus um die Substitution eines Signifikanten durch einen anderen handelt. Weiter ließen sich diese beiden Modi der Metapher (die ja immerhin einen Sinneffekt, einen Durchbruch hin zur Seite des Signifikats kennt) und der Metonymie annähern. Nur, was ist dazu zu sagen, daß Freud sie *beide* unter den Begriff *Verschiebung* faßt? Lacans Vorgehen wäre überzeugender, wenn er, statt von vornherein einen unmittelbaren Einklang mit Freud zu suggerieren, auf Schwierigkeiten dieser Art eingehen würde. Doch er übergeht dieses Problem einfach, und genauso einfach macht er es sich, wenn er den eben genannten Terminus *Übertragung* als die Urfunktion des Übertragungsphänomens reklamiert, wie er für die psychoanalytische Beziehung so bedeutsam geworden ist, und auf die »Verknüpfungs- und Substitutionsbeziehungen« zurückbezieht, »die wir vom Signifikanten in seiner *Übertragungs*funktion geben« (E 522/ S II 48).

Ob diese Merkwürdigkeiten in Lacans Übersetzung Freudscher Termini nun zufällig sind oder gewollt, auf jeden Fall ist festzuhalten, daß die Herstellung einer »reziproken Übersetzbarkeit«[56] zwischen Freud und Saussure ein gewaltsames Vorgehen gegenüber beiden bedeutet. Daraufhin die Lacansche Reformulierung der Freudschen Psychoanalyse sogleich zu verwerfen hieße jedoch im Sinne einer Orthodoxie zu handeln, die den Geist des Freudschen Textes mit seiner Unantastbarkeit gleichsetzt. Für eine kritische Würdigung des Lacanschen Ansatzes käme es vielmehr darauf an, das, was er zu leisten vermag, unabhängig von allen Legitimitäts- und Legitimationsfragen für sich zu untersuchen. Was allerdings weit über das hinausgeht, was dieser um die Rezeption des Buches *Die Traumdeutung* zentrierte Text leisten kann.

Um noch einmal auf Foucault zurückzukommen: Indirekt findet man bei Lacan doch eine Antwort auf ihn. Sie wird deutlich in Lacans Behandlung der Theorie des psychischen Apparats, wie Freud sie im VII. Kapitel der *Traumdeutung* ausgearbeitet hat. Freud hatte das »Instrument, welches den Seelenleistungen dient«, mit einem »zusammengesetzten Mikroskop« oder einem »photographischen Apparat« verglichen, um eine »psychische Lokalität« zu begreifen, die kein anatomisches Substrat hat, sondern als »eine der Vorstufen des Bildes« zu denken sei (GW II/III 541).[57] Lacan beläßt es nicht beim »optischen Apparat«, sondern bringt gleich die Optik als solche ins Spiel, insofern sie »auf einer mathematischen Theorie beruht« und die biunivoke Zuordnung von Punkten des realen Raumes und des imaginären Raumes erlaubt (Sém I 90/101). *Die Optik* ist als mathematische Theorie *das Symbolische*, dessen erste Leistung es ist, zwischen dem *Imaginären* und dem *Realen* zu trennen und stabile Ordnungen herzustellen. Lacan kann zeigen – durch das »Experiment mit dem umgekehrten Blumenstrauß« (E 672 f.; Sém I 92 f./103 f.) –, daß das Bild die Funktion einer Einfassung des Realen annehmen kann, in der Art einer Vase. Womit zugleich das Bild selbst ein-

---

[56] Nancy/Lacoue-Labarthe, *Le titre de la lettre*, S. 139.
[57] Vgl. dazu Wolfgang Hegener, *Zur Grammatik psychischer Schrift*, Tübingen 1997, 106 ff. Unmittelbar zuvor war das Wort vom *anderen* »Schauplatz der Träume« gefallen.

gefaßt wird: Es wird eingeordnet in das Register seiner Wirkungen – *das Imaginäre* –, sein Produktionsgrund wird ihm jedoch entzogen: die optische Theorie als *das Symbolische*. Foucault hatte unterschieden zwischen *Bild* und *Imagination*, womit aus Lacanscher Sicht die *Imagination* die Funktion des *Symbolischen* auszufüllen hätte. Was für Lacan die Gefahr der Psychose beinhalten würde.

Lacans Bezugnahmen auf Freuds Theorie des psychischen Apparats sind in ihren Konsequenzen genauso weitreichend – und weitabführend – wie die auf die Theorie der Traumarbeit. Man könnte das weiter ausführen an der Theorie des Wunsches resp. des Begehrens (vgl. E 620 ff./S I 210 ff.), dem Verhältnis von Wunsch/Begehren und Halluzination (vgl. Sém V 214 f.), der Theorie des Primärprozesses (vgl. Sém IV 16 f.), den Lacan ja ebenfalls sprachlich reformuliert, oder der von Lacan gern zitierten Formel vom *Kern unseres Wesens* (E 518/S II 44; E 526/S II 53; E 587/S I 175). Allerdings sind die Bezugnahmen auf Freuds Theorie des psychischen Apparats von dem transitorischen Charakter ihrer Behandlung im Lacanschen Seminar geprägt: Das VII. Kapitel der *Traumdeutung* ist in dessen Duktus ein Text des Übergangs zwischen dem *Entwurf einer Psychologie* von 1895 und den Texten der *Metapsychologie* und denen der *Zweiten Topik*. Mehr Zeit läßt sich Lacan mit den von Freud gedeuteten Träumen, so daß die Beschäftigung mit ihnen mehr verspricht. Drei davon, denen Lacan großen Raum gegeben hat, sollen nun ausführlich behandelt werden.[58]

Zu (3) Freuds Träume und Lacans Deutungen

a) Freuds Traum von Irmas Injektion (GW II/III 111 ff.)

Lacan bezeichnet Freuds *Traum von Irmas Injektion* nicht nur als »Initialtraum« oder »inaugural dechiffrierten Traum« Freuds, sondern auch als »Traum der Träume« (Sém II 178/190). Diese Formel ist nicht nur

---

[58] Weitere Träume, die aus der *Traumdeutung* stammen und von Lacan behandelt werden: der Traum von der botanischen Monographie (GW II/III 175 ff.; Sém I 295 ff./337 ff.), Annas Traum von der Erdbeerspeise (GW II/III 135; Sém III 259 f./269 f.; Sém V 220), der Traum von der »geschlossenen Fleischbank« (GW II/III 189 ff.; Sém V 374 ff.), der *Autodidasker* (GW II/III 304 ff.; Sém III 269/280).

ein Zeichen von Überschwenglichkeit, sondern sagt etwas über Lacans Vorgehen aus: Freuds Traum wird von Lacan reflexiv genommen, als der *eine* Traum, der uns alles über *den* Traum *als solchen* soll sagen können. Mit seiner »Reanalyse« (Sém II **179/191**) läßt sich Lacan freilich auf eine Gratwanderung ein: Unbedingt zu vermeiden ist das Verfahren einer Sekundäranalyse, die zusätzliches, etwa biographisches Material einsetzt. Lacan fordert die Achtung vor der Grenze, die Freud seinen eigenen Assoziationen und ihrer Mitteilung gesetzt hat. Und doch sei über Freud hinauszugehen, insofern nämlich »das Ganze des Traums und seiner Deutung« zu behandeln sei (Sém II **183/196**).

Das heißt zum einen, daß der Traum *und* seine Deutung ins Ganze der Erfahrung Freuds einzubegreifen ist, soweit diese um besagten Traum herum in Ausbildung begriffen war. Das heißt zum anderen, daß das Weiterwirken dieses Traumes innerhalb des Freudschen Werkes und darüber hinaus im Auge behalten werden muß. Lacan formuliert das so: »... dieser Traum ist nicht nur ein Objekt, das Freud entziffert, er ist ein Sprechen *(parole)* Freuds« (Sém II **194/208**). Ein Sprechen, von dem Lacan behauptet, daß es sich an ein »wir« richtet, zu dem er zweifellos sich und seine Schüler zählt:

»Ich möchte in der Tat unterstreichen, daß ich mich nicht darauf beschränkt habe, durch Wiederaufnahme der Deutung, die Freud von ihm liefert, nur den Traum selbst zu betrachten, sondern daß ich die Gesamtheit betrachtet habe, die von dem Traum und seiner Deutung gebildet wird, und zwar indem ich die besondere Funktion der Deutung des Traums in dem berücksichtige, was der *Dialog Freuds mit uns* ist.

Das da ist der wesentliche Punkt – wir können von der Deutung nicht die Tatsache trennen, daß Freud *uns diesen Traum* als ersten Schritt auf der Suche nach dem Schlüssel *des Traums* angibt. *Wir sind's, an die Freud sich wendet, indem er diese Deutung vornimmt.*« (Sém II **195/209** – Hervorhebungen von mir; vgl. auch Sém II **202 f./218**)

Das heißt, daß Lacan selbst eine Antwort auf diesen Traum zu geben hat, indem er das Verhältnis zwischen *diesem* Traum und *seiner* Deutung so in seiner Exemplarität erweist, daß *dieser* Traum und *seine* Deutung als *der* Traum und *die* Deutung, kurz gesagt, als *die (exemplarifizierte) Traumdeutung* gelten kann. Als reflexiv ist dieses Vorgehen Lacans auch noch insofern zu kennzeichnen, weil Lacan die Szene des Traums selbst zur Szene der Offenbarung der Wahrheit, sprich: der Deutung des Traums, macht. Exemplarisch ist dieser Traum und seine Deutung demnach weniger, weil er auf exemplarische Weise eine vorbildliche Deutung vorführt, sondern weil er als Traum bereits aufzeigt, worauf es – in einem formalen oder Formel-Sinne – als Deutung ankommt: auf die *Lösung*[59], auf das (er)lösende *Wort*.

Indirekt nimmt Lacan damit auch jene von Freud zu Beginn des VI. Kapitels über *Die Traumarbeit* gegebenen Richtungsanzeigen auf. Daß die einzelnen Elemente des Traums nicht »nach ihrem Bilderwert anstatt nach ihrer Zeichenbeziehung« zu lesen seien, wird von Lacan genau im Sinne der Doppelung von Symbolischem und Imaginärem fortgeschrieben, mit der er spätestens seit dem Züricher Vortrag 1949 über das *Spiegelstadium* (E 93–100/S I 61–70) operiert und die er 1953 in seinem Pariser Vortrag über *Das Symbolische, das Imaginäre und das Reale*[60] zu der bekannten Triade erweitert hat (auch wenn das Reale erst nach und nach deutlichere Konturen annehmen wird). So werden der Traum *und* seine Deutung als zwei gegenläufige Operationen begriffen: Der Traum imaginiert das Symbol, bringt es in eine »figurative Gestalt«; die Deutung symbolisiert das Bild.[61] Mit dem schlußendlichen Ziel, das Symbol zu symbolisieren. Lacan spricht von einer »réversion«, einer »Umkehrung« oder »Umwendung« (Sém II **184/197**). Nun, das Exemplarische dieses Traumes besteht nach Lacan genau darin, daß die erlösende Symbolisierung bereits *im Traum selbst* erfolgt, nämlich in der Formel *Trimethylamin* und der Weise, wie sie sich gibt: »dessen Formel ich fettgedruckt vor mir sehe«. Das heißt, bereits im Traum selbst geht der Traum in die Deutung über – Lacan macht sogar eine Schwelle dafür fest: »Sobald Freud in den Dialog eintritt, verengt sich das visuelle Feld.« (Sém II **184/198**) Mehr noch, Lacan unterscheidet zwei Abschnitte des Traumes, von denen jeder einen Gipfelpunkt hat, deren Unterscheidung der Differenz

---

[59] »In der Tat hat Freud das Gefühl, Irma doch die richtige *Lösung* [i. O. dt.] vorgelegt zu haben. Dieses Wort hat im Deutschen dieselbe Ambiguität wie im Französischen – es ist ebenso die Lösung, die man injiziert, wie die Lösung eines Konflikts. Darin nimmt der Traum von Irmas Injektion bereits seinen symbolischen Sinn an.« (Sém II 181/194)
[60] Der Text ist offiziell nicht veröffentlicht und nur als »Privatdruck« erhältlich.
[61] Im Vortrag über *Le symbolique, l'imaginaire et le réel* hatte Lacan noch den Traum als ein »symbolisiertes Bild« und die Deutung als »Symbolisierung des Bildes« bezeichnet. Mit letzterem dürfte freilich das gemeint sein, was Lacan im Seminar II »réversion« nennt.

von Imaginärem und Symbolischem folgt: Der erste Höhepunkt ist mit dem Blick Freuds in Irmas Mund gegeben, der zweite mit dem Auftauchen der Formel, in der »sich Freud [...] der Sinn des Traums offenbart – daß es kein anderes Wort des Traumes gibt als die Natur des Symbolischen« (Sém II **191/206**).

Doch bereits der erste Gipfelpunkt wird als eine Offenbarung beschrieben – als ein *Mene, Tekel, Upharsin* (wie man sieht, genügt Lacan der *Fettdruck*, von dem Freud spricht, nicht; es muß schon eine biblische Flammenschrift sein!) –, die aber ganz im Imaginären bleibt. Entsprechend ist diese Offenbarung auch keine (Er-)Lösung, sondern eine, die in höchster Angst geschieht. Woran wir sehen können, daß Lacan die Freudsche Exemplarität dieses Traummusters – oder Mustertraums – noch in einer weiteren Hinsicht potenziert: Während Freud innerhalb des Buches *Die Traumdeutung* in seiner Darstellung von diesem Mustertraum zum allgemeinen Gesetz des Traumes als einer Wunscherfüllung und dann zur *Traumentstellung* übergeht und dort zunächst die sogenannten »Gegenwunschträume« und schließlich den Angsttraum behandelt, holt Lacan den Angsttraum bereits in die exemplarische Darstellung *des* Traumes und *seiner* Deutung herein. Der Angsttraum ist kein spezieller Traum, sondern die Angst gehört zum Traum, sobald der Traum existentiell wird, sobald er sich dem Realen nähert. Mit letzterer Formulierung greife ich etwas vor, weil Lacan 1954 eben noch nicht über diesen Begriff des Realen verfügt, aber wir werden später an dem *Traum vom brennenden Kind*, wie Lacan ihn 1964 deutet, die Bestätigung dafür bekommen. Doch ist die Darstellung, die Lacan hier gibt, nicht minder dramatisch: »Das geht sehr weit. Nachdem er's geschafft hat, daß die Patientin den Mund aufmacht [...], sieht er auf dem Grund diese mit einem weißlichen Häutchen überzogenen Nasenmuscheln, ein scheußlicher Anblick. [...] Es gibt da eine schreckliche Entdeckung, die des Fleisches, das man niemals sieht, den Grund der Dinge, die Kehrseite des Gesichts, des Antlitzes, die Sekreta par excellence, das Fleisch, aus dem alles hervorgeht, aus der tiefsten Tiefe selbst des Geheimnisses, das Fleisch, insofern es leidend ist, insofern es unförmig ist, insofern seine Form durch sich selbst etwas ist, das Angst hervorruft. Vision der Angst, Identifikation der Angst, letzte Offenbarung des *Du bist dies – Du bist dies, was am weitesten entfernt ist von dir, dies, welches das Unförmigste ist*. Angesichts dieser Offenbarung vom Typ *Mene, Tekel, Upharsin* gelangt Freud auf den

Gipfel seines Bedürfnisses *(besoin)*[62] zu sehen, zu wissen, das sich bis dahin im Dialog des *Ego* mit dem Objekt ausdrückte.« (Sém II 186/199 f.)

Daß diese Entwicklung des Traums nicht zum Erwachen führt, führt Lacan auf Freuds »Zähigkeit« zurück. Einige Sitzungen später im selben Seminar wird Lacan Edgar Allan Poes Erzählung *Die Tatsachen im Falle Valdemar* referieren, die hierzu das passende Gegenbild abgibt. Als der im Augenblick des Todes hypnotisierte Monsieur Valdemar nach einigen Monaten aus dieser Grenzexistenz erweckt wird, zerfällt er, nachdem er paradoxerweise noch seinen eigenen Tod konstatieren konnte – »Ich bin... tot« –, sogleich zu etwas Unförmigem (Sém II 270/294). Im Traum wird das Subjekt – hier: Freud – mit seiner eigenen Auf*lösung* konfrontiert, mit einem Jenseits des Fleisches. Es ist zweifellos eine Konfrontation mit dem Tod, die hier stattfindet, allerdings mit dem imaginären Tod, in seiner schauerlichen, aber letztlich unzureichenden Darstellung. Aber diese Konfrontation mit dem Tod beschränkt sich nicht auf das schreckliche Bild des *Unförmigen*. Es erfaßt auch die selbst imaginär strukturierten Beziehungen (Rivalitäten), die Freud zu den ihn umgebenden Personen im Traum, insbesondere zu seinen Arztkollegen, unterhält. Und auch die Begegnung mit der Formel des Trimethylamin beinhaltet eine Begegnung mit dem Tod – nur mit dem Unterschied, daß diese sozusagen im Wort geschieht und so auf gewisse Weise »annehmbar« gemacht wird. Denn anders als das Imaginäre bietet das Symbolische qua Wort die Permanenz eines Namens an, der den Tod transzendiert.

In welchem Verhältnis stehen die beiden Gipfelszenen – des Imaginären und des Symbolischen – zueinander? Wir haben den Blick auf das geöffnete weibliche Geschlecht, Ort unserer Herkunft, hier aber auch beschrieben als leidendes Fleisch, verbildlichte Vergänglichkeit – und wir haben das sich zersetzende Sperma, auf das es aber gar nicht ankommt, insofern mit der Formel des Trimethylamin das erlösende Wort gegeben ist. Was man also gut als die verfehlte Begegnung einer *ejaculatio praecox* beschreiben könnte, wird konterkariert durch die Aufhebung im Wort, im Namen, der potentiell die Vergänglichkeit transzendiert, zumindest aber die Übereinkunft über die Identität eines Objekts ermöglicht (vgl. Sém II 202/217).

---

[62] Die Übersetzung von Hans-Joachim Metzger gibt an dieser Stelle *besoin* durch »Begehren« wieder.

Der imaginäre Prozeß, der in der Begegnung mit dem leidenden Fleisch gipfelt, ist ein notwendiger Durchgangspunkt. Lacan faßt ihn als Auslöschung all jener Identifizierungen, die das Ich ausmachen. Was übrig bleibt, sieht Lacan durch das *AZ* in der französischen Version der Formel für das Trimethylamin angezeigt (Sém II **189 f./203 f.**) – *AZ* (Akronym für *azote*, Stickstoff), das er als Abkürzung für das Wort *acéphale*, den *Akephalos*, den Kopflosen liest (Sém II **200/215**):[63] »Es gibt in diesem Traum die Erkenntnis des jenseits einer bestimmten Grenze fundamental azephalen Charakters des Subjekts.« (Sém II **202/218**) Was sich diesem offenbart, nämlich in der von der Zahl *Drei* geprägten (symbolischen) Konfiguration von Beziehungen, die die Formel des Trimethylamin symbolisiert, ist, nach Lacan, *das Unbewußte*. Es offenbart sich aber einem kopflosen, seines Ich verlustigen Subjekt. Angesprochen hatte Lacan diesen Zerfall, der hier zum Ziel der Analyse wird, bereits in seinem Vortrag über das *Spiegelstadium* im Phantasma vom zerstückelten Körper, wie es sich »regelmäßig in den Träumen zeigt, wenn die Bewegung der Analyse an ein gewisses Niveau der aggressiven Auflösung des Individuums rührt« (E 97/S I 67). Aber eine zusätzliche Bestimmung gewinnt diese Ausarbeitung noch dadurch, daß Lacan betont der kulturalistischen Interpretation des Traumes von Irmas Injektion durch Erik H. Erikson[64] (für deren Grundausrichtung Lacan Heinz Hartmann verantwortlich macht – vgl. Sém II **178 f./190 f.**) etwas entgegensetzen will.) Doch nicht nur in dieser Hinsicht ist der *Traum von Irmas Injektion* zum Kampfplatz einer verbissen und (auch in der Deutung) gewaltsam geführten Auseinandersetzung geworden, in der bei Freud zumindest in er-

[63] Es spricht einiges dafür, daß hierin etwas von der eigentümlichen Beziehung zwischen Jacques Lacan und Georges Bataille zum Vorschein kommt. Vgl. dazu meinen Beitrag »Azephalische Subjektivität. Gabe, Gesetz und Überschreitung bei Bataille und Lacan«, in: Andreas Hetzel/Peter Wiechens (Hg.), *Georges Bataille. Vorreden zur Überschreitung*, Würzburg 1999, 157–184; in überarbeiteter Version in: Hans-Dieter Gondek, *Von Freud zu Lacan. Philosophische Zwischenschritte*, Wien 2000.

[64] Erik H. Erikson, »The Dream Specimen of Psychoanalysis«, in: *Journal of the American Psychoanalytic Association*, 1954; dt. »Das Traummuster der Psychoanalyse«, übersetzt von Käte Hügel, in: *Psyche* 8 (1955), S. 561–604. Vgl. zu Lacans Antikulturalismus Joan Copjec, *Read my desire. Lacan against the historicists*, Cambridge, Mass./London 1994, S. 125 f.; dt. *Lies mein Begehren. Lacan gegen die Historizisten*, übersetzt von Hans-Dieter Gondek und Roger Hofmann, München 2000.

ster Andeutung vor- und wieder-gefunden werden soll, was der privilegierte Empfänger seiner Sendung, Jacques Lacan, als die Psychoanalyse seiner Zeit formuliert.[65]

b) Die witzige Metzgersfrau und der Traum vom verhinderten Souper (GW II/III 152 ff.)

Es stellt gewiß ein Problem dar, wenn Lacan scheinbar umstandslos »Wunscherfüllung« durch »accomplissement du désir« wiedergibt. »Wunsch« und ›désir‹ decken sich nicht. Daß diese Nichtdeckung von Lacan beabsichtigt ist, macht eine Differenzierung klar, die Lacan zu Beginn von Teil V seines Textes über »La direction de la cure et les principes de son pouvoir« (»Die Ausrichtung der Kur und die Prinzipien ihrer Macht«) von 1958 anführt. Lacan schlägt vor, *Wunsch* bzw. das englische *wish* durch *vœu* zu übersetzen, um sie »vom Begehren zu unterscheiden« (E 620/S I 210). Nicht alles, was als Wunsch geltend gemacht wird, hat den Charakter eines Begehrens, vor allem aber nicht alles, was sich geltend machen läßt und insofern es sich geltend machen läßt.

Die Unterscheidung läßt sich verdeutlichen an der Vielzahl witziger Patientinnen, die sich im Kapitel IV der *Traumdeutung* gleichsam die

---

[65] Bereits in seinem klassischen Text über den *Traum von Irmas Injektion* hatte Erik H. Erikson für die Psychoanalyse seiner Zeit festgestellt, »daß die Kunst und das Ritual einer ›erschöpfenden‹ Traumanalyse so gut wie aufgegeben sind« (»Das Traummuster der Psychoanalyse«, 561). Lacans machtvolle Rehabilitation dieses Traums und sein Plädoyer für die Wiederaufnahme der Traumdeutung in der Praxis der Psychoanalyse haben nicht verhindern können, daß sich heute dasselbe auch für die Lacanianer der *École de la Cause freudienne* um Jacques-Alain Miller und für deren theoretische Diskussion konstatieren läßt. In dem 444 Seiten starken Band *Reading Seminars I and II. Lacan's Return to Freud* (hg. von Richard Feldstein, Bruce Fink, Maire Jaanus, Albany 1996) wird der *Traum von Irmas Injektion*, dem Lacan in seinem Seminar immerhin zwei Sitzungen gewidmet hatte, kein einziges Mal erwähnt, und auch das Buch *Die Traumdeutung* bleibt fast ungenannt. Ein marginales Interesse besteht an der »witzigen Metzgersfrau«, doch dieses gilt allein ihrer Hysterie. Auch der aus Gesprächen mit führenden französischen Psychoanalytikern (darunter ehemalige Lacan-Schüler wie André Green, Jean Laplanche, J.-B. Pontalis und Jean-Paul Valabrega) anläßlich des hundertjährigen Geburtsjahrs der Psychoanalyse (bemessen am ersten Auftauchen des Wortes »Psychoanalyse« 1896 in einem Text von Freud) zusammengestellte Band von Patrick Froté, *Cent ans après*, Paris 1998, erkennt der *Traumdeutung* keine hervorragende Bedeutung zu.

Klinke in die Hand geben und doch alle nur das eine wollen, nämlich Freuds These vom Traum als Wunscherfüllung widerlegen, und wenn es sein muß, durch einen Traum. Wenn dies mehr sein soll als ein frommer oder hinterhältiger Wunsch *(vœu)*, wenn sich dies als *Begehren* erweisen soll, so muß sich dafür eine Struktur aufweisen lassen. Diese Struktur ist die einer spezifischen Reflexivität, die bereits Freud erkannt hat, wenn er für seine Patientin formuliert: »Ich merke, sie ist genötigt, sich im Leben einen unerfüllten Wunsch zu schaffen. Ihr Traum zeigt ihr auch die Wunschverweigerung eingetroffen.« (GW II/III 153) Für Lacan ist dies »ein Begehren nach Begehren«, »ein durch ein Begehren bedeutetes Begehren« – »das Begehren der Hysterika, ein unbefriedigtes Begehren zu haben, ist bedeutet durch ihr Begehren nach Kaviar: das Begehren nach Kaviar ist sein Signifikant« (E 621/S I 212).

Lacans Unterscheidung zwischen *vœu* und *désir*, zwischen »Wunsch« und »Begehren«, macht aus dem scheinbar kontingenten Merkmal des Wunsches, »unerfüllt« zu sein, bei Freud ein nicht-kontingentes Wesensmerkmal, ein Definiens des Begehrens. Kein Begehren kann per definitionem gestillt, befriedigt, verwirklicht oder erfüllt werden. Wenn der Traum eine solche Verwirklichung darstellt, so geschieht dies in Form einer Inszenierung, einer bildlichen Darstellung. Um auch in dieser Hinsicht jedes Mißverständnis auszuschließen, führt Lacan Begriff und Definition des *Phantasmas* ein – als »Bild, das in der signifikanten Struktur in Funktion genommen wird« (E 637/S I 230). Damit wird Freuds hier schon mehrfach genannte Forderung, die Zeichen nicht nach ihrem Bilderwert, sondern nach ihrer Zeichenbeziehung zu deuten, durch Lacan verschärft: Das Phantasma als *Bild* ist eine vom Zusammenhang der Signifikanten hergestellte und eingeschaltete Aussparung, die freilich, um als solche erkannt zu werden, eben in ihrer signifikanten Funktion, das heißt auf dem Feld der Signifikanten, gedeutet werden muß. Selbst die Übersetzung des Ausdrucks »Wunscherfüllung« verschiebt sich: Die Wiedergabe durch »réalisation du désir« gewinnt um so deutlicher an Kontur, als *das Reale* bei Lacan immer klarer als das unfaßbar Widerständige gedacht wird, das sich den symbolischen wie den imaginären Relationen entzieht.

So zielt auch diese »Reanalyse« des *Traumes der witzigen Metzgersfrau* und seiner Deutung auf den exemplarischen Wert ab, der wie schon bei

Lacans Behandlung von Freuds *Traum von Irmas Injektion* in der allgemeinen Theorie des Traums und seiner Deutung liegt. Nur daß sich der
Schwerpunkt hier auf das *Begehren* verschiebt. Was Freud in seiner Deutung des Traums als ein Nebeneinander zweier Deutungen (sie »widersprechen einander nicht, sondern überdecken einander«, aber nicht notwendig – GW II/III 154) anspricht, daß nämlich der Wunsch der
Träumenden nach einem unerfüllten Wunsch – dem Kaviar – zugleich
Produkt einer Identifizierung mit dem gleichfalls unerfüllten Wunsch
der Freundin – und Rivalin – nach dem geräucherten Lachs ist (das einzige, was sie im Traum im Hause hat, und was ihr nicht genügend erscheint, um ein Souper zu geben), verbindet Lacan zu einem gesetz-
mäßigen Konnex, der abermals von Metapher und Metonymie
ausgefüllt wird. Und hier wird auch die Unerbittlichkeit des Gesetzes des
Begehrens, sprich: seine Unerfüllbarkeit, unmittelbar sinnfällig: Es ist
die Metonymie des »Mangels an Sein« *(manque à être)*, die im Kaviar
symbolisiert wird, und darum ist die Antwort auf die Frage nach dem
Begehren der Hysterischen auch so »hoffnungslos, denn Kaviar, das will
sie auch wieder nicht« (E 625/S I 216).

Entsprechend wird die Substitution des einen Begehrens (nach geräu-
chertem Lachs) durch das andere (nach Kaviar) als Metapher gefaßt. Anders als die Metonymie, die am »Wenigen an Sinn« entlanggleitet, erzielt
die Metapher einen »positiven Sinneffekt« (aus dem sich später der leib-
liche Signifikant des Phallus ergeben wird). Doch wie verknüpfen sich
konkret in diesem Traum Metapher und Metonymie? Auch wenn Lacan
selbst es nicht herausstreicht, liegt die Antwort in Freuds Wort »Wunschverweigerung«. Denn nicht der eigene Wunsch wird verweigert, sondern
der andere, der Wunsch der Freundin. Lacan verschärft den von Freud
bereits betonten Gesichtspunkt, daß die hysterische Identifizierung nicht
durch den Vorgang einer Nachahmung erklärt werden kann, sondern
daß umgekehrt die Identifizierung die scheinbare Nachahmung erklärt,
wenn er gerade das *Unnachahmliche* für die Identifizierung verantwortlich macht (E 626/S I 217). Und doch geht Lacan nicht den Weg des
»Gesetzes«, der formalen Struktur, die jedes Subjekt als solches nötigt, zu
einem bestimmten Ausdruck seines per se nicht zu befriedigenden
Begehrens zu greifen. Die Verbindung ist lateral; sie erfolgt über den
Anspruch der anderen, hier der Freundin. Es ist insofern eine Identifizierung in der Versagung und im Mangel, und insofern kommt denn

auch »die letzte Identifizierung mit dem Signifikanten des Begehrens« ins Spiel, mit dem »Phallus« (E 627/S I 218).[66]

Doch noch der Traum selbst kann sich dieser Rhetorik des Unbewußten mit seinen beiden zentralen »Abhängen« nicht entziehen, denn gerade über die Substitution (Kaviar für geräucherten Lachs) sei Freud, so die vielleicht überraschende Aussage Lacans, dazu gekommen, daß er »uns den Traum als Metapher des Begehrens vorstellt« (E 622/S I 212). Auf die Adresse – das Lacan und den Seinen geltende »uns« – dürfte man schon gewartet haben. Aber der »Traum als Metapher des Begehrens«? Verständlich wird diese Aussage nur von der schon angezeigten weiteren Entwicklung des Lacanschen Textes her, die ja tatsächlich unbeirrt auf den Signifikanten des Begehrens, den Phallus, zusteuert. Und Lacan ist sich nicht zu schade, zu diesem Zweck bereits in dem besonderen Fisch *Lachs* den Signifikanten Phallus angezeigt zu finden, sei's in der Gestalt – »Phallus zu sein, und sei's auch ein etwas schmächtiger« –, sei's in der ritualisierten Form seiner Präsentation im Restaurant, die an die »antiken Mysterien« erinnern soll. Auch hier wird also der Traum ins Exemplarisch-Allgemeine gehoben, indem an ihm das Begehren und sein Signifikant – der Phallus – ausgewiesen wird. Und im weiteren berichtet Lacan gar vom Traum der Partnerin eines Patienten, dessen Begehren durch diesen Traum wieder entfacht wurde: sie hatte geträumt, einen Phallus zu haben, und ihm davon erzählt. »Wenn es auch kein Traum des Patienten ist, ist er uns doch genau so viel wert, denn wenn er zwar nicht in gleicher Weise an uns sich wendet, wie er ausgeht vom Analysierten, so wendet er sich an diesen so gut, als es der Analytiker tun könnte. Wir haben die Gelegenheit, den Patienten die Funktion des Signifikanten begreifen zu lassen, die der Phallus in seinem Begehren hat. Als solcher nämlich fungiert der Phallus im Traum, damit der Patient den Gebrauch des Organs wiederfinde, den er repräsentiert, wie wir zeigen werden durch die Stelle, auf die der Traum zielt in der Struktur, in der sein Begehren gefangen ist.« (E 632/S I 224)

Es zeigt sich ein weiteres Mal, daß Lacan Freuds Traum und seine Deutung mehr oder weniger als Ausgangspunkt für eine Exkursion in die

---

[66] Vgl. für Lacans Behandlung der »witzigen Metzgersfrau« auch Cynthia Chase, »Die witzige Metzgersfrau: Freud, Lacan und die Verwandlung von Widerstand in Theorie«, übersetzt von Hans-Dieter Gondek, in: Barbara Vinken (Hg.), *Dekonstruktiver Feminismus. Literaturwissenschaft in Amerika*, Frankfurt am Main 1992, 97–129.

eigene Theorie nimmt, die nur minimale Anhaltspunkte braucht, um sich dennoch als unmittelbare Fortsetzung des Freudschen Werkes auszugeben. Es macht für diesen wie für den vorherigen Traum wenig Sinn, zu sehr ins Detail zu gehen: Denn der philologische Aufweis von unzutreffenden oder unzulässigen Interpretationen und Verallgemeinerungen schlägt angesichts der Menge dessen, was sich so dingfest machen läßt, zwangsläufig in die Frage um, warum Lacan so vorgeht. In der Tat sieht er sich in ungebrochener Kontinuität zum Freudschen Werk. Wenn das trotz der unübersehbaren Brüche soll gelten können, dann sind die Anforderungen an das, was Lacan mit seiner Revision Freuds, im besonderen mit seiner Einführung einer *Rhetorik des Unbewußten*, die dieses »wie/als *(comme)* eine Sprache strukturiert« begreift, entsprechend hoch anzusetzen. Lacan muß einen Zugewinn an theoretischer Konsistenz und praktischer Pertinenz vorweisen können, um aufwiegen zu können, was sein teils sehr gewaltsamer Umgang mit dem Freudschen Text anrichtet.

c) Der Traum vom brennenden Kind (GW II/III 513ff.)

Das Besondere an dem *Traum vom brennenden Kind* ist – neben seiner exponierten Stellung am Anfang des VII., des theoretischen Kapitels der *Traumdeutung* – die Tatsache, daß er nicht wirklich gedeutet wird. Dreimal kommt Freud auf den Traum zurück, doch nur um Detailmomente daran zu illustrieren. Im Seminar XI über *Die vier Grundbegriffe der Psychoanalyse* nimmt Lacan diesen exzeptionellen Traum immer wieder neu auf. Er sei hier kurz resümiert: Es ist ein Traum, der nicht von Freud stammt, sondern von einer Patientin, die ihn in einer Vorlesung über den Traum gehört und dann selbst »nachgeträumt« hat. Einem Vater ist nach längerer Krankheit, die er am Krankenbett verbrachte, ein Kind gestorben. In der folgenden Nacht legt er sich im Nebenzimmer schlafen und überläßt es einem alten Mann, bei der aufgebahrten Leiche zu wachen; die Tür bleibt offen. Der Vater träumt, »*daß das Kind an seinem Bette steht, ihn am Arme faßt und ihm vorwurfsvoll zuraunt: Vater siehst du denn nicht, daß ich verbrenne?* Er erwacht, merkt einen hellen Lichtschein, der aus dem Leichenzimmer kommt, eilt hin, findet den greisen Wächter eingeschlummert, die Hüllen und einen Arm der teuren Leiche verbrannt durch eine Kerze, die brennend auf sie gefallen war.« (GW II/III 514)

Lacan vereindeutigt von Beginn an ein Detail. Er identifiziert das Kind als Sohn und steuert direkt auf das »Mysterium« zu, das hier zwischen Vater und Sohn bestehen soll:

»Warum also die Theorie beibehalten, die aus dem Traum das Bild eines Wunsches macht, für dieses Beispiel, bei dem in einer Art flammendem Widerschein eben eine wie durchgepauste Realität den Träumer aus dem Schlaf zu reißen scheint? Warum, wenn nicht, um uns ein Mysterium ins Gedächtnis zu rufen, welches nichts anderes ist als die Welt des Jenseits und ich weiß nicht welches Geheimnis zwischen dem Vater und jenem Kind, das gerade sagte – *Vater, siehst du denn nicht, daß ich verbrenne?* Woran verbrennt es? – wenn nicht an dem, was wir sich abzeichnen sehen an anderen, durch die Freudsche Topologie bezeichneten Punkten – an der Last der Sünden des Vaters, die der Geist im Hamletmythos trägt, mit dem Freud den Ödipusmythos verdoppelt hat. Der Vater, der Name-des-Vaters, unterhält die Struktur des Begehrens mit der des Gesetzes *(loi)* – doch die Hinterlassenschaft des Vaters, es ist das, was Kierkegaard uns anzeigt, ist seine Sünde.

Woraus steigt der Geist von Hamlet hervor? – wenn nicht aus dem Ort, von dem er uns aufzeigt, daß er dort in seiner Sünden Blüte überrascht und dahingerafft worden sei – und weit davon entfernt, daß er Hamlet die Verbote des Gesetzes *(Loi)* gibt, die seinem Begehren ein Bestehen sichern können, handelt es sich in jedem Augenblick um ein tiefes Inzweifelziehen dieses zu idealen Vaters.« (Sém XI 35/40 f.)

Diese beiden Absätze sind ein gutes Beispiel für Lacans Tendenz zur Überverdichtung von Bezügen und Querverweisen, bei denen die argumentative Linie verlorenzugehen droht. Es werden zwei Modi des Realen oder der Realität unterschieden und in ein noch sehr unbestimmtes Verhältnis gesetzt: die *Realität* des Geschehens im Nebenzimmer, nämlich der Feuerschein, entstanden durch das Umstürzen der brennenden Kerze und den so verursachten Brand der Leiche, und jene tiefere *Realität*, die tatsächlich weckt, weil in ihr an das *Realste* der Beziehung von Vater und Sohn gerührt wird. Dabei zeichnet sich ein wichtiger Unterschied zwischen Freud und Lacan ab, der das Aufwachen betrifft. Lacan glaubt, daß es der Traum selbst ist, der zum Aufwachen zwingt, und nicht oder weniger ein Ereignis der »objektiven Wirklichkeit«. Denn der

Traum selbst steuert auf einen Punkt zu, an dem es ums Reale geht, was ein Vorgang ist, der Angst auslöst – und diese Angst führt das Erwachen herbei (vgl. Lacans »Reanalyse« des *Traums von Irmas Injektion*). So auch hier. Lacan weist Freuds »Motiv« für das *Verbrennen* des Kindes – das Fieber der Krankheit, an der das Kind gestorben sein könnte – zurück; was hier den Zusammenhang zwischen Vater und Kind (Vater und Sohn) stiftet, ist die Sünde, die Sündenlast. Und zwar nicht irgendeine konkrete Sünde, hervorgegangen aus einem benennbaren Vergehen oder Verbrechen, sondern die Sünde in einem, wie ich sagen möchte, transzendenten, wenn nicht transzendentalen Sinne (auch dieser Traum dient also als Exempel für eine allgemeine Aussage): Das Dasein von Vater und Sohn ist nicht denkbar ohne die Übertragung einer solchen Sünde von einer Generation auf die nächste.

Und hier kommt nun Hamlet ins Spiel, und zwar – wie auch *Ödipus* – unter dem Titel eines *Mythos* (Freud hatte dagegen von »großen tragischen Dichterschöpfungen« gesprochen – GW II/III 271). In seinem Seminar von 1959 über Hamlet[67] hatte Lacan vor allem auf die Unübertragbarkeit der Sünde abgehoben, weil Hamlets Vater »in seiner Sünden Blüte« ermordet worden war, was im doppelten Sinne unsühnbar ist, nämlich als Kränkung sowie als Verunmöglichung, vor dem »Jüngsten Gericht« zu erscheinen. Hamlet bringt das Wissen um diese Tat und ihre Umstände den Tod. Denn es zeigt sich, daß diese Schuld auch in der nächsten Generation nur auf eine Weise zu tilgen ist: durch Selbstopferung. Bis es dazu kommt, ist Hamlet zur Suche nach seinem eigenen Begehren verdammt. Denn der »Ausfall« des Vaters aufgrund seines spezifischen Todes läßt den Sohn nicht in den Genuß jener Regulation seines Begehrens kommen, die Lacan als »symbolische Kastration« bezeichnet.

Lacan läßt es nicht dabei bewenden, sondern deutet eine andere, persönlichere Auflösung an: Das brennende Kind ist... Freud, der seinem gestorbenen Vater vorwirft, nicht mehr als Vater für ihn da zu sein, kein Auge mehr auf ihn zu haben (»Vater, siehst Du denn nicht...«), nicht zu sehen, was er, Freud, leistet und wie er, Freud, leidet, unter anderem daran, keinen Vater mehr zu haben, der ihn beschützt, zum Beispiel vor

[67] Die sieben Sitzungen über Hamlet in Lacans Seminar VI *Das Begehren und seine Deutung* sind in der Zeitschrift *Ornicar?* vorab veröffentlicht worden (Nr. 24, Herbst 1981, 5–31; Nr. 25, Herbst 1982, 11–36; Nr. 26–27, Sommer 1983, 5–44).

der Begegnung mit dem Tod. Freud ist nun allein, muß die Verantwortung, aber auch die Sünde tragen, und die symbolische Schuld am Tod des Vaters. Die Theorie des Ödipuskomplexes vermag auch dem einen Sinn zu geben.

Freuds Traum vom brennenden Kind ist auch insofern eine Herausforderung, als er durch seine Position am Eingang des VII. Kapitels der *Traumdeutung* und durch seine mehrfache Wiederaufnahme innerhalb desselben für die theoretischen Anstrengungen mitverantwortlich scheint, die Freud in diesem Kapitel vorlegt. Ein Merkmal dieses Traumes, das ihn von anderen Traumbildungen unterscheidet, überliest man leicht: daß er sich nicht durch das »Absinken der Zensur zwischen den beiden Systemen *Ubw* und *Vbw* erklären läßt« (GW II/III 547). Er unterliegt nicht einer Verringerung der psychischen Aufmerksamkeit. Vielmehr führt Freud über diesen Traum eine zweite Motivierung für das Träumen ein: den aus dem Vorbewußten herrührenden *Wunsch zu schlafen* oder das *Schlafbedürfnis*. Die Begründung erfolgt bei Freud über die Vergleichbarkeit mit den psychoneurotischen Symptomen, die stets ein Kompromiß zwischen unbewußter und vorbewußter Tendenz sind. Das gibt freilich dem Verdacht Auftrieb, daß Freud mit der zuvor gegebenen Erklärung, dieser Traum erfülle den Wunsch des Vaters, das Kind noch einmal lebendig zu zeigen – nur, um welchen Preis! Was ist das für ein Leben, das von sich selbst sagt, es sei im Begriff zu verbrennen! –, selbst nicht zufrieden gewesen wäre (GW II/III 514 und 576). Lacan liest Freud ein weiteres Mal von hinten, das heißt: von der zweiten Topik und insbesondere von *Jenseits des Lustprinzips* her. Wie die dort behandelte traumatische Neurose erzwingt ihm zufolge dieser Traum eine Ausnahme und sogar eine Einschränkung der Funktion des Lustprinzips. Denn entweder nimmt man das grausame Geschehen als einen zu interpretierenden Text, hinter dem sich etwas ganz anderes verbergen kann, und konstatiert für diesen Fall auch eine verschobene Affektbesetzung, wie Freud sie der Traumarbeit zuschreibt, und dann zerfällt das Geschehen zu einem Material, das zu deuten wäre, oder man spricht ihm einen anderen Status zu. Letzteres tut Lacan. Für ihn ist es diese Szene des Traumes, die weckt – und nicht der Lichtschein, der aus dem Nebenzimmer dringt (Freud), resp. das Geräusch, das dabei entsteht (Lacan). Er kann sich dabei auf Freud berufen, der exakt im Kontext seiner wiederholten Bezugnahme auf diesen Traum zwischen äußerem und innerem

Weckreiz (»Träume..., die nur von innen her als Wecker am Schlaf-
zustand rütteln können« – GW II/III 577) unterscheidet. Nur ist es für
Lacan auch »eine andere Realität«, die das Aufwachen erzwingt und in
die hinein das Aufwachen erfolgt. Es ist dies die *Realität*, »daß das Kind
an seinem Bette steht, ihn am Arme faßt und ihm vorwurfsvoll zuraunt:
Vater, siehst du denn nicht, daß ich verbrenne?«

Lacan merkt dazu an:

»Es ist mehr Realität, nicht wahr, in dieser Botschaft als in dem
Geräusch, durch das der Vater schließlich die fremdartige Realität dessen identifiziert, was im Nebenzimmer geschieht. Geht in diesen Worten nicht die verfehlte Realität vorüber, die den Tod des Kindes verursacht hat? Sagt uns Freud nicht selbst, daß man in diesem Satz das
erkennen muß, was für den Vater diese Worte getrennt von dem toten
Kind auf ewig fortdauern lassen wird, diese Worte, die ihm vielleicht, wie
Freud vermutet, verursacht durch Fieber gesagt worden sind – doch wer
weiß, vielleicht lassen diese Worte beim Vater die Reue darüber fortdauern, daß derjenige, den er nahe des Bettes des Sohnes postiert hatte, um
zu wachen, der Greis, vielleicht nicht auf der Höhe gewesen ist, seine
Aufgabe gut durchzuführen, *die Besorgnis* [...], *daß der greise Wächter
seiner Aufgabe nicht gewachsen sein dürfte*. Denn schließlich ist er eingeschlafen.« (Sém XI 57/64)

Beginnen wir bei dem »greisen Wächter«. Es gibt bei Freud eine eigentümliche Korrespondenz: zwischen dem eingeschlafenen Wächter,
der noch nicht einmal aufwacht, als der Vater ins Nebenzimmer tritt,
und der Funktion des Traumes als »Wächter des Schlafes« (GW II/III
239) sowie den weiteren Wächterfiguren und -funktionen, auf die Freud
im Buch eingeht. So wird die »Zensur« zwischen *Ubw* und *Vbw* als
»Wächter unserer geistigen Gesundheit« bezeichnet, verbunden mit der
Frage: »Ist es nun nicht eine Unvorsichtigkeit des Wächters, daß er zur
Nachtzeit seine Tätigkeit verringert, die unterdrückten Regungen des
Ubw zum Ausdrucke kommen läßt, die halluzinatorische Regression
wieder ermöglicht?« (GW II/III 573) Ist dies nicht vielleicht derselbe
Wächter wie der des Traumes, der ja überhaupt nicht aufwacht und den
Traum gewähren läßt? In der Tat unterscheidet Lacan zwischen »demje-
nigen, der immer schläft und von dem wir den Traum nicht wissen, und
demjenigen, der nur geträumt hat, um nicht aufzuwachen« (Sém XI
57 f./65).

Auch die Lesart dieses Traumes bekommt so eine verstärkt paradigmatische Qualität: Er wird nun lesbar als das inszenierte Nebeneinander von Instanzen, von Subjekten, in die das scheinbar integrale Subjekt des *Bewußtseins* und des *Ich denke* zerfällt. Neben demjenigen, der partout nicht aus seinem Schlaf aufwachen will und dessen Traum auf ewig ungewußt bleiben wird, findet sich einer, der um jeden Preis, auch um den Preis des *Fiebers* – Lacan bezieht den Ausdruck »Fieber« nicht auf das Kind, sondern auf Freud, auf dessen eigenes »Fieber«, Gier nach dem Realen hinter der Urszene, womit er zum Beispiel den *Wolfsmann* traktierte –, an das Reale rühren will. Er erreicht es indes nie, und das liegt daran, daß ein »äußeres« Erwachen, ein Erwachen zum reflexiven Bewußtsein, dem »inneren« Erwachen, dem Erwachen auf dem anderen Schauplatz in der Begegnung mit dem Realen der *psychischen Realität* ein Ende bereitet. Und das geschieht zwangsläufig, wenn der Traum sich seinem »Angstgrund« (Sém XI 66/75)[68] nähert, und auch das geschieht zwangsläufig, wenn er auf das Reale der psychischen Realität zusteuert. Wenn man also davon ausgeht, daß der unweckbare, auf ewig in seinem Traum verbleibende Alte und derjenige, der im Traum erwacht, ein und derselbe sind, Instanzen als (Zerfalls-)Produkte des träumenden Subjekts, dann wird man zunächst eine unaufhebbare Diskordanz, eine »verfehlte Begegnung« zwischen dem stets vorzeitig aufwachenden Träumer und dem ewigen Schläfer konstatieren können. Beides sind Figuren der Vaterschaft: der Vater, der sich von seinem Sohn noch berühren, aufwecken, erschüttern läßt, aber – immer schon? – zu spät kommt, um diesem Sohn noch helfen zu können, und der andere Vater, der für beide nicht mehr empfänglich ist und so auch den ersten Vater im Stich läßt. Und selbst in der Beziehung zum Sohn geht es um das Rätsel der Vaterschaft und deren Weitergabe von Generation zu Generation – welche stets auch die Weitergabe der »Sündenlast des Vaters« (Sém XI 35/40) beinhaltet. Man könnte versucht sein, hier die drei Typen des Vaters in Anschlag zu bringen, die Lacan kennt: den symbolischen Vater, den Vater, der immer weiterschläft, der nicht mehr erwacht und dessen Traum unbekannt bleiben muß; den imaginären Vater, der sich immer wieder sagen lassen muß, daß er nicht genug getan hat, um Vater zu sein,

---

[68] Die Korrespondenz zu Lacans »Reanalyse« von Freuds *Traum von Irmas Injektion* ist offensichtlich.

um der vom symbolischen Vater eingenommenen vorbildlichen Idealität zu entsprechen, und den realen Vater, als der oder das (Lacan setzt ihn mitunter der »Spermatozoe« gleich!), was die Zeugung verursacht und sich hier erinnernd im Bild des Kindes und seiner innigen Beziehung zum Erzeuger »verkörpert«.

Eine weitere wesentliche Abweichung zwischen Freud und Lacan betrifft den Begriff der *psychischen Realität*. Freud hat zwar stets die Dignität der psychischen Realität betont, die insoweit nicht hinter der materiellen Realität der Außenwelt zurücksteht. Und doch ist ihm sein Empirismus im Wege gewesen, insofern er die *psychische Realität* der Bilder des Traums, insbesondere aber der wörtlichen Rede (»Vater, siehst du denn nicht...?«) auf Erlebnisse einer früheren *Wahrnehmung* zurückzuführen bemüht war. Die psychische *Realität* ist für ihn zugleich die Realität der prinzipiellen Rückführbarkeit auf materielle Realität und die Realität der Niederlegung im Gedächtnis, die er im Hinblick auf die Qualität der unbewußten Spuren als »unzerstörbar« (GW II/III 583) bezeichnet. Und der Wunsch wird bei Freud noch beinahe physiologisch eingeführt, als Übergang vom Zustand der Unlust zu dem der Lust: »Eine solche, von der Unlust ausgehende, auf die Lust zielende Strömung heißen wir einen Wunsch...« (GW II/III 604). Das Lacansche Begehren hingegen setzt sich von vornherein über das automatische Funktionieren des Lustprinzips hinweg, es agiert jenseits davon. Indem Lacan nun den frühen Freud der *Traumdeutung* aus der Sicht des späten Freud, nämlich des Autors von *Jenseits des Lustprinzips* und *Das Ich und das Es*, und aus der Sicht von jenseits von Freud liest, kann und muß er aus seiner Sicht (ob er darf, fragt er nicht) die Problemlage gewaltig verkomplizieren. So zum einen durch Einführung der von Freud in *Jenseits des Lustprinzips* zugestandenen Ausnahme vom Lustprinzip in Gestalt der »traumatischen Neurose«. Nur, daß die sozusagen chronologisch verfrühte, also anachronistische Einführung dieser Ausnahme auf eine *Subversion* des Verhältnisses von Normalität und Ausnahme hinausläuft: *Jeder* Traum hat einen als Trauma (näherungsweise) zu bezeichnenden »Angstgrund«, in dem es um das *Reale* als *Kern des Unbewußten* und *Kern unseres Wesens* geht.

Dieser Kern ist nichts Reales im Sinne einer ursprünglich materiellen und später erst ins Psychische »übersetzten« Realität. In dieser Hinsicht nimmt Lacan auch eine entschiedene Umdeutung des Ausdrucks »Wahr-

nehmungsidentität« vor. Während Freud selbst in den fiktiven Konstruktionen, mit denen er das Funktionieren des postulierten psychischen Apparates verständlich machen will, noch so etwas wie eine
primäre Erfahrung in Gestalt eines ersten gleichsam prägenden Befriedi-
gungserlebnisses zugrunde gelegt hatte, dessen »Wahrnehmungsidentität« die leitende Vorgabe für den Prozeß des Wiederfindens bildet (GW
II/III 604 und 607), hält Lacan zwar an der »Wahrnehmungsidentität«
fest, gibt dieser aber einen ganz anderen Charakter, nämlich den eines
Ursignifikanten. Es ist sozusagen keine vollständige, in sich ruhende
Szene, wie man sie sich bei einem Befriedigungserlebnis vorstellen
möchte, sondern der Akt einer Trennung, der einen Rest hinterläßt, der
freilich selbst für ein Bewußtsein unfaßbar bleibt und insofern unwill-
kürlich traumatische Qualität annimmt. Sich ihm wiederanzunähern,
ihn wiedergewinnen zu wollen, bedingt eine Bewegung, die sich notwendig über das Lustprinzip hinaussetzen muß: das Begehren. Und doch
läßt sich nicht mehr erreichen als die Wiederholung im Modus der »ver-
fehlten Begegnung«. Lacan schreibt selbst, daß besagter Traum eine
»Hommage an die verfehlte Realität«, und zwar die psychische Realität,
sei, die sich in dem Satz des Kindes ausdrückt: *Vater, siehst du denn nicht,
daß ich verbrenne?*

Anders als Lacan war Freud die Rekonstruktion des Traumes *vom
äußeren Wecken* her angegangen: Der aus dem Nebenzimmer dringende
Lichtschein weckt den Vater und löst in ihm, bevor er endgültig aufwacht, den Traum aus, als dessen materielle Ursache sich schließlich die
realiter in Brand geratene Leiche des Kindes erweist. Für Lacan dagegen
hängt alles an den Worten des Kindes – und zwar gleichgültig, ob es sich
dabei um vormals Gehörtes handelt, wie Freud fordert –; das »äußere«
Geschehen im Nebenzimmer – daß die Leiche in Brand gerät etc. – wird
dem *accident*, dem *comme au hasard*, das heißt dem Unfall oder Zufall
zugeschrieben, der dem eigentlichen Ereignis – der wiederholten ver-
fehlten Begegnung einer psychischen Realität – bloß als *Mittel* dient:
»Wo ist sie, die Realität, in diesem Unfall *(accident)*? – Wenn nicht, daß
sich etwas im Ganzen Schicksalhafteres *vermittels* der Realität wiederholt...« (Sém XI 57/64)

Daß Freud auch für diesen Traum noch behauptet, es handle sich um
eine Wunscherfüllung, nimmt Lacan, der ja, wie schon angezeigt, mit
Freuds Detailausdeutung nicht einverstanden ist, gerade zum Beleg, daß

es sich bei der »réalisation« des Begehrens um mehr handeln muß als um eine »Phantasie, die einen Wunsch ausfüllt« (Sém XI 58/65). Zu beachten ist nicht nur, daß Lacan hier »Wunsch« durch den gegenüber *désir* weitaus schwächeren Ausdruck *vœu* wiedergibt. Schon terminologisch nimmt Lacan eine nicht neutrale Akzentverschiebung vor: *Réalisation du désir* kann vor allem dann kaum noch als Äquivalent für *Wuncherfüllung* gelten, wenn an *réalisation* das Stammwort *res*, »Ding« oder »Sache«, hervorgehoben wird.

Lacans Resümee scheut vor einer offenen Zurückweisung der Freudschen Erklärung des Traumes nicht zurück:

»Denn es ist nicht so, daß in dem Traum der Wunsch aufrechterhalten wird, daß der Sohn noch lebt. Vielmehr bezeichnet das tote Kind, das seinen Vater am Arm faßt – eine furchtbare Vision –, ein Jenseits, das sich im Traum vernehmen läßt. Das Begehren vergegenwärtigt sich darin aus dem am grausamsten Punkt bildgewordenen Verlust des Objektes heraus. Allein im Traum kann es zu dieser wahrlich einzigartigen Begegnung kommen. Allein ein Ritus, ein immer wiederholter Akt, kann dieser unandenkbaren Begegnung gedenken – da niemand sagen kann, was der Tod eines Kindes ist – außer der Vater als Vater – das heißt kein bewußtes Wesen.« (Sém XI 58/65)

Lacan deutet abermals einen Zusammenhang zwischen dem *Traumbuch* und dem Tod von Freuds Vater an. Dieser tote Vater ist aus dem Freudschen Werk nicht wegzudenken – von der *Traumdeutung* bis hin zum *Mann Moses*. Und vielleicht hängt damit Freuds auffällige Zurückhaltung zusammen, der den *Traum vom brennenden Kind* ungedeutet läßt, ja dessen Erläuterungen einer Traumdeutung eher zuwiderlaufen. Für Lacan dagegen findet der Brand im Nebenzimmer in den Worten selbst statt: »Dieser Satz selbst ist eine Fackel – er allein trägt das Feuer dorthin, wo es ausbricht – und man sieht nicht, was brennt, denn die Flamme macht uns blind für die Tatsache, daß das Feuer dem *Unerledigten*, dem *Unverträglichen*, dem Realen gilt.« (Sém XI 58/65)[69]

---

[69] Lacan ist auf die besondere Beziehung von Vater und Sohn noch anläßlich eines anderen Traumes eingegangen, den Freud zunächst in »Formulierungen über die zwei Prinzipien des psychischen Geschehens« (GW VIII 238) vorgelegt und in die nächste verfügbare Auflage der *Traumdeutung* (3. Aufl. 1911) eingefügt hatte (GW II/III 432 f.). Freud hatte die Widersinnigkeit des Traumes eines Mannes, dessen Vater nach langer Krankheit, während deren er ihn gepflegt hatte, gestorben war, und der nun träumte: »*Der Vater sei wieder am*

4. Schlußbemerkung

Wie schon den *Traum von Irmas Injektion* nimmt Lacan den *Traum vom brennenden Kind* als *Freuds Traum* – ungeachtet dessen, daß es der selbst nur »nachgeträumte« Traum einer Patientin von Freud war. Als *Freuds Traum* – das ist nicht im klassischen Sinne biographisch gemeint. Sondern Freuds Traum als Inauguraltraum zur Einführung in die Psychoanalyse im allgemeinen (Traum von Irmas Injektion) und in ihren theoretischen Teil (Traum vom brennenden Kind). Wenn Freud in diesen beiden Träumen eine Rolle spielt, dann als Repräsentant der von ihm gegründeten Psychoanalyse. Man kann sich fragen, ob das nicht auch eine versteckte Form von Biographismus ist, die zwar die Peinlichkeiten vermeidet, das Brennen des Kindes auf ein brennendes Begehren des kleinen Sigismund nach seiner Mutter zurückzuführen, die er einst »nudam«

Leben und sprach mit ihm wie sonst, aber (das Merkwürdige war), *er war doch gestorben und wußte es nur nicht«*, dadurch aufgelöst, daß er »er war doch gestorben« durch ein »infolge des Wunsches des Träumers« und »er wußte es nicht« durch »daß der Träumer diesen Wunsch hatte« ergänzte. Diese auf den Ödipuskomplex zurückgreifende Erklärung wird von Lacan durch eine ersetzt, die sich ganz auf die (symbolische) Kastration bezieht: »Das Subjekt kann erkennen, daß sein Vater von seinem Wunsch, er möge sterben, damit seine Leiden enden, nichts wußte; es kann erkennen oder nicht (das hängt ganz von dem Punkt ab, an dem die Analyse steht), daß es stets gewünscht habe, sein Vater als Rivale möge sterben. Es erkennt jedoch nicht, daß es, indem es den Schmerz seines Vaters auf sich nimmt, darauf zielt, vor ihm eine Unwissenheit aufrechtzuerhalten, die für es unentbehrlich ist: Es gibt am letzten Ende der Existenz nichts als den Schmerz zu existieren. Das Subjekt verwirft auf den anderen seine eigene Unwissenheit. Der Todeswunsch ist hier der Wunsch, nicht wach zu werden für die Botschaft: Durch den Tod seines Vaters ist es von nun an seinem eigenen Tod ausgesetzt, wovor es bis dahin die Anwesenheit des Vaters bewahrte. Dann lieber den Schmerz zu existieren auf sich nehmen [...], der der Schmerz des anderen ist, als zu erleben, daß dieses letzte Mysterium entblößt wird: In dem Moment, wo der Vater stirbt, fällt der Kastrationswunsch des Vaters dem Sohn anheim. Das Subjekt willigt ein, anstelle des anderen zu leiden; hinter diesem Leiden aber erhält sich ein Trug: der Vatermord als eine imaginäre Fixierung. Alles, was hier als bestimmbares Begehren definiert werden kann, ist mangelhaft im Verhältnis zur vom Tod des Vaters eröffneten Kluft, die das ist, wovon das Subjekt nichts wissen will; der Inhalt des *nach seinem Wunsch* – zum Beispiel der aggressive Wunsch – stellt sich nun als Schutz dar. Das *nach* bezeichnet die Notwendigkeit, die es dem Subjekt verwehrt, jener Verkettung der Existenz, insofern sie durch die Natur des Signifikanten determiniert ist, zu entgehen.« (Pontalis, *Zusammenfassende Wiedergaben der Seminare IV-VI von J. Lacan*, hg. von Hans-Dieter Gondek und Peter Widmer, übersetzt von Johanna Drobnig, Zürich 1998, 127 f.; Wien ²1999, 166 f.) Vgl. auch E 801/S II 176.

zu Gesicht bekommen hatte[70], aber dafür den Ehrgeiz des Begründers und Eroberers ins Feld führt.[71] Freuds Hartnäckigkeit, »Zähigkeit« ist ein konstitutives Element beider Träume, so daß ein spezifischer Charakterzug des Begründers der Psychoanalyse bereits in die Entstehung der *Traumdeutung* – Verfahren und Buch – eingeht. Sämtliche Träume Freuds, die Lacan aufgreift, werden insofern nicht weiter gedeutet, dürfen gar nicht weiter gedeutet werden, weil sie unter dem Gesetz der Exemplarität vielmehr nur dazu dienen, die Inaugurierung der Psychoanalyse zu repräsentieren. Ihre Deutung ist gleichsam die Deutung der Übertragung, die von ihnen als einem Teil des Freudschen Werkes und des Freudschen Sprechens an seine Nachfolger ergeht. Und die Prüfung, ob und wie die gegenwärtige Theorie noch dieser Inaugurierung entspricht. Es steht nicht nur Freuds Traum auf dem Spiel, sondern auch Lacans Deutung – und zwar die Ausdeutung der Freudschen Psychoanalyse als ganzer. Von daher läßt sich der hohe theoretische Aufwand verstehen, den Lacan jedesmal betreibt, wenn er sich auf einen der Träume Freuds bezieht.

[70] Wie dies zum Beispiel Leonard Shengold tut in: »*Father, Don't You See I'm Burning?*«. *Reflections on Sex, Narcissism, Symbolism and Murder: From Everything to Nothing*, New Haven/London 1991, 51.

[71] Derrida bezweifelt, daß Lacans Ablehnung der Psycho-Biographie und sein deutlich formaleres Vorgehen in der Analyse von Texten tatsächlich eine solche Befreiung darstellt, wie Lacan zu glauben scheint. Denn in den materialen Ergebnissen komme Lacan weitgehend zu denselben Einsichten wie die von ihm befehdete Marie Bonaparte in ihren psycho-biographischen Poe-Studien. Und wenn die Frage nach dem literarischen Status des Textes nicht gestellt wird, gerät der Anspruch, Textanalyse zu betreiben, leicht zur *petitio principii*. Siehe »Le facteur de la vérité«, in: ders., *La carte postale de Socrate à Freud et au-delà*, Paris 1980, v. a. 453 und 472 ff.; dt. »Der Facteur der Wahrheit«, in: *Die Postkarte von Sokrates bis an Freud und jenseits*, übersetzt von Hans-Joachim Metzger, 2. Lieferung, Berlin 1987, 199 und 220 ff.

IV. Der Traum, die Schrift und der Widerstand –
Derridas Auseinandersetzung mit der Theorie des Traums

> »[*Zusatz 1911:*] [...] Übrigens hängt der Traum so innig
> am sprachlichen Ausdruck, daß *Ferenczi* [1910] mit Recht
> bemerken kann, jede Sprache habe ihre eigene Traum-
> sprache. Ein Traum ist in der Regel unübersetzbar in andere
> Sprachen und ein Buch, wie das vorliegende, meinte ich,
> darum auch. [*Zusatz 1930:*] Nichtsdestoweniger ist es
> zuerst Dr. A. A. Brill in New York, dann anderen nach ihm,
> gelungen, Übersetzungen der ›Traumdeutung‹ zu schaffen.«
> (GW II/III 104 Anm.; SA II 120, Anm.)

1. Der Traum als Schrift und als Schreibmaschine

Zu Foucaults *Introduction* in Binswangers *Traum und Existenz* hat sich
Derrida niemals geäußert. Allerdings enthält die erste der beiden dokumentierten Auseinandersetzungen, die Derrida mit Foucault im Abstand
von fast dreißig Jahren geführt hat[72], eine Anmerkung, in der Derrida
Foucault Freuds *Traumdeutung* in Erinnerung ruft. In dem Text, auf den
die Anmerkung folgt, heißt es: »Wenn man allgemein versucht, von einer offenen *(patent)* zu einer verborgenen *(latent)* Sprache überzuge-
hen, muß man sich zunächst in aller Strenge des offenen Sinns vergewissern.«
Und nach der Anmerkung: »Der Analytiker muß zum Beispiel zunächst
die gleiche Sprache sprechen wie der Kranke.« Diesen Anspruch hatte
auch Binswanger mit seinem *Verstehens*-Ansatz erhoben. Was Derrida
hier als Verdacht gegen Foucault anklingen läßt, ist die Befürchtung, sich
in einer erschlichenen Transzendenz zu verlieren: der Tod als das Jenseits,
der Tod als die höchste Prüfung des Menschen, auf die gefaßt zu sein es
einer besonderen Vorbereitung und Einstellung bedarf. Wir werden später sehen, daß Derrida den Tod ins Profane der Maschine und der Repräsentation hereinholen wird. Doch hier geht es noch um etwas anderes, nämlich um methodische Voraussetzungen, die das Deuten,
Interpretieren, Auslegen, also jede Art von »Hermeneutik« betreffen, insofern sie zwischen einem »offenen Sinn« und einem »verborgenen Sinn«

---

[72] Derrida, »Cogito et histoire de la folie«, in: *L'écriture et la différence*, Paris 1967, 51–97;
dt. »Cogito und Geschichte des Wahnsinns«, übersetzt von Ulrich Köppen, in: *Die Schrift
und die Differenz*, Frankfurt am Main 1972, 53–101. »Être juste avec Freud« (siehe
Anm. 25).

unterscheiden und von ersterem zu letzterem übergehen wollen. Die Voraussetzung ist die einer gemeinsamen Sprache, die in diesem Übergang keinen Bruch erfährt. Genau diese Voraussetzung wird Derrida in seiner Lektüre von Freuds *Traumdeutung* in Frage stellen, und dies deutet sich bereits in der Fußnote zu dem Foucault gewidmeten Text an (in einem Kontext übrigens, in dem es um Foucaults Lesart des cartesischen Cogito und seines Verhältnisses zum Wahnsinn geht!). Hier nun besagte Fußnote:

»In der *Traumdeutung* [i. O. dt.] (Kap. II,1) erinnert Freud anläßlich der Verbindung zwischen Traum und sprachlichem Ausdruck an die Bemerkung Ferenczis, jede Sprache habe ihre Traumsprache *(langue de rêve)*. Der verborgene Inhalt eines Traums (und eines Verhaltens oder eines Bewußtseins im allgemeinen) steht in Verbindung mit dem manifesten Inhalt bloß durch die Einheit einer Sprache *(langue)* hindurch; einer Sprache, die der Analytiker also bestmöglich sprechen muß. [...] *Bestmöglich:* Ist nicht deshalb, weil der Fortschritt in Kenntnis und Praktizierung einer Sprache von Natur aus ins Unendliche offen ist (*zunächst* aufgrund der ursprünglichen und wesentlichen Mehrdeutigkeit des Signifikanten in der Sprache *(langage)*, zumindest des ›alltäglichen Lebens‹, seiner Unbestimmtheit und seines Spielraums, der genau die Differenz zwischen dem Verborgenen und dem Offen-Erklärten freigibt, *sodann* aufgrund der wesentlichen und ursprünglichen Verbindung verschiedener Sprachen *(langues)* untereinander, durch die Geschichte hindurch; *schließlich* aufgrund des Spiels, des Selbstbezugs oder der »Sedimentierung« jeder Sprache, die Unsicherheit oder das Ungenügen der Analyse prinzipiell oder irreduzibel? Und ist nicht der Historiker der Philosophie, was auch seine Methode und sein Vorhaben sein mag, denselben Gefahren ausgeliefert? Vor allem, wenn man eine bestimmte Verwurzelung der philosophischen Sprache in der nicht-philosophischen Sprache in Rechnung stellt.«[73]

Tatsächlich ist damit auch das Thema des ersten großen Freud-Essays von Derrida aus dem Jahre 1966, »Freud et la scène de l'écriture«, angerissen: die Sprache des Traums und die Übersetzung. Freud hat mehrfach das Verhältnis von manifestem Inhalt des Traums und latenten Traumgedanken als eines der Übersetzung oder durch Übersetzung cha-

---

[73] Derrida, »Cogito et histoire de la folie«, 53, Anm. 1; dt. 55, Anm. 3.

rakterisiert. »Traumgedanken und Trauminhalt liegen vor uns wie zwei Darstellungen desselben Inhaltes in zwei verschiedenen Sprachen, oder besser gesagt, der Trauminhalt erscheint uns als eine Übertragung der Traumgedanken in eine andere Ausdrucksweise, deren Zeichen und Fügungsgesetze wir durch die Vergleichung von Original und Übersetzung kennen lernen sollen.« (GW II/III 283) An diesem Bild ist zweierlei schief: Nicht nur, daß dieses »Original« *nicht anders als* in der entstellten Form des manifesten Inhalts, das heißt eben *niemals selbst* gegeben ist, so daß der Vergleich gar nicht möglich ist. Sondern Freud behauptet damit auch, daß es sich bei der Übersetzung um ein geregeltes Verfahren handeln muß. Freud unterstellt Übersetzbarkeit, und dies setzt wiederum einen *Code* voraus, der die Übersetzung regelt.

Mit dem *Code*-Modell der Übersetzung schreibt Freud gleichsam die Wette fort, die er zu Beginn des Buches *Traumdeutung* mit der »Voraussetzung, daß Träume deutbar sind« (GW II/III 100) eingegangen war. Freud befindet sich in einer klassischen Zirkelproblematik, aus der er innerhalb des Problemhorizonts des Traums und seiner Deutung nicht herauskommen kann, weil er dort keinen unverstellten Zugang zum unentstellten »Original« erhält. Innerhalb der Traumdeutung und ihres Verfahrens ist das Original auf immer verloren. Die einzige Chance besteht in einem Terrainwechsel hin zur psychologischen Erklärung der Entstehung des Traums. Genau dies versucht Freud im VII. Kapitel der *Traumdeutung*.

Doch hier ergibt sich das zweite Problem, dem sich Derrida ausgiebig widmet. Es gelingt Freud nicht, die beiden theoretischen Bemühungen – Theorie des Traums und seiner Deutung; Theorie des psychischen Apparats – zueinander paßfähig zu machen. Sie leiden unter mangelnder Abstimmung, weil es ihnen an einer Einheit fehlt, die jedoch nicht die einer Sprache, sondern einer »Metaphorizität« wäre, eines, wie Derrida zeigen wird, notwendigen »Modells«, nach dem der Traum gedacht wird. Es ist die Metaphorik der Schrift und deren Einheit als Einheit von Schriftmaschine und geschriebenem Text: »Der *Inhalt* des Psychischen wird durch einen Text irreduzibel graphischen Wesens *repräsentiert* werden. Die *Struktur* des psychischen *Apparats* wird durch eine Schriftmaschine *repräsentiert* werden.« (FSE 297/306) Derrida verfolgt beide Metaphernreihen vom *Entwurf einer Psychologie* von 1895 bis zu der *Notiz über den ›Wunderblock‹* aus dem Jahre 1925. Erst in diesem Jahr gelingt es Freud halbwegs, Produktions- und Rezeptionstheorie (*Struktur* und *Stoff* – vgl. FSE 307/316), Wahrnehmung und Bewußtsein, Aufzeichnung und Gedächtnis – genauer: die Gewähr einer dauerhaften Bewahrung von (Erinnerungs-)Spuren bei gleichzeitiger Erfüllung der Forderung nach einer stets unberührten Oberfläche für die erneute Wahrnehmung – so in einem Modell zusammenzufassen, daß es (beinahe) von selbst läuft.

Derrida setzt bei Freuds Einstellung zur »Chiffriermethode« klassischer Traumdeutungsbücher an. Zwar verwirft Freud diese Methode, die »den Traum wie eine Art von Geheimschrift behandelt, in der jedes Zeichen nach einem feststehenden Schlüssel in ein anderes Zeichen von bekannter Bedeutung übersetzt wird« (GW II/III 102), denn: »dafür fehlen alle Garantien« – um im nächsten Zug zuzugeben: »Allein ich bin eines Bessern belehrt worden.« (GW II/III 104) Insofern wird es ihm doch zum Bedürfnis, daß »ein uralter, hartnäckiger Volksglaube« rehabilitiert werde, ohne daß Freud damit jeden Anspruch auf Wissenschaftlichkeit aufgibt. Daß aber der Ansatz der »Chiffriermethode« weiterverfolgt wird, zeigt sich nicht nur im Festhalten an einem analytischen Vorgehen – der Zerlegung des Traums in einzelne und einzeln zu deutende Elemente –, sondern auch in der Charakterisierung der Detailaufgabe der Traumdeutung als der Auflösung eines »Rebus« oder »Bilderrätsels«: »Die richtige Beurteilung des Rebus ergibt sich offenbar erst dann, wenn ich gegen das Ganze und die Einzelheiten desselben keine solchen Einsprüche erhebe, sondern mich bemühe, jedes Bild durch eine Silbe oder durch ein Wort zu ersetzen, das nach irgendwelcher Beziehung durch das Bild darstellbar ist.« (GW II/III 284)

Freud bezeichnet in diesem Zusammenhang den Traum als eine »Bilderschrift [...], deren Zeichen einzeln in die Sprache der Traumgedanken zu übertragen sind« (GW II/III 283). Derrida nimmt diese Bezeichnung sowie den Vergleich mit Hieroglyphen ernst. Das bedeutet freilich auch, daß die »Bilderschrift« des Traums nicht als ein Modus der phonetischen Schrift anzusehen ist. Die Schrift des Traums ist nicht eine Schrift, die in jenem Verhältnis der Dienstbarkeit zum gesprochenen Wort, zum *Logos* steht, in dem sie innerhalb der abendländischen Tradition von Platon bis Saussure gesehen worden ist. Belegt wird dies für Derrida (FSE 323/332) auch durch die Schwierigkeit des Traums, wörtliche Rede darzustellen, was diesen zu Mitteln greifen läßt, die sozusagen auch bildlich aus der Form herausfallen lassen, was schon formal aus der »Bilderschrift« Traum herausfällt. So wird wie in der mittelalterlichen Malerei die wiederzugebende Rede zu Spruchbändern oder zu »Zettelchen«, die den entsprechenden Figuren gar aus dem Mund »heraushängen« (GW II/III 317).

Wenn Freud, was die Genese des Sinns des Traums angeht, auf die Individualität des Träumenden (GW II/III 109) oder auf die Mehrdeutigkeit der Zeichen verweist und dazu den Vergleich mit der »chinesischen Schrift« (GW II/III 358) bemüht, ist schließlich der Punkt erreicht, wo Derrida mit Recht konstatieren kann, daß sich dies mit einem Code-Modell der Übersetzung nicht mehr vereinbaren läßt. Das hat zunächst einmal auch Folgen für die Rekonstruktion Freuds durch Lacan. Zwar wird der Name Lacan in Derridas Essay kein einziges Mal erwähnt, dennoch ist klar, daß mit den wiederholten Einwendungen gegen eine »theoretische Komplizenschaft oder friedliche Koexistenz« der Psychoanalyse »mit dieser Linguistik«, vor allem ihrem »Phonologismus« (FSE 296/305), nur Lacan gemeint sein kann. Derrida führt geradezu einen Generalangriff auf Lacan, ohne den Gegner offen zu benennen: »Die Abwesenheit jedes erschöpfenden und absolut unfehlbaren Codes bedeutet, daß in der psychischen Schrift [...] die Differenz zwischen Signifikant und Signifikat niemals radikal ist.« (FSE 311/320) Damit wird die durch einen Code geregelte Substitution hinfällig, weil es kein identifizierbares präsentes Signifikat hinter den wechselnden Signifikanten gibt. Ein »corps verbal«, ein »Wortkörper« als solcher, läßt sich indes nicht »übersetzen«, im Gegenteil: »Den Körper fallen zu lassen, darin genau besteht die wesentliche Energie der Übersetzung.« (FSE 312/322)

Gewiß könnte man dagegen einwenden, Derrida beute die Metaphorik der Schrift bei Freud über Gebühr aus. Doch mit dem Modell der Übersetzung wird auch das Modell der Metaphorik als einer geregelten »übertragenen« Bedeutung hinfällig. Letztlich dreht Derrida gar den Spieß um. Im Traum und seiner genauen und unvoreingenommenen Beschreibung – und solches geleistet zu haben gesteht er Freud gewiß zu – kommt eine »psychische Schrift« ans Licht, »die so den Sinn aller Schrift im allgemeinen anzeigt« (FSE 311/320). Das heißt, Freud »macht aus der psychischen Schrift eine derart originäre Hervorbringung, daß die Schrift, so wie man sie in ihrem eigentlichen Sinn als kodierte und sichtbare Schrift ›in der Welt‹ glaubt vernehmen zu können, davon nur mehr eine Metapher wäre« (FSE 310/319 f.).

Zu einem ähnlichen Ergebnis kommt Derrida auch für die Schriftmaschine: Auch sie zeigt sich letztlich abhängig von der »historisch-technischen Hervorbringung dieser Metapher, die die individuelle, ja gattungsmäßige psychische Organisation überlebt« (FSE 337/346). Gemeint ist die Supplementierung geistiger Funktionen in Schreib-, Rechen- und Denkmaschinen, gedacht als ein Prozeß ohne abschließbares Ende, vor allem ohne ein gesichertes Telos, weil sich nicht vorab entscheiden läßt, welcher dieser Vorgänge zu einer Ergänzung und welcher zu einer Ersetzung führen wird (um die beiden Bedeutungen zu nennen, zwischen denen das Wort *supplément* im Französischen unentscheidbar schwankt, was es denn auch äußerst geeignet macht, um diesen uneindeutigen Prozeß auf nicht-teleologische Weise zu beschreiben). Deutlicher als für Lacan, der den Tod im Symbolischen als einer Instanz des Dritten und der übergreifenden Ordnung ansiedelt und somit tendenziell aus der Maschine selbst herauszieht, ist für Derrida der Tod mit der Maschine unmittelbar gegeben: »Die Maschine – und deshalb auch die Repräsentation – ist der Tod und die Endlichkeit *im* Psychischen.« (FSE 336/346)

Freud zählt für Derrida einerseits zur Gruppe jener Denker (wie Nietzsche, Heidegger und Levinas), denen er selbst für die Ausarbeitung der eigenen Begrifflichkeit sehr viel zu verdanken hat, insbesondere die Anregungen zu einigen der sogenannten »Unentscheidbaren« wie *Spur*, *différance* (»Aufschub« bei Freud), *réserve* (»Vorrat«), *Nachträglichkeit* und ursprüngliche *Verspätung*.[74] Freud sei ein Durchbruch gelungen, auch wenn die Freudschen Begriffe »alle ohne Ausnahme der Geschichte der Metaphysik angehören, das heißt dem System logozentrischer Unterdrückung, das sich organisiert hat, um den Körper der geschriebenen Spur auszuschließen oder zu erniedrigen...« (FSE 294/303). Das Œuvre Freuds ist für Derrida zugleich Gegenstand *und* Ressource der Dekonstruktion. Einerseits löst sich Freud nicht von einem Denken in der Begrifflichkeit der *Repräsentation* oder *Vorstellung*, und auch die

---

[74] Deutlicher als in dem Freud-Essay kommt dies zum Ausdruck in dem Vortrag »La différance«, in: *Marges – de la philosophie*, Paris 1972, v. a. 18 ff.; dt. »Die différance«, übersetzt von Eva Pfaffenberger-Brückner, in: *Randgänge der Philosophie*, Wien 1988, 43 ff.

Hypostasierung von Kräften und Energien trägt noch zu deren weiterer Stützung bei. Andererseits führen die graphischen Modelle, etwa in der Konstruktion des psychischen Apparats, über den metaphysischen Zusammenhang hinaus, und auch die traditionelle Unterordnung der Schrift als einer Derivation der Sprache oder eines (sekundären) Signifikanten des (primären sprachlichen) Signifikanten wird an diversen Stellen fraglich, ohne daß Freud entscheidende Konsequenzen im philosophischen Sinne daraus zieht.

Die Motivation zur Lektüre Freuds stammt jedoch nicht aus dem Freudschen Werk selbst. Derrida geht es um die Dekonstruktion eines okzidentalen Logozentrismus, der sich in der Bevorzugung des Wortes als der lebendigen Rede gegenüber der toten und adressenlosen Schrift und der daraus folgenden Bevorzugung der phonetischen Schrift gegenüber anderen Typen der Schrift, die keine Phonetisierung kennen, niederschlägt. Derrida liest Freud als Philosoph. Nichtsdestotrotz ist seinen Arbeiten über Freud und auch seiner polemischen Auseinandersetzung mit Lacan eine erhellende Qualität nicht abzusprechen.[75]

2. Widerstand in der Psychoanalyse, Widerstand gegen die Psychoanalyse

Derrida hat von der Psychoanalyse auch zu einer Zeit nicht abgelassen, als es unter Philosophen längst nicht mehr opportun schien, sich mit ihr zu befassen. Und doch ist diese besondere Art der Zugehörigkeit nicht frei von Widerständen. Widerstände, für die Derrida Wert darauf legt, daß sie nicht gleich selbst wieder zum Gegenstand einer psychoanalytischen Deutung gemacht werden. In »Résistances« (»Widerstände«) widmet sich Derrida diesem kleinen Grenzkrieg, der um und gegen den Begriff Widerstand schon deshalb geführt werden muß, weil dessen Definition nicht neutral, sondern selbst schon polemisch ist. Dabei braucht man gar nicht auf die kanonische Fassung dieser Definition einzugehen, die Freud in Kapitel VII der *Traumdeutung* dafür gibt: »*Was immer die Fortsetzung der Arbeit stört, ist ein Widerstand.*« (GW II/III 521 –

---

[75] Für eine allgemeine Darstellung des Verhältnisses von Derrida zur Psychoanalyse siehe mein »›La séance continue‹. Jacques Derrida und die Psychoanalyse«, in: Jacques Derrida, *Vergessen wir nicht – die Psychoanalyse!*, 181–234.

H. i. O.) Schon im *Traum von Irmas Injektion* geht es um das Brechen eines Widerstandes, um die Überwindung eines »Sträubens« (GW II/III 111). Irma will die Lösung nicht annehmen, die Freud ihr verabreicht.

Diese Lösung ist in gewisser Weise nichts anderes als die These Freuds, daß jeder Traum einen Sinn habe, mag dieser zunächst auch ein verborgener sein. Das Kontinuum des Sinns holt so schon vorgreifend ein, was noch gar nicht hat zeigen können, ob es Sinn hat oder nicht. Diesem Vorgriff gemäß trifft eine »sinn-volle Analyse« auf einen »sinn-vollen Widerstand« (R 23/141), womit dieser, wenn auch noch nicht gedeutet und bestimmt, dennoch schon vor-vereinnahmt ist. Die freilich auch seine eigene Situation reflektierende und darin unmittelbar »polemische« Frage, ob es einen Widerstand gegen die Psychoanalyse gibt, der außerhalb der Psychoanalyse bleibt und sich somit ihrer Deutungskraft und ihrem Deutungsanspruch prinzipiell entzieht, stützt sich wider Erwarten nicht etwa auf ein absolutes Außerhalb der Psychoanalyse (kann es dergleichen geben?), sondern auf eine innere Grenze der Deutung, die Freud selbst formuliert hat: »In den bestgedeuteten Träumen muß man oft eine Stelle im Dunkel lassen, weil man bei der Deutung merkt, daß dort ein Knäuel von Traumgedanken anhebt, der sich nicht entwirren will, aber auch zum Trauminhalt keine weiteren Beiträge liefert. Dies ist dann der Nabel des Traums, die Stelle, an der er dem Unerkannten aufsitzt.« (GW II/III 520; vgl. GW II/III 116 Anm. 1)

Mit dieser strukturellen Grenze der Deutbarkeit – und damit der Sinnunterstellung – läßt sich nicht länger jeder Widerstand als Widerstand *innerhalb* der Psychoanalyse und damit als zu deutender Widerstand, als ein Sträuben gegen die Psychoanalyse und ihre Deutung betrachten. Es gibt einen Rest oder, wie Derrida zu sagen vorzieht, eine *restance*, eine »Bleibendheit«, die als solche schon deshalb resistiert (R 22 und 44/168), weil sie sich jeder Qualifizierung verweigert. Derrida findet im von Freud beigebrachten Bild des Geflechts auch seine Haltung zur Psychoanalyse sehr gut beschrieben: Es ist unentscheidbar für ihn, ob er drinnen oder draußen ist (allein schon, weil dies ein polemisches, ein umkämpftes Feld ist, wie er erfahren mußte)[76], weil es für ihn unentscheidbar ist, wie sich sein Widerstand gegen die Psychoanalyse – genauer: gegen die Forderung, ihr institutionell angehören zu müssen, wenn man sich der Psychoanalyse

---

[76] Vgl. ebd., 184 f.

verbunden fühlt, auch wenn man außerhalb der Institution bleiben will – für die Psychoanalyse selbst darstellt. In diesem Sinne mobilisiert er das Bild des Nabels in seiner ganzen Komplexität: Symbol eines Schnitts durch einen Faden, einer Abtrennung und Zerteilung *und* Symbol, Narbe, Gedächtnis einer Zusammengehörigkeit und einer Herkunft, und beides untrennbar voneinander. Schnitt, der ein Band knüpft; Verbindung, die zugleich Unterbrechung ist (R 24 f./143).

Mit dem Nabel läßt sich die Zugehörigkeit zur Psychoanalyse auch als *double bind* formulieren. Es geht dabei um das Verhältnis der Form von *Analyse*, die die Psychoanalyse sein will, zu der Form von *Analyse*, die Derrida für die Dekonstruktion beansprucht. Es scheint, daß die Psychoanalyse noch übertroffen werden soll, wenn Derrida die Dekonstruktion mit einem »Hyperanalytismus« identifiziert. Daraus ergibt sich als spezifischer *double bind* 1. die Notwendigkeit, »das Erbe dieser Aufklärung anzutreten«, zu der auch »die psychoanalytische Vernunft« gehört, und 2. eine unablässige Analyse der »Widerstände [...], die darin noch mit der Thematik des Einfachen und des unteilbaren Ursprungs, mit der Teleologie, mit der Logik von Gegensätzen [...] verknüpft sind« (R 50/175). So ist auch Derrida bei der Analyse von Widerständen angekommen, an einem Ort, der allein schon wegen seines methodischen Verdachts gegen das Einfache, den einfachen Ursprung, ein Ort innerhalb eines Geflechts bleiben muß, nicht zuletzt eines Geflechts widerstreitender Ansprüche.[77]

Der Nabel wird damit gar zum Symbol einer Verknüpfung von Psychoanalyse und Dekonstruktion. Die Verknüpfung, die zugleich eine Trennung ist, eine *Lösung* des Bandes und nicht eine injizierte Lösung. Derrida vermeidet es aber, diesen Nabel nun selbst polemisch zu besetzen und von ihm aus einen Kampf zu führen gegen das andere große Symbol der Psychoanalyse, den Phallus[78] – auch wenn Derrida mehr als einmal gegen den »Phallogozentrismus« insbesondere der Lacanschen Version der Psychoanalyse angetreten ist.[79]

---

[77] Für eine kritische Relektüre des Textes von Derrida im Rückgriff auf Lacans Begriff des Widerstandes siehe Andreas Cremonini, »Von Widerständen, der Kunst des guten Kochs und falschen Knechten«, in: *RISS. Zeitschrift für Psychoanalyse. Freud – Lacan* 13 Nr. 43 (H. 3/1998), 31–48.

[78] Wie Elisabeth Bronfen dies tut in ihrem *The knotted subject. Hysteria and its discontents*, Princeton 1998; dt. *Das verknotete Subjekt. Hysterie in der Moderne*, übersetzt von Nikolaus G. Schneider, Berlin 1998.

[79] Siehe Derrida, »Le facteur de la vérité«, 505 ff.; dt. 259 ff.

V. Schluß

> »Wenn man einen engen Hohlweg passiert hat und plötz-
> lich auf einer Anhöhe angelangt ist, von welcher aus die
> Wege sich teilen und die reichste Aussicht nach verschiede-
> nen Richtungen sich öffnet, darf man einen Moment lang
> verweilen und überlegen, wohin man zunächst sich wenden
> soll. Ähnlich ergeht es uns, nachdem wir diese erste Traum-
> deutung überwunden haben. Wir stehen in der Klarheit
> einer plötzlichen Erkenntnis.«
> (GW II/III 127)

Freud kann diese Evidenz nicht lange genießen, denn »eine Fülle von
Fragen bestürmt uns im gleichen Moment, da wir uns dieser Erkenntnis
freuen wollen«. Der Fragen sind nicht weniger geworden, auch nicht
nach Freud und all den Versuchen, die Psychoanalyse und mit ihr die
Theorie des Traums (so man ihr noch Bedeutung zumißt und sie nicht
als Relikt der Vergessenheit preisgibt) neu zu begründen und zu formulieren. Zumindest bei den hier behandelten Theoretikern ist der dem
Traum anhängende Evidenzcharakter nicht verflogen. Daß sich durch
den Traum etwas zeigt, gar offenbart, läßt sich bei Foucault und Lacan,
aber auch bei Derrida lesen. Allen dreien gemeinsam ist, daß sie dem
Traum als Begegnung mit dem Tod und damit der Endlichkeit der
menschlichen Existenz eine gegenüber Freud nochmals potenzierte Bedeutung zusprechen, und bei allen dreien ist, wie unterschiedlich auch
immer, der Durchgang durch die Heideggersche Existenzialontologie
spürbar. Trotzdem sind die Unterschiede gravierend: Foucault spielt mit
Binswanger eine Existenz, die den Tod auf sich nimmt und sich weise
oder gar freudig auf diesen vorzubereiten weiß, gegen jenen rohen, biologischen Tod aus, den Freud angeblich als einzigen kennt. Wo Foucault
trennt, versucht Lacan zu verbinden und mit Heidegger der Freudschen
Psychoanalyse bestimmte naturalistische und biologistische Elemente
auszutreiben. Das geht bei ihm so weit, daß er die Kastration als vor-
wegnehmende Begegnung mit dem Tod liest (»symbolische Kastration«)
oder das Begehren in seinem radikalsten Ausdruck als ein Begehren nach
nichts, Begehren nach dem Tod denkt. Daß und wie diese gewaltige und
teils auch gewaltsame Umformulierung der Freudschen Psychoanalyse
bereits die Theorie des Traums erfaßt, zeigten Lacans »Reanalysen« dreier
Träume aus Freuds *Traumdeutung*. Foucault und Lacan treffen sich noch

in einem gewissen existentiellen Pathos. Derrida dagegen hat für den Einbruch des Todes in die Produktion des Traums den nüchternsten und ernüchterndsten Ausdruck gefunden – in Gestalt der Maschine, die gegenüber dem Geist ein zunehmendes Existenzrecht behauptet.

Es gibt ein weiteres Gemeinsames dieser drei Autoren: Alle drei hat die Psychoanalyse nicht unberührt gelassen, sondern auf Dauer verändert, und sie selbst haben die Psychoanalyse verändert – ob auf Dauer, wird sich zeigen. Für Lacan als Psychoanalytiker ist das evident, aber auch für Derrida, der seit mehr als dreißig Jahren die eigentümliche Randstellung einnimmt, ohne institutionelle Zugehörigkeit dazuzugehören (was auch zunehmend von denen, die institutionell dazugehören, anerkannt wird).[80] Und selbst für Foucault scheint mir unbestreitbar, daß sein höchst wandlungsfähiger Bezug zur Psychoanalyse nicht auf einem rein akademischen Interesse beruhte. Bei allem persönlichen Schwanken zwischen Anziehung und Abstoßung – und gerade die teilweise polemische Kritik Foucaults zeigt das – hat sein Versuch der Historisierung der Psychoanalyse durch Rückbeziehung einerseits auf die Geschichte der Medizin und der Psychiatrie, andererseits auf die Formen der Geständniserzwingung und Schuldzuweisung, der Disziplinierung und der Straftechniken – und darüber der Konstitution der Subjektivität – der Frage nach der Entstehung (oder Genealogie) der Psychoanalyse neue Impulse gegeben.

Das unterscheidet diese drei Denker beispielsweise von Paul Ricœur. Zwar hat dieser ein umfängliches Buch verfaßt, das ausschließlich der Freudschen Psychoanalyse gewidmet ist und den ambitionierten Ansatz einer hermeneutischen Reinterpretation der Psychoanalyse – einer Reinterpretation durch die Hermeneutik, aber auch als Hermeneutik – sowie ihrer Konfrontation mit einer Phänomenologie der Religion verfolgt.[81] Für Ricœur unterliegt die Psychoanalyse einer problematischen Grundstellung, insofern sie in einem »gemischten Diskurs« formuliert ist: Neben Begriffen des Sinns (Hermeneutik) stehen Begriffe der Kraft (Energetik, Hydraulik). Zweifellos klingt hier der alte sozial- und kulturwissenschaftliche Methodenzwist zwischen *Erklären* (Kausalität) und

---

[80] Siehe dazu Michael Turnheim, *Das Andere im Gleichen. Über Trauer, Witz und Politik*, Stuttgart 1999.

[81] Paul Ricœur, *De l'interprétation. Essai sur Freud*, Paris 1965; dt. *Die Interpretation. Ein Versuch über Freud*, übersetzt von Eva Moldenhauer, Frankfurt am Main 1969.

Verstehen (Sinn, Einfühlung) durch (Weber, Jaspers etc.). Besonders deutlich werde dies in der *Traumdeutung* am VII. Kapitel, das in Sache und Duktus nicht zu den anderen Teilen des Buches passe und erkennbar in der Tradition des neurologischen *Entwurfs einer Psychologie* von 1895 stehe.

Im Vergleich mit den rekonstruktiven Bemühungen Lacans und Derridas nimmt sich das Vorgehen von Ricœur eher restaurativ aus. Denn er vermeidet jede aktive Intervention ins Korpus des Freudschen Werkes und beschränkt sich darauf, dessen angebliche Zwiespältigkeit festzustellen. Anders Lacan, der stets bemüht ist, die Freudsche Theorie zu reformulieren und zu reformieren, sie auf den durch die neue »Leitwissenschaft« der Linguistik möglich gewordenen Stand von Wissenschaftlichkeit zu heben. Und anders auch Derrida, der trotz der eindeutigen Diagnose einer Zugehörigkeit Freuds zur metaphysischen Tradition (Bewußtsein, Vorstellung) das Werk als einen (freilich unzureichend reflektierten) Durchbruch aufnimmt – und damit auch als Impuls für die eigene Ausarbeitung der Dekonstruktion.

Schon an drei Details wird deutlich, was Ricœur mit seinem hermeneutischen Ansatz verpaßt: 1. Für Ricœur schwankt das Schema des psychischen Apparats zwischen einer »*realen* Darstellung, wie es die Maschine des *Entwurfs* war, und einer *bildlichen (figurée)* Darstellung«.[82] Derrida dagegen verfolgt eine Reihe von Metaphern, deren »historisch-technische Hervorbringung« nichts anderes ist als die Maschine selbst – und damit wird die Unterscheidung zwischen einer realen und einer bildlichen, das heißt übertragenen oder metaphorischen Darstellung hinfällig, zumindest aber problematisch. 2. Bezeichnend ist, welche Bedeutung Ricœur dem von Freud zur Charakterisierung von Traumarbeit und Deutungsarbeit verwandten Bild des »Rebus« beimißt. Für Lacan und Derrida ließ sich daran immerhin der Schriftcharakter des Traums festmachen – und damit ein anderes, vor allem ein nicht-hermeneutisches Verständnis der Erzeugung von Sinn im Traum. Ricœur kommt im Zusammenhang mit der spezifischen Form der *Darstellung*, deren der Traum sich befleißigt, darauf zu sprechen: »Diese ›Darstellung‹ bietet sich einer Beschreibung in Bedeutungsbegriffen an; so bemerkt man den syntaktischen Zusammenbruch, die Ersetzung aller logischen Relationen

---

[82] Ebd., 95; dt. 100.

durch bildliche Äquivalente, die Darstellung der Negation durch die Vereinigung der Gegensätze in einem einzigen Objekt, den mimischen oder Rebuscharakter des manifesten Inhalts, und allgemein die Rückkehr zum bildlichen und konkreten Ausdruck...«[83] Die Besonderheit des Rebus und der ihm adäquaten Form der Deutung wird so verkannt und eingeebnet. 3. Der Grundfehler scheint mir jedoch darin zu liegen, daß Ricœur, wie es scheint, nur zu bereitwillig einer bei Freud zweifellos vorhandenen (aber nicht einheitlichen und unwidersprochenen) Tendenz folgt, nämlich der »Kurzschließung des Archaischen und des Traumhaften«,[84] die die Infantilszene als reales Erinnerungsbild begreift und die Rückkehr vom Logischen zum Bildlichen als dessen Einholung. Und nicht umsonst identifiziert Ricœur den Freudschen Ansatz als eine »Archäologie des Subjekts«.[85] Lévi-Strauss hat einst bezüglich der Identifizierung des »Wilden« (im Verhältnis zum »zivilisierten« Europäer) mit dem Kind (im Verhältnis zum Erwachsenen) von der »archaischen Illusion« gesprochen.[86] Eine weitere Gemeinsamkeit der Arbeiten von Foucault, Lacan und Derrida ist die, daß sie einer solchen Illusion stets widerstanden und gegen sie angekämpft haben. Auch für die Freud-Auslegung ist dies von Vorteil gewesen.[87]

---

[83] Ebd., 102; dt. 107.

[84] Ebd., 99; dt. 103.

[85] Ebd., 407 ff.; dt. 429 ff.

[86] Claude Lévi-Strauss, *Les structures élémentaires de la parenté*, Paris ²1966, S. 98 ff.; dt. *Die elementaren Strukturen der Verwandtschaft*, übersetzt von Eva Moldenhauer, Frankfurt am Main 1981, S. 148 ff.

[87] Anders als für Foucault, Lacan und Derrida ist für Ricœur die Beschäftigung mit der Psychoanalyse eine Episode geblieben, die über seine Auseinandersetzung mit dem Strukturalismus nicht hinausreichte. In seinen späteren Werken spielen Freud und die Psychoanalyse keine Rolle mehr.

Karl Stockreiter

Traumrede.
Der Bruch mit der klassischen Rhetorik in der *Traumdeutung*

I. Die Spaziergangsphantasie

In einem Brief, den er zur Zeit der Korrektur der *Traumdeutung* an seinen Freund Wilhelm Fließ sandte, schreibt Freud:

»Nun ist das Ganze so auf eine Spaziergangsphantasie angelegt. Anfangs der dunkle Wald der Autoren (die die Bäume nicht sehen), aussichtslos, irrwegereich. Dann ein verdeckter Hohlweg, durch den ich den Leser führe – mein Traummuster mit seinen Sonderbarkeiten, Details, Indiskretionen, schlechten Witzen –, und dann plötzlich die Höhe mit der Aussicht und die Anfrage: Bitte, wohin wünschen Sie jetzt zu gehen?« (FF, 6. 8. 1899, 400)

Es lohnt sich, einen Augenblick bei diesem Vergleich stehenzubleiben, nicht nur weil er den inneren Aufbau der einzelnen Etappen dieses ersten Buchs der Psychoanalyse widerspiegelt und weil die in ihm mit ironischem Unterton gestellte Frage den Anspruch an den Leser zum Ausdruck bringt, die gewohnten Denkwege zu verlassen, wenn er das Geheimnis des Traumes verstehen möchte. Die Aufmerksamkeit wird auf die Bedeutung der Phantasie als Voraussetzung der Träume und der Bildung ihrer Formen gelenkt. Sollten diese Phänomene, deren metapsychologische Stellung zwischen den Systemen Bewußt, Vorbewußt und Unbewußt Freud unbestimmt läßt – jenseits ihrer Funktion als Lieferanten von Traummaterial –, einen privilegierten Zugang zum Verständnis der Traumvorgänge ermöglichen? Und weiter: Tritt Freud mit seinem Unternehmen, den »künstlichen Bau der Träume« zu zerlegen, um ihren Sinn zu verstehen, nicht in Konkurrenz zu den Träumen, zu den Erfahrungen, die sie vermitteln? In der Tat haben manche Autoren hervorgehoben, daß Freuds Werk wie ein Traum konstruiert ist; es setzt in seiner Gliederung »die Traumarbeit fort und stellt sie zugleich dar, das heißt, verdoppelt sie«.[1] Wir müssen davon

---

[1] Didier Anzieu, *Freuds Selbstanalyse, Bd. II. 1898–1902*, München, Wien 1990, 428 ff.; zu den simultanen Verfahren der *Traumdeutung*, die nicht nur von den Ergebnissen der Forschung erzählen, sondern auch von den Techniken der Exploration, vgl. auch Mario Lavagetto, *Freud la letteratura e altro*, Torino 1985, 38 f.

ausgehen, daß die Klagen über seinen schlechten Stil in der *Traumdeutung*, die Freud in dieser Zeit wiederholt an Fließ richtete, keineswegs beiläufig sind, sondern ein ernstes Problem zum Ausdruck bringen: die Not, eine Sprache zu finden, die weder ganz im Traum gefangen bleibt, noch sich einem reduzierten Begriffswerkzeug überantwortet, das die psychische Realität des unbewußten Wunsches und seines ›letzten und wahrsten Ausdrucks‹, die Phantasie, verfehlt.

Es sind nicht so sehr die deskriptiven Vorteile einer eigenen Bildersprache, welche Freud zur Darstellung der *Traumdeutung* als Spaziergangsphantasie verleiten, sondern ein Wissen von der erkenntnisbildenden Funktion der metaphorischen Sprache, durch die erst die psychischen Phänomene als Gegenstand unserer Interpretation geschaffen werden. So auf die Bedeutung der Spaziergangsphantasie aufmerksam gemacht, ist es nicht verwunderlich, ihr an einer Einschnittstelle der *Traumdeutung* – nach der Analyse des Traumes von Irmas Injektion als Wunscherfüllung – wieder zu begegnen.

»Wenn man einen engen Hohlweg passiert hat und plötzlich auf einer Anhöhe angelangt ist, von welcher aus die Wege sich teilen und die reichste Aussicht nach verschiedenen Richtungen sich öffnet, darf man einen Moment lang verweilen und überlegen, wohin man zunächst sich wenden soll.« (GW II/III, 127)

Die Wege, die sich dem Spaziergänger eröffnen, entsprechen einer Fülle von Fragen, die Freud in unsystematischer Weise in den folgenden Kapiteln behandelt und die mit ihren Verzweigungen, Gabelungen und Kreuzungen die Grundlage einer Traumkarte bilden: die Traumentstellung, die Umwandlungen der Traumgedanken zum manifesten Traum, den wir beim Erwachen erinnern, die Traumarbeit mit ihren Mechanismen der Verdichtung, Verschiebung, Darstellbarkeit, die den unbewußten Wunsch repräsentieren. Wie »undurchsichtig« die Realität des Traumes auch sein mag, von dem Hauptweg – der Traum als Wunscherfüllung – aus lassen sich auch die zahlreichen Seitenwege erkunden mit ihren unendlich feinen Spuren und vermeintlich belanglosen Fragmenten, die, detektivisch enträtselt, die Entzauberung des Traumes vorantreiben. Diese Erkundungen innerhalb eines semiotischen Indizienparadigmas, das, wie Carlo Ginzburg gezeigt hat, am Ende des 19. Jahrhunderts in den Humanwissenschaften auftrat[2], stoßen mit Freuds letzter Frage, die ins

---

[2] Carlo Ginzburg, *Spurensicherungen*, Berlin 1983, 61–96.

Zentrum seiner Traumexpeditionen führt, an eine Grenze: »Kann uns der Traum etwas Neues über unsere inneren psychischen Vorgänge lehren?« Hier reicht es nicht aus, in der aufklärerischen Tradition diachronisch geprägter Wissenschaften aus kleinen Bruchstücken lückenlose Zusammenhänge von großer Bedeutung zu erschließen; die Tätigkeit der Rekonstruktion wird durch das Erkenntnismodell konstruktiver Metaphern abgelöst.

»Denn wir müssen uns klar darüber werden, daß die bequeme und behagliche Strecke unseres Weges hinter uns liegt. Bisher haben alle Wege, die wir gegangen sind, wenn ich nicht sehr irre, ins Lichte, zur Aufklärung und zum vollen Verständnis geführt; von dem Moment an, da wir in die seelischen Vorgänge beim Träumen tiefer eindringen wollen, werden alle Pfade ins Dunkel münden.« (GW II/III, 515) Von jetzt an hieße, die psychischen Prozesse *aufklären* zu wollen, sie auf Bekanntes zurückführen und damit die Möglichkeit, den Traum, der auf einem »anderen Terrain spielt« und eine »Umwertung aller psychischen Werte« mit sich bringt, aus der Hand zu geben. Jenseits jeglichem Okkultismus, dem er mißtraute, sucht Freud eine Reihe von *Annahmen* aufzustellen, die durch Analogien in der Sphäre der Symptome, der Witze, der Kunstwerke, bestätigt, verändert oder verworfen werden und die, ständig in Gefahr, sich im Unbestimmbaren zu verlieren, »Aufschluß über die Konstruktion und Arbeitsweise des Seeleninstruments« geben sollen. Konstruktionen – wir treffen sie in Freuds Werk auf verschiedenen Ebenen an: als Technik des analytischen Handwerks, die mit Hypothesen arbeitet, um die infantile Amnesie aufzuheben; als »Hintergrundmetaphorik«[3], wo sie theoretische Modelle bilden mit der Aufgabe, dasjenige zu erfassen, was sich direkter Beobachtung entzieht, namentlich die Virtualität psychischer Lokalisierung; und als Struktur der Phantasien, die zu den unbewußten Wünschen führen und der linearen Zeitvorstellung widersprechen. In diesem letzten Sinn stellen die Phantasien Mischwesen dar, im Flug festgehaltene Übergänge zwischen dem Bewußten und Unbewußten, die der Theorie ein Moment der Illusion, des Traumes einweben, dem unbewußten Wunsch hingegen ein Moment der Klassifikation, des Symbols, der kristallisierten Erfah-

---

[3] Hans Blumenberg, *Paradigmen zu einer Metaphorologie,* Frankfurt am Main 1998 (zuerst 1960).

rung. Die Spaziergangsphantasie spiegelt die beiden Pole der Phantasietätigkeit wider, die in der Traumarbeit wirksam sind, den Inhalt unbewußter Prozesse und die unterschwelligen, dem wachen Denken nahen Imaginationen im Bereich der theoretischen Exploration. Keine der *Annahmen* über den *Bau des seelischen Apparats und des Spiels der in ihm tätigen Kräfte* wäre erfolgreich, gäbe es nicht eine enge Verwandtschaft der rekonstruierenden Theoriearbeit zur Konstruktion unbewußter Phantasien.

II. Phantasie, Symptom, Kunst

Von einer Italienreise zurückgekehrt, schreibt Freud in dem berühmten Brief vom 21. September 1897 an Fließ, daß er nicht mehr an seine Verführungsthese glaube. Die »sichere Einsicht, daß es im Unbewußten ein Realitätszeichen nicht gibt, so daß man die Wahrheit und die affektbesetzte Fiktion nicht unterscheiden kann« (FF, 21. 9. 1897, 283), verändert grundlegend den Status der Phantasien bezüglich der Ätiologie der Neurosen und der Erinnerung. Waren für Freud die Phantasien zu einem früheren Zeitpunkt nur *Vorbauten*, die den Zugang zu den Erinnerungen versperrten, so stehen sie in der *Traumdeutung* zu den »Kindheitserinnerungen, auf die sie zurückgehen, etwa in demselben Verhältnis wie manche Barockpaläste Roms zu den antiken Ruinen, deren Quadern und Säulen das Material für den Bau in modernen Formen hergegeben haben« (GW II/III, 476). Sie voneinander zu trennen würde bedeuten, das gesamte Gebäude zum Einsturz zu bringen und mit der barocken Architektur auch das Gedächtnis preiszugeben. In Übereinstimmung dazu stellt Freud in der Arbeit *Über Deckerinnerungen* von 1899 fest, daß Vergangenheit und Phantasien sich wechselseitig umformen, bis sie ununterscheidbar sind. Die Kindheitserinnerungen sind demnach mit Werken der Fiktion durchaus vergleichbar. »Vielleicht ist überhaupt zweifelhaft, ob wir bewußte Erinnerungen aus der Kindheit haben, oder vielmehr bloß an die Kindheit. Unsere Kindheitserinnerungen zeigen uns die ersten Lebensjahre nicht wie sie waren, sondern wie sie späteren Erweckungsjahren erschienen sind. Zu diesen Zeiten der Erweckung sind die Kindheitserinnerungen, nicht, wie man zu sagen gewohnt ist, aufgetaucht, sondern sie sind da-

mals gebildet worden.«[4] In deutlicher Abgrenzung zu der von C. G.
Jung vorgeschlagenen »retroaktiven Phantasie« entwirft Freud später die
Theorie der *Nachträglichkeit,* nach der die Bedeutung von (traumatischen) Ereignissen erst durch ein Moment der Umwandlung in späteren Szenen, die mit den früheren assoziativ verbunden sind, assimiliert
werden kann. Als Inhalte der psychischen Realität repräsentieren die
umwandelnden phantastischen Konstruktionen nicht die früheren Erlebnisse, sondern sind ein »originäres Supplement«, der »einzige konstitutive Text der Vergangenheit als solcher.«[5] Nur als Erinnerungsphantasie können die Erlebnisse der individuellen Vorzeit nachträglich
erfahren werden, und ohne das konstruktive Element der Erinnerung
wäre es unmöglich, den verlorenen Sinn der Erfahrungen aufzufinden.

Die Frage, warum Freud in diesem Zusammenhang die psychischen
Phänomene mit Werken der Fiktion vergleicht, setzt uns auf die Fährte
der Kunst. In einem Abschnitt des an Fließ geschickten Manuskripts N,
den er mit »Dichtung und *fine frenzy«* überschreibt, demonstriert er an-
anhand von Goethes Werther, daß der »Mechanismus der Dichtung derselbe ist wie der (der) hysterischen Phantasien« und Hysterie und Kunstwerk einander durch ihre Beziehung zur Erinnerung entsprechen (FF,
268). In der *Traumdeutung,* in der die Bezüge zur Kunst allgegenwärtig
sind, besteht eine der zahlreichen Analogien zwischen Traum, Symptom
und Kunstwerk im gemeinsamen Element der Phantasien und Tagträu-
me. Erst an diesen, nicht an den Erinnerungen, hängen die hysterischen
Symptome. Im Traum von *Graf Thun,* in dem die verschiedenen Funktionen der Literatur im Traum exemplarisch vorgeführt werden, erklärt
Freud die Phantasieschöpfungen der Hysteriker mit dem »Prinzip des
Gschnas«, das darin besteht, daß Künstler aus trivialem, komischem Material Gegenstände von seltenem und wertvollem Aussehen herstellen;
und er läßt durchblicken, daß nicht nur die Symptome, sondern auch
der Traum in ähnlicher Weise hergestellt wird (GW II/III, 226). Phantasien werden vor allem vom zweiten Teil der Traumarbeit, der
sekundären Bearbeitung, benutzt, um aus dem von den unbewußten Mechanismen bearbeiteten Material *»etwas wie einen Tagtraum* zu gestalten«. Ihre Aufgabe ist es, die Lücken im Aufbau des Traumes zu stopfen,

---

[4] Sigmund Freud, »Über Deckerinnerungen« [1899], in: GW I, 553 f.
[5] Sarah Kofman, *Die Kindheit der Kunst. Eine Interpretation der Freudschen Ästhetik,* München 1993, 104.

den durch die Logik des Unbewußten auferlegten Anschein der Absurdität und Zusammenhanglosigkeit durch eine Umarbeitung der Elemente aufzuheben, indem sie dem Traum eine *Fassade* anbauen. Zu diesem Zweck macht die sekundäre Bearbeitung auch von »fertig vorgefundenen Phantasien« Gebrauch, Szenen, die im Schlaf nur *angetupft* werden müssen und die den *ordnungslosen Haufen,* dem der Traum gleicht, mit einer glatten Oberfläche versehen (ebd., 504).[6] Das Ergebnis dieser *Rücksichtnahme auf Verständlichkeit* ist die Herstellung eines irreführenden Zusammenhangs, der ein »eklatantes Mißverständnis der Traumgedanken« liefert. Unter Zuhilfenahme von Phantasien haben die gut komponierten Träume »die tiefgehendste Bearbeitung durch die dem wachen Denken ähnliche psychische Funktion erfahren; sie scheinen einen Sinn zu haben, aber dieser Sinn ist von der wirklichen Bedeutung des Traums auch am weitesten entfernt« (ebd., 495).

Es ist auffällig, daß Freud einen beträchtlichen Aufwand betreibt, um die Transformationen der sekundären Bearbeitung, des für ihn entbehrlichsten aller Momente der Traumarbeit, zu entwerten. Stehen die barocken, hybriden Fassaden, die sie produziert und die zu dem fertigen Gebäude gehören, nicht in dem gleichen Verhältnis zu dem für den Bau verwendeten Material wie der manifeste Trauminhalt zu den Traumgedanken und die Erinnerungsphantasie zu den erlebten Eindrücken? Gibt nicht der Vergleich von Symptom und Traum mit Gebäuden und Fassaden den Hinweis darauf, was durch sie im verborgenen bleiben muß? Ein besonderes Verfahren der Traumarbeit, nach dem die »Form des Traumes oder des Träumens [...] zur Darstellung des verdeckten Inhalts« verwendet wird (GW II/III, 338), kann als Metapher für den Traum als Ganzes gelten, der in raffinierter Weise verhüllt und eigentlich verrät. Da wir nur durch die Erscheinung des Traumes, seine Form, auf die Spur des Sinns des »neuen Sinns« gesetzt werden, legitimiert im Grunde erst die sekundäre Bearbeitung als ein Modell für jede systematische Arbeit die Interpretationsmethoden der *Traumdeutung.*[7]

---

[6] Es sei aber auch erwähnt, daß für Freud die sekundäre Bearbeitung nicht nachträglich die bearbeiteten Traumbildungen umformt, sondern »von allem Anfang an [...] auf das große Material der Traumgedanken induzierend und auswählend« einwirkt (GW II/III, 503).

[7] Freud, *Totem und Tabu,* in: GW IX, 117; zur *Traumdeutung* als Interpretationsmodell vgl. Lavagetto, *Freud la Letteratura,* 148.

Warum also scheint für Freud die sekundäre Bearbeitung dem »Prinzip des Gschnas« zu folgen? Tatsächlich vergleicht er ihre Tätigkeit mit den äffenden Kunststücken der Taschenspieler. Doch seien wir vorsichtig und enthalten uns überstürzter Urteile. Gemäß ihrer unbestimmten topischen Stellung oszillieren die Phantasien zwischen unbewußtem und bewußtem Denken. Zu Recht hat Pontalis davor gewarnt, durch eindeutige Klassifikation die Fragen auszuräumen, die durch Freuds Weigerung aufgeworfen werden, eine klare Unterscheidung zwischen unbewußten Phantasien, die an der Traumproduktion teilhaben, und bewußten oder subliminalen Vorstellungen zu treffen.[8] So wie die hysterischen Symptome nicht nur an den Tagträumen hängen, sondern unbewußte Phantasien symbolisieren können, anerkennt Freud die Wirksamkeit dieser unbewußten Phantasien auch bei der sekundären Bearbeitung.[9] »Man würde aber irregehen, wenn man in diesen Traumfassaden nichts anderes sehen wollte, als solche eigentlich mißverständliche und ziemlich willkürliche Bearbeitungen des Trauminhaltes durch die bewußte Instanz unseres Seelenlebens. [...] Die Wunschphantasien, welche die Analyse in den nächtlichen Träumen aufdeckt, erweisen sich oft als Wiederholungen und Umarbeitungen infantiler Szenen; die Traumfassade zeigt uns so in manchen Träumen unmittelbar den durch Vermengung mit anderem Material entstellten eigentlichen Kern des Traumes.«[10] Die wechselnde Einstellung verstärkt eher den Eindruck einer zwiespältigen Haltung Freuds gegenüber den Funktionen der Phantasien in der Traumarbeit, insbesondere in der sekundären Bearbeitung, als ihn zu zerstreuen. Dieser Eindruck entsteht einerseits durch Freuds forcierte Versuche, den produktiven Aspekt der Phantasien ganz dem bewußten Denken zuzuschlagen – die Traumarbeit selbst sei nicht schöpferisch, schließe nicht, urteile nicht; und andererseits durch sein Bemühen, den Einfluß der Kunst auf die Entdeckung unbewußter Gesetzmäßigkeiten auf ein harmloses Feld zu verschieben. Die beiden Linien konvergieren in einem gemeinsamen Fluchtpunkt. Der ›Erfolg‹ ist, wie wir sehen werden, zweischneidig.

Wenn es schon nicht leichtfällt, die Phantasietätigkeit in der sekundären Bearbeitung eindeutig mit der Arbeit des wachen Denkens gleich-

---

[8] Jean Laplanche / J.-B. Pontalis, *Urphantasie,* Frankfurt am Main 1992, 44 f.
[9] Freud, »Hysterische Phantasien und ihre Beziehung zur Bisexualität«, [1908] in: GW VII, 193.
[10] Freud, *Über den Traum,* [1901] in: GW II/III, 680.

zusetzen, so ist die Zuordnung der *Zwischengedanken* und *Mischbildungen*, welche der Interpretation auf Wortbrücken zwischen dem Bewußten und dem Unbewußten den Weg zu den latenten Traumgedanken bahnen, noch schwieriger. Die hervorragende Rolle, welche die Kunst dabei einnimmt, ist erstaunlich. Dennoch verblaßt der Beitrag, den Fragmente oder Zitate von Kunstwerken für die Entstehung jener *Zwischengedanken* liefern, gegenüber dem Umstand, daß Freud die unbewußte Traumarbeit, die mit der ihr eigenen Logik, mit Verdichtung, Verschiebung, Darstellbarkeit operiert, durch die analoge Arbeit des Künstlers erklärt. Die poetischen Verfahren, denen die figurative Sprache zugrunde liegt, waren für Freud das Vorbild für die in der Traumbildung wirksamen Primärprozesse und boten ihm die Möglichkeit, für ein Verständnis der Traumvorgänge an das Repertoire der Rhetorik anzuschließen.[11]

III. Traumrhetorik

Die auffälligen Analogien zwischen dem Traum und der klassischen Rhetorik bilden ein eigenes Thema in der Selbstreflexion der Psychoanalyse als Wissenschaft und erregten die Aufmerksamkeit verschiedener Autoren. Am eindringlichsten hat Lacan in seinem Rom-Vortrag von 1953 darauf hingewiesen, daß die aus der *Traumdeutung* bekannten Traummechanismen als rhetorische Figuren bezeichnet werden können.[12] Daß die Parallele zur klassischen Rhetorik weitreichender ist,

---

[11] Zum Verhältnis zwischen den poetischen Verfahren und der Traumarbeit vgl. Ella Freeman Sharpe, *Traumanalyse,* Stuttgart 1984, 28 ff.

[12] »Ellipse und Pleonasmus, Hyperbaton und Syllepsis, Rückgriff, Wiederholung und Apposition sind syntaktische Verschiebungen, Metapher, Katachrese, Antonomasie, Allegorie, Metonymie und Synekdoche sind semantische Verdichtungen, in denen Freud uns die angeberischen und demonstrativen, die heuchlerischen und überzeugenden, die zurückweisenden und verführerischen Intentionen lesen lehrt, mit denen das Subjekt seine Traumrede schmückt« (Jacques Lacan, »Funktion und Feld des Sprechens und der Sprache in der Psychoanalyse«, in: S I, 107). Kurz zuvor nannte Lionel Trilling die Psychoanalyse eine »Wissenschaft der Tropen« (*The Liberal Imagination,* New York 1953, 44–64). Harold Bloom, *Eine Topographie des Fehllesens,* Frankfurt am Main 1997, betrachtet die Tropen als sprachliche Äquivalente von psychologischen Abwehrmechanismen, und Patrick Mahony, *Der Schriftsteller Sigmund Freud,* Frankfurt am Main 1989, untersucht die epistemologische Bedeutung von Freuds bildhafter Sprache.

als »Verdichtung« und »Verschiebung« es verraten, hat Samuel Jaffe überzeugend dargelegt. In seinen Worten haben »Freuds vier ›Momente, die die Bildung von Träumen regieren‹ [...] eine unmißverständliche Ähnlichkeit mit den ›vier Kategorien der Änderung‹, die Quintilians *quadropartita ratio* umfassen.«[13] Die Nähe der stilistischen »Laster« zu stilistischen Tugenden, vor allem den »Redefiguren«, auf die Quintilian anspielt – die *quadropartita ratio* ist ein Schema zur Klassifizierung von »Barbarismen«, das heißt von sprachlichen Unkorrektheiten –, konnte Freud zu seinen Vergleichen zwischen psychopathologischen Phänomenen, dem Traum und den Tropen der Kunst motivieren. Der Linguist Benveniste, der in der *Traumdeutung* ein ganzes Inventar stilistischer Figuren entdeckt, schlägt vor, anstelle von »Sprache« die »Rhetorik« einzusetzen, weil diese geeigneter sei, bestimmte Modalitäten des Unbewußten, die auch auf den Traum zutreffen, zu kennzeichnen: *Subjektivität* und *Dialog*.[14] Im Traum wird die Sprache als Rede benutzt und in »jenen Ausdruck augenblicklicher und flüchtiger Subjektivität« verwandelt, welche die Voraussetzung nicht nur für die individuellen Absichten des Träumers ist, sondern auch für den Dialog. In diesem Sinn ist die Traumrede Anrede, Appell an den anderen, entfaltet sich die Symbolik des Unbewußten erst durch »bestimmte Prozesse der im Diskurs manifestierten Subjektivität«.[15] Während Freud bereitwillig einräumt, daß »jede Sprache ihre eigene Traumsprache« habe, und jedem Träumer das Recht zuspricht, über eine eigene »Grammatik«, einen besonderen Stil in seinen Traumproduktionen zu verfügen, scheint ihn von den Funktionen des Traumes als *Diskurs* nur eine Seite beschäftigt zu haben, die *dämonische.* »Wir haben den Eindruck empfangen, daß die Bildung der dunklen Träume so vor sich geht, *als ob* eine Person, die von einer zweiten abhängig ist, etwas zu äußern hätte, was dieser letzteren anzuhören unangenehm sein

13 Samuel Jaffe, »Freud als Rhetoriker. ›elocutio‹ und die Traumarbeit«, in: Josef Kopperschmidt (Hg.), *Rhetorik,* Darmstadt 1990, Bd. I, 363–384; in seinem Vergleich entspricht die Verdichtung der Auslassung (*detractio*), die Verschiebung der Vertauschung (*transmutatio*), die Rücksicht auf Darstellbarkeit der Verwechslung (*immutatio*) und die sekundäre Bearbeitung schließlich der Erweiterung (*adiectio*).
14 Emile Benveniste, *Probleme der allgemeinen Sprachwissenschaft,* Frankfurt am Main 1977, 90–105.
15 Ebd., 105.

muß [...].«[16] Natürlich stand für Freud die Absicht, den durch Zensur und Traumentstellung verborgenen Sinn des Traumes als Wunscherfüllung aufzudecken, im Vordergrund – die Botschaft *soll* den Adressaten nicht erreichen. Unbestreitbar scheint aber auch zu sein, daß durch diese Einseitigkeit andere Aspekte verinnerlichter Objektbeziehungen, welche die schöpferische Macht des Traumes nach dem Diskursmodell aufzeigen könnten, aus dem Blickfeld verschwinden.

Doch wenden wir uns vorerst den Funktionen der Rhetorik im Traum zu. Die unter dem Druck der Zensur durch die rhetorischen »Stilmittel« wie Verdichtung, Verschiebung, Darstellbarkeit hergestellte, absurd erscheinende indirekte Form erweist sich als das gemeinsame sprachliche Produkt zweier unterschiedlicher Denksysteme, wobei sich die Botschaften der einen Sprache nur an den modifizierten Manifestationen der anderen Sprache ablesen lassen. Die *ars eloquendi* der Traumarbeit, wie auch die Kunst, operiert mit dem verpöntesten und am wenigsten logischen Teil der Rhetorik, der *elocutio,* um die Ausdrucksnot des Träumers aufzuheben, und läßt sich damit einer *Rhetorik des Mangels* zuordnen.[17] Diese beruht auf der Voraussetzung, daß der Mensch zu sich selbst kein unmittelbares Verhältnis hat und in seinem Wirklichkeitsbezug indirekt, »metaphorisch« vorgehe. Sie steht damit in Opposition zur bestimmenden Rhetoriktradition der Moderne, der die Wirkungsmittel der Redefiguren als Ornat unzweifelhafter Wahrheiten dienen. Exemplarisch für die Auseinandersetzung zwischen latenter und hegemonialer Rhetoriktradition ist die Gegnerschaft zwischen Vico und Descartes. Während Descartes die Rhetorik als Kunst der Überredung gilt, die dem Gedanken, der unabhängig von der Sprache entsteht, lediglich ein verführerisches – und dadurch anrüchiges – Gewand überwirft, erhält bei Vico die Rhetorik durch den immanenten Mangel an Wahrheit die Funktion, die – stets vorläufigen – Erkenntnisse zu strukturieren. Verdächtig war die *Rhetorik des Mangels* der Herrschaftsrhetorik nicht allein durch ihren erkenntnistheoretischen Relativismus, sondern vor allem durch den Zusammenhang der Metaphorik zur Sphäre des Irrationalen, die sich der Kontrolle der Vernunft entzieht.

---

[16] Freud, *Über den Traum,* 690.
[17] Hans Blumenberg, »Anthropologische Annäherung an die Rhetorik«, in: ders., *Wirklichkeiten in denen wir leben,* Stuttgart 1981, 104–136.

Als ebenso vergeblich wie beharrlich erweist sich der Versuch, den Einflußbereich der Metaphern durch eine klare Trennungslinie zur Abstraktion und anderen Formen der Sprache abzustecken; »Mißbrauch« ist nicht umsonst der Name einer Trope, der Katachrese. »Etwas Monströses lauert in der unschuldigsten aller Katachresen: wenn man von einem Tischbein oder der Stirn eines Berges redet, verwandelt sich die Katachrese schon in eine Prosopopöie und man beginnt, eine Welt von potentiellen Geistern und Monstern wahrzunehmen.«[18] Diese Affinität der Tropen zu Monströsem, Leidenschaftlichem, Sexuellem wird durch die *Traumrhetorik* bezeugt, welche durch die substitutive Funktion ihrer im *Übergang* zwischen den Denksystemen gebildeten Redefiguren die unbewußte psychische Realität vertreten kann, die außerhalb der kurzen passageren Psychose des Traumes tödlich wäre. Erweisen sich die Mischbildungen der Tropen während des Träumens als Schutzschirm, der durch die *indirekten* Darstellungen der Traummanifestationen den unbewußten Regungen eine dem Bewußtsein entzifferbare Gestalt vermittelt, so ist hingegen im Wachen die Versuchung, die figürliche Macht für Realität zu halten, eine ständige Gefahr. So demonstriert das binäre Modell der klassischen Rhetorik mit seiner distinkten Unterscheidung in figürliche und eigentliche Bedeutungen, die angstabwehrende Strategie, die in den Redefiguren transportierten Leidenschaften »unwirklich« zu machen, stets mit wechselhaftem Erfolg: Sie schützt nicht vor dem Umschlagen ins Gegenteil.

Auf den ersten Blick scheint die *Traumdeutung* mit ihrer Unterscheidung in »klare«, »logische« Traumgedanken und in den manifesten Trauminhalt, die beide wie »zwei Darstellungen desselben Inhalts in zwei verschiedenen Sprachen« vor uns liegen, die Zwangsopposition der traditionellen Rhetorik zwischen Eigentlichem und Übertragenem zu bestätigen. Doch dieser Eindruck hält nicht lange an. Mit der Vorstellung des Traumes als Bilderrätsel, das nicht nach seinem Bildwert, sondern nach seinem Signifikantenwert gelesen werden muß, vollzieht die implizite Rhetorik der *Traumdeutung* einen Bruch mit dem Verständnis der klassischen Rhetorik, der in seiner Radikalität vielleicht nur mit Nietzsches Konzeption der Rhetorik verglichen werden kann – wenngleich

---

[18] Paul de Man, »Epistemologie der Metapher«, in: Anselm Haverkamp (Hg.), *Theorie der Metapher,* Darmstadt 1983, 425.

diese zu entgegengesetzten epistemologischen und ethischen Schlußfolgerungen führt.[19] Die Traumarbeit als eine »besondere *Form* unseres
Denkens« liefert demnach keine Abbildungen der Dinge, sondern verwandelt durch die rhetorischen Mittel des Primärvorganges die Wörter
in Bilder. Somit konfrontiert uns der Traum nicht mit zwei verschiedenen »Texten«, von denen der eine dem anderen, der ihn übersetzt, vor-
ausgeht, sondern mit einem einzigen, der einen Kompromiß darstellt
und der nur interpretiert werden kann, wenn die in der Traumarbeit wir-
kenden Rhetorikvorgänge bekannt sind.

So kann in der Traumarbeit von einer doppelten Rhetorik gesprochen
werden: Rhetorik ist nicht nur bei der Umwandlung der Traumgedanken
zum Trauminhalt beteiligt, sondern auch bei der anderen Leistung der
Traumarbeit, der Herstellung der »vollkommen korrekten« Traumgedanken. Sind wir hier nicht im Begriff, entschieden von Freuds Auffassung
von »dem normalen Denken gleichwertige(n) Traumgedanken« abzuwei-
chen? Hier von Rhetorik zu sprechen bedeutet zweifellos, die eindeutige
Zuordnung der Traumgedanken zur Topik des Vorbewußten in Frage zu
stellen mit der Konsequenz, daß diese – nun selbst substitutive Mischbildungen – nicht den ursprünglichen Sinn des Traumes enthalten, der sich
aus seiner Entstellung in den Traummanifestationen rekonstruieren ließe.
Es ist verständlich, daß Freud so beharrlich an der Lokalisierung der
Traumgedanken im System »Vorbewußt« festhielt, alles andere wäre mit
seiner Auffassung, daß die Traumarbeit »nichts Originelles leiste«, demnach nur reproduktiv vorginge, unvereinbar gewesen. In der Tat bietet die
Klärung des erkenntnistheoretischen Status' der Traumgedanken den
Schlüssel für die Frage, welche die Traumforschung nach Freud seit länge-

---

19 »Es ist nicht schwer zu beweisen, daß was man als Mittel bewußter Kunst ›rhetorisch‹
nennt, als Mittel unbewußter Kunst in der Sprache und deren Werden thätig waren, ja daß
die *Rhetorik eine Fortbildung der in der Sprache gelegenen Kunstmittel* ist, am hellen Licht des
Verstandes. Es giebt gar keine unrhetorische ›Natürlichkeit‹ der Sprache, an die man apel-
liren könnte: die Sprache, selbst ist das Resultat von lauter rhetorischen Künsten [...]«
(Friedrich Nietzsche, *Vorlesungsaufzeichnungen [WS 1871/72 – WS 1874/75]*. Bearbeitet
von Fritz Bornmann und Mario Carpitella, in: Friedrich Nietzsche *Werke. Kritische Gesamtausgabe,* hg. von G. Colli und M. Montinari, 2. Abt., 4. Bd., Berlin, New York 1995,
425). Die Gemeinsamkeiten und Unterschiede zwischen Nietzsches Rhetorik und der im-
pliziten Rhetorik der *Traumdeutung* sind der Gegenstand meiner Arbeit »Traumrhetorik –
Rhetorik der Kunst – Kunst der Rhetorik«, in: Karl Stockreiter (Hg.), *Schöner Wahnsinn,*
Wien 1998, 13–36.

rem beschäftigt, ob Träumen nämlich problemlösendes und damit neue Bedeutung hervorbringendes Denken darstellen kann. Freud, der in weit größerem Ausmaß am Traum als *Sinn* denn als am Traum als *Erfahrung* interessiert war[20], geht dieser Frage nicht nach; wir können uns einer Antwort nur nähern, wenn wir untersuchen, worin genau die rhetorischen Prozesse bei der Herstellung der Traumgedanken bestehen.

Im VII. Kapitel der *Traumdeutung* legt Freud dar, daß die unbewußte Vorstellung, die »als solche überhaupt unfähig ist, ins Vorbewußte einzutreten«, für uns als semantische Gestalt nicht erfahrbar wäre, würde nicht der vorbewußte Tagesrest, dem sie wiederum die Triebkraft zur Traumbildung verleiht, die »notwendige Anheftung zur Übertragung« bieten (GW II/III, 568 f.). Es sind demnach die rhetorischen Vorgänge der Übertragung, der *metaphorà,* welche die von Freud propagierte *Allianz* zwischen dem Unbewußten und dem Bewußten möglich machen. Der durch *Übertragung veränderte Ersatz* für die vom Bewußtsein abgeschnittenen unbewußten Vorstellungen und infantilen Szenen bezieht sich demzufolge nicht auf eine präexistente Realität, die er, wenn auch in entstellter Form, abbilden würde; er ist konstitutiv für eine sonst unzugängliche Erfahrung, die durch die *Allianz* der beiden Denksysteme erst hergestellt wurde. Die Vorgänge der »ersten Rhetorik« lassen sich vorläufig folgendermaßen beschreiben: Es findet eine *Übertragung* in progredienter Richtung statt; eine Übertragung der Intensität einer unbewußten Vorstellung auf vorbewußtes »rezentes Material«, das einen *Ersatz* durch die Verknüpfung mit den »Sprachzeichen« bietet und somit den Wunsch aus dem Unbewußten als Sprache codiert.

Diese Traumvorgänge scheinen grundlegend zu sein, nicht nur, weil sie die ersten Bindungen herstellen, die den *Raum,* das psychische System des Traumes als solches bilden[21], sondern auch, weil ihnen eine Theorie des unbewußten Denkens zugrunde liegt, auf die Freud in der *Traumdeutung* nicht näher eingeht. An diese Stelle läßt sich Wilfred Bions »leere« Konzeption der Alpha-Funktion anschließen. Die Alpha-Funktion, deren Bedeutung epistemologischer Art ist und die das Kind nur mit Hilfe der Mutter oder einer anderen ersten Pflegeperson[22] ent-

20 J.-B. Pontalis, *Zwischen Traum und Schmerz,* Frankfurt am Main 1998, 23.
21 Ebd., 36.
22 Wenn im folgenden von der Mutter die Rede ist, so geht es um die Funktion, die Pflegepersonen ausüben, nicht um geschlechtsspezifische Zuordnungen.

wickeln kann, wirkt auf die Sinneseindrücke und die emotionalen Erfahrungen sowohl im Schlaf als auch im Wachzustand ein. »Insofern die Alpha-Funktion erfolgreich ist, werden Alpha-Elemente produziert; diese Elemente eignen sich zur Speicherung und für die Erfordernisse der Traumgedanken«[23], sie sind aber ebenso für das unbewußte Wachdenken verfügbar. Sie können entweder als unbewußte Phantasien weiter existieren oder durch das Wirken des Traumes, welcher »eine Kombination von Traumgedanken in erzählender Form« ist, wahrgenommen werden. Entscheidend ist, daß durch die Verwandlung der emotionalen Erfahrungen in Alpha-Elemente – dem Träumen im Wachen oder im Schlafen – eine *Kontaktschranke* gebildet wird, welche mit einer Differenzierung von Bewußt und Unbewußt verbunden ist und zugleich den Übergang von einem zum anderen herstellt. Man kann diese *Kontaktschranke* als das Fundament für den gesamten Katalog der Redefiguren im Traum bezeichnen. Versagt die Alpha-Funktion, dann kann die Traumarbeit nicht geleistet werden, Träume können von Halluzinationen nicht mehr unterschieden werden, und es kommt zu psychotischen konkretistischen Träumen, da sich die *Kontaktschranke* als Membran zwischen Bewußtem und Unbewußtem auflöst. Im Hinblick auf eine »erste Rhetorik« läßt sich festhalten, daß wichtige Traumfunktionen wirksam sind, ehe der Trauminhalt in Erscheinung tritt. Denn der Traum bewahrt den Träumer vor überwältigenden Eindrücken, indem er eine Schranke bildet, die zugleich einen Schutzschirm als auch eine Projektionswand (*dream screen*) darstellt.[24] »Diese Funktionen sind nicht das Produkt des Unbewußten, sondern Instrumente durch die der Traum Bewußtheit und Unbewußtheit erschafft und voneinander trennt.«[25] Die Parallelen zu Freuds Bündnisgedanken werden sichtbar. Was hindert daran, den Faden, den Freud gesponnen und wieder fallengelassen hat, aufzugreifen und die *Allianz* zwischen den Denksystemen, der die Traumgedanken in einer ersten Rhetorikleistung ihr

---

[23] Wilfred Bion, *Lernen durch Erfahrung*, Frankfurt am Main 1997, 52. Zur Alpha-Funktion als eine Funktion des Denkens vgl. auch die Einleitung von E. Krejci, ebd., 20 f.
[24] Über den Projektionsschirm (*dream screen*) oder die Traumleinwand als räumliche Bedingung für die Darstellung vgl. B. D. Lewin, »Sleep, the mouth, and the dream screen«, in: *Psychoanalytic Quarterly* 15 (1946), 419–434; vgl. auch Pontalis, *Zwischen Traum und Schmerz*, 34.
[25] Bion, *Lernen durch Erfahrung*, 61.

Entstehen verdanken, mit Bions Überlegungen – zumindest teilweise –
in Übereinstimmung zu bringen? Als Mischbildungen, als Produkte
einer ersten Sonderung und Vermittlung zwischen den dichotomen
Denksystemen, betreten die Traumgedanken als unbewußte Phantasien
die Bühne des Traumes. Als solche sind sie nicht unbewußtes Denken
im Reinzustand, sondern vorstrukturiert in dem Sinn, daß die funda-
mentale Differenzierung in sie eingetragen ist. Folglich sind die unbewußten Phantasien schon Konstruktion, das Ergebnis des Nachdenkens
über Erfahrungen.

Hier drängt sich die Frage auf, was das Träumen im Wach- und Schlaf-
zustand voneinander unterscheidet und wodurch die unbewußten Phantasien im Traum Bedeutung erlangen. Unbestritten ist, daß die *Rücksicht
auf Darstellbarkeit,* jene Bedingung der Traumarbeit, welche die Trieb-
phänomene zwingt, sich in Bilder zu verwandeln, zur Unterscheidung
vom unbewußten Wachdenken beiträgt. Pontalis spricht ausdrücklich
von einer *Osmose* zwischen dem Unbewußten und dem Visuellen, durch
die sich »die Anziehung des Verdrängten« mit dem »Anziehenden des
Visuellen« fügt.[26] Nehmen wir an, das Visuelle im Traum, das nichts mit
Abbild und der Mimesis an die sichtbare Welt zu tun hat, wäre ein Moment der *Allianz* der »ersten Rhetorik«, indem es die Bedingung enthält,
dem unbewußten Wunsch eine Darstellungsform zu bieten. Worin be-
stünde dann die Voraussetzung, die nötig ist, um die Aufmerksamkeit
des Träumers zu erregen? Vor allem in der Funktion des Visuellen im
Traum als der Matrix einer *Bilderschrift,* in der die Träume jene *Erzählungen* niederschreiben, die nach der Bearbeitung durch die »zweite Rhetorik« dem Erwachten als *Bilderrätsel* vor Augen stehen. Erst wenn die
Traumgedanken oder unbewußten Phantasien in eine narrative Form gebracht sind, bekommen sie als eine bildgewordene Geschichte einen
Wert für den Träumer, der dann in weiterer Folge den Traumzensor auf
den Plan ruft. Zunächst jedoch werden visualisierte Wörter einer Reihe
formaler Strukturen unterworfen, bis die einzelnen sinnlos erscheinenden Elemente jene erzählerische Kontinuität und Kohärenz bekommen,
welche potentielle Bedeutungen enthalten. Zu diesem Zweck wirken die
tropologischen Schemata der Traumarbeit wie Verdichtung und Verschiebung auf die einzelnen Traumgedanken ein, die dadurch als ein Zu-

---

[26] J.-B. Pontalis, *Die Macht der Anziehung,* Frankfurt am Main 1992, 30 f.

sammenhang erfahrbar werden.[27] Man ist versucht, in der Traumarbeit die sprachlichen Entstellungen der Traumgedanken nicht nur als Kompromißbildungen anzuerkennen, sondern ebenso im Sinne einer wichtigen Strukturierungsleistung. Als Folge davon müßte dann allerdings auch eine schöpferische, bedeutungserzeugende Dimension der Traumarbeit angenommen werden, die in der Konfiguration der Traumgedanken in einer narrativen Form besteht und in der die »erste Rhetorik« des Traumes als erkenntnisorientierendes Modell fungiert. Zur Entdeckung des Traumes als Erfüllung eines unbewußten Wunsches fügt sich so seine Funktion als ein geschaffenes Objekt, das die Erfahrungen des Träumers an sich bindet. In den dramatischen Erzählungen, die der Träumer komponiert, sind die unzusammenhängenden Traumgedanken in einer bestimmten Modalität von Beziehungen organisiert, welche ihre ursprüngliche Fremdheit aufhebt. Durch die metaphorische Aneignung nehmen die unbewußten Phantasien eine für das Denken vertrautere Gestalt an und können in einer Geschichte erzählt und gehört werden. Als symbolische Struktur reproduziert die Traumerzählung nicht die unbewußten Phantasien, von denen sie berichtet, sondern sie präfiguriert durch ihre tropologischen Verfahren das gesamte Traummaterial in einer Weise, die es dem Denken im Traum ermöglichen soll, den einzelnen Erfahrungen Bedeutung zu verleihen.[28] Diese Erzählung darf allerdings nicht mit dem Traumbericht verwechselt werden, mit jenen Erinnerungen an den Traum nach dem Erwachen, die den Traum fortsetzen, bis er, zu einem Ende gebracht, verlorengeht. Ihr Verhältnis zueinander ähnelt einem Palimpsest, in dem ein jüngerer Text, der manifeste Traum, die ursprüngliche Schrift, die Traumerzählung, die sich jedoch mittels Assoziationen rekonstruieren läßt, ersetzt. Man kann sagen, daß die Traumerzählung das Instrument einer Phantasiekonstruktion ist, welche das Traummaterial »reflektiert«, sprachlich erfaßt und dadurch verständlich macht. Das Ergebnis ist die *Verneinung* der Realität, wie sie am deut-

---

[27] Vgl. Bions Bezeichnung »ausgewählte Tatsache« (selected fact) für den inneren Vorgang, Kohärenz zu entdecken (Bion, ebd., 142).

[28] In der »Strukturierungsleistung mit Hilfe einer Plotstruktur können wir die Operationen jener Prozesse sehen, die Freud in seiner *Traumdeutung* überzeugend als Bestandteile jeglicher dichterischer Tätigkeit, sei es des schlafenden oder des wachen Bewußtseins, ausmacht«. (Hayden White, *Auch Klio dichtet oder die Fiktion des Faktischen,* Stuttgart 1986, 130 f.)

lichsten der *Traum im Traum* zum Ausdruck bringt (GW II/III, 343).
Die zu einer Geschichte geordneten Traumgedanken repräsentieren als
Traumbilder gefährliche und inzestuöse Situationen, aber *sind* nicht das,
was sie darstellen. Die Erzählung als Verneinung der Realität ist eine weitere Barriere zum Schutz des Träumers und ein wichtiger Schritt im Aufbau eines *Denkraumes*; sie ist es, die dem Traum mitunter einen *ironi-
schen* Charakter verleiht.

   Durch die figurative Strukturierung der Traumgedanken in eine narrative Form, die eine Deutung vor der verbalen Deutung ermöglicht,
folgt der Traum einem dialogischen Prinzip; er wird zur Anrede an den
anderen des Traumes, der in der Lage ist, die mittels rhetorischem Einsatz hergestellte Erzählung zu verstehen; vorausgesetzt, dieser *andere*
nimmt den Standpunkt des Traumerzählers ein, um die Redefiguren
identifizieren zu können. Der Schluß liegt nahe, daß die »erste Rhetorik« des Traumes die Erfordernisse eines narrativen Diskurses erfüllt. Mit
dem Diskurs beginnt auch die Dissonanz. Die durch die erste Rhetorik
hergestellten Bedeutungen der Traumerzählung sind ein Appell an den
»Zuhörer«, eine bestimmte Einstellung gegenüber den dargestellten
Wünschen und Erfahrungen einzunehmen. Allerdings erweist sich der
andere des Traumes als kritische Instanz und der Diskurs als ein Bezie-
hungssystem unterschiedlicher Konflikte. »Der Träumer«, schreibt Freud
in einer später hinzugefügten Anmerkung in der *Traumdeutung*, »kann
in seinem Verhältnis zu seinen Traumwünschen nur einer Summation
von zwei Personen gleichgestellt werden, die durch eine starke Gemeinsamkeit verbunden sind.« (Ebd., 586) Mit diesem Gleichnis macht
Freud die *Traumentstellung* anschaulich, als das Ergebnis der umwandelnden Vorgänge der Traumarbeit. Die Gemeinsamkeit ist demnach
alles andere als harmonisch und ändert nichts daran, daß die Äußerungen der einen Person die Mißgunst der anderen, von der sie abhängt,
hervorrufen werden.

   Damit ist die »zweite Rhetorik« des Traumes angesprochen. In einem
ersten Schritt haben wir es mit der Herstellung von Traumgedanken durch
metonymische Vorgänge und ihrer Bindung in einer *Traumerzählung* zu
tun. Sodann wird die figurative Erzählung der Traumgedanken unter dem
Druck der Zensur regressiv deformiert, indem sie durch die Mechanismen
der Traumarbeit, wie Verdichtung, Verschiebung, Darstellbarkeit einer
Reihe von Umwandlungsvorgängen unterzogen wird, so lange, bis sie als

manifester Traumtext die Aufmerksamkeit des Bewußtseins erreicht. Die
Rückkehr des Verdrängten findet – hierin der Bildung des Symptoms analog – »in irgendeiner Form von Kompromiß« als Folge des Konflikts zwischen den zwei verschiedenen Denksystemen, dem Primär- und dem Se-
kundärvorgang, statt. Dieser Kompromiß zwischen Bewußtem und
Unbewußtem in einem einheitlichen sprachlichen Ausdruck ist keineswegs die Kopie des in der ersten Rhetorik präsenten narrativen Diskurses,
sondern eine weitere Konstruktion, welche, indem sie den Traum erneut
einer Deutung unterzieht, bisher unbekannte Bedeutungen hervorbringt.
Wir verstehen auf dem Weg der zweiten Rhetorik die Unentbehrlichkeit
des metaphorischen Umwegs besser.[29] Der manifeste Trauminhalt als um-
geschriebene Traumrede versetzt den aus dem Schlaf Erwachten in die
Lage, bestimmte Aspekte der inneren Welt zu sehen, zu deren Existenz die
Mischbildungen der Redefiguren erst beigetragen haben. Als Übergangs-
und Konfliktfiguren, als entstellte Formen bewußtseinsfähiger Phänomene, sind die Redefiguren indirekte Darstellungen des Unbewußten, zu
dem jeder direkte Zugang verwehrt ist. Die Tropen existieren nicht ohne
das Unbewußte, und das Unbewußte ist nur durch Tropen erfahrbar. Dadurch erweist sich die Traumrhetorik als kognitives Instrument bei der
Vermittlung von Trieb und Begriff.

Es lassen sich nun einige Schlußfolgerungen zur epistemologischen
Funktion der Traumrhetorik ziehen. Wenn früher *Bedeutung* ausschließlich dem Bereich rationalen Nachdenkens zugesprochen wurde, so ist
ebenso irreführend, sie jetzt dem unbewußten Denken zuzuschlagen.[30]
Der Traum kann als Ort, an dem Bedeutung erzeugt wird, angesehen
werden, aber nicht als Ausdruck unbewußten Denkens, sondern als *Allianz* der zwei Denksysteme, wie sie auf den verschiedenen Ebenen der
Traumrhetorik hergestellt wird. Die bedeutungserzeugenden Metaphern
sind also nicht im Unbewußten lokalisiert, nicht das Produkt unbewußten Denkens, sondern entstehen an der Schnittstelle *zwischen* dem Bewußten und dem Unbewußten als Ergebnis einer Begegnung zwischen
der imaginären und der strukturellen Sphäre, die in der Traumrhetorik
am unmißverständlichsten zum Ausdruck kommt.

---

[29] Zur »semantischen Unhintergehbarkeit der Metapher« im Rahmen eines Interaktions-
modells der Rhetorik vgl. Gerhard Kurz, *Metapher, Allegorie, Symbol,* Göttingen 1982, 19 f.
[30] Vgl. für ein exemplarisches Beispiel Donald Meltzer, *Traumleben,* München, Wien
1988, 21 und 40.

Die Leistungen der Traumrhetorik haben uns auf eine dialogische Situation verwiesen – auf den Traum als Rückkehr zur ersten Objektbeziehung in der Triebbefriedigung.

IV. Der Traum als »Summation von zwei Personen«

Träumen bedeutet, sich in einem inneren, unbewußten Diskurs zu befinden zwischen dem »Träumer, der den Traum träumt«, und dem »Träumer, der den Traum versteht«.[31] Freud, dessen Bemühen es war, die latenten Triebregungen in Umkehr zur Traumarbeit zu rekonstruieren, hat den psychischen Raum des Traumes zugunsten seiner Inhalte in den Hintergrund gedrängt. Eine Theorie des Raumes, die das Beinhaltende, den Traum als *Behälter,* in Wechselwirkung mit seinen Inhalten betrachtet, kann als Voraussetzung angesehen werden, um in der Traumarbeit auch eine Arbeit des Verstehens am Werk sehen zu können. Wenden wir uns für einen kurzen Moment der Konzeption der *projektiven Identifizierung* zu, die Bion in seiner Theorie des Denkens zu einem Modell für Kommunikations- und Verständnisprozesse machte. Sie beschreibt eine Beziehung, in der die Mutter so lange bestimmte psychische Funktionen für ihren Säugling übernimmt, bis dieser lernt, diese Funktionen in sich selbst auszuüben. Vor allem in einem Zustand der *reverie,* der träumerischen Gelöstheit – Träumerei als Faktor der Alpha-Funktion –, vermag die Mutter die projizierte unerträgliche Angst des Kindes aufzunehmen und zu bewahren. Nach der Konzeption der projektiven Identifizierung kann der Säugling seiner inneren Welt nur dadurch Bedeutung verleihen, indem er seine Gefühlszustände, die für ihn selbst nicht erfahrbar sind, in seinem Gegenüber induziert. Der *andere* nimmt dabei, als Behälter (*Container*), die externalisierte Version des unbewußten psychischen Zustands des Säuglings ein, der in einem metabolischen Prozeß durch

[31] James Grotstein, »Who Is the Dreamer Who Dreams the Dream and Who Is the Dreamer Who Understands It?«, in: James Grotstein (Hg.), *Do I dare disturb the Universe? A Memorial to Wilfred Bion.* London 1981, 358–416. »Ich stelle mir, mit anderen Worten, den ›Träumer, der den Traum träumt‹ als ein Wesen vor, indirekt als den schreienden Säugling, der Botschaften in die Mutter projiziert, deren ›reverie‹ das Projizierte erfaßt und transformiert. Der internalisierte andere als Container und die ›reverie‹ werden zum ›Träumer, der den Traum versteht‹.« (364)

den anderen die Erfahrung des Eigenen macht. Gewiß ist eine der Traumfunktionen die Entladung von Angst und Spannung. Es liegt also nahe anzunehmen, daß der »Träumer, der den Traum träumt«, in Bions Auffassung dem projizierenden Kind korrespondiert, während der »Träumer, der den Traum versteht«, mit dem *anderen*, der Mutter etwa, identifiziert werden kann, welche die Fähigkeit zur *reverie* besitzt, die Projektionen bewahrt und in weniger gefährlichen Transformationen zurückgibt. In verinnerlichter Form als Ich-Spaltung bilden beide das *Traum-Paar*, das den Traum herstellt. Der Produzent des Traumes und sein *anderer*, der Zuhörer, bilden durch die projektive Identifizierung eine kommunikative Einheit, in der die Inhalte durch den »Behälter« überarbeitet werden. In diesem, dem »Träumer, der den Traum versteht«, mit seiner Zuhörerfunktion, finden wir die Tätigkeit der »ersten Rhetorik« wieder; mit der Barriere zwischen Bewußt und Unbewußt, die als ein Wandschirm den Schläfer davor bewahrt, von Halluzinationen überwältigt zu werden, und der Bildung der Traumgedanken, der unbewußten Phantasien. Auf der anderen Seite kann der »Träumer, der den Traum träumt«, mit den Erfordernissen der Traumarbeit in Verbindung gebracht werden, die genötigt ist, eine Erzählung herzustellen, die vom *anderen* des Traumes verstanden, bewahrt und »reflektiert« werden kann. Sobald diese »verstanden«, das heißt, mit Bedeutungen erfüllt ist, stößt die Erzählung indes auf den Widerstand des *anderen* des Traumes – der auch die kritische Instanz repräsentiert – und muß so lange durch die zweite Rhetorik bearbeitet, *entstellt* werden, bis es zu einer »Lösung« im Diskurs kommt, die vom »Träumer, der den Traum versteht«, akzeptiert wird.[32]

Im Hinblick auf die Frage, ob die Traumarbeit eine problemlösende, therapeutische Funktion besitzt und in ihr, was Freud in Abrede stellte, eine Verstandestätigkeit zum Ausdruck kommt, können wir im Vorübergehen festhalten: Der Traum hat seinen Bereich *zwischen* den Realitäten. Als narrativer Diskurs ist er Ursprung und Ergebnis eines Dialogs, der zur Differenzierung, Allianz, Widerstand, Zensur und Konfliktlösung durch die Traumarbeit und ihre rhetorischen Methoden führt. Versagt diese, dann kommt es – durch die Störung der Symbo-

---

[32] Über den narrativen Diskurs als Ergebnis der Kommunikation zwischen »Ich« und »Selbst« vgl. Grotstein, »Who is the dreamer«, 373 f.

lisierungsfähigkeit des Denkens – zu einer Psychopathologie des Traumes mit ihren Schrecken und Ängsten. Der »Wandschirm« versagt, und die *Verneinung* der Realität als Widerstandsform des Traumes wird rückgängig gemacht.[33] Erfüllt die Traumrhetorik aber ihre Funktionen, dann stellen die *Phantasiekonstruktionen*, die sie auf verschiedenen Ebenen herstellt, Deutungen und Deutungen von Deutungen des Traummaterials dar, die ihren Endpunkt im manifesten Trauminhalt – oder präziser – in der rückblickenden Erzählung des Erwachten haben und den vordem *sinnlosen* Traumgedanken *nachträglich* einen Sinn verleihen.

Die Auffassung des Traumes als *Traumdiskurs* kann in einer solchen Perspektive eine Bestätigung durch die intersubjektive Dimension im psychoanalytischen Prozeß finden; und zwar in zweifacher Hinsicht. Einerseits kann der Traum *zwischen* Analytiker und Analysand lokalisiert werden, als ein »zwischen Ich und Nicht-Ich schwankendes Übergangsobjekt«; als solches kann es entweder einen virtuellen Raum schaffen, der Erfahrung ermöglicht, oder kann sich zum Fetisch pervertieren, der den Raum des Traumes zerstört.[34] Andererseits kann der psychoanalytische Prozeß selbst als Traum beschrieben werden. Nähert man sich dieser Auffassung, kreuzt wieder der Begriff der projektiven Identifizierung den Weg. Als besondere Form der intersubjektiven Erfahrung, der das Subjekt seine Entstehung verdankt, bestimmt sie ebenfalls die von Analytiker und Analysand gemeinsam geschaffene, unbewußte intersubjektive Dimension des analytischen Settings. Diese im Wechselspiel von Übertragungs- und Gegenübertragungsprozeß entstehende unbewußte Konstruktion durch das *analytische Paar* nennt Ogden das *dritte Subjekt der Analyse* oder den *intersubjektiven analytischen Dritten*.[35] Dieses, aus der

---

[33] Zur Psychopathologie des Träumens als Scheitern der symbolisierenden Traumfunktion vgl. Hanna Segal, »The function of dreams«, in: Grotstein, *Who is the dreamer*, 580–587. Über die »Kehrseite«, die therapeutische Funktion des Traumes, schreibt Grotstein: »Meiner Ansicht nach sind Träume Vermittlungsschritte des ›narrativen Metabolismus‹ in den Bemühungen des Patienten, seine infantile Neurose in eine Übertragungsneurose zu verwandeln.« (Grotstein, ebd. 387) Hinsichtlich der Funktion des Traumes als *Durcharbeiten* von psychischen Konflikten, vgl. Segal, ebd., 580 und Meltzer, *Traumleben*, 48 u. 153.

[34] Pontalis, *Zwischen Traum und Schmerz*, 62, der hier auf Winnicotts Theorie des *Übergangsobjekts* Bezug nimmt.

[35] »Ich betrachte den intersubjektiven analytischen Dritten als ein drittes Subjekt, das durch das unbewußte Wechselspiel zwischen Analytiker und Analysanden geschaffen wird.« (Thomas Ogden, *Reverie and Interpretation,* London 1997, 30)

dialektischen Spannung zwischen Analytiker und Analysand hervorgegangene *dritte Subjekt* enthält alle Bedeutungen der analytischen Situation. Träume, die im Verlauf einer Analyse geträumt werden, sind, im
gewissen Sinn, Träume des *analytischen Dritten.* Um der unbewußten Erfahrung des *analytischen Dritten* eine deutlichere Gestalt geben zu können, ist der Gebrauch von *reveries* seitens des Analytikers unentbehrlich.
»Träumereien« sind das privilegierte Medium, in dem sich die unbewußten Aspekte des intersubjektiven Prozesses widerspiegeln. Wird ihnen Aufmerksamkeit zuteil, dann lassen sich mit ihrer Hilfe jene Metaphern gewinnen, welche die unbewußten Erfahrungen des *analytischen
Dritten* bedeutungsvoll machen.[36] In einem nächsten Schritt der Formalisierung und Abstraktion müssen dann verbalisierte Begriffe für den
metaphorischen Ausdruck bisher unaussprechlicher Aspekte der inneren
Welt des Analysanden gefunden werden.

Mühelos läßt sich das im analytischen Dialog geschaffene *dritte Subjekt* mit dem Traum identifizieren. Das unbewußte *analytische Paar* entspricht den beiden Protagonisten im Aufbau des Traumes; der analytische Raum, dem der rezeptive Zustand der *reverie* im Analytiker
zugrunde liegt, entspricht dem in der »ersten Traumrhetorik« entstandenen Raum des Traumes; die bedeutungserzeugenden Metaphern für die
intersubjektiven Konstruktionen der Traumerzählung; deren Transformation in die Sprache der Begriffe der Entzifferung der Träume.

Resümieren wir: Die »erste Rhetorik« stellt auf der Basis der Differenzierung von Bewußt und Unbewußt die Traumgedanken oder unbewußten Phantasien her und ordnet sie zur Traumerzählung. Die »zweite
Rhetorik« wandelt die Erzählung in den manifesten Traum um, der es
möglich macht, den Sinn der Traumgedanken nachträglich zu rekonstruieren.

Wenden wir uns rückblickend noch einmal der Frage zu, die uns von
Anfang an beschäftigt hat: Was motiviert Freuds Interesse, der Traumarbeit jegliches Denk- und Urteilsvermögen abzusprechen, vor allem,
wenn man die Folgen bedenkt, nämlich das Verschwinden des Traumes
als Wirkung und Erfahrung einer Diskursform? Lassen wir hier die An-

---

36 Thomas Ogden, »Reverie and Metaphor«, in: *International Journal of Psycho-Analysis* 78
(1997), 728; vgl. auch Ogden, *Reverie and Interpretation,* 118.

nahme beiseite, jede andere Haltung Freuds wäre Wasser auf den
Mühlen derer gewesen, die zugunsten der Vorstellung von einer schöpferischen Traumarbeit die Rolle der infantilen Sexualität zurückdrängen
wollten. Um eine hypothetische Antwort zu suchen, erscheint es ratsamer, Freuds Einschätzung der Phantasien als handwerklich-artistische
Konstrukteure von *Traumfassaden* noch einmal aufzugreifen. Verfolgt
Freud hier nicht eine doppelte Strategie, um den Einfluß insbesondere
der unbewußten Phantasien auf die Traumbildung herunterzuspielen?
Sie wären entweder *Kitt* zur Herstellung des lückenlosen Zusammenhangs der Traumoberfläche und daher Rest des im Schlaf weiterwirkenden vorbewußten Wachdenkens, oder würden der Traumarbeit in Form
bereits in früherer Zeit gebildeter *fertiger Phantasien* vorliegen. Macht in
dem einen Fall Freuds Vorgehen mißtrauisch, die *Traumfassade* zu entwerten, obwohl diese als Vollendung des manifesten Traumes, und damit als »neuer Sinn«, den Deuter erst auf die Spur bringt, so ist im anderen Fall die Annahme eines phantastischen *Pseudodenkens* verdächtig,
eine unwillkürliche Wertschätzung zu enthalten. Um zu illustrieren, wie
die Traumarbeit sich der Phantasien bedient, »*als ob* sie denken würde«,
bringt Freud einen aufschlußreichen Traum, den Guillotinentraum von
Alfred Maury (GW II/III, 499 ff.). Der Traumforscher habe in der kurzen Zeit zwischen dem Weckreiz und dem Erwachen einen »kompletten
Roman aus den Zeiten der großen Revolution« geträumt. Der »Roman«
handelt von ehrgeizigen Motiven, Ruhm, Todesverwegenheit und Gunst
der Frauen, kurz, von jenem Bereich, zu dem bei Freud sonst nur die
Künstler durch die magische Funktion ihrer Werke privilegierten Zugang haben: der *Allmacht des Gedankens*. Unschwer läßt sich erkennen,
daß in der passionierten Beschreibung des von dem Forscher geträumten »Romans« Freuds Identifizierung mit dem Künstler als Heros und
Opfer – wie so oft in der *Traumdeutung* – durchschimmert. Es ist bemerkenswert, daß er sich gerade von diesem Traum die Einsicht in eines
der »interessantesten Rätsel des Traumes« erwartet. Er soll ihm den Beweis dafür bringen, daß die unbewußten Phantasien Stoff und nicht Autor sind. Kann es nicht sein, daß Freud dem Träumer des Guillotinentraumes die Fähigkeit absprechen mußte, einen »Roman« während
des Träumens »schreiben« zu können, um sich selbst als Produzenten des
Traumes Fesseln anzulegen? Freud räumt ein, in der Auswahl von Träumen für sein Buch, »Träumen, in denen unbewußte Phantasien eine

erhebliche Rolle spielen, möglichst ausgewichen« zu sein und daß es ihm
– dessen eigenen Träumen meist »Diskussionen und Gedankenkon-
flikte« zugrunde liegen – schwerfiele, unbewußte Phantasien im Zusammenhang mit dem Traum zu *fixieren*. Maury, zunächst einer der wichtigsten Exponenten im dunklen Wald der experimentellen Traumforscher
am Anfang des Weges, tritt nun als artistischer Zwilling auf, der jene
Seite Freuds verkörpert, die ihn daran hindert, den Traum zu *entzaubern*.
»Der Traum ist nicht mehr der Königsweg, es ist die Deutung, die dies
sein will.«[37] Der Preis für die Entzauberung ist die Ambivalenz gegenüber der Kunst und die Vernachlässigung der konstruktiven Rolle der
Phantasien bei der Bildung der Träume.

[37] Pontalis, *Die Macht der Anziehung*, 16.

B   Ludwig Binswanger, *Traum und Existenz*, Einleitung von
        Michel Foucault, Übersetzung und Nachwort von Walter Seit-
        ter, Bern, Berlin 1992.

E   Jacques Lacan, *Écrits*, Paris 1966.

EA   Sigmund Freud, *Die Traumdeutung*, Leipzig, Wien [1899]
        1900. Der Reprint (Frankfurt am Main 1999) lag zum Zeit-
        punkt der Fertigstellung des Manuskripts noch nicht vor.

F   Michel Foucault, »Introduction«, in: Ludwig Binswanger, *Le
        rêve et L'existence*, Paris 1954, 9–128, aufgenommen als Text
        Nr. 1 in: Foucault., *Dits et écrits*, hg. von Daniel Defert und
        François Ewald, Bd. 1, Paris 1994, 65–119.

FF   Sigmund Freud, *Briefe an Wilhelm Fließ, 1887–1904*, hg. von
        Jeffrey Mousaieff Masson, dt. Fassung: Michael Schröter,
        Frankfurt am Main 1986.

FJ   Sigmund Freud/C. G. Jung, *Briefwechsel*, hg. von William
        McGuire und Wolfgang Sauerländer, Frankfurt am Main 1974.

FSE   Jacques Derrida, »Freud et la scène de l'écriture«, in: *L'écriture
        et la différence*, Paris 1967, 293–340; dt. »Freud und der Schau-
        platz der Schrift«, übersetzt von Rodolphe Gasché, in: *Die
        Schrift und die Differenz*, Frankfurt am Main 1972, 302–350.

GS   Sigmund Freud, *Gesammelte Schriften*, 12 Bde., hg. von Anna
        Freud u. a., Wien 1924–1934.

GW   Sigmund Freud, *Gesammelte Werke*, 18 Bde. und 1 Nachtrags-
        band, hg. von Anna Freud u. a., Bde. 1–17: London
        1940–1952 [seit 1960 Frankfurt am Main], Bd. 18 und Nach-
        tragsband: Frankfurt am Main 1968, 1987.

P   *Protokolle der Wiener Psychoanalytischen Vereinigung*, 4 Bde., hg.
        von Herman Nunberg und Ernst Federn, Frankfurt am Main
        1976–1981

R   Jacques Derrida, »Résistances«, in: *La notion d'analyse*, Toulouse 1992, 37–69; dt. »Widerstände«, in: Derrida, *Vergessen wir nicht – die Psychoanalyse!,* hg. und übersetzt von Hans-Dieter Gondek, Frankfurt am Main 1998, 128–178.

S I   Jacques Lacan, *Schriften I,* hg. von Norbert Haas, Olten 1973; Weinheim, Berlin 1996.

S II   Jacques Lacan, *Schriften II,* hg. von Norbert Haas, Olten 1975; Weinheim, Berlin 1991.

SA   Sigmund Freud, *Studienausgabe,* 10 Bde., hg. von Alexander Mitscherlich u. a., Frankfurt am Main 1969–1975.

SE   *The Standard Edition of the Complete Psychological Works of Sigmund Freud,* 24 Bde., hg. von James Strachey u. a., London 1953–1974.

Sém I   Jacques Lacan, *Le Séminaire Livre I: Les écrits techniques de Freud,* texte établi par Jacques-Alain Miller, Paris 1975; dt. *Das Seminar Buch I: Freuds technische Schriften,* übersetzt von Werner Hamacher, Olten 1978; Weinheim, Berlin 1990.

Sém II Jacques Lacan, *Le Séminaire Livre II: Le moi dans la théorie de Freud et dans la technique de la psychanalyse,* texte établi par Jacques-Alain Miller, Paris 1978; dt. *Das Seminar Buch II: Das Ich in der Theorie Freuds und in der Technik der Psychoanalyse,* übersetzt von Hans-Joachim Metzger, Olten 1980; Weinheim, Berlin 1991.

Sém III Jacques Lacan, *Le Séminaire Livre III: Les Psychoses,* texte établi par Jacques-Alain Miller, Paris 1981; dt. *Das Seminar Buch III: Die Psychosen,* übersetzt von Michael Turnheim, Weinheim/Berlin 1997.

Sém XI Jacques Lacan, *Le Séminaire Livre XI: Les quatre concepts fondamentaux de la psychanalyse,* texte établi par Jacques-Alain Miller, Paris 1973; dt. *Das Seminar Buch XI: Die vier Grundbegriffe der Psychoanalyse,* übersetzt von Norbert Haas, Olten 1978; Weinheim/Berlin 1987.

TD   Verweist auf die späteren Auflagen der *Traumdeutung* und deren Erscheinungsdatum; sofern die Stelle im Bd. II/III der GW enthalten ist, wird sie auch hier angegeben. Wortlaut und Schreibung folgen der jeweiligen Auflage der *Traumdeutung.*

John Forrester ist Reader im Department of History and Philosophy of Science der Universität Cambridge. Zahlreiche Publikationen zu Geschichte und Theorie der Psychoanalyse, zuletzt *Die Frauen Sigmund Freuds*, mit L. Appignanesi (1994); *Dispatches From the Freud Wars* (1997); *Truth Games* (1997); *The Freudian Century* (in Vorbereitung).

Hans-Dieter Gondek ist Dozent für Philosophie, freier Publizist und Übersetzer. Mitherausgeber des *RISS. Zeitschrift für Psychoanalyse. Freud – Lacan.* Wichtigste Veröffentlichungen: *Angst Einbildungskraft Sprache. Ein verbindender Aufriß zwischen Freud – Kant – Lacan* (1990); (Hg., zusammen mit Peter Widmer) *Ethik und Psychoanalyse,* (1994); *Von Freud zu Lacan. Philosophische Zwischenschritte* (2000).

Lydia Marinelli studierte Geschichte, Literaturwissenschaft und Philosophie und ist zur Zeit Kuratorin des Sigmund Freud-Museums Wien. Konzeption von mehreren kultur- und wissenschaftshistorischen Ausstellungen und Veröffentlichungen von Arbeiten zur Geschichte der Psychoanalyse, zuletzt (Hg.), *»Meine... alten und dreckigen Götter« – Aus Sigmund Freuds Sammlung* (1998).

Andreas Mayer studierte Soziologie, Musikwissenschaft und Wissenschaftsgeschichte in Wien, Paris und Cambridge. Er schließt zur Zeit am Institut für Wissenschafts- und Technikforschung der Universität Bielefeld eine Geschichte der Erforschung des Unbewußten ab. Jüngste Veröffentlichung: »Von Galtons Mischphotographien zu Freuds Traumfiguren«, in: M. Hagner (Hg.), *Ecce Cortex. Beiträge zur Geschichte des modernen Gehirns* (1999).

Alexandre Métraux studierte Philosophie, Psychologie und Staatsrecht an der Universität Basel und ist Mitglied des Otto-Selz-Instituts der Universität Mannheim. Er ist Mitherausgeber der Zeitschrift *Science in Context*. Zahlreiche Publikationen, zuletzt vor allem zur Geschichte der Hirn- und Nervenwissenschaften zwischen 1800 und 1950 sowie den Repräsentations- und Objektivierungsformen in den biologischen Wissenschaften.

Karl Stockreiter ist Philosoph und Psychoanalytiker in freier Praxis. Veröffentlichungen zu Psychoanalyse, Philosophie und Ästhetik, u. a. *Narzißmus und Kunst* (1992); (Hg.) *Schöner Wahnsinn. Beiträge zu Psychoanalyse und Kunst* (1998).

SIGMUND FREUD
WERKE IM TASCHENBUCH

Herausgegeben von Ilse Grubrich-Simitis
Redigiert von Ingeborg Meyer-Palmedo

Die Sammlung präsentiert das Lebenswerk des Begründers der Psychoanalyse breiten Leserschichten in neuer Gliederung und Ausstattung. Sie löst sukzessive die früheren Taschenbuchausgaben der Schriften Sigmund Freuds ab. Erstmals werden auch die Bereiche Behandlungstechnik und Krankheitslehre sowie einige voranalytische Schriften einbezogen. Zeitgenössische Wissenschaftler haben Begleittexte verfaßt; sie stellen Verbindungen zur neueren Forschung her, gelangen zu einer differenzierten Neubewertung des Freudschen Œuvres und beschreiben dessen Fortwirkung in einem weiten Spektrum der intellektuellen Moderne.

EINFÜHRUNGEN:

Vorlesungen zur Einführung in die Psychoanalyse
Biographisches Nachwort von Peter Gay
Band 10432

*Neue Folge der Vorlesungen
zur Einführung in die Psychoanalyse*
Biographisches Nachwort von Peter Gay
Band 10433

Abriß der Psychoanalyse
Einführende Darstellungen. Einleitung von F.-W. Eickhoff
Band 10434

»Selbstdarstellung«
Schriften zur Geschichte der Psychoanalyse
Herausgegeben und eingeleitet von Ilse Grubrich-Simitis
Band 10435 (*in Vorbereitung*)

FISCHER TASCHENBUCH VERLAG

fi 1581 / 4 a

SIGMUND FREUD
WERKE IM TASCHENBUCH

ÜBER SEELISCHE SCHLÜSSELPHÄNOMENE –
TRAUM, FEHLLEISTUNG, WITZ:

Die Traumdeutung
Nachwort von Hermann Beland. Band 10436

Schriften über Träume und Traumdeutungen
Einleitung von Hermann Beland. Band 10437

Zur Psychopathologie des Alltagslebens
(Über Vergessen, Versprechen, Vergreifen, Aberglaube und Irrtum)
Einleitung von Martin Löw-Beer
Im Anhang: Vorwort 1954 von Alexander Mitscherlich
Band 10438 *(in Vorbereitung)*

Der Witz und seine Beziehung zum Unbewußten / Der Humor
Einleitung von Peter Gay. Band 10439

SEXUALTHEORIE UND METAPSYCHOLOGIE:

Drei Abhandlungen zur Sexualtheorie
Einleitung von Reimut Reiche. Band 10440

Schriften über Liebe und Sexualität
Einleitung von Reimut Reiche. Band 10441

Das Ich und das Es
Metapsychologische Schriften
Einleitung von Alex Holder. Band 10442

Hemmung, Symptom und Angst
Einleitung von F.-W. Eickhoff. Band 10443

FISCHER TASCHENBUCH VERLAG

fi 1581 / 6 b

SIGMUND FREUD
WERKE IM TASCHENBUCH

FISCHER TASCHENBUCH VERLAG

fi 1581 / 6 c

SIGMUND FREUD
WERKE IM TASCHENBUCH

FISCHER TASCHENBUCH VERLAG

fi 1581 / 5 d

SIGMUND FREUD
WERKE IM TASCHENBUCH

FISCHER TASCHENBUCH VERLAG

Ilse Grubrich-Simitis
Freuds Moses-Studie als Tagtraum
Ein biographischer Essay

Der Band enthält Abbildungen und Faksimiles
Band 12230

Die Autorin hat in den letzten Jahren erstmals Freuds Handschriften er-
forscht. Bei diesem Studium waren ihr bestimmte Merkwürdigkeiten der
Manuskriptüberlieferung von *Der Mann Moses und die monotheistische
Religion* aufgefallen; auch der Drucktext des Spätwerks zeigt eine seltsa-
me Brüchigkeit. In ihrem fesselnd geschriebenen Essay interpretiert Ilse
Grubrich-Simitis die Moses-Studie als *Tagtraum*, als wunscherfüllendes
Phantasieren. Das Buch sei aus einer schweren, durch die Nazi-Verfol-
gung ausgelösten inneren Krise hervorgegangen. Die Erfahrung hilflo-
ser Abhängigkeit und tödlicher Bedrohung habe an eigene frühinfantile
Traumatisierungen gerührt und ein regressives Geschehen in Gang gesetzt. Im Verlauf dieser späten Verstörung, die Freud selbstanalytisch
und dank der rettenden Emigration zu bewältigen vermochte, habe er
erstmals tiefe Einblicke in archaische Abwehrformen, insbesondere die
Spaltung, gewonnen. An Dramatik sei dieser selbstkurative Vorgang mit
der psychischen Krise des jungen Freud vergleichbar, die einst Ende des
vergangenen Jahrhunderts den Beginn der Selbstanalyse provozierte und
die Entdeckung des Unbewußten beschleunigte. Im Alter vollzog sich
diese Arbeit im Dialog mit den Dichtern, mit Thomas Mann und Arnold
Zweig. Sie führte Freud zu einer ihm aus der Kindheit vertrauten Vertiefung in die Tora.

»...eine immens aufschlußreiche Untersuchung, bahnbrechend in der Erforschung des Menschen und Denkers Freud.«   *Peter Gay*

»...wieder und wieder glücken der Autorin anschauliche, subtile Bilder
und Formulierungen von solcher Stimmigkeit, solcher Prägnanz, daß
sich der Leser nicht nur mit faszinierenden Aspekten von Freuds Werk
und den überraschenden Hypothesen der Autorin konfrontiert sieht,
sondern zugleich eine lustvolle ästhetische Erfahrung machen kann.«
Lore Schacht

Fischer Taschenbuch Verlag

Yosef Hayim Yerushalmi

Freuds Moses

Endliches und unendliches Judentum

Aus dem Amerikanischen von
Wolfgang Heuß

Band 12336

Immer wieder wird leidenschaftlich diskutiert, welche Rolle
Judentum und Antisemitismus im Werk und in der Biographie
Freuds gespielt haben. Ausgangs- und Ankerpunkt der Argumentation Yosef Hayim Yerushalmis ist das letzte große und
vielleicht irritierendste Werk Freuds, ›Der Mann Moses‹, entstanden 1934-1938. Während manche darin auch einen Angriff
auf das Judentum gerade in einer Zeit existentieller Bedrohung
sahen, ist es für Yerushalmi im Gegenteil das erste und einzige
bewußt jüdische Werk des Begründers der Psychoanalyse. Über
Moses, den Ägypter, zu Freud, dem Juden: Indem Freud der
Frage nachgehe, wie die Juden wurden, was sie sind, und warum
sie sich diesen unsterblichen Haß zugezogen haben, stelle er
sich der Frage, was es heißt, Jude zu sein.

Fischer Taschenbuch Verlag

fi 1219 / 1

Jan Assmann

Ägypten

Eine Sinngeschichte

Band 14267

Zwei Traditionslinien – Jerusalem und Athen, jüdisch-christliche Offenbarungsreligion und philosophischer Universalismus – prägen das Selbstbild des Abendlandes. Doch damit ist nicht das ganze Spektrum kultureller Filiationen abgedeckt, denn Israel wie Griechenland bezogen sich beide in hervorstechender Weise auf Ägypten. Mit seiner vielschichtigen Beschreibung der religiösen, intellektuellen, kulturellen und politischen Sinnformationen des Alten Ägypten führt Jan Assmann, Ägyptologe und Religionswissenschaftler von internationalem Rang, eindrucksvoll vor Augen, daß Ägypten im kulturellen Gedächtnis Europas von großer und konstanter Wirkmacht war und macht so mit jenem dritten Teil der Vergangenheit bekannt, die das Abendland sich selber zurechnet.

Fischer Taschenbuch Verlag

fi 451 / 7